Food&Beverage Management

酒店餐饮管理

（第三版）

马开良　叶伯平　徐　斌　编著

清华大学出版社
北京

内 容 简 介

本书由基础管理切入，按照酒店餐饮菜单筹划、原料组织、生产制作、服务销售的业务运作系统流程，阐述了酒店餐饮管理各大节点的知识与管理实务，并配套编写了餐务管理、餐饮促销与安全生产管理等方面的知识与运作内容。本书完整构建了餐饮生产、服务、经营与管理各方面的内容，知识体系完整，内容实用，聚焦行业前沿，具有较强的实践性和指导性。

本书既可作为全日制普通高等学校酒店与旅游专业的教学用书，也可供集团酒店、餐饮企业选作培训教材。

图书在版编目（CIP）数据

酒店餐饮管理/马开良，叶伯平，徐斌编著. —3版. —北京：清华大学出版社，2023.6（2024.1 重印）
旅游管理专业应用型本科系列教材
ISBN 978-7-302-63611-3

Ⅰ. ①酒… Ⅱ. ①马… ②叶… ③徐… Ⅲ. ①饮食业－商业管理－高等学校－教材 Ⅳ. ①F719.3

中国国家版本馆CIP数据核字（2023）第094069号

责任编辑：邓　婷
封面设计：刘　超
版式设计：文森时代
责任校对：马军令
责任印制：沈　露

出版发行：清华大学出版社
　　网　　　址：https://www.tup.com.cn，https://www.wqxuetang.com
　　地　　　址：北京清华大学学研大厦 A 座　　　　邮　　编：100084
　　社　总　机：010-83470000　　　　　　　　　　邮　　购：010-62786544
　　投稿与读者服务：010-62776969，c-service@tup.tsinghua.edu.cn
　　质量反馈：010-62772015，zhiliang@tup.tsinghua.edu.cn

印　装　者：北京嘉实印刷有限公司
经　　销：全国新华书店
开　　本：185mm×260mm　　　　印　　张：17.5　　　字　　数：445千字
版　　次：2013年8月第1版　　2023年6月第3版　　印　　次：2024年1月第2次印刷
定　　价：59.80元

产品编号：096673-01

前　言

酒店餐饮管理是酒店诸多部门管理中较为特殊、复杂的一项管理。餐饮的生产、销售更像工厂，购进的是原材料，经过厨师的加工制作，销售的是形态、质感发生了极大变化的可食成品。这期间，不仅用料组合多变，而且包含诸多技术劳作，多节点位移、衔接，因此餐饮管理工作常常显得千头万绪、纷繁复杂。不过，世间万物皆有机理，只要弄清特点、把握规律、因势利导、循序渐进，就不难驾驭全局，从而妥善处理。餐饮管理也是如此。

基于餐饮运转追求生产与服务的无缝对接、实物和劳务的通力协作，本书全面、系统、具体、务实地梳理了餐饮管理各方面的内容，构建了餐饮管理与经营的完整体系，在给予学生理论指导的同时，更侧重实操指引，是一本简洁明了、切合实际的餐饮管理实用手册。

全书不仅重点阐述了餐饮主要业务部门的管理要领，还对易被冷落、疏忽的餐饮生产管理、餐务管理等内容进行了特别强化，对社会各界广泛关注的食品添加剂问题、HACCP管理体系等也做了客观科学的分析。本书具有业务内容的完整性与经营管理的实操性等特色。本教材的第三版增加了近几年编者在研究过程中产生的一些新观点，并将书中原有的案例更换为最新的案例。

餐饮部门是酒店各部门中工种最多、用工量最大的部门；"餐饮管理"是旅游专业、酒店管理专业需要安排大量课时重点教学的主干课程。科学组织教学，适时变换场景，密切工学结合，不仅有利于学生知行合一、理实一体、学以致用，而且可以为社会适度缓解用工紧缺问题，为培养学生尽早步入职业化轨道做出积极贡献。编者正是以此为指导思想，专门为满足"餐饮管理"课程教学需求而编写了这本实用教材。

编　者
2023 年 2 月

目　录

第六章　餐饮前台运营管理/115

第九章　餐饮促销管理/205

第十章　餐饮成本控制/230

第一章　餐饮管理导论

学习目标

通过本章学习，应达到以下目标。

1. 知识目标：了解餐饮业态、餐饮工作特点、餐饮管理的基本职能、餐饮管理的目标与内容。

2. 技能目标：根据餐饮工作特点来设计、生产与管理餐饮产品。

3. 能力目标：掌握餐饮管理的六大职能，并运用于餐饮管理实践。

导入案例

案例 1-1　颠覆传统的人人湘餐饮经营理念

互联网产品设计的理念是以用户体验为核心，将产品做到极致。客户的体验越新，体验越顺畅，客户的满意度就越高，对相应的平台应用就会增加黏性并形成口碑效应。人人湘餐饮店规划的用户就餐体验是在餐前、在办公室即可下单付款，同时订单号会提醒其排号顺序，自行控制到店时间，到店后大屏幕已有微信取餐叫号，直接按号取餐享用。"不带钱包的一天"是全新的体验，同时也会形成新的消费习惯。

传统的餐饮行业就是开店，增加新品，但人人湘的思路完全不同。人人湘不像很多连锁品牌，其实它是一个精品店的模式，每个区最多开两个店。店面的确立根据商圈而定，像中关村、国贸、五道口、西二旗、望京、金融街等商圈是必须开店的位置，所以人人湘会首先在这些地方开店，等到店开起来一段时间之后，如果上座率非常高，到了供不应求的地步，他们才会考虑在同一商圈开第二家店。互联网产品理念认为，多即是少，少即是多。再大的店面，几百种的菜单，对于消费者而言实际经常购买的不超过10种，而围绕几百种菜品进行的采购、备料、人员配备等占餐饮企业成本损耗的很大部分。人人湘的做法是，将最极致的品类缩减到5～8种，相应的资源和物料人工都会成倍减少，同时集中主要研发力量在产品的品质把关和创新上。从实际操作来看，顾客到店，点餐决策时间基本在半分钟以内，得到菜品的品质是最好的，就餐体验和评价也集中表现为优良。人人湘的精品店模式要长期良性发展，一靠极致的产品，二靠用户体验的核心，所以在无法控制极致产品质量的情况下盲目开店，只能是砸了自己的招牌。人人湘之所以要将门店定位在精品店模式上，是因为人人湘的"线下"店面实际上起着旗舰店的作用，"只有门店的产品足够好，才能让用户愿意尝试购买老馋粉半成品产品等，从而勾起食客自己制作人人湘标准化产品的欲望，主动购买线上售卖的米粉、牛肉、花生等，实现线下营销到线上的友好转移。

这样一来，既然人人湘在网上就可以销售各种丰富的产品进而产生利润，那么就没有必要去开那么多的门店，而开店的目的就是吸引用户，将用户从'线下'吸引到'线上'"。

纵观人人湘的营销理念，实际上是互联网产品将线下营销与线上销售作为主要阵地，打通线上线下市场，不仅在产品本身，更在产品周边衍生品的生产和销售打通前后端。互联网营销是重要的，而最重要的是形成互联网销售，线上订单直接支付，转化为线下收货，再转化到线上评价和口碑传播，整个闭环顺畅。这是一种全新的营销理念，可能会在不久的将来对整个餐饮行业产生巨大的影响。

【点评与思考】餐饮竞争如火如荼，餐饮变革推陈出新。适应新形势，采用新科技，低成本、高效率运营管理，在吸引客人眼球的同时定能为企业生存与发展创造新的空间。

资料来源：Lucky. 人人湘　梦想米粉的深度互联网思维[J]. 餐饮世界，2015（4）：16-19.

第一节　餐饮业态与餐饮特点

一、餐饮业的形态

餐饮业，既类似于食品工业，又比后者增添了更多服务的内容；既接近于银行、商场等服务特征强的行业，又比后者多出了菜点加工生产，即类似工厂车间运作的部分。因此，餐饮业具有自身不可忽视的特点。系统、全面地分析和把握这些特点，对正确认识餐饮工作，进而对其进行有效的控制、管理，才是有的放矢、行之有效的。中国餐饮业的表现形式丰富多彩、各具特色。不同形式的餐饮企业，其经营档次、目标市场、餐饮出品等不尽相同，如表 1-1 所示。

表 1-1　中国餐饮业的表现形式与基本特点

业 态 形 式	业 态 特 点
高档酒楼	以高端消费者为主要客户。设施一流，环境高雅，产品富有特色。消费标准较高，常举行商务宴请、私人宴请
酒店餐厅	酒店内的餐饮场所。表现形式比较复杂，有中西宴会厅、中餐零点厅、咖啡厅、西餐零点厅等。用于高档公务与商务宴请、婚宴及住店客人消费。产品与服务规范，消费标准较高
家常菜馆	临近居民生活区，消费对象主要以中档及中档偏下的消费群体为主，菜肴可口，性价比较高，环境基本舒适、整洁
火锅店	中式火锅店面积有大有小，口味千差万别，但大多以辣为主，尤以巴蜀风格的火锅店最受欢迎。产品比较单一，经营管理与服务相对简单，价格易被大众接受。火锅店的发展扩张多以连锁形式进行
快餐厅	为急于解决吃饭问题的过客提供餐饮，常位于车站、码头、主要商业街区等交通要道。餐食简单、方便，价格适宜，出品基本上是预先制作的食品
食街小吃	位于商业街区或闹市区的商业大楼内，经营特点是将某一地区乃至全国的名优小吃集于一个空间之内，使食客非常方便地挑选自己中意的美食，价格公道
团体供餐机构	此类机构的诞生是社会分工专业化在餐饮服务领域的体现。专为团体单位提供餐饮产品的机构性餐饮企业，可由企业派出经营管理人员与生产服务人员进入被服务单位进行操作生产，或在自己企业加工好产品运送到被服务单位。优点是规范稳定了产品质量，降低了运营成本

续表

业态形式	业态特点
西餐厅	主要提供西式菜肴产品，集中于我国的大中城市。有酒店西餐厅与社会西餐厅两种形式。一般而言，酒店西餐厅能反映当今国际西餐的发展潮流
饮品店	主要提供咖啡、甜品与商务套餐，如星巴克、上岛咖啡等，多位于商业发达的中心城市，目标顾客是商务客人与青年人。经营利润不菲
茶餐厅	常选址在商务办公区及中高档居民区，目标顾客的层次比快餐厅高一点，菜品的品种通常有几十种，价格比较亲民。生产特点为现点、现烹、现卖，经营时间较长

资料来源：李勇平. 餐饮服务与管理[M]. 4 版. 大连：东北财经大学出版社，2010.

二、餐饮工作的特点

（一）生产、销售即时性

餐饮产品，无论是厨房出品，还是餐饮服务，多是不可提前制作、存而待售的。厨房加工、烹调（即餐饮的生产）与餐厅的售卖几乎都是同步进行、在同一时段完成。厨房烹饪（烹饪是指包括原料的加工、洗涤、刀工处理、配份、烹调，直至装盘全过程的厨房生产制作），尤其是配份、烹调，是在顾客光顾餐厅，发生点菜行为之后的活动，而一旦烹饪成肴，成品则在很短的时间内由服务人员传递运送给顾客，供其食用，即消费。这种相互依存、互为因果、前后联系十分紧密的特点，涵盖了以下几个方面的内容。

（1）厨房不可做大量预制生产，也就是说，只有产生消费需求时，才可进行生产制作；反之，提前生产，没能即时销售、消费，就可能因为质量的下降导致顾客的不满。不过，部分产品先期进行的半成品加工是可行的，但所有半成品制作的程度与数量，应以在顾客零点后，即时烹制、出品、质量达标为前提。这种特点往往给大规模生产或销售节奏较快的餐饮经营带来困难。

（2）生产和销售必须互为依存，很难异地进行。顾客对出品质量要求的严格性，使酒店只能压缩加工生产与服务销售的时间乃至距离，以达到即时性的效果。用于产品销售的餐厅要选择在闹市区交通方便、环境幽雅的地方，而就是在这样昂贵的地段还要有一定规模、面积的厨房生产区域，这对酒店来说，实在是无奈的投资和建造。即使是连锁、集团餐饮，将菜肴最前端的加工生产安置在地价低廉的城乡接合部进行，而后期的烹调、成品阶段仍须有一定的生产区域、生产条件协助完成。

（3）顾客对餐饮产品，这里主要指厨房出品，无需求时不可制作；一旦提出需求，而且大多为单个或密集性的需求，则要求即刻制作，并在较短的时间内完成、出品。这样，除对厨房场地、设备提出较高的配置要求，人员的使用有时也是不经济的。

（4）产品的销量直接受到场地、时间的限制。生产、销售的即时性不仅制约了厨房的预制、加工，也限制了产品的异地经营。因此，酒店开餐时间即为产品的生产售卖时间，除此之外的大多情况下不便经营。因而，总体销售数量有明显的局限性。

（二）劳动密集、技艺性

餐饮业是劳动密集型产业，主要体现在用工多、以手工劳作为主，从原料加工、厨房生产，到开餐服务、餐具洗涤等每个工作环节、每个工种岗位，都需要大量的人手才能保证运转。技艺性则表现在餐饮生产和服务都需要技术培训、经验积累，并要求时时处处注重产品的艺术性,给消费者以美的感受。深入分析,我们会发现此项特点包括以下几点内容。

（1）酒店用工多,人均产值、利润并不一定高,边际贡献有限。餐饮用工多使其连带工作量增大,主要表现为员工招聘、员工培训、员工考核、员工评估及员工管理等相关工作多,工作难度大。

（2）餐饮业由于具有劳动密集型特点,客观上又成了解决社会就业的重要途径。大多酒店对从业人员的选择标准弹性系数大,因此酒店成为广泛吸纳青年员工、下岗职工的不可或缺的渠道。

（3）技术复杂,对从业人员的艺术审美有一定要求。无论是烹饪生产、出品,还是餐饮服务,消费者都要求餐饮产品美观、卫生,具有审美价值。具体来讲,消费者对餐饮服务的要求如下：要求服务人员操作姿势规范、美观；要求菜肴与点心色彩亮丽、造型整齐、美观大方；要求其内在口味、质地可口舒适。而这些效果的取得是寄托在厨师、服务人员技术熟练、全面和具有审美基础的劳动上的。

（三）生产、服务手工性

餐饮业是在传统手工基础上发展、完善、壮大的,在工业化、机械化、自动化程度不断提高的大趋势下,餐饮业的运作方式、生产力水平也在不断改进、提高,但手工生产、手工劳作仍是当今餐饮业的主要运作方式。尽管有器械、计算机已经不同程度地应用于餐饮业,但餐饮业的大部分操作,尤其是技艺性较强的操作,如厨房的炒菜、装盘,餐厅的斟酒、分菜等,都离不开手工劳动。生产、服务的手工性主要表现在以下三点。

（1）生产、服务人员劳动强度大,易疲劳,同时容易引发事故。厨师长时间、高强度劳动以后,不仅影响菜肴的烹制质量,还容易出现刀伤、灼伤等事故。传菜员、服务员长时间强体力劳动,轻则影响操作的规范化程度,重则出现行走摔跌等事故,引发更大的麻烦。

（2）餐饮生产、服务的手工性,直接导致生产和服务操作的标准因人而异,给餐饮质量规范化、标准化管理带来诸多不便。

（3）餐饮生产、服务的手工性,还为餐饮生产和出品以及服务的卫生管理造成一定困难。手工操作的随时性、随意性、繁复性,很难保证卫生达标、安全可靠。

（四）产品构成综合性

餐饮产品主要由两个部分构成,即有体的厨房出品菜点食品和无体的餐饮服务,这两者不仅不便于储存,还始终相互依存。

1. 食品有体有形性

餐饮销售的食品,无论是厨房生产的菜点,还是酒吧调制的酒水,不仅有一定实物形态,而且在销售过程中有显而易见的位移和量的消耗。食品的有体有形使其在生产、管理过程中存在以下几个方面的困难。

（1）食品质量随成品销售时间的延长或耽搁呈明显下降趋势。各类菜肴、点心、调制酒水等产品,刚制作完成时,感官性状良好,色、香、味、形诱人,但随着时间的推移,质量急剧滑坡,甚至变成次品。麦当劳炸成的薯条必须在七分钟之内售出,否则就得倒掉,就是这个道理：不是不能吃,而是质感不合格。因此,有形的食品对出品售卖时间的要求也是很严格的。

（2）消费者对有形的食品可以进行无限的挑剔，他们认可食品才会接受，食用后才会埋单，一旦认为食品有质量（尤其是卫生、安全问题）、数量、价格等问题，可将有形食品封存投诉，甚至曝光、批判。因此，企业对各类餐饮出品的质量管理丝毫马虎不得。

（3）食品的有形性客观提供了同行模仿的便利性。菜点生产，是手工活，不像高科技产品，大多菜点产品易被解剖、仿制，这对酒店保持领先竞争地位提出了不断创新的要求。

2. 服务的无体性

餐饮服务很难像其他工业产品一样可以陈列样品，展示产品，消费者可以看样，可以试用。餐饮服务是顾客购买之前看不见、摸不着的，即使在消费过程中，顾客也只是靠观赏、凭感受，并没有实物形态的转移。因此，餐饮服务是无体（没有固定物体）的、易逝的，这给酒店的营销管理带来一定影响。

（1）不便于宣传促销。餐饮服务在消费前无固定形态、实物，为扩大影响、宣传促销带来不便。只有感受过酒店服务的消费者才能知晓，才能评价其产品特征及优劣。因此，餐饮服务的促销借助消费者的口碑是明智、可信的做法。

（2）不便于质检管理。无体的餐饮服务在顾客消费过程中发生，稍纵即逝，大多无法产生质检的空间、时段，这给企业内部管理、质量检查和控制均带来不便。因此，要求企业寻找更为切实可行的质量管理办法。

（3）不便于研究改进。餐饮服务的无体性，为研究、改进、完善、提高服务质量带来了不便，这给修正操作行为、规范质量标准、提高客人的满意度都造成了一定困难。

（五）工艺流程配合性

对于餐饮生产和服务，人们在仔细剖析以后会发现其具有有形和无体的特点，但其实在日常运作过程中是唇齿相依、密不可分的连贯运作。从某种意义上讲，餐饮部门更像工厂车间，购进的是各种原料，经过技艺结合的加工、生产，成品是在原料基础上形态、质感都发生了很大变化的新的产物。在此基础上，再由服务人员衔接自如地提供给顾客消费。因此，完整的餐饮产品是厨房、餐厅连贯工作的产物，是厨师、服务人员技艺结合劳作的结晶。其实，餐饮产品的加工、生产、服务也离不开提供原料的源头环节，即采购、仓库等部门的支持、配合。工艺流程配合性的特点决定了餐饮质量的提高和稳定是原料、加工生产、服务销售等众多环节、岗位、部门通力协作的结果，绝非一两个环节强化控制就能奏效的。

除了餐饮产品质量方面，餐饮成本、出品节奏，餐饮工作效率的调节、控制、把握，也都需要整个工艺流程协调配合，单打独斗是无济于事的。

（六）质量认定主观性

餐饮产品的服务销售与顾客消费的过程几乎是同时、同步进行的。这期间顾客领略、消费、享受餐饮产品，也是在较短的时间内经过判定认可进而接受、实现价值转移的。顾客花钱购买餐饮产品，对产品认同并没有繁复的试用、检测手段和程序，在很大程度上是凭借自身的经历、经验，也就是说对餐饮产品质量的认定具有相当大的主观性。

餐饮产品质量认定的主观性要求餐饮经营、管理要注意以下几个方面的问题。

（1）餐饮产品质量由顾客主观认定，这就难免失之偏颇。顾客的感觉器官灵敏程度、个人审美标准、价值取向，以及生活习惯、特殊时期爱好、喜忌等，都有可能对同一产品做出不尽相同的评价、判断，有时甚至有失公允。

（2）在餐饮经营、管理过程中，要更加关注顾客，发现顾客需求，并满足顾客需求。建立、完善客史档案，跟踪、研究顾客，设计、提供有针对性的产品，是满足顾客个性化需求的有效措施。

（3）在餐饮管理过程中，在提供规范化服务的同时，要增强服务的灵活性。对顾客的需求或用餐反应要在第一时间、直接当事人权限范围内尽可能加以满足或反馈，以使顾客不因一时一事的疑虑、不满而影响其对酒店总体的印象和评价。

第二节 餐饮管理理论概述

案例 1-2 菜里发现苍蝇 饭店竟开证明

"今客人在本店用餐，在剁椒鸦片鱼头里发现一只苍蝇，特此证明。"菜里吃出苍蝇是饭店的大忌，一般饭店遇到这种情况，往往竭力否认，有的甚至采取吞下苍蝇等极端手法隐匿证据。但余先生等人在某饭店就完餐发现苍蝇后，店家却"坦然"开出上述证明。

据余先生说，本月 19 日晚 7 时左右，他和朋友去某饭店用餐。餐毕结完账后，余先生突然发现刚才食用的一道菜中有一只红头苍蝇，他和同桌的朋友立即喊来一位领班小姐进行交涉。这位领班小姐连忙口称"对不起"。余先生提出该道菜能否退款或打折，这位领班小姐说领导都已下班了，对此事的处理办法只能是口头致歉。余先生又试探性地提出能否开个证明，好请有关部门处理，这位领班小姐就为余先生手写了一份"证明"，并加盖了店章。

该餐厅黄经理在接受记者采访时说，事发那天晚上余先生他们由于用餐时间很晚，饭店的领导的确已不在店内。余先生他们发现死苍蝇后，领班小姐立即向余先生口头道歉，后来饭店还为他们的菜肴打了八八折。黄经理还表示，饭店的有关人员为余先生开那样的证明，主要是本着实事求是和能让客人满意的原则，但坦率地说，这样做忽视了饭店的"自我保护"。

【点评与思考】餐饮运营中，突发事情较多。有效应对、积极处置突发状况，除了建立预案、平时多做培训，建立有效的向基层适当授权机制是行之有效的良策。

资料来源：唐晓明. 菜里发现苍蝇 饭店竟开证明[N]. 扬子晚报，2003-09-27.

一、餐饮管理的职能

（一）计划

计划是设立目的和目标，制定实施方案和工作步骤的管理活动。目的和目标指明管理工作需要做什么，实施方案则明确如何去做。计划应该在餐饮管理活动开始之初完成。

无论处于什么职位，每个管理者都必须制订计划。在最高管理层中，由高层管理人员编制长期计划，以拓展长远目标和促进目标实现的发展战略。在中间管理层中，由经理人员编制经营计划，以完成短期目标。在较低的管理层中，由主管人员制订日常经营管理程序计划。

制订有效的计划不仅需要有信息资源，还需要有以下相关因素。

（1）信息。必须掌握有效地制订计划的完整信息。

（2）沟通。制订计划时，各级管理人员要互相沟通。例如，餐饮总监在编制经营预算时，应先从总厨和酒水部经理那里了解信息。管理人员在制订计划时应该与员工沟通，这会使员工得到激励，员工会更愿意执行由他们参与制订的计划。这样的计划就成为"员工的计划"，而不是"管理者的计划"。

（3）灵活性。计划应该具有灵活性。餐饮服务管理人员应该知道，在事实证明计划需要修改时，应对计划做出相应调整。如经营预算计划，如果销售额明显低于预算，管理人员就应对计划进行修正，或降低成本，或扩大销量。

（4）实施。计划必须实施才会有效。一些花费大量时间形成的计划，但从未实施过或仅实施了部分内容，这不但浪费了有限的资源，而且让那些参与计划制订的员工感到失望。

餐饮管理人员都应该提前再做计划。各级管理人员都应该留出一定的时间去建立目标，并制订实现目标的计划，进而根据需要调整计划。如果没有制订计划，企业就会陷入重重危机。管理人员将会变成"消防队员"，解决连续不断的意外问题，整天陷入矛盾之中。这种状况可以通过制订有效的计划加以避免。

（二）组织

组织是在管理活动中回答"如何对有限的人力资源进行最优配置和利用，以实现组织的目标"的问题，组织就是要在人群中建立权力流程和沟通体系。

酒店应该注意，要保证每一个员工只有一个直接领导，如果一个员工有两个上司，在他接到两个相互矛盾的指令时，矛盾就会产生。

必须慎重确定每个管理人员应该管辖的员工数量。每个管理人员所管辖的合理的员工数量取决于多种因素，包括管理人员本身的工作经验、工作的复杂程度、需要管理的员工总数、问题可能发生的频率、管理人员期望上级给予的支持程度等。需要注意的是，管理人员所管辖的员工数量不能超越其控制能力。

酒店所有层级的管理人员都应该拥有资源的决策权。一个餐饮管理人员仅有做事的责任，而没有相应的权力，这会产生不良后果。对职责范围内必须完成的日常工作，管理人员无须得到上级的批准。对员工赋予决策权的情况也在逐渐增加，例如，允许餐厅服务员酌情处理烹调质量不合格的菜肴，而无须事先请示经理。

组织机构的发展变化应贯穿于企业的整个发展过程，许多餐饮服务企业已有的组织机构图不能反映当前的经营管理程序。例如，一家酒店的组织机构图中显示厨师的管理人员是总厨，但实际上，餐饮总监承担了管理厨师的职责，这样的组织机构图就应该更新调整，以便确切地反映该酒店当前人力资源的组织状况。

用人是餐饮企业管理活动的重要内容之一，目的是将素质高的员工吸引到酒店中来。求职申请表、筛选测试、个人资料审核及其他审查手段都是招募计划、挑选程序的重要组成部分。

要将求职申请人合理地安排到空缺的岗位，而不是招聘后再去问他能做什么工作。要做到这一点，设置工作职位时就必须规定所承担的任务。工作说明书或岗位职责应列出每个岗位人员需要完成的任务，以便于将求职申请人配备到相应的职位上。岗位职责的任职条件说明书应列出有效完成岗位工作所需要的个人素质和必备的个人条件。

通常情况下，招聘职位的申请人越多，筛选人员的工作就越复杂，但近年酒店招聘人员有越来越困难的趋势，尤其是一线服务人员。因此，更应鼓励大量人员前来申请职位，这样发现适合岗位的人员的机会就会增加。

确保新招聘来的人员顺利入职是组织用人管理的内容之一。精心安排好入职培训工作对新员工了解管理人员、工作同事和酒店的总体情况是非常必要的。

（三）协调

协调是分派工作任务、组织人员和资源去实现企业目标的管理活动。

协调的基础是沟通。酒店必须建立有效的沟通渠道，使信息能够在组织机构中上下流通。处于同一机构层级的人员也需要相互沟通。只有在各部门经理之间和其他管理人员之间建立开放的沟通体系，机构的目标才能实现。

授权是协调的重要内容。授权意味着权力能够在机构中下放，而最终的责任是不能下放的。例如，餐饮部经理向企业总经理承担完成餐饮全部经营预算的任务，餐饮部经理也可能将餐饮决策权授予厨师长或餐厅经理，但必须担负完成预算目标的责任。

（四）指挥

指挥是绝大多数管理人员的主要工作任务。人们通常认为，管理就是通过他人来完成工作。对劳动密集型的餐饮服务业来说更是如此。员工是每家酒店获得成功的极其关键的因素，了解员工的需求、愿望和期望可以帮助餐饮管理人员更有效地指挥员工。

指挥是指对员工的督导、工作安排和制度约束。督导包含了在工作过程中管理人员与员工之间相互联系的所有方式。当管理人员对员工进行督导时，应懂得如何激励员工的士气，如何使员工有合作精神，如何对员工下达指令，如何使员工表现更优。

将机构目标与员工的目标融为一体变得越来越重要。只有当个人的需求在工作中得到满足时，员工才能被激励。要尽量让员工参与对他们有影响的决策。

合理地安排员工的工作也是非常重要的。管理人员只有精确地了解每项工作需要多少劳动力，然后才能在此范围内开展工作，并且公平地对待所有的员工。

用制度约束员工是令许多管理人员感到畏惧的事情。但是，如果管理人员确信制度约束不是一种惩罚的方式，便会有一种积极的感受。确切地说，制度约束是一种提醒和纠正员工不当行为，并帮助员工成为组织中高效率成员的管理方式。制度约束的方法包括个别训导、召开劝告会，以及经理（或上一级经理、大企业人力资源部派出的人员）与员工进行严肃的谈话。在某种情况下，管理者也可以采取书面警告和暂时停职的方式。制定和执行正式的书面规章制度可以避免偏袒、歧视和不公正行为的发生。

（五）控制

仅有有效的计划、资源组织、员工协调和指挥实施，还不能保证企业目标的实现。因此，在管理过程中，必须实施控制职能。控制职能包括建立和实施控制系统。

餐饮产品是经过餐饮服务企业生产出来的。因此，对产品的采购、验收、储存、发放、制作和服务过程进行控制是至关重要的。

控制不仅仅是锁仓库门、审核菜品配料标准、在磅秤上称一称到货的重量等有形的工作，控制程序实际上是从编制预算开始的。预算指明了预计达到的收入和成本水平。餐饮管理人员应该根据财务报表，特别是损益表或以内部编制的统计资料为依据来编制收支预算。之后，餐饮管理人员必须衡量完成预算目标的程度如何，如果预期的结果与实际结果误差较大，就必须加以纠正，并对调整后的结果是否有效进行评估。

餐饮管理人员应该建立一套能够及时警示问题发生的控制体系。问题发生一段时间之后再进行控制显然是无济于事的。餐饮管理人员要制定每天或每周的控制程序，以便补充会计和成本核算控制人员所提供的财务日报的不足。

餐饮管理人员还应该意识到：只有执行控制体系所产生的效益高于其成本才是有价值的。例如，采用某种控制体系，每周需要支付的成本为 200 元，而每周节约的成本仅为 100 元，这就不是一种理想的方法；反之，花费 500 元购买一台设备，设备的回收期为 10 周，每周可因此而节约成本 50 元，这就是合算的。又如，山东济南一家酒店花 6 万元购买了一套闭路监控系统，经过不到一年的时间，有效、合理地裁掉了近 20 个不同岗位的人员，每年可减少人员工资等成本费用近 40 万元，这样的控制投入当然是有价值的。

（六）评估

评估在餐饮管理活动中主要体现在以下几点：① 总结在实现机构总体目标过程中的经营业绩；② 评估员工的工作表现；③ 评估培训计划的效果。餐饮管理人员必须回答一个永恒的问题：我们的工作完成得如何？

不管机构目标是否完成，管理人员必须经常进行评估。如果目标即将实现，管理人员应再次制定新的目标。如果机构目标还未完成，评估还可以起到监督的作用。

餐饮管理人员还必须进行自我评估。有些管理人员认为自己的工作做得很出色，因此不需要自我评估。还有一些管理人员则认为，自己在尽最大的努力完成工作，不可能把任何事情都做得很好，所以对他们进行评估是没有意义的。这两种认识都会导致工作低效。以真诚的态度评估自己的工作表现，可以帮助管理人员提高自身的业务能力和处理人际关系的能力。

二、餐饮管理的目标

餐饮管理的目标是指通过餐饮管理活动力求实现理想境界。明确了餐饮管理的目标，就把握了餐饮管理的主要脉络。

（一）实现资源最佳配置

全面认识、把握酒店拥有的资源，并科学、合理地对各种资源进行有效整合，从而使其达到最佳配置，这是餐饮管理长期追求、努力实现的目标之一。餐饮管理人员可以使用的资源主要有人、资金、时间、能源、产品、设备、程序等。餐饮业是一个资源覆盖面广、业务运作环节纷繁复杂的行业。酒店不仅具有企业内部资源，还有企业外部资源；不仅拥有有形资源，还拥有无形资源。对酒店至关重要的资源主要包括人力资源、物质资源、财务资金资源等。

1. 人力资源

人力资源主要指作为劳动密集型行业的酒店拥有的数量众多的员工，包括不同工种、不同层次、掌握不同技艺的厨师、工程维护和修理技术人员，以及具备营销策划能力、技巧的餐饮销售队伍等。

2. 物质资源

物质资源主要包括餐饮设备设施、酒店建筑空间和场地、厅堂等。设备设施，包括烹调加热设备、空调冷暖设备、灯光音响设备、家具设备等。餐饮设备设施大多先进、配套、使用方便，美观大方；餐饮的场地、空间、厅堂、包间环境优美，可大可小，可分可合，布置雅致美观。

3. 财务资金资源

酒店步入正常经营运转之后，资金流量会变大，周转也会加快。有些经营业务量大、生意红火的酒店在原料采购上具有买方优势，供货商会积极参与、竞争报价，从而使酒店从中受益。有的供货商甚至会出资赞助酒店活动，而且酒店的顾客消费多为现金结账，导致资金回笼快捷。这些资金资源用于企业营销、公关策划、投资运作，可以为企业带来更加丰厚的回报。

餐饮管理，就是要用足、用活酒店的既有资源，适时、科学地整合各类相关资源，使其创造更大的效益，产生更大的效用。例如，设备流程的合理布局，设备利用率的充分提高；信息资源的积极收集，设计并提供有针对性的个性化服务，扩大销售规模和提高顾客满意度；通过食品原料的综合利用，创造成本有效控制下的更大利润等。

（二）提供优质餐饮产品

1. 提供优质出品

厨房生产的产品、酒吧调制的酒水等，所有有实物形态的餐饮出品，实际上是解决餐饮消费者基本功能性需求的产品。因此，严格、有效管理食品质量，确保提供给顾客具有适当营养，色、香、味、形等感官性状良好的高品质产品，是餐饮管理不断追求的目标。

2. 提供优质服务

美国酒店业的先驱斯达特勒先生曾经说："酒店从根本上说，只销售一样东西，那就是服务。"服务的优劣体现在顾客的满意度上。顾客对服务满意度高，回头率高，证明酒店的服务及时、周到、品质优良。服务品质是餐饮管理水平的体现；服务品质的背后则是餐饮服务管理体系的支撑。因此，要保持持久、优质、高顾客满意度的服务，坚持餐饮服务质量的长效管理是必不可少的。

3. 提供至臻享受

厨房生产和餐饮服务在酒店是两个相对独立的阵营，是两大不同技艺含量的工种，并且这两大部分大多由不同的管理人员分别督导管理。只有将餐饮有形产品和无体服务进行有机组合、协调统一，才能切实给消费者带来完美、舒适、便利、周到的享受，使之获得完整、全过程、丰富、有意义的就餐感受。

（三）创造丰厚经济效益

投资是为了回报。只要餐饮投资方向正确，市场定位准确，产品受欢迎程度较高，其投资的回报率就会比较高，投资的回报速度也会比较快。餐饮的经营业绩、经济效益不仅与生产、经营场地和时间有比较紧密的联系，经营管理手段先进、方法高超，其经营收入、经济效益也会取得明显突破。例如，在提高出品和服务质量的前提下，施以有效的营销手段，提高餐厅上座率和翻台率，提高客人的人均消费，扩大产品外卖市场等，可使酒店经营收到上不封顶的效果。餐饮管理就是要针对餐饮规模、性质做文章，将各方面有利资源进行科学、合理、充分、有序的整合利用，为酒店创造持续、理想的经济效益。

（四）弘扬特色饮食文化

饮食文化伴随着人类历史的发展、认识水平的提高而不断进化，不断丰富其内涵，不断提高其文明程度。在当今社会，从事餐饮经营管理，理应在继承传统饮食文化的基础上，不断推陈出新，为丰富、发展饮食事业做出贡献。

1. 发掘整理历史资料，继承饮食优良传统

传统饮食文化是人类历史文化的积淀，是人类的宝贵财富。餐饮从业人员应本着严肃认真、勤勉务实的精神，一方面发掘整理传统饮食文化，另一方面继承发展传统饮食文化。发掘整理传统饮食文化，可以向历史典籍、考古发现、餐饮业传人寻找线索，搜集、整理相关资料，在此基础上加以研究、仿制，并将产品推向市场。例如，北京仿膳饭庄参考历史书籍，到北京故宫寻找线索，开发研制新品。这些都是发掘整理传统饮食文化的有力举措。

在发掘传统饮食文化、研制传统古典菜肴的同时，餐饮从业人员更应采取积极、严谨、科学、务实的态度，将有古典意义、历史渊源和可靠出处的传统菜点加以整理并进行不间断或阶段性制作，保持其原汁原味、原始风貌，以传承技艺，使其享誉后世。

2. 积极稳妥开发创新，丰富饮食文化内涵

今天的饮食文化，源自历史的积淀；未来的饮食文化，同样需要今天的充实。餐饮管理应在继承传统的基础上，不断为饮食文化注入新的内容。鼓励创新，丰富饮食文化内涵。餐饮管理应以行之有效的政策激励引导餐饮从业人员，以科学、认真、进取的态度不断推陈出新。提炼精品，留待时间和市场的经久考验，铸造优秀饮食文化，充实传统经典饮食文化行列。在创新的基础上，经过大浪淘沙，产品再由诞生、成熟，并不断升华、升值，直至成为广受欢迎的经典品种，才可载入史册，流芳百世。

3. 加强交流研讨，宣传弘扬饮食文化

无论是传统饮食文化精品，还是创新、发展饮食文化内容，都离不开宣传和推广。因此，积极有序地开展不同层次、广泛持久的饮食文化交流研讨，不仅对丰富饮食文化内涵、提升饮食文化品位有直接意义，同时对扩大饮食文化的影响和覆盖面进而引起更大范围的文化拉动效应的间接意义也是不容忽视的。餐饮管理人员是饮食文化最直接、最具有说服力和影响力的倡导者、实践者和推广者，通过身体力行的积极、有力推广，既可普及饮食文化，又可进一步带动餐饮消费，对酒店扩大市场、增加销售起到了重要作用。

三、餐饮管理的内容

餐饮管理是指将各种有效的餐饮资源加以有机整合，从而为酒店创造持续、理想的社会和经济效益。具体分析、全面把握餐饮管理的内容，是餐饮管理人员充分履行职责、系统开展管理工作所必需的。

（一）餐饮人力资源管理

人力资源管理是餐饮管理的首要任务。因为只有有了人，餐饮业的各项工作才可能开展。以下为人力资源管理的内容。

（1）人员配置。餐饮部门用工多、劳动密集，故更需要进行合理的人员配置。人员配置包括根据餐饮的规模、档次，对本部门进行机构设立、管理层次和幅度的确立，对餐饮机构内的各工种职能进行分工界定，对各岗位职责进行规定。

（2）人员招聘与培训。餐饮新员工需要通过合适的渠道进行招聘，有人员流失的岗位仍需要进行填补招聘。各岗位人员任职条件的确定、应聘人员的审核和测试等是餐饮人力资源管理的基础工作。招聘员工的培训、员工上岗后的继续培训、培训主题的确定、培训活动的实施等都是餐饮管理人员应身体力行的。

（3）考核与激励。设计餐饮各级别、各岗位的考核频率、考核方式，并适时组织实施；指导并实施对餐饮员工的激励、增强集体协作意识。根据酒店及员工构成的特点，帮助员工及管理人员规划自己的职业生涯，确定企业的发展远景，并通过有效手段，鼓励员工将个人目标与企业成长、发展目标有机融合。

（4）保持人员动态平衡。餐饮人员流动虽不可避免，但不可没有节制。餐饮管理要力求使流动率保持在适当的范围内。对在企业从事生产、服务工作的员工，也要适时进行优化组合，以使人力资源的作用得到最大程度的发挥。

（二）餐饮经营效益管理

在既定档次、标准、水准的前提下，餐饮经营企业追求利润最大化、服务性企业追求成本最小化，这是餐饮管理的一致目标。餐饮经营效益管理是餐饮管理中最为量化、餐饮投资者最为关注的内容。餐饮经营效益是餐饮的营业状况、盈利水平、成本控制效果、资金使用态势的综合表现。这方面的内容既是餐饮管理中容易考核的内容，又是对餐饮管理最具有说服力的考核内容。

（1）经营计划管理。根据餐饮投资经营目标，结合当时、当地各方面信息资源条件，进行餐饮生产经营计划管理是餐饮管理带有战略性的决策工作。经营计划包括市场定位、定价策略、毛利及成本水平、企业改造或大修理运作等方面的内容。

（2）经营指标管理。经营指标是餐饮运作管理水平、管理目标实现程度的直观体现。经营指标不仅包括营业收入、成本幅度、获得毛利、实现利润等指标，还有若干与之配套、互为支持的众多具体细化的指标，如上座率、翻台率、人均消费、餐具损耗率等。

（3）营销策划管理。营销策划是实现餐饮各项经营指标的重要手段和有力保证。餐饮营销策划包括计划并组织美食节、外卖、各种食品促销活动等。营销策划管理的目的是力求降低销售成本，创造可观的销售业绩。

（三）餐饮物资原料管理

餐饮生产和服务对设备设施的依赖性很强，因此设备设施维修费用也意味着净成本的增加，即净利的消耗。不仅大型设备设施的投入与管理是餐饮管理的重要内容，餐饮用具的使用与管理、采购进货频率、每日用量较大的食品原料的管理，都是餐饮管理不容忽视的主要内容。对这些方面管理的好坏有时直接影响到经营的成败或经营能否持续。

（1）餐饮设备设施管理。餐饮设备设施管理包括餐饮设备设施的投入、结构设计与设备布局、选型与购买、日常使用管理责任的确定以及维护和保养机制的建立。餐饮管理人员应全面负责整个酒店设计与布局、设备配置工作，对完善和提高餐饮生产及服务质量方面的设备设施及设计问题提出积极建议。

（2）餐具、用具管理。餐具、用具是餐饮生产和服务使用频率极高、影响产品质量的重要因素。对餐具、用具的配备、日常生产与应用的管理，正常损耗的核定，添补、调整的计划，以及此类物品的运作、管理方式等，都是餐饮管理不可或缺的组成部分。

（3）食品原料管理。食品原料管理是餐饮生产经营赖以持续进行的先决条件，同时也是降低成本和保证出品质量的基本前提。餐饮管理人员应对原料的规格、标准、进货方式与周期、进货质量与数量，以及新品原料的开发和引进、对供货商的考核和评估等方面认真履行管理职责。

（四）餐饮加工生产管理

现代厨房管理，就是要在现代先进管理理论的指导下，将厨房人力、设备、原料等各种资源进行科学设计和整合，创造最高的工作效率，提供品质优良且持续稳定的出品，在满足消费者需求的同时，为企业创造良好、可靠的口碑和效益。

（1）建立高效有序的运转管理系统。要为整个厨房设立一个科学、精练、确有成效的生产运转系统，包括人员的配备、组织管理层次的设置、信息的传递、质量的监控、原料货源的组织与出品销售的协调指导等方面。

（2）制定工作规范和产品规格标准。为了保证厨房的各项工作有章可循，统一厨房的业务处理程序，保持一致的加工、制作、出品标准，厨房管理者必须明确制定并督导执行各项工作规范和产品规格标准。厨房生产的规格标准要求包括：一要管理者与员工一致认可；二要切实可行；三要可以衡量和检查；四要保持贯彻不变。

（3）科学设计餐厅厨房布局。餐饮生产场所设计一般比较重视前厅部分，但对后厨不太重视，这其实是错误的理念。厨房的规划设计和布局既是建筑设计人员的工作，也是厨房管理人员分内的工作。厨房设计布局科学合理，能节省人力、物力，为从事正常的厨房生产操作带来很大便利，也为稳定、提高厨房出品质量起到一定的保障作用；反之，不仅增大设备投资，浪费人力、物力，而且为厨房的卫生、安全留下隐患，从而不能保证厨房出品的速度和质量。因此，厨房管理者应积极参与，主动提出和不断完善厨房的设计与设备布局，同时为员工创造良好的工作环境。

（4）督导厨房有序运转。将厨房的硬件、软件进行有机的组合搭配，随时协调、检查、控制、督导厨房生产全过程，保证厨房各项工作的规范和工作标准得以贯彻执行，生产各种风味纯正、品质优良的厨房产品，保证餐厅按时开餐，以满足各类用餐客人的需要，这是厨房管理的根本任务。督导厨房生产全过程，不仅是厨师长及其他管理人员的任务，还是对厨房所有岗位、各个生产流程提出的通力合作、全面质量管理的要求。管理者应以身作则，以实际行动号召厨房所有员工自觉自律、勤奋工作，这为厨房顺利开展各项工作奠定了坚实可靠的基础。

（五）餐饮产品质量管理

产品质量管理是餐饮管理的重要内容。只有客人认可、稳定可靠、不断完善的餐饮产品质量，才会使酒店持续发展。餐饮产品既有有形的食品，又有无形的服务，还有客观存在的环境。

（1）厨房出品质量管理。厨房出品质量管理包括：对厨房产品设计不同消费标准的产品组合；对菜点色、香、味、形等感官性状的检查、要求；对出品次序以及菜点创新和质量的把握等。

（2）服务质量管理。服务质量是决定顾客餐饮消费方便性、舒适程度和心理感受的重要内容。服务质量包括餐饮员工的服务技能、服务态度和服务工作效率等。服务质量管理，就是围绕上述内容进行流程设计、指导培训、督导运转等工作。在服务规范、技艺成熟的基础上，设计并提供有针对性的个性化服务是服务质量管理的更高要求。

（3）就餐环境管理。就餐环境是构成顾客餐饮消费心境、情趣，进而影响用餐时间和人均消费的重要因素。就餐环境管理包括：环境舒适程度，如空气、音响、气味、温度、湿度、卫生、整洁等的设定和控制；摆饰的美观、大方，雅致效果的创造，如家具、衣橱、电视机、洗手间、传菜道等；气氛的渲染和特定主题文化氛围的营造，如主题宴会、节日用餐、家人欢聚、公司庆典等。

（六）餐饮工作秩序管理

餐饮工作秩序管理主要指为有序执行生产经营工作计划必须从事的一些日常基础管理，包括以下管理内容。

（1）工作流程规划。餐饮工作秩序管理有一项最基础的工作就是根据餐饮的规模、档次、隶属关系、销售市场及生产、经营方式和特点，规划、设计切实可行的企业工作运转流程与方式。具体来讲，餐饮工作流程规划包括：原料申购、申领程序与方式，信息传递渠道与方式，质量管理体系建立，成本控制体系建立，突发事件处理（预案）体系建立等。

（2）制定生产规范。生产规范即生产规格、工作标准。酒店无论是厨房生产，还是餐厅服务，多为手工劳作。因此，员工操作先天的差异性与大部分顾客认同的规范化就有一定的矛盾。解决这个矛盾的有效办法就是站在企业和顾客需求的角度，设计制定与餐饮规格档次、目标定位相吻合的各项操作规范，并依此培训、指导员工操作。这些规范主要有：① 餐厅服务规范，如引座、托盘、斟酒、分菜、撤台等；② 厨房生产规格，如原料加工规格、上浆规格、菜肴配份规格、果盘切配规格等；③ 餐饮工作程序，如原料申购和申领程序、顾客退换菜点程序、顾客寄存酒水程序、为顾客结账程序等。

（3）制定管理制度。制度是保证执行规范的前提，是保护先进、鞭策落后的手段，是企业管理导向的标志。制定积极向上、切实可行的系列管理制度，对健全和完善餐饮管理是非常必要的。餐饮管理制度主要有员工休假、请假制度，反食品浪费制度，各岗位值班交接班制度，人员考核制度，技术、技能比赛制度，企业奖惩制度，设备、设施管理制度，消防、安全制度等。餐饮员工必须共同遵守的最基本的行为规范要求就是企业的员工守则，这也是制度管理的重要组成部分。

（4）设计运转管理表格。表格管理是餐饮管理的基本形式。餐饮运转、信息传递、账目处理、成本控制、质量分析、客户资料搜集等主要业务管理活动都离不开系列表格的支持。因此，设计简单明了、方便易行、合理配套的各类餐饮运转管理表格（表单）是餐饮管理必不可少的基础工作。管理表格主要有客情预订及跟踪管理系列表，财务收银及成本控制系列表，货物申购、申领、调拨系列表，厨房各岗位规范用料系列表，质检项目及质量分析系列表等。

（5）建立督导机制。工作流程规划和设计，制定生产规范和管理制度，设计运转管理表格，这些都是建立餐饮良好工作秩序的必要前提。这些工作是否得到有效实施，执行情况如何，即工作秩序如何，检查效果的关键是必须建立督导机制。这项工作包括设立督导模式、明确督导方法与策略、落实督导结果等，从而使督导与培训、完善管理做到有机统一，相互促进。

（七）餐饮卫生安全管理

卫生和安全管理是餐饮管理至关重要的工作内容。卫生和安全是否达标，是否被消费者认可，是否让企业内部员工感觉踏实，直接关系到整个酒店经营能否正常进行，因此对这方面的管理切不可投机取巧、敷衍了事。

（1）食品卫生安全管理。食品卫生安全管理主要是指对食品原材料、半成品及成品的卫生和安全管理，包括原料进货的各方面指标，保质期内的卫生和安全，厨房生产过程中半成品、成品的保管、质量指标合乎要求等。

（2）生产、操作卫生安全管理。厨房、酒吧对原料进行加工、生产、制作，不仅其操作方式、生产环境要符合卫生和安全要求，生产过程中也要防止对食品造成污染。生产操作要严格按劳动保护和安全操作规范要求，防止各类事故的发生。

（3）设备及其使用的卫生安全管理。餐饮对设备设施的卫生安全要求很高。对设备及其使用的卫生安全管理主要包括对设备设施的维护保养，设备设施损伤维修规范的建立，设备卫生、整洁的保持，设备安全操作规程的培训与督导执行等。

（4）产品销售及环境卫生安全管理。必须加强餐饮各类食品的销售环境、销售方式、售卖用具的卫生和安全。

（5）餐饮卫生安全管理体系建立。建立餐饮生产全过程、全方位的卫生督导、管理体系，切实加强卫生安全制度建设和实施的督导，以规范、完善的管理有效防止食物中毒、火灾等各类事故的发生，并建立相应的预案管理，以确保对可能出现的事故进行有序、高效的应急处理。

本章小结

1. 餐饮企业的十种业态：高档酒楼、酒店餐厅、家常菜馆、火锅店、快餐厅、食街小吃、团体供餐机构、西餐厅、饮品店、茶餐厅。

2. 餐饮工作的六大特点：生产销售即时性，劳动密集技艺性，生产服务手工性，产品构成综合性，工艺流程配合性，质量认定主观性。

3. 餐饮管理的六大基本职能：计划、组织、协调、指挥、控制和评估。

4. 餐饮管理的四大目标：实现资源最佳配置，提供优质餐饮产品，创造丰厚经济效益，弘扬特色饮食文化。

5. 餐饮管理的七大内容：餐饮人力资源管理、餐饮经营效益管理、餐饮物资原料管理、餐饮加工生产管理、餐饮产品质量管理、餐饮工作秩序管理、餐饮卫生安全管理。

课后练习

一、名词解释

食街　饮品店　即时性　服务无体性

二、单选题

1. 餐饮管理的第一项基本职能是（　　　）。
   A. 计划　　　　　B. 组织　　　　　C. 领导　　　　　D. 控制
2. 餐饮企业至关重要的第一位的资源是（　　　）。
   A. 人力资源　　　B. 物质资源　　　C. 奖金资源　　　D. 信息资源
3. 不属于餐饮企业生产的特点的是（　　　）。
   A. 生产销售即时性　　　　　　　　B. 生产服务手工性
   C. 工艺流程配合性　　　　　　　　D. 质量认定客观性
4. 处于"倒金字塔"管理体系最高层的应该是（　　　）。
   A. 决策层　　　　B. 管理层　　　　C. 操作层　　　　D. 服务层

三、多选题

1. 餐饮产品的现点现做、立即消费的特点属于餐饮消费的（　　　）。
   A. 即时性　　　　　B. 目的性　　　　　C. 综合性
   D. 反复性　　　　　E. 空间性
2. 餐饮企业人力资源管理的内容有（　　　）。
   A. 人员招聘　　　　B. 岗位配置　　　　C. 持续培训
   D. 绩效考核　　　　E. 市场细分
3. 餐饮经营效益管理的内容有（　　　）。
   A. 经营计划管理　　B. 经营指标管理　　C. 营销策划管理
   D. 设备设施管理　　E. 餐具、用具管理
4. 餐饮产品质量管理的内容有（　　　）。
   A. 厨房出品质量管理　　　　　　　B. 顾客就餐环境管理
   C. 企业文化建设管理　　　　　　　D. 现场服务质量管理
   E. 员工工作流程管理
5. 餐饮产品的构成要素有（　　　）。
   A. 菜肴　　　　　　B. 点心　　　　　　C. 酒水
   D. 服务　　　　　　E. 管理

四、判断题

1. 由于采用高科技设施设备，餐饮企业用工人数一般不多。　　　　　　（　　　）
2. 酒店餐饮部门担负着为酒店树立良好企业形象的重任。　　　　　　　（　　　）
3. 餐饮企业营业活动中的结账以收取现金为主。　　　　　　　　　　　（　　　）
4. 团体供餐机构一般都在自己的用餐场所向消费者提供用餐服务。　　　（　　　）
5. 茶餐厅是以提供商务套餐为主的餐饮机构。　　　　　　　　　　　　（　　　）

五、简答题

1. 简述餐饮管理活动中的评估内容。
2. 简述人力资源管理的内容。

3. 简述管理职能中计划的重要性。

4. 简述餐饮物资原料管理的内容。

5. 简述餐饮厨房管理的内容。

六、论述题

1. 论述餐饮企业如何倡导饮食文明、弘扬发展餐饮事业。

2. 结合一家餐饮店的管理实践，论述餐饮管理的具体内容。

案例讨论

消防主题餐厅+主题公园亮相深汕 寓教于乐传播消防知识

近日，深汕消防救援大队与肯德基餐厅、华润赤河广场联合打造的全区首家"消防主题餐厅"和"消防主题公园"正式亮相，成为宣传消防安全的一个新阵地、新窗口。

据了解，这家"消防主题餐厅"集日常餐饮、消防元素展示、消防常识学习于一体，内部设置餐饮区、提示区、儿童区三个区域，消防安全小标语、消防知识和消防卡通造型等消防元素随处可见。在儿童消防体验区，还摆放了答题夹娃娃机，以方便小朋友在娱乐的同时学习消防知识，熟悉操作消防器材。此外，餐厅工作人员在出餐时会派发消防问答卷和消防小卡片给每一位顾客，让顾客在品尝美食之余，知晓更多消防安全知识。

"这种新颖的宣传形式，不光使大人受益，孩子也乐于接受。顾客既可以品尝美食，还可以学习到消防知识，我感觉挺好的。"前来打卡消防主题餐厅的刘小姐表示。

"消防主题公园"面积约 1000 平方米，具有鲜明的消防主题特色，集观赏性、教育性、互动性为一体，采用雕塑、趣味小物等主题装饰，突出"消防主旋律"，注重传播"防火、防溺水、地震逃生"等消防安全常识，可使市民在休闲娱乐中了解如何防范和应对火灾发生、如何进行火场逃生等常识。此次"消防主题餐厅"和"消防主题公园"的建立也打破了固有的消防宣传模式与格局，形成"教育孩子、带动家庭、影响社会"的消防宣传新模式。

据统计，自消防主题餐厅及公园开放以来，累计有 15 000 余人前往参观游玩，通过寓教于乐互动游戏发放宣传手册及小礼品 3600 余份。下一步，深汕消防救援大队将结合辖区实际，加大消防安全宣传力度，丰富消防安全宣传形式，切实提升消防安全宣传实效性。

资料来源：张喆. 消防主题餐厅+主题公园亮相深汕 寓教于乐传播消防知识. 深圳新闻网, 2022-01-07.

思考题：

1. 针对近年来市场主体日益多元化、需求个性化的发展变化趋势，思考餐饮经营定位应做哪些调整？

2. 如何打造主题化简餐、快餐餐厅？

实训项目

1. 如果将文艺演出中的报幕形式运用到今天的宴会活动中，你将在宴会管理中如何组织、落实？

2. 组织学生访问几家独立的餐饮企业、连锁的餐饮企业与酒店下属的餐饮机构，让学生弄清楚它们之间的联系与区别，并对它们的生产特点与服务特点进行比较。

3. 安排学生到餐饮企业实习，切身体会餐饮服务中服务主客体之间感受到的服务工作的同步性、即时性特点。

第二章　餐饮市场调研与计划管理

学习目标

通过本章学习，应达到以下目标。

1. 知识目标：了解顾客餐饮消费需求、餐饮消费特点、影响顾客消费需求的各种因素、餐饮经营计划的意义和内容。
2. 技能目标：掌握市场调研的各种方法，能设计不同形式的调查问卷。
3. 能力目标：根据餐饮经营计划要求，熟练掌握各种经营计划的编制方法。

导入案例

案例 2-1　某餐饮企业私下给顾客打标签？消费者担心"看人下菜碟"

近日，有网友爆料称海底捞在会员系统里私下给顾客贴标签，包含体貌特征和个性需求等，更有客户被标注"喜欢在 App 投诉"等标签。2 月 24 日海底捞回应表示，为了持续提升和优化顾客的个性化服务需求，门店管理人员可以在会员系统中对顾客就餐的个性化需求进行补充（如麻辣锅去葱段、柠檬水加冰等）。公司于 2020 年起对相关内容进行持续优化，明确禁止对顾客个人信息（如体貌特征等）进行任何备注，并于 2021 年 1 月全部排查整改完毕，所有新增信息均需要通过严格审核。

在大数据时代来临之前，绝大多数老字号饭庄均有自己的"镇店之宝"———一位熟悉所有老客户消费习惯、脾气秉性的店小二，或者一位亲切贴心的老掌柜。至今，北京不少老字号还会有一位"老人儿"坐镇店里，跟老客叙旧、与新客寒暄，提醒服务生，为客人提供贴心的个性化服务。

餐饮服务争的就是个人气儿，不管是追求高单价的，还是追求翻桌率的。让顾客舒坦了、觉着贴心了，生意就不愁不长久。如今，海底捞在应用后台给会员们"贴标签"，这个消息之所以能冲到热搜第一、引发巨大争论，必然和当下公众信息安全意识的增强有很大的关系。在产品日益趋同的当下，餐饮店家的特色服务是形成差异化的手段，核心目标是让头回客变成回头客，让回头客变成常客。因此，对自己的会员加倍用心、了解他们的消费习惯、赢得他们的信任，从而稳定赢利，是海底捞这样的大型连锁餐饮企业精准服务的必需。

但是，精准服务的最终目标，是让顾客觉得舒服、产生信任。一旦让客户觉出自己被暗中观察甚至算计，店家的各种努力，不仅是白费，还有可能给企业带来负面影响，甚至有可能涉嫌侵害顾客的个人隐私。"圆脸""黄头发""大学生""微胖"和"不要葱段、香菜""喜欢单点番茄汤"完全不是一个性质；特别是"喜欢在 App 上投诉"之类的描述，就更有看人下菜碟、将顾客打入另册、提防警惕的意味。

【点评与思考】为顾客"画像"，确实有助于企业细分客户群体，了解客户需求，提供个性化服务。但采集用户信息不能过度，倒卖信息更不合法。征求顾客的同意，让顾客相信信息不会滥用，是企业必须提前悉心做好的功课。

资料来源：侯江.海底捞私下给顾客打标签？消费者担心的是"看人下菜碟"[N].北京晚报,2022-02-24.

第一节　餐饮消费者及其需求分析

一、餐饮消费者的类型

餐饮产品、餐饮定位、餐饮风格等，只有满足餐饮市场需要、适应消费者消费需求，才有存在的可能，也才有发展空间。研究、分析餐饮消费者类型，对选择有针对性的餐饮经营市场、有目的地选择组合菜品是十分有益的。综观餐饮市场，消费者大致有以下几种类型。

（1）简单快捷型。这类消费者追求的是服务方式简便、服务速度快捷。简单快捷型消费者在接受服务时，希望能方便、迅速，并确保质量，他们大多时间观念强，最惧怕排长队或长时间等候，讨厌服务人员漫不经心、动作迟缓、不讲究效率。针对这一类型的消费者，餐饮人员在餐饮经营中要处处方便他们，提供简单、快捷、高效率、高质量的菜肴、点心。

（2）经济节俭型。这类消费者以餐饮消费价格低廉为主要追求。目前比较普遍的大众消费群体就属于这种类型。这类消费者一般都具有精打细算的节俭心理，他们非常注重菜肴的规格、数量和价格，而对质量并不十分苛求；他们对用餐环境并不计较是否豪华，但要求卫生、整洁。随着餐饮市场向大众化方向发展，经济节俭型消费者群体将越来越庞大。因此，针对此类消费者，餐饮经营者、厨房管理人员在选择菜点、设计菜肴结构、确定菜肴售价时，必须将经济实惠作为一个重要原则来考虑。

（3）追求享受型。这类消费者以物质生活和精神生活享受为主要追求。他们一般都具有一定的社会地位或者较强的经济实力，把餐饮消费活动更多的当作显示自己地位和实力的活动。因此，他们对菜肴的档次、服务的规格、用餐的环境等都有很高的要求，不但希望品尝到名贵的佳肴，还希望享受到优质的服务，以彰显其高贵的身份地位。针对这类消费者，餐饮经营者不但要为其提供高雅的就餐环境、精致的菜点，而且要提供全面、优质的服务。一旦出品、服务都能令其满意，这类消费者成为回头客的可能性就很大了。

（4）标新立异型。消费者一般比较注重菜肴或服务的新颖、刺激，追求与众不同的感觉。这类消费者主要以青年人和外出用餐频率高的消费者为主，他们对新开发的菜肴，特别是一些用较少见的原材料制作的菜肴或者制作方式独特的菜肴，以及新奇别致的服务方式都有浓烈的兴趣，对价格并不十分计较。目前，这类消费者群体在都市中为数不少，这也激发一些餐饮经营者不惜代价钻研开发新产品以制造新奇感，投其所好。

（5）期望完美型。消费者对酒店信誉、出品、服务和环境及其他可能发生的行为活动都要求精致，以求获得餐饮消费全过程轻松、愉快、良好的心理感受。这类消费者属于唯美主义者，他们具有丰富的就餐经历，对餐饮市场变化和菜肴、服务等都很熟悉。他们以企业的信誉作为选择就餐场所的依据，对企业的设备设施、价格等并不过分苛求。但是，他们不能容忍餐厅环境脏、乱、差，不能接受菜肴零乱、不够新鲜，更受不了服务员的怠慢服务。在他们心目中，用餐的全过程都应该是快乐、完美的，他们希望获得满意、愉快、舒畅的心理感受和美好的回忆。他们非常注重餐厅的综合实力，以及餐厅的经营氛围和信誉，对餐厅的社会形象也十分在意，任何经营上的错误或瑕疵都可能使这类消费者却步。

现实生活中，单一类型的消费者很少，大多数消费者是兼备型的。希望服务方便快捷、菜肴质量优良和价格合理，获得良好的心理感受等，这些是大多数消费者的共同追求。因此，设计餐饮产品、选择组合菜品必须对其做充分考虑。

二、餐饮消费者的需求分析

（一）生理需求

（1）营养健康需求。现代餐饮消费者的营养意识越来越强烈，越来越重视饮食营养的均衡和合理搭配，关注菜肴的荤素搭配、粗细结合。合理的营养来自每一天每一餐的餐饮膳食，大多数外出就餐的人希望餐厅提供的菜点能够科学合理、营养均衡，甚至希望餐饮经营者将每道菜的营养成分及其含量在菜单上标注出来，方便其自主选择。餐饮管理者，尤其是菜肴设计者，必须具备基本的营养学知识，并能结合消费者的特点进行菜肴组合，以科学的态度让消费者感受到真切的关心和爱护。

（2）品尝风味需求。风味是指消费者在就餐时对菜肴产品的色、香、味、形诸方面产生的总体印象，它是刺激消费者选择菜肴的重要因素。消费者对风味的需求因人而异：有的喜爱清淡爽口，有的希望色浓味重，有的追求原汁原味。经营者、厨房管理者必须对本餐厅主要客源市场的风味需求有一定的了解，从而有的放矢地设计出适合消费者需求的菜肴、点心。一间门店、一家餐厅可以经营单一风味的菜肴，也可以同时经营数种不同风味的菜肴，以适应和满足不同口味需求的消费者。

（3）卫生和安全需求。食品卫生关系到就餐客人的身体健康，消费者对餐饮卫生方面的需求是立体的、多方面的，既包括餐厅提供的各类食品的卫生、用餐器具的卫生、就餐环境的卫生，也包括生产、服务人员自身的卫生和操作行为的卫生。在安全方面，大多数消费者对高档餐厅是信任的，他们认为在就餐过程中发生安全事故的可能性极小，尽管如此，经营者对于客人的安全问题仍不容忽视。

（二）心理需求

（1）感受欢迎需求。消费者光顾餐厅都希望受到客人应有的礼遇，希望一走进餐厅就有迎座员、服务员礼貌的问候，处处感受到"宾至如归"的关爱，这些都是消费者感受欢迎需求的具体表现。消费者感受欢迎需求还表现在希望得到一视同仁的服务。在餐厅接待服务中，不能因为优先照顾熟客、关系户或高消费客人而忽视、冷落了其他消费者。在做好重点消费者服务的同时，服务员应同样兼顾到餐厅中所有消费者，任何的顾此失彼都会引起部分消费者的不满甚至尖锐的批评。因此，餐厅服务过程必须做到一视同仁，不能让任何一位消费者感受到冷落和怠慢。消费者在感受欢迎的需求同时表现为消费者愿意被认识、被了解。当消费者（熟客）听到服务员带着消费者的姓称呼他时，他会很高兴。特别是发现服务员记住了他喜欢的菜肴、习惯的座位甚至特别嗜好时，消费者更会感到自己受到了重视和无微不至的关怀。

（2）享受尊重需求。享受尊重是消费者普遍的心理需求。在服务中，消费者追求的主要是对个人人格、风俗习惯和宗教信仰的尊重，以获得心理和精神上的满足。餐厅服务员的举止是否端庄、语言是否亲切、是否讲究礼貌、菜点推荐是否得体、是否顾及消费者的信仰和消费心理，以及是否能够做到主动服务、微笑服务，都关系到能否满足消费者享受尊重的心理需求。

（3）满足舒适需求。很多消费者在品尝美味佳肴的同时更希望得到紧张工作之余的放松，希望餐厅提供的服务设施、服务项目等给自己以身心上的满足和享受。消费者要求舒适的需求能否被满足取决于餐厅的硬件和软件设施，所以消费者不仅寻求美味佳肴，追求优质的服务，还注重餐厅的设计、装饰以及设备设施等给其视觉、听觉、嗅觉、味觉等是否带来舒适的感受。一顿完美的就餐应当能给消费者带来全身心的愉悦。

（4）物有所值需求。感觉值得、追求物有所值是绝大多数餐饮消费者的普遍心态。在高档酒店、高档会所、高级餐厅，消费者期望餐厅所提供的一切实物产品与服务都要豪华气派，与其规格档次相吻合。他们不在乎价格昂贵，只要求物有所值。他们希望在这些酒店、会所、餐厅能够享受到用高档食品原料制作的精美菜肴，享受到酒店、会所、餐厅豪华典雅的气氛，以及优质、规范的服务。相反，对于一些追求物美价廉的消费者来说，他们更多的是希望餐饮产品经济实惠，对菜肴的价格比较关注，对服务人员的服务态度也比较敏感。因此，餐饮经营者必须根据不同消费者的不同需求，设计出与之相应的餐饮产品。销售员、点菜员、服务员在向消费者推荐、介绍菜肴产品时也要注意有针对性，针对不同需求的消费者，推荐恰当的产品。

（5）获得愉悦需求。消费者在进行餐饮消费时，普遍希望服务人员热情、诚恳、文明礼貌，关心、理解消费者，使消费者获得精神和心理上的愉悦。餐厅服务人员的服务态度对能否满足消费者的精神和心理需求有着决定性的作用。一般来说，优质的服务由优质的功能服务和优质的心理服务构成。为消费者介绍食品或饮料时，能否介绍得准确、得当，这是技能方面的问题；而能否在介绍时始终保持微笑并彬彬有礼，则是服务态度方面的问题。心理学家费洛姆说："谁能自动'给予'，谁便富有；'给予'并不是丧失、舍弃，而是因为我存在的价值正是给予的行为。"服务应能够提供消费者心理需求得到满足的感受，使他们觉得服务人员热情、周到，从而使他们感到愉悦。

除上述心理需求外，消费者的心理需求还包括显示气派需求、舒适方便需求、追新求异需求等。餐饮管理者在生产、经营和服务过程中，必须认真研究消费者心理，设计有针对性的厨房产品和服务方式，努力使消费者在生理和心理上都能获得最大限度的满足。

第二节　餐饮消费的特点与餐饮市场调研

准确把握餐饮消费的特点，对餐饮市场进行系统、有针对性的调研分析是做餐饮各项经营计划的必备工作。

一、餐饮消费的特点

餐饮消费即购买餐饮产品的顾客对餐饮产品的欣赏、体会、品尝和鉴赏。分析、了解了餐饮消费的特点，也就找到了打开餐饮经营管理大门的钥匙。

（1）目的性。当人有就餐的需要时，就会想方设法去寻找和选择就餐的场所，以满足其消费目的。消费动机的产生促使人们产生饮食消费行为，一般来说，现代餐饮消费已经从过去的盲从消费阶段进入理性消费阶段，特别是在大众化消费市场和中低档消费市场占据消费市场主流的今天，餐饮消费已趋于成熟，过去那种随意性和冲动性消费越来越少，取而代之的是更加理性化、目的更加明确的消费倾向。人们在进行餐饮消费时，会通过对多种餐饮形式、就餐环境、价格与质量等进行比较，朝着特定的目标选择个人的消费活动，而消费活动越能满足其消费需求，则重复消费的可能性就越大。

（2）即时性。餐饮产品具有现点现做、即时消费的特点。通常，餐饮消费必须由消费者亲自去餐厅，根据自己的喜好和口味点餐，然后由服务员将酒店烹制的食物直接提供给消费者消费。餐饮产品的消费无法由别人替代，其消费过程与餐厅的服务过程是同时进行的，顾客在消费之前对餐厅的菜肴和服务质量的好坏大多感受不到，只有在消费过程中才能根据自己的亲身体会做出适当的评判。根据餐饮消费即时性的特点，餐饮经营者在餐前必须做好充分准备，并不断提高产品质量和服务质量，满足消费者的需求，只有这样，才能赢得顾客，扩大经营。

（3）综合性。随着人们生活水平的提高，餐饮消费的观念也发生了很大变化。过去人们进餐厅消费，更多的是强调要吃饱，而如今在吃饱的同时，更希望要吃好，要吃出品位来。也就是说，消费者在购买食品、饮料等物质产品的同时，更期望获得方便、周到、舒适、友好、愉快等方面的精神享受。因此，餐饮消费具有综合性的特点，而且这种特点会随着经济的发展而越发明显。特别是当人们追新求异的猎奇心理出现之后，餐饮消费的综合性更为突出。

（4）重复性。餐饮消费是人类最基本的、必不可少的消费活动之一。当人们外出旅游，或是商务交际、与朋友相聚时，大多寻找或选择餐饮消费场所，以满足餐饮消费的需求。这种消费需求的满足决定了餐饮消费具有重复性的特点。然而，人们重复选择同一餐饮消费场所是建立在对该场所所提供的食品和服务以及就餐环境都非常满意的基础之上的。因此，餐饮经营者必须根据餐饮消费重复性的特点，不断提高企业的产品质量和文化品位。回头客比例的高低是判断一家餐厅经营成败的重要标志。

二、餐饮市场调研

餐饮市场调研应当弄清企业面临的市场现状，考察能够给餐饮带来机遇和威胁的市场因素和发展趋势。市场是指具有相同需求、相同背景、相同收入水平、相同消费习惯的顾客群体。餐饮市场调研包括分析影响顾客购买的因素和探讨市场调研的方法。

（一）影响顾客购买的因素

对餐饮经营者来说，为了制定切实可行的经营目标，最迫切希望了解以下信息：消费者希望开设什么样的餐厅？消费者对餐厅环境气氛有何特殊需求？菜单上应设哪些项目，供应何种风味？消费者希望菜肴的分量为多少，菜肴价格如何？不同消费者有哪些特殊嗜好？而消费者的这些需求又受到文化、社会、个人、心理等因素的影响和制约。

1. 文化因素

（1）文化。文化因素对消费者的行为有着广泛而深远的影响。文化是人类欲望和行为基本的决定因素，不同文化层次的消费者对餐饮消费的追求是不同的；同样，餐厅不同的文化氛围又对消费者产生一定的影响。餐饮消费中包含了大量的饮食文化的内容，如今的消费者对餐饮消费中的文化品位的要求越来越高，如果消费者认同餐饮产品，购买的概率就会很大。例如，到必胜客就餐给人一种既休闲又能品尝美食的感觉，比起一般的快餐更有情调、更正式，尽管必胜客的人均消费不低，但在很多城市经常出现排队等餐现象，这不免有中西方文化良好对接的成分。

（2）亚文化。每种文化都由更小的亚文化组成，亚文化为其成员带来更明确的认同感和集体感。亚文化包括民族、宗教、种族和地域等内容，许多亚文化构成了重要的细分市场，餐饮经营者可以根据他们的需要设计餐饮产品，并制订相应的销售计划。例如，中国幅员辽阔，素有"东辣西酸、南淡北咸"的说法，说明不同区域人群在消费口味上的差异；又如，不同宗教信仰的人群在饮食习惯上也存在着较大的差异。这些都是亚文化对饮食文化的影响。

（3）社会阶层。社会阶层是社会中按等级排列的具有同质性和持久性的群体，每一阶层成员都具有类似的价值观、兴趣和行为。社会学家总结出若干社会阶层，不同的社会阶层是由职业、收入、财产、教育和价值取向等多种变量综合决定的。各社会阶层有明显的产品和品牌喜好，尤其是他们的心理需求有着截然不同的取向，如高档酒店以上层消费者为主，他们追求高层次的享受，需要高档的食品原料和幽雅的用餐环境；而小餐馆、大排档则面向中低层消费者，他们追求的是物美价廉、经济实惠、宽松自由。

2. 社会因素

（1）参照群体。个人的行为会受到各种群体的影响。参照群体是指对个人的态度与行为有直接影响或间接影响的所有群体。对个人有直接影响的群体称为认同群体，即个人所归属的且相互影响的群体。其中有些是主要群体，即与个人有经常持续的相互影响的群体，如家庭、朋友、邻居和同事等。在餐饮消费中，参照群体的影响很大，特别是在用餐过程中留下深刻印象的消费者，他们往往喜欢将自己的用餐过程以及用餐过程中发生的趣闻、印象深刻的菜肴等传递给他们的同事、朋友，并以此来影响他人，引起他人的消费欲望。参照群体的凝聚力越强，它对个人的产品和品牌选择的决策影响就越大。

（2）家庭。家庭对消费者的购买行为有着重要的影响。这种影响一方面来自父母，在父母与子女共同生活的家庭里，父母的影响很大；另一方面，对日常购买行为有更直接影响的是婚后家庭，即配偶与子女，这是社会中最重要的消费者购买群体。特别是现代中国家庭规模越来越小，独生子女在家庭中的地位越来越重要，家庭的消费取向往往比较多地受到孩子的影响。此外，家庭规模的大小对餐饮消费的影响也不一样。家庭规模越大，外出消费的机会越少；反之，家庭规模越小，外出消费的机会则越多。

（3）角色与地位。人在一生中会从属许多群体——家庭、单位、社会等。每个人在不同的群体中扮演着不同的角色，在不同角色中，其消费欲望和消费需求会有所不同。每种角色又会有不同的社会地位，人们往往会选择与自己的社会角色和地位相符的餐饮产品，以满足自己在不同角色下对身份地位的心理需求。因此，餐饮产品可能会成为地位的象征，但地位的象征会随着不同社会阶层和不同地域而有所不同。有些酒店将一些特别宽大且环境独特的包间进行设计、装修，并命名为某某总统包间、超豪华包间，以吸引顶尖级消费市场，待名声传出以后，有时宁可空关，也不降价销售，久而久之，便成了当地名流的固定活动场所。可见，地位和角色的影响促成了这类市场的形成。

3. 个人因素

（1）年龄与人生阶段。仅就餐饮消费而言，人在不同年龄层次和不同人生阶段的消费需求是不同的。处于青春期的年轻人，由于经济条件等因素，虽偶有消费欲望，但大多以经济实惠、物美价廉为消费原则。处于恋爱、新婚状态的青年人，由于有了相对固定的收入和积累，没有太多的经济负担，消费观念相对比较前卫，消费的欲望比较强烈，消费的机会也相对较多。随着年龄的增长、家庭人口的增加，中年期的消费者逐步从过去的盲从消费阶段过渡到理性消费阶段，这一阶段的消费受到其经济状况和社会地位等因素的影响。老年消费者的消费需求往往也会因经济状况、家庭等因素的不同而不同。

（2）职业。个人的职业也影响着消费模式。不同的职业由于经济收入、社会地位等的差异，使得从业人员在消费需求方面也会有所不同。

（3）经济状况。个人的经济状况对餐饮产品选择的影响很大。经济状况包括用于消费的收入（收入水平、收入的稳定性和花费的时间）、储蓄与资产（包括流动资金的比例）、债务、借贷能力以及对消费与储蓄的态度等。经济状况好，选择中高档消费的机会就较多。

（4）生活方式。生活方式就是在人的日常活动、兴趣和意见上表现出的生活模式。即使亚文化、社会阶层和职业都相同的人，他们的生活方式也可能不同，餐饮经营者应尽量找出自己的产品与生活方式不同的各个群体间的关系。例如，外卖业务量的迅速增长，就是在白领阶层大部分人因工作忙、在工作场所又无法解决就餐问题的情况下出现的。

（5）个性与自我观念。每个人都有影响其购买行为的独特个性。所谓个性，是指个人独特的心理特征。个性通常可用自信心、控制欲、自主意识、顺从、交际性、防守性和适应性等特征来描述。在能够区分出不同个性或特定个性同产品或品牌的选择之间存在很强相关性的前提下，个性就可以成为分析消费者购买行为的重要因素。

4. 心理因素

（1）动机。每个人在任何时刻都会有动机，有些动机是生理上的，如由饥饿、口渴、不适等生理上的紧张状态引起的；有些动机是心理上的，如由需要得到认可、尊重和归属等心理上的紧张状态引起的。人的需要只有发展到一定程度时才会变为动机。

（2）感觉。感觉是个人通过选择、组织并解释输入信息来获得对世界有意义的描述过程。感觉不但取决于身体的刺激，而且依赖于这一刺激同环境的关系及个人的状况。

（3）学习。学习是指以往经验所引起的个人行为的改变。

（4）信念与态度。人们通过实践和学习具有了自己的信念与态度，而它们又反过来影响着人们的购买行为。

消费者的购买行为是文化、社会、个人和心理等因素综合作用的结果，其中很多是餐饮经营者无法改变的。但是，它们在确认那些可能对产品有兴趣的购买者方面是很有价值的。因此，餐饮经营者必须通过市场调研来获取这些信息，并借助这些信息制定产品、价格、服务和销售方式，以激发消费者的餐饮消费欲望。

（二）市场调研的方法

餐饮市场调研，即运用科学的调查方法，收集、整理、分析餐饮市场资料，对餐饮市场的状况进行反映或描述，以期认识、把握餐饮市场发展变化规律的过程。

1. 询问调查法

询问调查法又称问卷调查法，是通过设计调查问卷，由被调查者根据问卷回答问题以收集资料的一种调查方法。采用询问调查法既可以将消费者请来召开座谈会，也可以由调查人员选择有针对性的消费者，登门拜访，针对调查问卷的问题进行面对面的提问。无论采用何种方式，询问中都应避免用自己的观点影响调查对象，所提问题要简洁、明确，不能含糊其词、模棱两可。

问卷的设计是询问调查法的关键，能否设计出有效的、有针对性的问卷，对于能否收集到有效信息至关重要。调查问卷的设计有两种常见的方法：开放式提问法和封闭式提问法。

（1）开放式提问法。用开放式提问法设计的问卷可以让被调查者自由回答，然后由调查者根据问题的答案进行归类整理，收集有用的信息。开放式提问的优点是拟定问题不受限制、不规定标准答案，这样有利于获得真实的意见，并深入了解被调查者的态度和获得建设性意见，经营者可以根据这些意见和建议做出准确判断。但是，由于答案具有多样性的特征，调查者无法对所有答案进行具体的定量统计分析，甚至对一些含糊其词的答案难以准确解读，因此这种调查方法不适用于大规模的样本调查。

案例 2-2　北京大董烤鸭店宾客意见征询表

您的意见将让我们更好地为您服务。

Your comments will help us serve you better.

	极好	好	一般	差
菜品质量 Food Quality	Excellent	Good	Fair	Poor
菜形 Presentation	☐	☐	☐	☐
味道 Taste	☐	☐	☐	☐
上菜速度 Delivery	☐	☐	☐	☐
服务质量 Service Quality				
礼貌热情 Courtesy	☐	☐	☐	☐
服务周到 Services	☐	☐	☐	☐

（介绍菜品、换餐碟烟缸、及时回应阁下招呼）

（Introduction of dishes, change of saucer and ash tray, quick response to requests）

姓名 Name：　　　　　　　　　　　　日期 Date：

电话 Tel：　　　　　　　　　　　　　电邮 E-mail：

【点评与思考】本意见征询表中开放式提问占很大比例，证明企业对本部分内容较为重视，被征询者回答、填写亦很方便。

资料来源：由北京大董烤鸭店提供资料。

（2）封闭式提问法。封闭式提问法是由调查员根据餐厅经营需要，或针对某一类急需了解的问题设计出一套问卷，然后由被调查者根据问卷进行回答，并由调查员对调查结果进行定量统计分析，以获得各种信息的一种调查方法。采用封闭式提问法设计的问卷针对性较强，答案相对固定，不需要被调查者自由回答。这样既节省了被调查者的时间，又便于最后的统计分析，但问题的设计需要十分严谨，而且要有助于调查者了解相关信息。

封闭式问卷在设计时可以有多种方法，既可以是简单的是非法，也可以采用多种选择法。无论采用何种方法设计问卷，都不应离调查主题太远。

案例 2-3　杭州黄龙饭店意见表（餐饮部分）

饭店意见表

60 seconds critic

亲爱的宾客：

您好，本饭店全体员工谨以最专业的服务提供给阁下最舒适的环境。为了能让您下次下榻杭州黄龙饭店，我们将提供更为专业的服务，敬请您提供宝贵的经验与意见。

谢谢您！

Dear guest,

At the Dragon，we are committed to provide you the best personalized service and a most comfortable environment. We would appreciate if you could take the time to complete this 60 seconds critic to help us to improve our standards.

Thank you very much for your valuable comments.

1. 您曾在哪一间餐厅与酒吧消费？

Which food and beverage outlet did you use?

☐ Varanda 意大利餐厅　　　　☐ Grand Dragon Chinese Restaurant 龙吟阁中餐厅

☐ D'Cafe 咖啡厅　　　　　　　☐ Cantina 酒吧

☐ The Deli 美食阁　　　　　　☐ Lobby Bar 大堂吧

用餐时段

Meal period

☐早餐 Breakfast　　　　　☐午餐 Lunch　　　　　　☐下午茶 Afternoon tea

☐晚餐 Dinner　　　　　　☐夜宵 Supper

对于餐厅与酒吧的评价	优良	好	普通	待改善
Please rate the above outlet on	excellent	good	fair	poor
整体 Overall	☐	☐	☐	☐
接待人员 Reception	☐	☐	☐	☐
菜单 Presentation of menu	☐	☐	☐	☐
送菜时间 Timing of speed	☐	☐	☐	☐
菜色种类 Variety	☐	☐	☐	☐
菜色口味 Taste	☐	☐	☐	☐
意见 Comments	☐	☐	☐	☐

2. 您是否曾与饭店内员工接触并要求处理您的问题？

Did you contact anyone in the hotel to resolve the problem?

☐是 yes　　　　　　　　　　　　　☐否 no

3. 您是否满意问题处理的方式?

If yes, was the problem handled to your satisfaction?

□是 yes □否 no

4. 请提供您宝贵的建议作为我们日后的参考。

What could we do to make your stay more enjoyable?

_____

_____

_____

【点评与思考】调查问题详细具体,可为发现问题、针对性改进管理提供依据和便利。

资料来源:由杭州黄龙饭店提供资料。

在进行问卷设计时,有时会将两种方法结合起来,这样可以发挥两种方法的长处,获取更多、更有用的信息。宾客意见征询表就是典型的例子。

案例 2-4 广州白天鹅宾馆宾客意见征询表(餐饮部分)

尊敬的贵宾:

您好!为了提高宾馆的管理和服务水准,为阁下提供更舒适安全的下榻环境,我们诚挚地盼望阁下能给予更多的宝贵意见。

希望阁下能将填妥的征询表格交回服务台,阁下的每一项建议都将成为我们努力的方向!

多谢合作!

宴 会 部

	优	良	中	差
服务态度	□	□	□	□
服务水准	□	□	□	□
筹划安排的合理性	□	□	□	□
菜单安排	□	□	□	□

中 餐 厅

	优	良	中	差
服务态度	□	□	□	□
服务水准	□	□	□	□
菜肴质量	□	□	□	□
设施设备	□	□	□	□
物有所值	□	□	□	□

请指明餐厅名称_____

会 议 厅

	优	良	中	差
服务态度	□	□	□	□

	优	良	中	差
服务水准	☐	☐	☐	☐
设施设备	☐	☐	☐	☐
音响效果	☐	☐	☐	☐

西 餐 厅

	优	良	中	差
服务态度	☐	☐	☐	☐
服务水准	☐	☐	☐	☐
菜肴质量	☐	☐	☐	☐
设施设备	☐	☐	☐	☐
物有所值	☐	☐	☐	☐

请指明餐厅名称＿＿＿＿＿＿＿＿＿＿＿＿＿＿＿＿＿＿＿＿＿＿＿

酒吧/娱乐厅

	优	良	中	差
服务态度	☐	☐	☐	☐
服务水准	☐	☐	☐	☐
娱乐节目	☐	☐	☐	☐
酒水质量	☐	☐	☐	☐
设施设备	☐	☐	☐	☐
物有所值	☐	☐	☐	☐

请指明酒吧/音乐厅＿＿＿＿＿＿＿＿＿＿＿＿＿＿＿＿＿＿＿＿＿

送 餐 服 务

	优	良	中	差
服务态度	☐	☐	☐	☐
服务水准	☐	☐	☐	☐
送餐接线员	☐	☐	☐	☐
送餐员	☐	☐	☐	☐
菜肴质量	☐	☐	☐	☐
物有所值	☐	☐	☐	☐

请指明早餐/中餐/夜宵＿＿＿＿＿＿＿＿＿＿＿＿＿＿＿＿＿＿＿

您对哪名职员提供的服务特别满意?

＿＿＿＿＿＿＿＿＿＿＿＿＿＿＿＿＿＿＿＿＿＿＿＿＿＿＿＿＿＿＿＿

＿＿＿＿＿＿＿＿＿＿＿＿＿＿＿＿＿＿＿＿＿＿＿＿＿＿＿＿＿＿＿＿

【点评与思考】针对宾馆经营岗点众多而独立的特点，选择以封闭式提问为主，结合少量开放式提问的方式，可方便客人回忆，便于客人作答。

资料来源：由广州白天鹅宾馆提供资料。

2. 观察调查法

观察调查法是调查者根据餐饮经营目前存在的主要问题，设计出调查问卷，在不征询被调查者意见的情况下，观察其用餐过程及反应，从而获得信息的一种方法。观察调查法是餐饮管理中经常采用的一种调查方法，尤其是在餐厅现场管理过程中，通过对客人的用餐表情、点用菜点、所剩菜点、餐厅上座率，以及服务人员的操作规范、仪表仪容等内容进行观察、分析，从而了解消费者的喜好和口味特征，以及服务人员的服务质量等，并根据经营中存在的问题制定相应的整改措施。

此外，观察调查法还可以用于对竞争对手的调查和分析，即实地考察竞争对手的经营情况，通过观察了解其经营产品、销售手段、服务技巧等，充分了解竞争对手的经营方式和优势，从而确定自己的经营策略和经营方针。

3. 实验调查法

实验调查法是经营者根据经营情况，控制一个或几个自变量，研究其对其他变量的影响，从而获得信息的一种方法。例如，在其他因素不变的条件下，测定菜肴价格变化对客人购买行为的影响。这种调查方法由于花费时间长、费用高，且市场选择不一定准确，通过实验获得的结果也难以比较等，故一般实施起来比较困难。

4. 资料调查法

资料调查法是通过收集各种经营资料，并对资料进行归类、分析，以获取有效经营信息的方法。资料调查法是酒店经营中常用的最有效的一种调查方法。资料来源有两个方面：一是内部资料，二是外部资料。

内部资料包括每日、每周、每月各营业点的经营分析、宾客意见调查表、菜肴销售记录分析等内容。经营分析可以通过营业日报表获得，从报表中可以清晰地了解到当日各餐的收入、用餐人数以及与预算相比较的结果，并可附有简单的经营评估、宾客意见等内容。通过分析，经营者可以了解到各营业部门的基本情况，并可以与以往的经营情况进行比较。通过菜肴销售记录，经营者可以了解到每餐各餐厅菜肴的销售情况，还可以了解到餐厅主要客源的口味、嗜好，为调整菜单提供依据。

外部资料来源比较广泛，经营者可以通过专业性报纸、杂志了解餐饮业经营动态、发展趋势；也可以通过一些生活类报纸、杂志了解餐饮消费趋势和口味变化情况；还可以通过旅行社、接待关系户，甚至客人直接了解客人用餐后的具体意见。然后，经营者将通过上述途径获得的各种资料和信息进行分类归档，以发现有价值的信息用于经营决策。

相对而言，资料收集、整理、分析是一种比较简便易行的调查方法，经营者完全可以足不出户就能基本了解相关信息，并将这些信息及时用于经营计划和经营策略的制定。

案例 2-5　肯德基的博物馆联名计划

最近，肯德基开了很多主题店，尤其是与各城市博物馆联名计划持续推进。新开张的杜甫草堂主题店，将古典和现代结合起来的装修风格，门头上有明显的祥云图案，墙面和桌椅都具备各种杜甫草堂的文化元素，就连杯套上都印有乾隆皇帝手书的《春夜喜雨》。店内还设有 3D 投影，你可以一边在肯德基吃炸鸡，一边感受古人留存下来的智慧。

实际上，这家门店是肯德基开启的博物馆合作主题项目中的一家，与成都杜甫草堂博物馆联名，将门店装饰成兼具草堂文化展示功能的门店。主题含义不仅从门店装修上，还从其配套推出的文创周边上感受到它的认真：以杜甫草堂的"少陵草堂碑亭""花径红墙""草堂北门"为原型，结合薯条、甜筒和汉堡等特点，做成了冰箱贴在套餐中贩卖。

除了杜甫草堂，肯德基在中国的博物馆联名店还有很多。比如在上海就以《明宪宗元宵行乐图》为主题，在北京以孝端皇后的凤冠为主要元素，到了广州，又在店里挂上了巨大的东汉陶船，这些都是肯德基的博物馆计划执行下的产物。

【点评与思考】洋快餐选择与民俗、文博融合，进一步本土化经营，不失为打破审美疲劳、吸引顾客眼球的创新举措。餐饮创新，无论是菜点食品、服务方式形式，还是经营环境，都可以为拓展市场、增加客源加分，若能三者互动，创新就更加难能可贵了。

资料来源：品牌新发现. 雷锋餐厅、杜甫草堂主题店，肯德基为何如此热衷本土化，2019-03-13/2022-05-10.

第三节　餐饮经营计划管理

餐饮经营计划是餐饮经营目标和管理任务的具体体现，它直接决定了人、财、物等资源的配置方向和业务经营活动的组织，并影响资金使用和经济效益。

一、制订餐饮经营计划的意义与要求

餐饮经营计划是餐饮管理的重要组成部分，同时也是餐饮经营管理成功的必要前提。

（一）制订餐饮经营计划的意义

（1）餐饮经营计划是餐饮经营管理的行动纲领和指南。餐饮经营计划是餐饮经营管理活动的重要组成部分，无论是常规经营，还是为某单位或某项促销活动的组织举办，都应该有详细、周密的计划。这些计划正是将餐饮生产涉及的菜单品种制定、原料采购落实、餐台形式布置以及经营财务运作等事项进行系统的组织和职责界定。实际工作中，餐饮经营计划是餐饮生产经营活动必不可少的行动纲领和指南。

（2）餐饮经营计划可以有效减少工作的盲目性。制订并执行餐饮经营计划，不仅可以减少工作的盲目性、提高工作效率，还可以有效防止工作中的疏漏。餐饮经营计划先行，可以提纲挈领、系统有序安排相关工作，从而减少生产与服务组织的盲目性。尤其是原料的组织、成本、毛利及销售价格的确定，对餐饮各项工作的开展都有指导作用。

（3）餐饮经营计划可以避免和防止工作失误。周密、详细的餐饮工作计划不仅使各部门、各岗位工作有方向、有标准，同时也促使各作业点按时、自觉完成本职工作，切实杜绝和防止工作遗漏，减少开餐期间的混乱。尤其是一些特定专题的餐饮活动，事先制订工作计划有助于凸显主题突出、气氛典型、餐饮服务程序井然等特点。

（4）餐饮经营计划有利于与相关部门协调作业。常规生产经营，一段时间要策划组织一些餐饮促销活动；半年或年度经营结束，餐饮要检查、修订经营工作计划。而餐饮经营计划的执行和完善，尤其是一些促销活动计划的运作通常需要其他部门的支持、配合，其计划操作性越强、目的性越明确、任务越具体，协调作业的效果就越好。

（5）分析餐饮经营计划有利于调整、完善经营管理。餐饮经营计划既是餐饮生产、服务、经营活动的行动纲领，同时又是分析、总结餐饮组织工作效率和结果的依据。有些酒店出品陈旧，效率低下，其根本原因在于：一是没有认真分析、研究餐饮经营状况，没有积极探讨改善经营状况的办法；二是缺乏系统的餐饮经营计划，凭感觉随意经营。因此，

要有针对性地研究、改进餐饮工作，必须从制订餐饮经营计划着手，并进行全过程跟踪，继而在分析成败得失的基础上，修订下一轮、下一次计划，使餐饮经营管理日臻完善。

（二）制订餐饮经营计划的要求

餐饮经营计划内容应该明确以下问题：该项计划的目的、动机是什么？该项计划有哪些工作要做？该项计划由哪个部门、哪些人来完成，怎么做，如何实施，何时完成？具体来讲，餐饮经营计划应该达到如下几点要求。

（1）目标明确。餐饮经营计划必须直截了当、十分确切地提出各项工作的责任部门、责任人、完成时间、效果要求。

（2）统分结合。餐饮经营计划的实施程度和实施效果有赖于计划的主题突出、系统专一和全面的统分结合。为某一目的制订的餐饮经营计划，必须将实现该目的的各项工作、各种因素全面、系统加以整合，切实将实现该目的的各种必要因素全部涵盖，这样才能达到计划的整体预期效果。

（3）具体可行。计划是为行动制订的。计划好高骛远、不切实际，不仅无法指导操作人员工作，还会挫伤一线生产人员的积极性，甚至使行动与目标背道而驰。因此，餐饮经营计划必须在充分分析餐饮经营运转及生产、服务现状的前提下，提出积极稳妥的方案，才能激发人们上进，成为行之有效的计划。例如，酒店10月份餐饮经营形势很好，业务很忙，仅婚宴销售就应接不暇，此时再组织举办餐台设计大赛、菜点创新大赛之类的计划，其操作的可行性就很差，即使勉强为之，其效果也很难如愿。

（4）修订完善。制订好的计划，执行起来也要根据情况的变化做出相应的调整，有些中、长期计划，更要进行跟踪、修订和完善。例如，沿海某酒店原计划9月下旬举办露天少数民族风情餐饮活动，以利用酒店拥有的大面积泳池资源扩大餐饮销售。然而，9月初的一场罕见台风导致大树、岸堤遭到严重破坏，再按原定计划举办露天餐饮活动，效果大打折扣是显而易见的。

（5）务实践行。计划只是行动纲领，对改进、完善餐饮生产经营起决定性作用的不只是计划的周密、具体和可操作，更重要的是计划的如期实施。再好的计划不实施，也只是一纸空文。空头计划多了，浮夸风盛了，对工作无补。因此，计划制订之初要考虑其是否可行；一旦计划成型，更应克服困难，确保计划践行。在执行计划过程中，如有少量偏差，及时做相应调整是完全必要的。计划实施之后，还应该及时对该计划进行评估，做好总结，以便在下一轮制订计划时以资借鉴。

二、餐饮经营计划的内容

（1）经营预算计划。通常根据经营历史资料预测未来经营趋势，结合分析成本、上座率以及各种固定成本和变动成本等因素，编制餐饮经营预算计划，用以检查和考核平时经营业绩。该计划务求细致、全面，由餐饮、财务、采购等相关部门反复协调研究后制订。计划目标应具有激励性、超前性和可行性，以激励员工创造更高效益。

（2）营业收入计划。营业收入计划是根据餐厅上座率、接待人次、人均消耗等来编制的。餐饮营业收入的高低受不同餐厅等级、规格、接待对象、市场环境、客人消费结构等多种因素的影响。编制营业收入计划时需要区别不同餐厅的具体情况，其内容与销售计划基本相同。

（3）食品原料计划。食品原料是保证餐饮生产需要、完成销售计划的前提和保障。计划的内容主要包括采购渠道、采购成本、库房储备、资金周转、期初库存、期末库存等。

（4）生产服务计划。厨房生产是餐饮业务经营活动的中心环节之一。生产过程的组织直接影响产品质量和食品原料消耗，是确保销售计划得以顺利完成的基本条件。餐饮产品生产计划是以餐厅销售计划为基础，通过计划指标的分解来制订的。它以短期计划为主，内容主要包括花色品种安排、食品原料消耗、厨师任务安排、单位产品成本控制等。餐厅服务过程就是餐饮产品的销售过程。餐厅服务质量是餐饮管理的生命，它直接影响产品销售和营业收入情况。餐厅服务计划以提高服务质量、扩大产品销售为中心，根据餐厅类型、就餐环境和接待服务规格来制订。其内容主要包括服务程序安排、服务质量标准、人均接待人次、职工人均创收、人均创利、优质服务达标率、客人满意度、投诉降低率等。

（5）成本控制计划。对餐饮生产经营实行有效的成本控制，定期进行成本分析，是必不可少的管理工作。餐饮成本控制计划，实际是指在逐日进行的餐饮成本计核控制的基础上，定期进行的成本分析、控制计划。成本控制是将一段时期以来的成本发生情况加以回顾、总结、分析、对照，通过对餐饮菜单及菜点结构、原料采购、验收、厨房加工生产、餐厅销售、餐饮用具的投入和损耗，以及出品及食用率等因素的系统分析，找出实际成本与预算成本发生偏差的原因，进而准确控制成本，确保消费者满意、企业获得收益。餐饮成本控制计划的制订和执行部门主要是财务成本控制组，厨房、餐厅、采购和验货部门。

（6）费用管理计划。营业费用是指食品原料成本以外的其他相关耗费，大致可分为固定费用和变动费用两大类。前者包括房屋折旧、家具设备折旧、人力成本、销售费用、管理费用、交际费用、装饰费用等。后者是随餐饮销售额的变化而变化的费用，包括水、电、燃料费用，以及客用消耗品、服务用品、洗涤费用等。这些费用共同构成餐饮流通费用。费用管理计划就是要确定这些费用指标及其费用率等。

（7）实现利润计划。营业利润是餐饮经济效益的本质表现。营业（销售）收入减去营业成本、管理费用、财务费用、销售费用和税金及附加，就是营业利润。营业利润计划包括税金安排和利润分配。因此，计划内容应包括利润额、利润率、成本利润率、资金利润率等指标。

三、餐饮经营计划的编制

餐饮经营计划的编制，即根据餐饮资源特点和拥有的资源状况，结合本部门总体经营管理需要，设计并系统组织餐饮经营活动。编制餐饮经营计划是一项系统、务实、严肃、认真的工作。

（一）计划的编制步骤

餐饮经营计划的编制步骤影响着计划的科学性和可行性，因此在计划编制时应循序渐进地进行。

1. 分析经营环境，收集资料

分析经营环境主要是指对市场环境的分析和研究，也就是要做好市场调研，掌握市场的动向、特点、发展趋势和市场竞争状况，然后结合本餐饮部门实际情况，分析餐饮顾客类型、档次、需求变化，产品风味、花色品种、价格水平、服务质量等同市场的适应程度，找出自己的优势和不足，为确定餐饮经营方向和计划目标提供可靠依据。

收集的资料主要包括：本地区旅游接待人次、增长比率、停留天数、旅客流量等对餐饮计划目标的影响；酒店各餐厅近年来的接待人次、增长比率、客房出租率同餐饮计划目标的关联程度和餐厅上座率及人均消费等；各餐厅近年来的营业收入、营业成本、销售费用、管理费用、财务费用、营业利润及成本率、费用率、利润率等各指标数据及变化规律。将这些资料收集起来，经过分析整理，同市场环境结合，即可为编制餐饮经营计划提供准确依据。

2. 进行系统分析，预测目标

餐饮市场营销计划和经营利润计划的内容和结果最终通过收入、成本、费用和利润等计划指标反映出来。预测目标，编制计划方案，应重点做好以下五个方面的工作。

（1）根据市场动向、特点和发展趋势，以调查资料为基础，预测各餐厅的上座率、接待人次、人均消费和营业收入。

（2）分析食品原料消耗，制定各餐厅标准成本、预测成本额、成本率，确保成本控制在规定范围内。

（3）根据业务需要和计划收入，分析流通费用构成及比例关系，预测各项费用消耗，确定费用控制率标准。

（4）分析营业收入、营业成本、销售费用、管理费用、财务费用与营业利润的关系，预测餐饮利润目标。

（5）在上述预测分析的基础上，编制餐饮计划方案，初步确定各项计划指标。

3. 科学综合平衡，落实指标

综合平衡是计划管理的基本原则。餐饮计划方案完成后，还要进行综合平衡，落实计划指标。其任务主要包括以下几个方面。

（1）审查收入、成本、费用和利润的相互关系。

（2）审查采购资金、储备资金、周转资金的比例关系，使之保持衔接和协调。

（3）审查收入、成本、费用和利润在各部门之间的相互关系，使资源分配和计划任务在各部门之间保持协调有序。

在此基础上经过分析讨论，做出计划决策，形成各项计划指标。

4. 强化分解监控，执行计划

编制计划方案，落实计划指标后，执行计划的过程就是发挥计划控制职能，完成计划任务的过程。

（1）以餐厅、厨房为基础，分解计划指标，明确各级、各部门及每月、每季度的具体工作目标，以推动全体员工共同努力，完成计划。

（2）建立信息反馈系统，逐日、逐周、逐月、逐季统计计划指标实际完成效果，并与计划相比较，发现问题，解决问题，发挥计划控制职能。

（3）建立健全合理的奖惩制度，奖勤罚懒，确保计划顺利完成。

（二）计划的编制方法

不同内容的餐饮经营计划，其编制方法和程序以及不同岗位人员的参与程度也不尽相同。

1. 营业收入计划的编制方法

餐饮经营计划的编制是以营业收入计划为起点的，编制营业收入计划一般分为以下三个步骤。

（1）确定餐厅上座率和接待人次。以餐厅为单位，根据历史资料和接待能力，分析市场发展趋势和要采取的促销措施，将产品供给和市场需求结合起来，确定餐厅的上座率和接待人次。酒店的餐厅既要充分考虑店内客人接待人次，又要考虑店外客人需要。店内客人接待人次一般是根据酒店客房出租率计划，分析住店客人到不同餐厅用餐的比率。店外客人则可根据历史资料和市场发展趋势来确定。餐厅上座率和店内客人接待人次可按下式计算

$$餐厅上座率=(计划期接待人数/同期餐厅座位数)×100\%$$

$$店内客人接待人次=客房间数×365×年出租率×(1+双开率)×餐厅上座率$$

（2）确定餐厅人均消费。一般应将食品和饮料分别进行统计，食品确定人均消费额，饮料确定销售比率。确定餐厅人均消费要考虑三个因素：一是各餐厅已经达到的水平；二是市场环境可能对餐厅人均消费带来的影响；三是不同餐厅的档次结构和不同餐次的客人消费水平。各指标的具体计算公式为

$$食品人均消费=食品销售收入/接待人次$$

$$饮料计划收入=食品销售收入×饮料比率+服务费$$

$$饮料比率=(饮料销售额/食品销售额)×100\%$$

（3）编制营业收入计划。营业收入计划一般可通过季节指数分解到各月，也可逐月确定。季节指数的确定，既可以餐厅为基础，又可以全部餐饮销售额为基础。营业收入计划都以餐厅为基础，最后汇总，形成食品、饮料和其他收入计划。

$$营业收入=接待人次×食品人均消费+饮料收入+服务费$$

2. 营业成本计划的编制方法

餐饮营业成本包括食品成本和饮料成本。以下为编制营业成本计划的步骤。

（1）确定不同餐厅的食品毛利率标准。根据市场供求关系和酒店价格政策，结合餐饮管理实际，确定餐厅的毛利率标准。毛利率标准一经确定，餐厅食品的成本率和成本额也就确定了。其计算公式为

$$餐饮成本率=(原材料成本额/营业收入)×100\%$$

$$食品成本率=1-毛利率$$

$$食品成本额=营业收入×成本率$$

（2）编制饮料成本计划。饮料的成本以进价为基础，受饮料销售额和上期成本率两个因素的影响。其计算公式为

$$饮料成本额=上年实绩×(1±销售额增减率)×(1-成本降低率)$$

$$计划成本率=(饮料成本额/计划收入)×100\%$$

（3）编制职工餐厅成本计划。大多数酒店的职工餐属于职工福利，在管理体制上分为两种情况：一是职工餐厅归餐饮部门管理，其原材料成本从餐饮部门转拨；二是职工餐厅归酒店总务部或人事部管辖，其成本计划不在餐饮部门编制。职工餐厅不要求赢利，其成本率较高，成本额和成本率的计算公式为

$$职工餐厅成本额=上年实绩×(1-成本降低率)$$

$$职工餐厅成本率=(成本额/计划收入)×100\%$$

（4）确定签单成本消耗。餐饮部门为了开发市场、组织客源、推销产品和开展业务经营活动，需要一部分交际费用，这是要列入计划的，其中相当一部分用于餐饮消费。这部分费用发生时，均由有关主管人员签单，列入餐饮成本消耗，在酒店或部门交际费用中列支。因此，签单成本也是餐饮成本内容之一，其计划额一般根据酒店销售额和交际费用及历史统计资料来确定。

（5）编制餐饮成本计划。编制成本计划时，职工餐厅成本和签单成本必须单列，以保证成本计划的真实性，有利于餐饮成本控制。如果职工餐厅归企业总务部或人事部管理，单独核算，则不列入酒店餐饮部门经营计划。

3. 营业费用计划的编制方法

餐饮营业费用计划的编制方法可根据不同的费用项目来确定，其主要方法有以下六种。

（1）财务分摊预算法。这种方法以财务会计报表为基础，结合餐饮费用的实际消耗额或占用额来确定计划费用，它主要适用于房屋、家具、用具及厨房设备折旧等费用预算。具体方法有年限折旧法、综合折旧率法、工作量折旧法等，具体采用哪种方法，由企业财务部门统一决定，并计算出企业各部门的折旧额，作为餐饮管理计划指标。

（2）销售额比例预算法。这种方法以餐饮计划销售额为基础，分析费用消耗比例，参阅历史统计资料来确定费用计划额。它主要适用于餐饮管理费用、销售费用、维修费用、装修费用、餐具茶具消耗等费用指标预算。具体方法是确定上述费用占餐饮计划销售额的比例，由此确定计划额。

（3）人事成本预算法。餐饮管理人事成本分为固定人事成本和变动人事成本。前者以职工人数为基础，确定人均需要量，内容包括固定工资、浮动工资、职工膳食、副食补贴、物价补贴、医疗补助、退休统筹等。后者主要指餐饮管理中计划安排的职工奖金、临时工、小时工、季节工等人员的成本消耗。变动人事成本根据餐饮管理经济效益的高低和业务需要确定。固定人事成本的计算公式为

$$固定人事成本=人均需要量×职工平均人数$$

（4）业务量变动预算法。这种方法以历史统计资料为基础，分析费用消耗合理程度，结合餐饮业务量的增减变化来确定计划费用，它主要适用于水费、电费、燃料费、洗涤费等变动费用指标预算。这些费用一般是随餐饮业务量的增减而变化的。变动费用的计算公式为

$$变动费用=上年实绩×(1±业务量增减率)×(1-费用降低率)$$

（5）不可预见性费用预算法。不可预见性费用是指企业管理中常常发生的捐助、赞助、摊派等费用消耗。这些费用支出往往是不可预见的，但又是必然会发生的。这部分费用一般在企业统一列支，做出计划安排。其预算方法一般是根据历史统计资料做大致的确定。

（6）营业性税金预算法。营业性税金主要指在营业费用中列支的税金支出，其内容包括印花税、车船税、土地使用税、房产税、资金占用费五种。预算方法是根据企业实际情况和国家规定的税种税率，各税种分别做出预算。在餐饮管理中，税金一般由企业统一列支，只有营业税需在部门计划中单列。

4. 营业利润计划的编制方法

餐饮营业利润计划的编制，主要是将收入、成本和费用计划汇总，形成计划方案。以下为其编制步骤。

（1）编制餐饮计划营业明细表。它以餐厅为基础，将各餐厅的营业收入、营业成本和毛利汇总，形成计划方案，作为餐饮管理成本控制的主要依据。其计算公式为

餐饮利润额=营业收入-成本-费用-税金及附加

=营业收入×(1-成本率-费用率-税率)

餐饮利润率=(计划期利润额/营业收入)×100%

（2）编制餐饮管理损益计划表。将整个餐饮管理的收入、成本、费用汇总，形成餐饮管理损益计划表。它是餐饮经营计划的本质内容。其中，营业明细表是损益计划表的补充，两者结合使用，成为餐饮业务管理的重要工具。

本章小结

1. 餐饮消费者的类型：简单快捷型消费者、经济节俭型消费者、追求享受型消费者、标新立异型消费者、期望完美型消费者。

2. 餐饮消费者的生理需求：营养健康需求、品尝风味需求、卫生和安全需求。

3. 餐饮消费者的心理需求：感受欢迎需求、享受尊重需求、满足舒适需求、物有所值需求、获得愉悦需求。

4. 餐饮消费的特点：目的性、即时性、综合性、重复性。

5. 影响顾客购买的因素：文化因素（文化、亚文化、社会阶层）、社会因素（参照群体、家庭、角色与地位）、个人因素（年龄与人生阶段、职业、经济状况、生活方式、个性与自我观念）、心理因素（动机、感觉、学习、信念与态度）。

6. 市场调研的方法：询问调查法（开放式提问法、封闭式提问法）、观察调查法、实验调查法、资料调查法。

7. 制订餐饮经营计划的意义：餐饮经营计划是餐饮经营管理的行动纲领和指南；餐饮经营计划可以有效减少工作的盲目性；餐饮经营计划可以避免和防止工作失误；餐饮经营计划有利于与相关部门协调作业；分析餐饮经营计划有利于调整、完善经营管理。

8. 制订餐饮经营计划的要求：目标明确、统分结合、具体可行、修订完善、务实践行。

9. 餐饮经营计划的内容：经营预算计划、营业收入计划、食品原料计划、生产服务计划、成本控制计划、费用管理计划、实现利润计划。

10. 餐饮经营计划的编制步骤：① 分析经营环境，收集资料；② 进行系统分析，预测目标；③ 科学综合平衡，落实指标；④ 强化分解监控，执行计划。

11. 营业收入计划的编制方法：确定餐厅上座率和接待人次、确定餐厅人均消费、编制营业收入计划。

12. 营业成本计划的编制方法：确定不同餐厅的食品毛利率标准、编制饮料成本计划、编制职工餐厅成本计划、确定签单成本消耗、编制餐饮成本计划。

13. 营业费用计划的编制方法：财务分摊预算法、销售额比例预算法、人事成本预算法、业务量变动预算法、不可预见性费用预算法、营业性税金预算法。

14. 营业利润计划的编制方法：编制餐饮计划营业明细表、编制餐饮管理损益计划表。

课后练习

一、名词解释

问卷调查法　　餐饮经营计划　　餐厅上座率　　餐饮利润额　　餐饮消费即时性

二、单选题

1. 餐饮市场五类消费者类型中，将越来越庞大的消费者群体是（　　　）。

　　A. 简单快捷型　　　　　　　　　B. 追求享受型

　　C. 标新立异型　　　　　　　　　D. 经济节俭型

　　E. 期望完美型

2. 主要是采购渠道、采购成本、库房储备、资金周转、期初库存、期末库存等项目内容的餐饮经营计划是（　　　）。

　　A. 经营预算计划　　　　　　　　B. 营业收入计划

　　C. 食品原料计划　　　　　　　　D. 生产服务计划

3. 顾客的饮食消费需求变化很大，不仅用"肚子"吃（吃饱），用嘴巴吃（吃好），而且用"眼睛"吃（吃品位），更是用"脑袋"吃（吃营养与文化），这种饮食特点属于餐饮消费特点的（　　　）。

　　A. 目的性　　　　B. 即时性　　　　C. 综合性　　　　D. 重复性

4. 家庭的生命周期、决策类型都会深刻影响顾客的饮食行为，家庭因素属于影响顾客餐饮消费心理的（　　　）。

　　A. 文化因素　　　B. 社会因素　　　C. 个人因素　　　D. 心理因素

5. 通过营业日报表、宾客意见调查表、菜肴销售记录分析等形式来获取有效经营信息的调查方法称为（　　　）。

　　A. 资料调查法　　B. 实验调查法　　C. 观察调查法　　D. 询问调查法

三、多选题

1. 影响顾客餐饮消费行为的文化因素有（　　　）。

　　A. 社会阶层　　　B. 参照群体　　　C. 角色与地位

　　D. 生活方式　　　E. 民族、宗教

2. 制订餐饮经营计划的要求有（　　　）。

　　A. 目标明确　　　B. 具体可行　　　C. 伟大愿景

　　D. 统分结合　　　E. 修订完善

3. 酒店营业费用有固定费用和变动费用两大类，属于固定费用的有（　　　）。

　　A. 房屋折旧　　　B. 人力成本　　　C. 客用消耗品

　　D. 销售费用　　　E. 洗涤费用

4. 制订餐饮经营计划的意义有（　　　）。

　　A. 是餐饮经营管理的行动纲领和指南

　　B. 可以有效减少工作的盲目性

　　C. 可以避免和防止工作失误

　　D. 有利于与相关部门协调作业

　　E. 有利于调动员工的积极性

5. 标新立异的餐饮消费类型的特点是追求（　　　）。

　　A. 方便　　　　　B. 低价　　　　　C. 新颖

　　D. 豪华　　　　　E. 刺激

四、判断题

1. 与酒店客房一样，餐饮部门的主要成本是固定成本。（　　　）
2. 餐饮成本率的计算公式是：成本率=(原材料成本额/营业收入)×100%。（　　　）
3. 市场调查中最常用、最基本的调查方法是实验法。（　　　）
4. 民族、宗教、种族、地域等变量因素属于参照群体。（　　　）
5. 餐饮产品的现点现做、即时消费的特点属于餐饮消费的目的性。（　　　）

五、简答题

1. 简述制订餐饮经营计划的意义。
2. 简述影响顾客餐饮消费行为的心理因素。
3. 简述营业收入计划的编制方法。
4. 简述人事成本预算法。
5. 简述营业利润计划的内容。

六、论述题

1. 论述餐饮市场调研的重要性与调查的主要内容。
2. 论述编制餐饮经营计划的意义与内容。

案例讨论

新郎订了酒席　却被酒楼忘了　新郎气晕进医院

　　18日，一则题为"东里一新郎订了酒席，却被酒楼忘了，新郎当场气晕"的消息和一段7秒钟视频，以及一张关于酒楼和顾客的调解书在微信朋友圈疯传。该文字消息称："东里三吉新郎官结婚订酒席在新幸福酒楼，结果今天去酒家喝酒，酒家忘记做酒，把新郎官气得抽筋。最后酒家赔偿13.8万元……"

　　19日，记者通过多方调查核实，网传一事属实。事发于8月18日中午，雷州市东里镇三吉村村委会三吉村麦辉率（化名）带亲戚朋友到预订的东里镇某酒楼准备喝喜酒，然而，令人难以置信的是，新人提前订好的酒席竟然被该酒楼忘了。记者通过电话采访了雷州市东里镇三吉村党支部麦书记。"我当时不在场，不了解具体情况，据大家称'新郎早前已向该酒楼订了8月18日的酒席，并交了订金和选好菜谱；但在结婚当日，前来贺喜的亲戚到酒楼准备喝喜酒的时候，酒楼却拿不出订好的酒菜'。新郎当场气晕被送往医院，最后只能在新郎家里临时做了几桌饭菜给客人吃。"麦书记说。"新人已经提早订好酒席，不知道酒楼老板当天怎么糊涂了，错把农历八月初八弄成了农历八月十八，一些人习惯使用农历来记忆时间，可能酒楼老板潜意识以为是农历，这样一来，记错时间也就不奇怪了。"一位不愿透露姓名的村民说。

　　据知情人透露，在相关部门的协调下，酒楼方与新郎方私下达成调解协议，酒楼同意赔偿13.8万元，赔偿款目前已兑现。该酒楼赔偿的13.8万元，其中8.8万元是赔偿酒席损失费，5万元是新郎住院的医疗费用。目前，新郎还在住院接受治疗。对此，记者采访了律师梁先生。"当事人双方达成138 000元赔偿协议，系双方依据意思自治原则，做出权利处分，同时不违反法律强制性规定，依法生效。"律师梁先生说。

资料来源：赵亚萍. 新郎订了酒席　却被酒楼忘了　新郎气晕进医院[N]. 广州日报，2018-08-21.

思考题：

1. 客人与酒店完成宴会预定，对双方应有哪些约束？
2. 酒店自身工作失误，金钱能否补偿客人的损失，这意味着什么？

实训项目

1. 联系某家酒店或纯餐饮企业，掌握编制餐饮营业收入计划、营业成本计划与营业费用计划的方法与公式。

2. 自 2020 年抗击新型冠状病毒肺炎疫情以来，餐饮市场发生了极大的变化，请为某一餐饮企业设计一份符合要求的调查问卷。

3. 收集、汇总餐饮市场在抗疫常态化下的经营策略和案例。

第三章 酒店餐饮组织建设

学习目标

通过本章学习，应达到以下目标。

1. 知识目标：熟知社会餐饮企业与酒店餐饮部门的各种组织机构，了解两种餐饮机构内主要工作岗位的工作职责，明确餐饮部门与企业内其他部门的关系。

2. 技能目标：能够区分餐饮企业组织内不同岗位的职责，了解企业内其他部门的作用。

3. 能力目标：能根据餐饮企业的不同情况设计符合企业实际的组织机构与制定不同岗位的职责。

导入案例

案例 3-1 "顾客剩菜服务员扣分"，反浪费须拿捏好分寸

当下，制止餐饮浪费行为已成为共识。不少餐饮企业积极响应倡议，出台各种措施让顾客适量点餐、杜绝浪费，这本是一件好事。但令人遗憾的是，在这其中，一些机构机械执行号召、走向形式主义的行为也引发舆论关注。湖南长沙一餐饮饭店推出"称体重点餐"引发的舆论热议还未降温，西安某餐馆又推出了"将适量点餐纳入服务员月度考核"的举措。这一考核办法规定，顾客用餐结束后工作人员巡场时，如发现餐桌有剩菜，将会按剩余情况给予当桌服务员不同程度的考核扣分。

一些餐饮企业积极响应号召的迫切心情值得肯定，但是类似"将适量点餐纳入服务员月度考核"的行为很难得到舆论认同，不仅用力过猛，在法律、情理上恐怕也很难说得过去。说其用力过猛，是因为餐饮企业员工面对顾客点餐明显过量时，固然可以善意提醒顾客先少点一些，但是如果把顾客没有厉行节约的责任，统统算到既没有监督顾客之责又没有约束顾客之权的员工身上，这就是典型的责任错位，从法理上讲不过去。而且，此举还涉嫌以勤俭节约之名侵犯员工权益。

餐饮企业考核员工的核心指标应是其作为服务人员提供的服务质量如何，诸如服务是否及时到位、周到得体之类，这些都是员工通过努力即达成的可控因素。如果把员工控制不了的"就餐顾客是否浪费"也纳入工作考核，不仅会让员工在提供服务中无所适从，还意味着餐饮企业可以凭借"莫须有"的理由克扣员工的绩效。这种操作也必然会引发员工反感，员工或许会将其投射到服务层面，影响到餐馆的经营效果，最终得不偿失。

【点评与思考】餐饮企业招工困难，组织建制配备不足，已非一日能解的"老大难"问题，构成原因较多。企业做法不厚道、管理手法不专业，不能不说是导致招工困难的直接动因。

资料来源：宜文．"顾客剩菜服务员扣分"，反浪费须拿捏好善为分寸[N]．新京报，2020-08-16.

第一节　从业人员与组织机构

一、酒店餐饮从业人员及其应具备的素质条件

（一）餐饮从业人员的职位

1. 餐饮管理人员

（1）高层管理人员。酒店领导层，即分管餐饮的总经理、餐饮总监等。其职责包括：制订企业的长期计划和总体目标，重视企业的总体经营环境，关注周围环境带来的机遇和威胁，如竞争策略、经济萧条、市场反弹等，抓酒店的大事、要事、关乎未来发展的事情。高层管理人员要有决策力、指挥力。

（2）中层管理人员。酒店各部门经理是指挥链条的中间环节，他们处于组织中上下级沟通的承上启下的关键岗位，负责制定企业的短期目标，主抓日常经营活动。中层管理人员要有转化力、协调力。

（3）基层管理人员。主管、领班被喻为酒店管理的缝合针，他们既代表上级管理员工，同时又向上级反映员工的诉求和关注的问题。基层管理人员落实执行计划，更多地与员工打交道，如安排人员工作班次，协助员工做好几乎每餐都会出现的"高峰繁忙"时段的工作，进行现场的督导与管理，因此他们要有执行力。

根据工作性质，管理人员也可分为一线管理人员和二线管理人员。一线管理人员是指对餐饮企业获得营业收入具有直接影响的管理人员，他们与其所在的部门都处于"指挥链条"之中。二线管理人员及其所在的部门对餐饮企业获得营业收入没有直接影响，更确切地说，他们是向一线管理人员提供建议和服务的专业技术人员。对于如何设置管理人员的高、中、低层级别，确定每个管理层的基本职责，不同的企业有不同的做法，视企业规模大小等因素而定。

2. 餐饮生产人员

餐饮生产人员主要指为餐厅服务、销售制作和提供物质产品的厨房员工。

（1）原料加工人员。原料加工人员是厨房生产的第一道工序操作人员，主要承担各类烹饪原料的初步加工、整理、宰杀、洗涤以及干货原料的涨发等，要求技术老练、责任心强、富有奉献精神。他们的劳动往往决定了厨房产品的出净率、涨发率和成品的基础质量。

（2）菜肴生产人员。菜肴生产人员（又称"红案"）是一家酒店设计菜肴花样、决定菜肴口味的主要人员。菜肴生产人员要求反应快、判断准、眼中有功、手里有秤，要能根据企业的标准配份烹调菜肴，并力求根据客人的需要，设计、烹制客人喜爱的菜肴。菜肴生产人员又分为中菜厨师、西菜厨师、凉菜厨师、热菜厨师、炉灶厨师、案板厨师、打荷厨师。此外，菜肴生产人员中既有厨师，也有厨工。

（3）面食生产人员。面食生产人员（又称"白案"）主要负责制作面食、点心等食品。面食生产与菜肴生产是两个不同工种，主要体现在面食生产的生产原料、工艺、用具等，与菜肴生产都有明显区别。对面食生产人员的要求是心细，审美观好。面食生产人员又分为中式面点厨师和西餐包饼厨师等。

3. 餐饮服务人员

餐饮服务人员是在餐饮部门为消费者提供出品和相应服务的人员，包括不同工作岗位，从事不同工作内容的餐厅、酒吧、餐务及管事部门的工作人员，如迎宾引座员（领位员）、订餐员、点菜员、传菜员、值台服务员、洗碗工、吧台调酒员（由于其技术含量较高，也有将其单列为调酒师系列的）、送餐员等。

4. 餐饮其他人员

餐饮其他人员包括餐务管理人员、仓储保管人员、物资采购人员等。

（二）餐饮从业人员素质要求

1. 餐饮行业职业特点

餐饮行业属于服务性的职业，与顾客接触较多，工作富有变化性和创造性，有充分的机会展露个人才华，发展空间也很大。组织层级较低的职位，体力工作也很辛苦；组织层级较高的职位，虽然工作内容不同，但工作的难度很大，必须对许多重要而又难以实施的工作做出决策。餐饮从业人员，工作时间很长，而且多在夜晚、周末和节假日——这正是其他人进行娱乐活动的时候，此外其社会地位较低，薪酬福利也不高，因此身心压力很大。

2. 餐饮从业人员素质

（1）身心健康。餐饮从业人员在工作时必须长时间站立、走动、劳作，同时还必须清楚地记住不同顾客的要求，是一项极耗费体力与精力的工作。因此，健康的身心不但是服务及生产人员工作的本钱，也是提供良好服务的基础。充足的睡眠、适度的运动及均衡营养的饮食对餐饮从业人员而言，是保持身体健康的不二法则；而适时地缓解压力，与兄弟部门、同事维持良好的人际关系，则可以让自己保持愉快的心情，信心百倍地面对每天的工作挑战。

（2）亲切有礼。餐饮从业人员应以客为尊，要常常把"请""谢谢""对不起"挂在嘴边，并面带微笑；要让顾客有宾至如归的感觉，并随时记住"顾客永远是对的"。

（3）真诚热忱。餐饮从业人员每天必须面对形形色色的顾客，因此餐饮从业人员必须对自己的工作充满热忱。只有这样才能真心诚意地去服务顾客，进而让顾客拥有美好的回忆。

（4）认真负责。餐饮从业人员工作时必须全身心投入，随时注意每张餐桌的状况，并掌握自己服务区域中顾客的用餐进度，以便适时、高效地与厨房人员沟通，保证提供优质服务及出品，确保用餐过程的顺利衔接。

（5）乐观开朗。餐饮工作环境极具变化性与挑战性，工作较为繁重，而且容易遭受挫折。因此，餐饮从业人员需要有乐观开朗的心态面对挫折，要有积极进取的精神克服困难。

（6）合作精神。餐饮从业人员要能够与周围的工作伙伴同甘共苦、相互帮助，培养团队合作精神，共同为餐厅的目标而努力。

（7）专业知识。餐饮从业人员必须对服务的程序、菜点的烹饪方法与特色以及酒水服务等专业知识有相当的了解与认识，这样才能得心应手地为顾客提供专业、完善的服务。

（8）餐饮从业人员要善于沟通。善于倾听顾客的需求与意见，掌握沟通的技巧，懂得国际礼仪，具备外语沟通能力。

（9）善于自控。餐饮服务人员与顾客之间是一种面对面的互动关系。因此，服务人员必须善于控制自己的情绪，绝对不可把恶劣、消极的情绪带到工作中，甚至在顾客面前表现出来。

（10）观察敏锐。餐饮从业人员必须具备敏锐的观察能力，以察知顾客的偏好及需求，并适时地提供必要的服务与出品，让顾客有备受礼遇及尊重的感觉。

二、酒店餐饮组织机构

（一）组织设置的原则

1. 精简与效率相统一的原则

餐饮组织设置应精简，用最少的人力最大程度地完成任务。精简的目的是使信息沟通顺畅、职责分工明确、工作效率提高、经营成本降低。因此，精简和效率相统一的主要标志有：配备的人员数量与所承担的任务相适应；机构内部分工恰当，职责明确；每个人有足够的工作量，工作效率高，应变能力强。

2. 专业化和自动调节相结合的原则

餐饮管理是一项专业性很强的工作，必须保持组织内部的专业分工明确、职责范围清楚。各级管理人员和职工要接受一定的专业训练，具有一定的专业水平和能力。组织内各部门要有相对的独立性，各类管理人员在职责范围内能够独立开展工作，灵活处理同外界的关系。专业化和自动调节相结合的主要标志有：组织大小同企业等级规模相适应；内部专业分工同酒店的类型、接待能力相协调；专业水平和业务能力同工作任务相适应；管理人员能够在不断变化的条件下自主处理问题，具有自动调节的能力。

3. 管理层次和管理权责相一致的原则

餐饮管理是运用职位的权力完成管理任务。酒店组织层次的结构、平均管理幅度、授权的范围与程度都影响管理任务的完成效果。一般酒店实行三级管理，即总经理、部门经理、基层经理。只有层次明确，才能赋予相应的责任。责任是权力的基础，权力是责任的保证。餐饮组织坚持管理层次和管理权责相一致的标志包括：权力大小能够保证所承担任务的顺利完成，责权分配有利于各级管理人员之间的协调与配合。目前，由于科技手段的运用，可以实现在组织设计中减少管理层次，增加管理幅度，使企业实现高效运转。

（二）组织机构图

餐饮组织机构图是餐饮管理思想、管理风格的具体体现，是酒店将餐饮生产、服务、管理所需要岗位和工作分工的书面化和图表化的展现。不同性质、不同规模餐饮部门的组织机构图是不尽相同的。随着餐饮隶属关系、结构规模以及管理方式的变化，餐饮组织机构图也要进行相应的修正完善。

1. 小型酒店餐饮部的组织机构图

小型酒店餐饮部的组织机构设置比较简单，分工比较粗，一个岗位往往需要负责多方面的工作。管理者的职责也比一般酒店的管理人员要多，如餐厅经理，除了负责餐厅的日常管理，餐厅酒水的供应和服务、餐具的洗涤管理等工作也都归其统一管辖。小型酒店餐饮部的组织机构设置如图 3-1 所示。

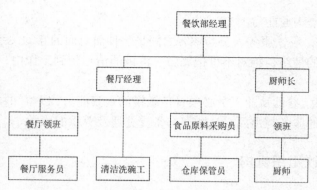

图 3-1　小型酒店餐饮部的组织机构图

2. 中型酒店餐饮部的组织机构图

中型酒店的特点是餐饮功能比较齐全、分工比较细，特别是星级酒店，功能的配置较齐全，业务范围相对较大，不但有设备齐全的中餐厅、宴会厅、酒吧，西餐厅等也一应俱全。因此，中型酒店在机构设置上相对小型酒店要复杂得多。中型酒店餐饮部的组织机构设置如图 3-2 所示。

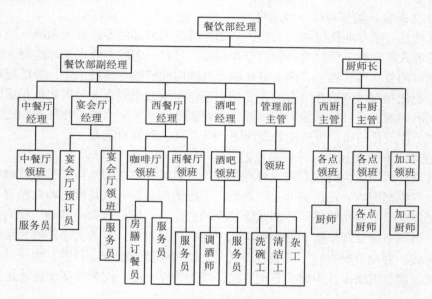

图 3-2　中型酒店餐饮部的组织机构图

3. 大型酒店餐饮部的组织机构图

大型酒店，一般档次较高、餐饮设施齐全、经营范围广。因此，其餐饮部的组织机构层次较多，分工设立更细。在一些大型酒店，鲜活原料的采购也直接划给餐饮部统管，财务部和餐饮部共同管理成本核算人员，以达到部门内人、财、物统一管理的目的。

大型酒店餐饮部在高层管理上设立餐饮总监，全面管理餐饮部的运转工作，下设餐饮部经理分管中餐、宴会厅、西餐和酒吧的销售和服务，行政总厨分管中、西厨房生产。三者构成餐饮部门的领导核心。也有一些酒店将餐饮部经理升格为总监助理，协助总监管理全部门的业务。酒店组织机构的具体设置因酒店而异。大型酒店餐饮部的组织机构设置如图 3-3 所示。

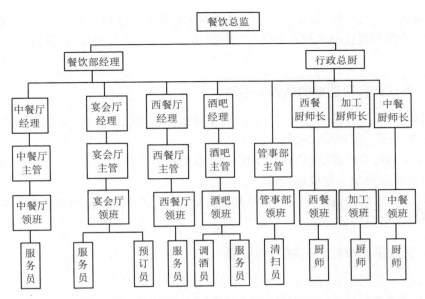

图 3-3　大型酒店餐饮部的组织机构图

（三）餐饮管理各部门的职能

上述餐饮组织机构，不论规模大小，其基本职能都是相同的。各部门的职能主要包括以下三个方面。

（1）前台各营业点，包括各类餐厅、宴会厅、酒吧、咖啡厅、风味特色餐厅、房内用餐服务部等直接对客服务部门。这些营业点经营管理状况的好坏、服务水平的高低，最终关系到餐饮产品能否变为商品。

（2）厨务部（又称厨房、后厨），负责餐饮产品的菜肴、点心等的烹制加工。从过程上看，从原料的粗加工到菜肴的成菜出品，均由厨务部负责完成；从产品质量方面看，厨务部依据不同的消费档次，制定和执行不同的制作质量标准。

（3）管事部，作为餐饮运转的后勤保障部门，担负着为前后台运转提供物资用品，清洁餐具、厨具的重任，并负责后台卫生清洁和贵重餐具的保管与保养。

三、餐饮相关部门及其沟通

餐饮生产和服务的多环节性、原料和成本控制对其他部门的依赖性等，决定了餐饮生产、服务及其管理的正常运作和最佳效果的取得必须做好与相关部门的联系与沟通。良好的沟通能减少部门间的分歧，正确地传达相关的信息与命令，使工作更有效率，而有效的协调则能排除部门间因工作而产生的摩擦与误解，使餐饮整体的运作更为和谐。因此，对劳动力密集的餐饮服务业来说，沟通协调就成为一项很重要的工作。

（一）餐饮部和采购部的联系与沟通

（1）餐饮部根据自己的业务活动需要，向采购部提出餐饮原材料的质量、数量、成本、价格等方面的要求。

（2）在制定新菜单时，应征求采购部对其原材料行情方面的意见，列出采购产品规格标准。

（3）餐饮部应与采购部协商，制订合理的采购量和采购计划，避免和减少计划外采购。

（4）采购部与餐饮部之间要加强市场信息方面的沟通，及时掌握新设备、新原料和时令菜的行情。

（二）餐饮部和营销部的联系与沟通

（1）餐饮部要与营销部互通信息，向营销部提供各种促销资料，一起制订年度促销计划和临时促销计划、促销组织安排。

（2）由于酒店营销部接触的客户面广、信息渠道广，餐饮部需主动了解营销部掌握的就餐客人对餐饮的意见、建议和投诉。

（3）餐饮部承接营销部接订的各种餐饮消费活动。酒店营销部负责大型销售活动的推销和承接会议、宴会等活动。

（三）餐饮部和前厅部的联系与沟通

（1）餐饮部要依据前厅部提供的住客量来预测日常销量。

（2）餐饮部要根据前厅部提供的团队用餐单安排团体客人的餐饮。

（3）餐饮部要根据前厅部提供的贵宾（VIP）入住通知单及接待规格为他们送水果、花盆或点心、茶水等。

（4）餐饮部要从前厅部取得住客信用方面的信息，以决定是否予以赊账。

（5）餐饮部应该就有关信息主动与前厅部联系，如大型餐饮活动计划、重要宴会等，以便前厅部能够准确回答客人的查询。

（四）餐饮部和工程部的联系与沟通

（1）餐饮部在使用本部门设备过程中，要经常检查设备的运转情况，若发现问题应立即报工程部由专业人员维修，非专业人员不得随便拆修机器设备。

（2）餐饮部与工程部一起制订设备的保养、维护计划，分工要明确，将日常维护与计划保养相结合，减少人为的机器设备损坏。

（3）工程部工程技术人员教授、培训餐饮部职工正确使用机器设备，应按规定的程序和方法操作，将责任落实到使用者。

（五）餐饮部和安保部的联系与沟通

（1）餐饮部必须严格遵守《中华人民共和国食品安全法》的有关规定，确保食品和环境卫生。一旦发生食物中毒等恶性事件，餐饮部应主动协助安全部进行妥善处理，将损失降到最低限度。

（2）厨房的消防安全是餐饮部的重要工作内容。餐饮部在消防安全方面必须严格按照安全部的部署，做好安全防火工作，特别是应根据消防安全的要求配备相应数量的灭火毯和灭火器，并做好消防器材的管理工作，接受安全部的消防安全检查和培训。

（六）餐饮部和财务部的联系与沟通

（1）餐饮部要协助财务部做好及时、准确的营业日报，以便正确掌握实际经营情况。实际上，财务部是为餐饮部的经营保驾护航。

（2）财务部要发挥其管理下的餐饮成本控制组的作用，及时提供餐饮成本的波动情况，做好成本的控制与监督工作。

（七）餐饮部和人事部的联系与沟通

（1）餐饮部要根据餐饮服务的特点，制定出餐饮部工作人员的基本素质要求，以供人事部招聘相关人员时参考，还要积极配合人事部做好人员招聘、考核、评估等工作。

（2）餐饮部要根据酒店总体培训计划，制订餐饮部的培训计划并组织实施，同时接受人事部的培训指导和检查。

（3）餐饮部要配合人事部做好餐饮人员定岗、定编工作。

（八）餐饮部和客房部的联系与沟通

（1）棉织品的洗涤与更换。在很多酒店，洗衣房隶属于客房部。餐饮部必须每天根据经营的需要及时将用过的口布、台布、小毛巾等棉织品送洗衣房洗涤和更换。在棉织品的送洗和换领过程中，双方必须清点送洗棉织品的数量，领用时要认真检查领用的数量和棉织品的质量，尽量将破损的棉织品在领用时就剔出报损，以确保对客服务的质量。此外，在送洗棉织品时，餐厅必须抖净裹挟在台布中的餐具、牙签、骨头等杂物，以免损坏洗涤设备。

（2）餐厅地面的计划保养。一般餐厅的地毯洗涤、地面打蜡等计划保养工作由客房部所属的公共区域（public area，PA）清洁组来完成。在进行餐厅地面计划保养时，餐饮部必须及时配合 PA 组制订详细的保养计划，并在实施保养过程中配备专人协助 PA 组的工作，为保养、维护工作提供便利。

（3）餐厅花草的使用。花房一般也隶属于酒店客房部，因此餐厅用花和使用绿色植物都必须由花房来完成。在使用花草的过程中，餐饮部还应接受花房专业人员的指导，进行花草的维护和清洁。

第二节 餐饮岗位职责

为了更好地保证组织机构在餐饮管理中发挥积极作用，使每个岗位的员工清楚自己的职责，明确自己的隶属关系，餐饮部对其所属的每个岗位必须制定书面岗位职责书，使每个员工和管理者明确自己的职责、任务、任职要求和权力范围。

一、岗位职责的内容

1. 岗位名称

岗位名称是指各岗位的具体称呼。同一个餐饮部门不应该出现一个岗位有好几种叫法的现象，应该在企业内部做到规范一致。另外，岗位职责中的岗位名称还必须与前述组织机构图中的称呼相一致。

2. 岗位级别

岗位级别是指该岗位在酒店组织层次中的纵向位置，在实行岗位技能工资的酒店，其级别的界定尤为重要。目前，很多酒店为了鼓励员工到一线直接为客人服务，减少了行政编制，推行岗位技能工资制，即将酒店自总经理到实习生分别划分为不同的工资等级，一岗一薪，易岗易薪，充分调动了员工的工作积极性。岗位级别的确定，需要酒店的人事部参与确认。

3. 直接上司

直接上司，即本岗位的直接管理者。明确直接上司的目的就是使每个岗位的人员知道自己应向谁负责，服从谁的工作指令，向谁汇报工作。例如，餐厅服务员的直接上司应该是餐厅领班，餐厅领班的直接上司应该是餐厅主管。

4. 管理对象

管理对象是针对管理岗位设立的，目的是使每个管理者清楚地知道自己的管辖范围，以避免工作中出现跨部门或越级指挥等现象。餐饮组织机构基本上按照管理幅度的原则相应地规定了每个管理岗位的管辖范围，其目的就是要充分发挥各管理岗位管理人员的潜能，做好各自的管理工作，保证各作业点的正常运转，同时避免各岗位的管理者越级指挥或横向指挥等交叉、混乱现象的发生。

5. 职责提要

职责提要又称岗位要领、主要职责，即用非常简明的语言将该岗位的主要工作职责进行描述，这样便于快速、宏观地把握一个岗位的工作要领。

6. 具体职责

具体职责是从计划、组织、协调、控制等方面具体规定每个岗位的工作内容，其目的就是使该岗位的工作人员清楚地知道自己应该履行哪些职责、完成哪些工作任务。因此，具体职责实际上是各岗位的一份翔实的工作任务书。具体职责的编写应注意明确任务，简明扼要，尽量减少不必要的描述性说明，工作标准、工作要求、工作步骤等应该属于工作程序的内容，不必在此出现。

7. 任职条件

任职条件又称职务要求，即明确该岗位员工必须具备的基本素质要求。

（1）态度，是指工作态度和个人品德要求。

（2）知识，是指从事该岗位工作的员工必须具备的基本知识要求。

（3）技能，是指从事该岗位工作的员工必须具备的基本技能要求。对于管理岗位，任职条件还包括各项管理能力要求，如计划组织能力、文字和口头语言表达能力、沟通能力等。

（4）学历和经历，是指从事该岗位的员工必须具备的适宜文化程度要求，以及生产、管理岗位的工作及管理经历要求。

（5）身体状况，是指针对本岗位的具体情况所提出的可胜任相关职责所具备的身体素质方面的要求。

8. 岗位权力

岗位权力是针对管理岗位设立的一项内容，按照层级管理的原则，相应岗位的管理人员应该做到职、权、利相统一，赋予他们相应的管理权限，其目的是更好地把管理工作做好。至于授权幅度，各酒店不完全相同：有的授权至领班，有的授权至主管，也有的只授权至部门经理。按照新的扁平式机构管理模式，向一线员工授权也是很有必要的。

二、餐饮管理岗位职责列举

（一）餐饮总监的岗位职责

1. 岗位名称

餐饮总监。

2. 岗位级别

各酒店视具体情况而定。

3. 直接上司

总经理。

4. 管理对象

餐饮部经理、行政总厨。

5. 职责提要

全面负责组织制订并实施餐饮部工作计划和经营预算，督导餐饮部日常运转管理，确保为客人提供优质高效的餐饮服务并进行有效的成本控制。

6. 具体职责

（1）负责制订餐饮部营销计划、长短期经营预算，带领全体员工积极完成和超额完成指标。

（2）主持建立和完善餐饮部的各项规章制度及服务程序与标准，并督导实施。

（3）定期深入各部门听取汇报并检查工作情况，控制餐饮部各项收支，制定餐饮销售价格，监督采购和盘点工作，进行有效的成本控制。

（4）检查管理人员的工作情况和餐厅服务规范及各项规章制度的执行情况，发现问题及时采取措施，出色地完成各项接待任务。

（5）定期同餐饮部经理、行政总厨研究新菜点，推出新菜单，并有针对性地进行各项促销活动。

（6）负责下属部门负责人的任用及其管理工作的日常督导，定期对下属进行绩效评估。

（7）组织和实施餐饮部员工的服务技艺和烹饪技术培训工作，提高员工素质，为企业树立良好的形象和声誉。

（8）建立良好的对客关系，主动征求客人对餐饮的意见和建议，积极认真地处理宾客的投诉，保证最大限度地满足宾客的餐饮需求，提高餐饮服务质量。

（9）重视安全和饮食卫生工作，认真贯彻实施《中华人民共和国食品安全法》，开展经常性的安全保卫、防火教育，确保宾客安全和餐厅、厨房及库房的安全。

（10）做好餐饮部与其他各部门之间的沟通、协调和配合工作。

（11）参加每日总经理工作例会，主持每日餐饮例会，保证企业的工作指令得到有效的贯彻执行。

（12）完成总经理交付的其他工作。

7. 任职条件

（1）有强烈的事业心和责任感，忠于企业，工作认真，讲究效率，坚持原则，不谋私利，处事公正，知人善任。

（2）具有丰富的餐饮服务、成本控制、烹饪技术、设施设备维护、市场营销、食品营养卫生等餐饮专业知识。

（3）具有较强的组织管理能力，能科学地制订各项餐饮计划，有效地控制餐饮成本，合理地安排工作，能督导各种餐饮服务规范和菜肴质量标准的执行，具有较强的口头表达能力和撰写业务报告的能力。

（4）具有高职高专以上学历，受过系统的餐饮管理培训，有 5 年以上的餐饮管理经历。

（5）身体健康，精力充沛。

8. 岗位权力

（1）根据酒店的工资和奖金政策，对下属具有奖惩权。

（2）根据酒店的人事政策，对下属部门人员具有录用选配、任命和除名的处理权。

（3）有签署下属上报的申购、领用、加班、休假等申请的权力。

（4）处理客人投诉时有免费、打折的权力。

（二）餐饮部经理的岗位职责

1. 岗位名称

餐饮部经理。

2. 岗位级别

各酒店视具体情况而定。

3. 直接上司

餐饮总监。

4. 管理对象

中餐厅、宴会厅、酒吧、西餐厅、风味厅的经理，管事部主管。

5. 职责提要

协助餐饮总监负责餐饮服务运转与管理，负责完善和提高各营业点的服务质量，确保向宾客提供优良服务和优质产品。

6. 具体职责

（1）协助餐饮总监督导各餐厅、酒吧、管事部的日常工作，保证各营业点达到服务水准要求。

（2）编制餐饮部各种服务规范和工作程序，参与制订各餐厅、酒吧及管事部的工作计划、经营预算，并督促员工认真贯彻执行。

（3）协助制订并监督实施餐饮部各项培训计划，定期对下属进行绩效评估，提出奖惩建议。

（4）与餐饮总监、行政总厨共同分析营业成本，采取有效措施，加强成本控制。

（5）协助餐饮总监制订和实施各项餐饮推销计划。

（6）做好各餐厅、酒吧、管事部的内部协调工作及与其他相关部门的沟通合作工作，尤其要协调好前台服务和厨房生产的关系，确保工作效率，减少不必要的差错。

（7）经常巡视各营业点的运转情况，负责督导、检查各餐厅的服务质量，广泛征集客人的意见和建议，并组织落实。

（8）负责检查员工仪表仪容和执行规章制度的情况。

（9）督导下属对所辖范围内的设施设备进行维护保养。

（10）完成餐饮总监布置的其他任务。

7. 任职条件

（1）有较强的事业心和责任感，工作认真踏实，处事公正严明。

（2）熟练掌握餐饮管理与服务的专业知识和技能。

（3）具有较强的组织管理能力，能制定各种餐饮服务规范和服务程序，并组织员工认真贯彻执行；具有妥善处理客人投诉及其他突发事件的能力。

（4）具有高职高专以上学历，受过系统的餐饮管理专业培训，有 3 年以上的餐厅管理经历。

（5）身体健康，精力充沛。

8. 岗位权力

（1）对本部门员工有选用、奖惩、调配的建议权。

（2）签署下属上报的申购、领用、加班、休假等申请的权力。

（3）处理客人投诉时有打折的权力。

（三）行政总厨（总厨师长）的岗位职责

1. 岗位名称

行政总厨。

2. 岗位级别

各酒店视具体情况而定。

3. 直接上司

餐饮总监。

4. 管理对象

中、西餐厨师长，加工厨师长。

5. 职责提要

负责整个厨房的组织、指挥、运转管理工作；通过设计和组织生产提供富有特色的菜点产品吸引客人；进行食品成本控制，为酒店创造最佳的社会效益和经济效益。

6. 具体职责

（1）组织和指挥厨房工作，监督食品制作，按规定的成本生产优质产品。

（2）根据餐饮部门的经营目标和方针及其下达的生产任务，负责中、西餐市场开发及发展计划的制订，设计各类菜单并督导菜单更新。

（3）协调中、西厨房工作，协调厨房与其他相关部门之间的关系，根据厨师的业务能力和技术特长，决定岗位人员的安排和调动。

（4）根据各工种、各岗位的生产特点和餐厅营业状况编制工作时间表，检查下属对员工的考勤考核工作，负责评估下属的工作表现。

（5）根据酒店总体工作安排，计划并组织实施厨房员工的考核、评估工作，对下属及员工的发展做出计划。

（6）督导厨房管理人员对设备、用具进行科学管理，审定厨房设备、用具更换添置计划。

（7）审定厨房各部门的工作计划、培训计划、规章制度、工作程序和生产作业标准。

（8）负责菜点出品质量的检查、控制，亲自烹制为高规格以及重要顾客准备的菜肴。

（9）定期分析、总结生产经营情况，改进生产工艺，准确控制成本，使厨房的生产质量和效益不断提高。

（10）负责对酒店贵重食品原料的申购、验收、领料、使用等情况进行检查控制。

（11）主动征求客人以及餐厅对厨房产品质量和供应方面的意见，督导改进措施的实施；负责处理客人对菜点质量方面的投诉。

（12）参加酒店及餐饮部召开的有关会议，保证会议精神的贯彻执行。

（13）督导厨房各岗位保持整齐清洁，确保厨房食品、生产及个人卫生，防止食物中毒事故的发生。

（14）检查厨房安全生产情况，及时消除各种隐患，保证设备设施及员工的操作安全。

（15）审核、签署有关厨房工作方面的报告。

7. 任职条件

（1）热爱本职工作，忠于企业，有较强的事业心、责任感；工作积极主动，具有创新意识；熟知烹饪原料特性，掌握原料质量鉴别与保管知识。

（2）熟悉中、西厨房生产工艺流程；全面掌握菜肴生产技术，并了解一般点心食品的生产制作方法及成品特点。

（3）有较强的组织管理能力和全面的厨房成本核算和控制能力；有分析并适应当地餐饮市场的能力；具有设计开发新品菜肴的能力；具有食品促销活动的计划、组织和相应的培训实施能力。

（4）具有高职高专以上文化程度或同等学力，有 4 年以上从事厨房管理工作的经历，已达高级烹饪厨师水平。

（5）身体健康，精力充沛。

8. 岗位权力

（1）组织、指挥、安排厨房生产的权力。

（2）决定厨房班次、安排厨房各岗位人员的权力。

（3）对厨房员工奖惩的决定权和招聘及辞退的建议权。

（4）对库存积压食品原料的处理决定权。

（四）西餐经理的岗位职责

1. 岗位名称

西餐经理。

2. 岗位级别

各酒店视具体情况而定。

3. 直接上司

餐饮部经理。

4. 管理对象

西餐主管、咖啡厅主管、客房用餐主管。

5. 职责提要

负责西餐厅和咖啡厅及房内用膳的日常运转与管理工作，组织属下为客人提供优质高效的餐饮服务，树立优良的餐厅形象，尽力提高餐饮收入。

6. 具体职责

（1）负责制定西餐服务标准、工作程序和要求，并组织实施。

（2）负责西餐厅员工的工作班次安排，保证餐厅对客服务工作的正常运行。

（3）检查和督导食品质量、服务质量、员工纪律及各项制度的执行落实。

（4）负责对下属进行考勤考核和评估。

（5）参加迎送重要宾客，主动征求客人意见，及时汇报和妥善处理客人投诉。

（6）协调与其他部门的工作联系，确保客人享受到满意的餐饮产品和良好的服务。

（7）负责制订员工培训计划，对下属进行业务培训，不断提高他们的服务技能和推销技巧。

（8）负责制定本餐厅的推销策略及方法，督促员工做好食品饮料的推销工作，努力提高餐饮销售收入。

（9）建立物资管理制度，负责对餐厅的设备、物资、用具等实行严格管理。

（10）审核餐厅的营业收入，协助收款员做好结账工作，杜绝舞弊行为。

（11）督促下属做好安全、卫生工作。

（12）完成上级布置的其他工作。

7．任职条件

（1）具有较强的事业心和责任感，工作认真踏实，勤勤恳恳。

（2）掌握必备的酒水、食品、烹饪知识，熟悉客人的用餐习惯和用餐特点。

（3）熟练掌握西餐和酒水的服务技能，掌握一定的心理学知识和推销技巧，能够熟练地使用一门外语进行对客服务。

（4）具有高职高专以上文化程度或同等学力，有从事餐饮服务和管理工作两年以上的经历。

（5）身体健康，仪表端庄，精力充沛。

8．岗位权力

（1）有调配下属工作的权力。

（2）有对下属给予奖励和处罚的建议权。

（五）中餐经理的岗位职责

1．岗位名称

中餐经理。

2．岗位级别

各酒店视具体情况而定。

3．直接上司

餐饮部经理。

4．管理对象

中餐主管。

5．职责提要

具体负责中餐厅的日常运转和管理工作，保证以舒适的就餐环境、良好的服务来吸引客源，通过向客人提供程序规范、高标准的优质服务，获取最佳的经济效益和社会效益。

6．具体职责

（1）了解客情，根据客情编排员工班次和休息日，负责员工的考勤工作。

（2）参与制定中餐服务标准和工作程序，并组织和确保这些服务标准和工作程序的顺利实施。

（3）负责与相关部门的工作协调，处理各种突发事件。

（4）与中餐厨师长保持良好的合作关系，及时将客人对菜肴的建议和意见转告厨师长，以供厨师长在研究制定菜单时作为参考。

（5）开餐期间，负责整个餐厅的督导、巡查工作；迎送重要客人并在服务中给予特殊关照；认真处理客人的投诉，并将客人的投诉意见及时向上级报告。

（6）检查对客服务的结账过程，杜绝舞弊现象。

（7）督导员工正确使用餐厅的各项设备和用品，做好清洁保养工作，准确控制餐具损耗。

（8）建立物资管理制度，组织管理好餐厅的各种物品。

（9）签署餐厅各种用品的领用单、设备维修单、损耗报告单等，保证餐厅的正常运行。

（10）督导下属保持始终如一的餐厅卫生水准。

（11）负责对员工的工作表现进行定期评估；制订员工培训计划并予以落实。

（12）出席餐饮部召开的会议，主持中餐厅内部会议。

（13）督促员工遵守企业的各项规章制度。

（14）完成餐饮部经理布置的其他工作。

7. 任职条件

（1）热爱服务工作，工作踏实、认真，有较强的事业心和责任心。

（2）通晓餐厅管理和服务方面的知识，懂得服务心理学及餐饮推销技巧。

（3）具备熟练的服务技能，能运用一门外语熟练地进行对客服务。

（4）具有中职中专或同等学力，有从事餐饮服务工作两年以上的工作经历。

（5）身体健康，仪表端庄，精力充沛。

8. 岗位权力

（1）有调配所属员工工作及休假的权力。

（2）对所辖范围员工有建议奖罚、提议晋升或调换工作岗位的权力。

（3）有签署领料单和审批员工病假、事假的权力。

（六）加工厨师长的岗位职责

1. 岗位名称

加工厨师长。

2. 岗位级别

各酒店视具体情况而定。

3. 直接上司

行政总厨。

4. 管理对象

加工领班。

5. 职责提要

全面负责中、西加工厨房的组织管理工作，保证及时向各烹调厨房提供所需的、按规格加工生产的各类烹饪原料。

6. 具体职责

（1）检查加工原料的质量，根据客情及菜单要求，负责加工厨房各岗位人员的安排和生产组织工作。

（2）收集、汇总各厨房所需的加工原料，具体负责向采购部订购各类食品原料。

（3）检查原料库存和使用情况，并及时向总厨师长汇报，保证厨房生产的正常供给和原料的充分利用，有效控制成本。

（4）检查督导并带领员工按规格加工各类原料，保证各类原料加工及时、成品合乎要求。

（5）主动征询各厨房对原料使用的意见，不断研究和改进加工工艺；对新开发菜肴原料的加工规格进行研试和规定。

（6）检查下属的仪表仪容，督促各岗位搞好食品及加工生产的卫生。

（7）负责加工厨房员工的考核、评估，协助行政总厨决定其奖惩。

（8）督导员工检查维护各类加工设备，并对其维修保养和添置提出意见。

（9）制订加工厨房员工的培训计划，并组织实施。

7. 任职条件

（1）热爱本职工作，工作细致、踏实。

（2）精通各类原料的加工及保藏方法，熟知本企业菜肴的加工规格标准及生产制作工艺，有娴熟的刀工切配技术。

（3）具有一定的组织管理能力。

（4）高中、中职毕业或具有同等学力，已达中级以上中餐烹饪厨师水平。

（5）身体健康，精力充沛。

8. 岗位权力

（1）建议、协助行政总厨调整原料进货规格的权力。

（2）对质量不达标原料的安排处置权。

（3）对下属的工作表现进行评估、奖惩的建议权。

（七）中餐厨师长的岗位职责

1. 岗位名称

中餐厨师长。

2. 岗位级别

各酒店视具体情况而定。

3. 直接上司

行政总厨。

4. 管理对象

中餐领班。

5. 职责提要

协助行政总厨全面负责中餐厨房零点菜点的生产管理工作，带领员工从事菜点生产制作，保证向客人及时提供达到规定质量的产品。

6. 具体职责

（1）协助总厨师长做好零点厨房的组织管理工作。

（2）安排零点厨房的生产，检查并督促切配、炉灶、冷菜、点心等各岗位按规定的操作程序进行生产。

（3）与总厨师长一起编制零点菜单，协助行政总厨制定菜肴规格和制作标准；向采购部门提供所用原料的规格、标准；参与研究开发新品菜点，计划食品促销活动。

（4）督导下属按工作标准履行岗位职责，主持高规格以及重要客人菜点的烹制工作，带头执行各项生产规格标准。

（5）具体负责预订及验收零点厨房每天所需原料，负责原料、调料领用单的审签。

（6）负责协调零点厨房各班组的工作，负责对下属进行考勤考核，根据其工作表现向总厨师长提出奖惩建议。

（7）督导零点厨房各岗位搞好环境及个人卫生，防止食物中毒事故的发生。

（8）负责拟订零点厨房员工的业务培训计划，报请行政总厨审定并负责实施。

（9）负责零点厨房所有设备、器具使用情况的检查与指导，填写厨房设备检修报告单，保证设施设备良好运行。

（10）根据行政总厨的要求，负责制订零点厨房年度工作计划。

7. 任职条件

（1）有较强的事业心，热爱本职工作，工作认真负责。

（2）掌握全面的菜肴烹饪知识，熟悉厨房生产流程和菜肴质量标准。

（3）有一定的组织安排、协调管理能力和娴熟的烹饪制作技能。

（4）高中、中职以上文化程度，具有两年以上厨房领班或头炉工作经历，已达到中级以上中式烹调师水平。

（5）身体健康，精力充沛。

8. 岗位权力

（1）协助行政总厨从事厨房组织管理工作的权力。

（2）对岗位人员进行安排和对下属奖惩的建议权。

（八）西餐厨师长的岗位职责

1. 岗位名称

西餐厨师长。

2. 岗位级别

各酒店视具体情况而定。

3. 直接上司

行政总厨。

4. 管理对象

西餐领班。

5. 职责提要

协助行政总厨全面负责西餐厨房的生产管理工作，带领员工从事菜肴生产及包饼制作，保证向顾客及时提供达到规定质量的产品。

6. 具体职责

（1）协助行政总厨做好西餐厨房人员及生产的组织管理工作。

（2）根据行政总厨的要求，制订年度培训、促销等工作计划。

（3）负责咖啡厅厨房及西餐厨房人员的调配和班次的计划安排工作。

（4）根据厨师的技艺专长和工作表现，合理安排员工的工作岗位，负责对下属进行考核评估。

（5）负责制定西餐菜单，对菜品质量进行现场指导把关。

（6）根据菜单制定菜点的规格标准；检查库存物品的质量和数量，合理安排、使用原料；审签原料订购和领用单，把好成本控制关。

（7）负责指导西餐厨房领班工作，搞好班组间的协调工作，及时解决工作中出现的问题。

（8）负责西餐厨房员工培训计划的制订和实施；适时研制新的菜点品种，并保持西餐的风味特色。

（9）督促员工执行卫生法规及各项卫生制度，严格防止食物中毒事故的发生。

（10）负责对西餐厨房各点所有设备、器具的使用情况进行检查与指导，审批设备检修报告单。

（11）主动与餐厅经理联系，听取客人及服务部门对菜点质量的意见；与采购供应等部门协调关系，不断改进工作。

（12）参加餐饮部门有关会议，贯彻会议精神，不断改进、完善西餐生产和管理工作。

7. 任职条件

（1）有较强的事业心，热爱本职工作，工作细致负责。

（2）熟悉西餐厨房生产流程，掌握全面的西餐菜肴制作技术。

（3）有一定的组织管理能力和一定的专业英语基础。

（4）具有高中、中职以上文化程度，有两年以上西厨领班工作经历或达到中级以上西餐烹饪厨师水平。

（5）身体健康，精力充沛。

8. 岗位权力

（1）协助行政总厨从事厨房管理工作的权力。

（2）对下属的工作表现进行评估、奖惩的建议权。

三、餐饮服务岗位职责列举

（一）餐饮前台服务性工作岗位的职责

1. 迎宾员（有的兼领位员）的岗位职责

（1）负责接受、安排客人的用餐预订。

（2）负责迎送、接待用餐的客人。

（3）掌握每天的预订信息和餐桌安排，了解当日菜点情况，准确、周到地为客人提供服务。

（4）热情主动，礼貌迎客。根据餐桌安排和空位情况、客人的不同特点引领客人到适当的餐桌，保持和各台位服务员的联系。

（5）主动征求客人意见，微笑送别客人。

（6）参加餐厅餐前准备工作和餐后结束工作。

（7）参加定期的班组例会和业务培训，不断提高服务质量。

2. 值台服务员的岗位职责

（1）按照餐厅服务的工作程序和质量要求，做好餐前准备、餐间服务和餐后结束工作。

（2）了解每天的客源情况、宴会预订、用餐预订和餐桌安排，及时、准确、有针对性地提供服务。

（3）掌握当日菜单和菜点的供求情况，主动向客人介绍菜肴和酒水，做好推销工作。

（4）认真听取客人对服务质量和菜点质量的意见，做好信息反馈工作。

（5）保持餐厅的环境整洁，确保餐具、布件清洁完好和物料用具的完备。

（6）做好餐厅财产设备的使用和清洁保养工作。

（7）加强员工之间团结协作，积极参加业务培训，不断提高业务水平。

3. 传菜服务员的岗位职责

（1）按照餐厅服务规程和质量要求做好送单、传菜工作。

（2）负责开餐期间菜单、菜肴和酒水的传递，配合服务员做好菜肴的推销工作。

（3）配合做好餐厅开市前的准备工作，负责餐厅和厨房之间通道的清洁工作，做好传菜用具和各种调料备品的准备工作。

（4）掌握当日菜单和菜点的供应情况，熟悉餐厅台位布置，熟记台号，传递点菜单迅速正确，按点菜先后次序准确无误地上菜、走菜。

（5）协助值台服务员及时清理和更换餐具、酒具，做好餐后整理、清扫工作。

（6）妥善保存点菜单，以便事后复核审查。

（7）积极参加培训，发挥工作主动性，加强员工之间团结协作，完成上级交办的其他任务。

（二）餐饮后台的生产与保障性岗位的职责

1. 厨师的岗位职责

（1）按照工作程序与标准及上级的指派，优质、高效地完成菜点的制作，并及时供应餐厅销售。

（2）按照工作程序与标准做好开餐前的准备工作。

（3）保持本岗位工作区域的环境卫生，做好本岗位工具、用具、设备、设施的清洁、维护和保养工作。

（4）完成上级指派的其他任务。

2. 餐饮物品采购人员的岗位职责

（1）根据上级审定的采购申请单，具体实施择商、报价。

（2）依据批准后的采购订单，取得付款票据，实施购买。

（3）具体办理提货、交验、报账手续。

（4）保存采购工作的必要原始记录，做好统计，定期上报。

（5）随时了解市场情况，向相关部门提供市场信息，努力降低采购成本。

3. 仓库保管人员的岗位职责

（1）负责填写申请采购单，注明各种物资的品名、数量，写明库存量、月用量、申购量，确认无误后交上级审批。

（2）货物入库必须严格检验，根据申购的数量及规格，检查货物的有效期、数量、质量，符合要求方可入库。

（3）在货物入库时，物品装卸要轻拿轻放，分类摆放整齐，杜绝不安全因素。

（4）加强对库存物品的管理，落实防火措施及卫生措施，保证库存物品完好无损、存放合理、整齐美观。

（5）物品到货后要及时入账，准确登记。

（6）发货时按规章制度办事，领货手续不全则不予发货，如有特殊原因，须得到仓库及其他相关领导的审批后方可出库。

（7）发货后要及时按发货单办理物品的出库手续，登记有关账卡。

（8）经常与用料部门保持联系，了解物品的使用情况，迅速高效地完成本职工作。

（9）积极配合财务部门做好每月的盘点工作，做到物卡相符、账卡相符、账账相符。

（10）下班前要及时检查库房有无隐患，关闭电源，锁好库门，根据规定摆放好仓库钥匙，方可下班。

4. 工程设备维护保养人员的岗位职责

（1）确保水、电、煤等的正常供给并控制其能耗。

（2）做好设施、设备的选择与评估。

（3）做好设备、设施的日常管理。

（4）负责设备、设施的安装调试或安装调试的管理工作及技术支持。

（5）做好设备维护保养与修理。

（6）做好设备技术管理。

（7）做好设备备件管理。

（8）做好设备改造、更新工作。

（9）做好经营区建筑装饰的养护与维修。

（10）筹划建筑的改建、扩建与新建。

5. 安保人员的岗位职责

（1）执行落实国家安全保卫工作的方针、政策和有关法律、法令、法规及企业的规章制度。

（2）协助有关领导对员工进行防火、防盗、防治安灾害事故的教育。

（3）落实各项安全工作的岗位责任制，保证用餐客人的人身及财产安全。

（4）配合国家有关机关对违法犯罪进行调查取证。

（5）对企业的重点部位制定安全管理制度，加强检查。

（6）认真贯彻消防法规，学习宣传防火、灭火知识，并定期举行实操训练。

（7）维护企业的治安、营运秩序。

本章小结

1. 餐饮管理人员：高层管理人员、中层管理人员和基层管理人员。

2. 餐饮生产人员：原料加工人员、菜肴生产人员（又称"红案"）、面食生产人员（又称"白案"）。

3. 餐饮从业人员的素质：身心健康、亲切有礼、真诚热忱、认真负责、乐观开朗、合作精神、专业知识、善于沟通、善于自控、观察敏锐。

4. 餐饮组织设置的原则：精简与效率相统一的原则、专业化和自动调节相结合的原则、管理层次和管理权责相一致的原则。

5. 酒店餐饮组织机构图：小型酒店餐饮部的组织机构图、中型酒店餐饮部的组织机构图、大型酒店餐饮部的组织机构图。

6. 需与餐饮部联系与沟通的其他部门：餐饮部与采购部、营销部、前厅部、工程部、安保部、财务部、人事部、客房部的联系与沟通。

7. 岗位职责的内容：岗位名称、岗位级别、直接上司、管理对象、职责提要、具体职责、任职条件、岗位权力。

8. 餐饮管理岗位职责列举：餐饮总监、餐饮部经理、行政总厨、西餐经理、中餐经理、加工厨师长、中餐厨师长、西餐厨师长的岗位职责。

9. 餐饮服务岗位职责列举：迎宾员（有的兼领位员）、值台服务员、传菜服务员、厨师、餐饮物品采购人员、仓库保管人员、工程设备维护保养人员、安保人员的岗位职责。

课后练习

一、名词解释

红案　　白案　　打荷　　组织机构图　　岗位说明书

二、单选题

1. 餐饮企业设计菜肴花样、决定菜肴口味、生产菜肴出品的厨房员工，可称为（　　）。
   A. 几案　　　　　　B. 红案　　　　　　C. 白案　　　　　　D. 水案

2. 具有民主化、人本化管理的餐饮企业，可采用指挥管理的模式是（　　）。
   A. 直线式　　　　　B. 平行式　　　　　C. 混合式　　　　　D. 参谋式

3. 符合餐饮企业的上下级管理原则的是（　　）。
   A. 谁管我，听谁的　　　　　　　B. 谁大，听谁的
   C. 谁与我关系好，听谁的　　　　D. 谁对，听谁的

4. 餐饮部门与企业内部的采购、营销、前厅、工程、安全、财务、人事等部门的沟通属于（　　）。
   A. 交叉沟通　　　B. 垂直沟通　　　C. 水平沟通　　　D. 情感沟通

5. 为供应本地或本酒店的海鲜厅、野味厅或日本厅、韩国厅、意大利厅属于（　　）。
   A. 风味特色餐厅　　　　　　　　B. 包饼房
   C. 多功能宴会厅　　　　　　　　D. 咖啡厅

三、多选题

1. 属于厨务部门的生产岗位有（　　）。
   A. 红案　　　　　　B. 几案　　　　　　C. 香案
   D. 白案　　　　　　E. 条案

2. 属于前台服务性的工作岗位有（　　）。
   A. 领位员　　　　　B. 传菜员　　　　　C. 洗菜员
   D. 值台员　　　　　E. 点菜员

3. 属于餐饮总监管辖的工作岗位有（　　　　）。

　　A. 调酒员　　　　　　B. 审计员　　　　　C. 总办秘书

　　D. 采购员　　　　　　E. 水电工

4. 属于酒店餐饮部门下属的部门有（　　　　）。

　　A. 厨务部　　　　　　B. 管事部　　　　　C. 各营业点

　　D. PA 组　　　　　　E. 营销部

5. 酒店高管应该做的事情有（　　　　）。

　　A. 制定战略　　　　　B. 身先士卒　　　　C. 运筹帷幄

　　D. 顶层设计　　　　　E. 大事要事

四、判断题

1. 负责菜肴、点心等烹制加工任务的是酒店的管事部。　　　　　　　（　　　）

2. 负责酒店后台清洁卫生工作的是酒店的 PA 小组。　　　　　　　（　　　）

3. 酒店餐饮部下辖的餐厅营业时间最长的是咖啡厅。　　　　　　　（　　　）

4. 在大型酒店，前台各岗位的分工相对稳定，各司其职地开展工作。（　　　）

5. 酒店客房部承担住店客人在酒店客房内用餐的服务工作。　　　　（　　　）

五、简答题

1. 简述餐饮基层管理人员的工作特点。

2. 简述员工身心健康的要求。

3. 简述餐饮组织设置的原则。

4. 简述餐饮部和采购部联系与沟通的内容。

5. 简述编写岗位说明书的主要项目与内容。

六、论述题

1. 从功能的角度论述星级酒店的餐饮部可以分为哪些部门及其工作职责。

2. 论述值台服务员的主要工作职责、操作流程及标准。

案例讨论

餐饮服务员"调包"窃取茅台酒锒铛入狱

　　杨某自带茅台酒请朋友到餐厅吃饭，并言之凿凿向朋友介绍识别真假茅台酒的方法，当场进行防伪验证演示，结果尴尬了……近日，渝北区人民法院宣判一起餐厅服务员"调包"真假茅台酒案，被告人陈某因犯盗窃罪，被判处有期徒刑六个月，并处罚金 2000 元。

　　2021 年 3 月 28 日晚，杨某请朋友到一家私房菜餐馆吃饭，并自带 4 瓶飞天茅台。酒过三巡，杨某聊到识别真假茅台酒的高科技，并现场用手机下载茅台的"防伪溯源"App，再将手机 NFC（near field communication，简称 NFC，近距离无线通信技术）放到瓶盖上，若是真酒就可以显示信息，还可以和所买茅台酒出库单上的喷码对应起来。杨某拿着自己的手机演示，结果手机放在瓶盖上却什么信息都没有，原本热闹的现场瞬间凝固……难道自己也买到了假酒？半信半疑的杨某回到家，拿出家中剩余的茅台酒，用同样的方式检测却都能显示信息。杨某怀疑，可能真酒被饭店的人"调包"了。

　　几天后，杨某又来到那家私房菜餐厅，并带着 4 瓶经过验证并标记好的真酒前往。用餐中，他发现真酒又被"调包"，便当场报警。

　　被告人陈某是重庆某私房菜的服务员，也是杨某请客吃饭当天包房里的服务员。2020

年 8 月，陈某听说堂哥在重庆工作赚了不少钱，便前来"投靠"。表哥告诉陈某，他通过在餐厅偷酒赚了很多钱。陈某便通过表哥学到了"赚钱的秘方"。案发当天，陈某接过顾客的 4 瓶茅台酒后，将酒带入了包房内，乘机打开外包装盒子，仔细看了一下年份、容量等信息。陈某发现，顾客自带的茅台酒，和自己预先放在餐厅里的假酒信息完全一致，便出门找到预先存放的假酒，放在外套衣服里，用腰带勒住，带回包房与顾客的真酒进行替换。陈某还供述，若真酒和预先准备的假酒信息不一致，他就会立刻联系上家吴某，最快十几分钟就能把假酒送过来，同时把真酒带走销赃。

法院经审理查明，2021 年 3 月 28 日和 4 月 3 日晚，被告人陈某伙同吴某（另案处理）等人，先后两次在重庆市某私房菜餐厅 2 号包房，通过用事先准备好的假茅台酒调换包房客人自带的真茅台酒的方式，盗走被害人杨某 6 瓶茅台酒。案发后，其中被"调包"的一瓶茅台酒已追回并发还被害人。法院审理后认为，被告人陈某以非法占有为目的，伙同他人通过用假茅台调换真茅台的方式，秘密窃取他人财物，数额较大，其行为已构成盗窃罪。结合陈某到案后如实供述自己的犯罪事实，且认罪认罚，遂做出上述判决。

【点评与思考】餐饮行业，讲求良心品质。菜肴的好坏，靠厨师凭良心加工生产。服务、消费全程的品质，服务人员须负主要责任。员工素质差，企业管理粗放，很可能导致客人吃不明之苦、受不白之冤。因此，招工要有基本门槛和底线，考察员工人品素质是关键。员工进店、培训、管理要扎实有效，以确保员工按规范服务各类顾客。

资料来源：欧云霄，任毅. 餐饮服务员"调包"窃取茅台酒锒铛入狱[N]. 渝北时报，2021-09-07.

思考题：

1. 餐饮部招工在职业道德方面应有哪些底线？
2. 如何加强员工职业素养的培训与提升？

实训项目

1. 调查一家社会餐饮企业与一家星级酒店，了解其组织机构和岗位设置，并比较其异同。
2. 熟悉酒店餐饮部门的功能以及各种岗位的设置与职责。

第四章 菜 单 管 理

通过本章学习，应达到以下目标。

1. 知识目标：了解各种菜单分类的知识、菜单设计的原则。
2. 技能目标：能够从餐饮经营管理角度筹划菜单，从展现和实用角度设计、制作菜单。
3. 能力目标：掌握菜单定价的方法，根据餐饮实际与市场需求合理定价。

导入案例

案例 4-1　婚宴上菜豆腐干，新郎拒付款

结婚是每对新人的终身大事，新人们都希望能把自己的婚宴办得喜庆热闹。最近，太仓一对新人在婚宴上却遇到了闹心事，原来，他们发现酒店婚宴菜单中的"黄山五城干"竟是豆制品菜肴。而按照当地风俗，豆制品是办丧事用的。新郎冯先生也因此拒付宴请款被酒店告上了法庭。近日，太仓法院审结了这起案件，判决冯先生如数支付酒店餐饮费。

2013 年 12 月 8 日，冯先生在太仓一家酒店举行了婚礼，并且大摆"百年好合宴"邀请亲朋好友。然而，眼看着婚宴已经结束好几个月了，冯先生还迟迟不肯付婚宴的餐费，酒店着急了。无奈之下，酒店只能向太仓法院提起诉讼。

"我们这儿豆制品是办丧事用的，这是婚宴，餐厅经理是本地人，对风俗不可能不了解。这种做法极大伤害了我们的感情。"谈及为何不肯付婚宴，冯先生情绪激动，十分气愤。其称，婚宴上的菜品竟然出现了寓意"不好兆头"的豆腐干。对此，酒店觉得委屈，解释说，关于菜单，他们多次和冯先生沟通，冯先生已经充分了解了。冯先生并没有对酒店说过"黄山五城干"这道菜要进行调整。而且按照常理来看，大家都应当知道"黄山五城干"是有可能涉及豆腐干的。

太仓法院经审理后认为，双方签订的餐饮服务合同有效，酒店在事先已经将菜单出示给冯先生，他对于"黄山五城干"并没有提出异议，按照一般人具备的社会经验看，冯先生应该考虑到该菜肴可能系豆制品类，但他没有提出更换。结合本案实际情况及婚宴类餐饮服务的交易习惯，判令冯先生如数支付酒店餐饮费，共计三万余元。

【点评与思考】菜单经过买卖双方沟通确认便具有了契约性质。作为当地顾客，理应知道菜名与制作用料，故法院判其支付宴会款项。但是，作为当地餐馆，更应知道地方饮食风俗，对有可能产生疑义的菜品更应做好通报、解释工作。服务更加主动，沟通更加务

实，就会有效避免不愉快的事情发生。

资料来源：何洁. 婚宴上现豆腐干，新郎拒付款[N]. 现代快报，2014-05-30.

第一节　菜单的作用与种类

一、菜单的作用

（一）餐饮经营方面：决定酒店档次风格

（1）反映餐厅的经营方针。菜单是餐饮工作的指挥棒，菜单的设计制作是餐饮计划管理主要的和基础性的工作。菜单是餐厅经营者和生产者通过对客源市场需求的分析，以及对竞争对手产品的研究，结合本酒店具体资源状况制定的，是餐厅经营方针和经营思想的具体体现。餐饮部是优质高价还是薄利多销，其经营策略和方针通过菜单所列经营品种、销售单位及售价便基本可以把握。

（2）昭示菜肴的特色水准。每个餐厅都力求推出体现自己特色、符合自己定位的产品。餐厅经营的风味特色和产品水准是通过列入菜单经营的品种及其制作工艺的难易程度等体现的。菜单所展示的品种、规格，以及这些产品背后的制作工艺，无疑是餐厅经营特色和水准方面信息在菜单上的客观真实反映。顾客通过阅读菜单，不但对餐厅的产品有所了解，而且对餐厅的特色和水准也有了认识。

（3）沟通客我的信息桥梁。菜单是连接顾客与餐饮服务的桥梁，起着促成买卖交易的媒介作用。餐厅通过菜单向顾客介绍、推销餐饮产品及服务，顾客凭借菜单选择自己需要的产品。同时，餐厅的产品品种、价格水准、风格特色在菜单上一览无余，而这正是餐饮经营信息的反映。菜单在向顾客传递餐厅经营信息的同时，也将顾客口味喜好的信息反馈给了经营者。顾客点菜的种类、数量、某道菜被点的频率，都反映了顾客的喜好。餐厅经营者根据顾客点菜的情况，可以了解顾客的口味、爱好，以及顾客对本餐厅菜点的欢迎程度，从而不断改进菜肴质量，翻新菜肴品种，在满足顾客需求的同时也提升了餐厅的经营业绩。

（4）酒店形象的宣传载体。一份精心设计的菜单，雅致动人，色调得体，洁净亮丽，读起来赏心悦目，看起来心情舒畅，顾客大多乐于欣赏。不仅如此，顾客还愿意将精美的菜单带出餐厅、带回故里，与亲朋好友共同赏析。这个过程实际上就是一个广告宣传的过程。当然，精美菜单的背后肯定要有酒店良好管理和高品位企业文化的支撑。一份破烂不堪、污迹斑斑、印制粗劣的菜单，不但会给顾客留下难以忍受的第一印象，而且无论餐厅的菜肴多么可口，价格何其便宜，也不会改变顾客对餐厅的不良印象，甚至顾客根本就不再有点食菜肴的勇气和动力。

（二）餐饮管理方面：组织管理工作指南

（1）选聘员工岗位依据。菜单是餐厅服务水平和特色的标志，而餐厅要体现其特色、反映其水平，还必须通过餐厅的服务员和厨房的厨师来实现。因此，菜单自然成了餐饮经营者选择和培养具有相应技术水平厨师和服务员的依据。

（2）影响设备选配布局。生产制作不同风味的菜点，需要配备不同规模、类型的厨房设备。经营粤菜需配广式炒炉、烧烤设备；经营苏、鲁、宫廷菜肴则需配备带支火眼用于焖、烧菜肴的炉灶。设备配备不同，布局方式自然就不同。

（3）决定原料采购模式。菜单在很大程度上决定着采购活动的规模、方法和要求。例如，使用广泛的零点菜单，菜式品种在一定时期内保持不变，厨房生产所需食品原料的品种、规格等也相对固定不变。这就要求在原料采购方法、采购规格标准、货源等方面相对稳定。

（4）决定服务规格要求。餐厅选用何种服务方式、采用什么样的服务规程、使用哪些服务用具等，都必须依据菜单决定。菜单是餐厅制定服务规程、选购服务器具的主要依据。此外，不同档次、不同规格的餐厅在服务规格和服务要求方面也不尽相同。

（5）影响食品成本控制。零点菜单所列菜点大多选料广泛，如果每种原料制作菜式单一，不仅限制了一般客人前来消费，也为原料的保管和充分使用增加困难，浪费、成本增加则在所难免。宴会菜单核算不准，菜点组合不当，更直接影响了食品成本控制。

二、菜单的种类

（一）菜单的种类及表现形式

综观目前酒店经营的菜单，其种类可谓丰富多彩、美不胜收。

（1）按用餐时间分：早餐菜单、正餐菜单、消夜菜单等。

（2）按产品风味分：中餐菜单、西餐菜单、中西合璧菜单、其他风味菜单等。

（3）按产品类别分：菜单、饮料、餐酒、甜品单等。

（4）按消费地点分：餐厅菜单、酒廊茶座菜单、客房用餐菜单（即门把菜单）等。

（5）按消费对象分：儿童菜单、家庭菜单、素食菜单。

（6）按使用时间分：固定菜单、变动菜单、循环菜单、限时菜单等。

（7）按出品价格分：零点菜单、套菜菜单、宴会菜单等。

（8）按使用目的分：销售菜单、生产菜单、教学菜单等。

（9）按装帧制作分：画册式菜单、折叠式菜单、招贴式菜单、纸垫式菜单、单页式菜单、艺术型菜单等。

（10）按材质分：纸质菜单、实物菜单、电子菜单等。

（11）按服务对象分：对外菜单、对内菜单。

一家酒店应使用多少种菜单，主要取决于企业餐饮服务设施和餐饮服务项目的数量和种类，以及各餐厅每天开餐次数与时间。酒店使用的菜单种类越多，通常说明它的餐饮服务设施越齐全，服务项目也越丰富。

（二）酒店常用菜单简介

1. 点菜菜单（又称零点菜单）

供顾客自主、随意选择菜点的菜单，是酒店的基本菜单，各类零点餐厅使用的就是此类菜单。其特点是菜单上所列菜肴种类齐全，品种较多，并依照不同餐别的特点按顺序进行排列，菜名、价格清晰直观。例如，中餐点菜菜单的排列顺序通常为冷菜类、海河鲜类（海鲜产品、河鲜产品）、家禽类（鸡、鸭、鹅、鸽）、畜肉类（牛、羊、猪肉）、蔬菜类、羹汤类、主食点心类等，并分别按大份、中份、例份进行定价（一般，例份可供 1～3 人食用，中份可供 4～6 人食用，大份可供 7～9 人食用），以方便顾客选点。点菜菜单上应有足够的选择类别和品种，既要使顾客本次选择余地较大，又要使顾客下次光顾还有喜欢的品种可点。点菜菜单的特点与优势如表 4-1 所示。

表 4-1　点菜菜单的特点与优势

特　　点	优　　势
特色鲜明	风味明确，看家菜、招牌菜醒目
主推品种显赫	开宗明义，打开菜单即可看见明星品种
结构合理	冷热、菜点、荤素、咸甜等品种配备恰到好处
分类清楚	按功能或原料分类，方便顾客选购
数量适中	菜点总数量、分类数量掌握得体
菜名直观	菜名直白，观其名、知其料、识其味
品种相对稳定	列入菜单品种保证供应，通常不断档
方便特选陈列	特选菜肴、创新产品有宣传、告示空间

点菜菜单类型：① 早餐点菜菜单。人们早晨时间比较紧张，着急上班、办事，所以都有一个共同的要求，就是"快"。因此，早餐供应饭菜的种类一般比较少，制作比较简单，出品比较快，饭菜分量也不大，价格相对较便宜。早餐菜单的内容一般比较简单，制作和装帧也不复杂，特别是咖啡厅早餐菜单，多以垫纸的形式出现，它既是菜单，又是摆台时的装饰品。② 正餐菜单。午餐、晚餐通常合用一种菜单。由于午餐、晚餐，特别是晚餐是一天中非常重要的餐别，顾客不仅对用餐环境十分重视，也希望吃得好、吃得舒服。因此，正餐菜单是餐厅的主要经营菜单，其品种繁多，类别清晰，规格齐全，除菜单经营的固定菜肴外，还常备有时新菜品作为特别推荐供顾客选用，以增加新鲜感。③ 门把菜单。供顾客在客房用餐的点菜菜单。

2. 套餐菜单

套餐菜单结构完整，冷菜与热菜或开胃菜与主菜搭配，有些还配有点心、甜品，有固定顺序，品种有限。其售卖方式以套为单位，整套菜品的价格固定，主要适用于快餐、团队餐、会议餐等用餐形式，很多酒店将一些普通宴会也采用套餐菜单形式对外销售。团体菜单适用于旅游团队、会议等大型活动用餐，菜品经济实惠、搭配有致。套餐菜单的制定比较复杂，既要考虑团队或特定团体用餐的特点，又要兼顾顾客的具体情况；既要注意花色品种的合理搭配，又要考虑到菜单的变化和翻新。有些酒店将一些普通宴会也采用套餐菜单形式对外销售。设计产品组合套餐，既可以做到集约生产，又方便顾客选择点餐。

中餐、西餐套餐菜单在价格形式上存在一些差别。西餐套餐菜单中每组菜肴的价格由其中的主菜决定，即主菜的价格就是该套餐的价格，标价也是标在主菜的后面。一旦顾客选择了主菜，只要按主菜的价格付费即可。中餐套餐菜单的价格形式比较复杂，一般按餐饮规格和就餐人数而定，也有一些酒店先根据顾客需要确定用餐标准，然后依照标准，让顾客选择既定的套餐。

3. 宴会菜单

宴会菜单是按照宴会主办者的要求，根据宴请客人的特点、宴请标准、宴请单位等诸多因素设计制定的专用菜单。其类型有对外宣传推介用的宴会销售菜单、为顾客定制的宴会菜单和置于席面上的筵席菜单三种。宴会菜单既要讲究规格顺序，又必须考虑菜品的品质、价格结构，同时还需要按照季节的变化安排时令菜点。大多宴会消费档次较高，有特定目的或主题，并且用餐进程较慢，欣赏、评价菜肴的机会较多，所以宴会菜单多需精心设计制作，将设计艺术和生产、服务技术进行有机的结合。宴会菜单，讲究餐饮规格、传统，能反映餐厅的特色，尤其是放置于桌面上的宴会菜单，通常精美典雅，艺术性极强。宴会标准菜单的要点和优势如表4-2所示。

表4-2　宴会标准菜单的要点和优势

要　点	优　势
显示用料分量	列明主、配料名称与数量，直观告示顾客
昭示时令出品	根据季节，翻新推出宴会标准菜单，以吸引顾客
彰显技艺风尚	穿插特色菜点，体现厨师技艺，展现酒店特色
顾客订餐参考	顾客可以直接选用标准菜单，也可以调换部分品种
员工作业指导	一段时期围绕标准菜单组织原料、加工生产、提供服务

第二节　菜　单　设　计

一、菜单设计的原则

要使菜单科学合理，方便适用，在进行菜单设计时，必须认真细致，通盘考虑。以下为菜单设计的主要原则。

（1）确立餐饮形象，体现餐饮特色。适应日趋激烈的餐饮竞争，必须使本酒店的菜肴点心区别于其他酒店，设法在顾客心目中树立起鲜明独特的形象。所谓"形象"，就是公众对本酒店餐饮的看法。在确立餐饮形象时，要研究目标市场的特点，分析企业的地点、设备设施、技术力量、服务和价格的特点，充分认识和把握自身与竞争者的长处和短处，扬长避短，确定本酒店的市场形象。菜单设计要尽量选择反映本酒店特色和厨师擅长的菜式品种，以增强竞争力；专心研制，推出人无我有、人有我精的"看家菜"。菜单还要富有灵活性，在注意各类菜点品种搭配的同时，菜肴要经常更换，推陈出新，让顾客有新鲜感。

（2）把握市场需求，研究顾客喜忌。在进行菜单设计时不仅要顾及顾客群的年龄结构因素，还要尊重来自不同国家、不同地区的顾客有关餐饮的各种宗教禁忌和地方习俗，以制定出符合顾客需要且顾客的消费能力足以承受的菜单。

（3）了解原料市场，核算控制成本。凡列入菜单的菜品，厨房必须无条件地保证供应，这是一条相当重要但极易被忽视的餐饮管理原则。在设计菜单时必须充分掌握各种原料的供应情况，食品原料供应往往受到市场供求关系、采购和运输条件、季节、企业地理位置等因素的影响。菜单设计者在选定菜品时须充分考虑到各种可能出现的制约因素，尽量使用当地出产或供应有保障的特色食品原料。设计制定菜单首先在考虑菜品的同时应核算该菜品的原料成本、售价和毛利，以及其成本率是否符合目标成本率，即该菜品的盈利能力如何；其次要考核该菜品的畅销程度，即可能的销量；最后还要分析该菜品的销售对其他菜品的销售所产生的影响，即有利于或不利于其他菜品的销售。

（4）分析营养搭配，满足特殊需求。设计菜单时不仅要了解各种食物所含的营养成分，以及各类顾客每天的营养和热量摄入需求，还应当懂得如何选料、怎样配伍才能烹制出强身健体的营养菜点。分析、区别顾客，设计具有针对性的菜单，以满足各类顾客的营养需求是烹饪发展的必然趋势。设计零点菜单，列出菜品的主要营养成分及含量，以方便顾客选择自己适口的菜肴。虽然目前的趋向是健康饮食，但仍有一些顾客喜欢传统菜单的菜肴，如高脂肪和高热量的红烧肉、牛排、油煎食品、丰盛的甜点等。因此，有些餐饮经营者也可在菜单上列出这些菜品以满足这部分顾客的需求。

（5）考虑设备条件，兼顾技术力量。菜单设计不可忽视厨房设备和技术力量的局限性。厨房设备条件和员工技术水平在很大程度上影响和限制了菜单菜式的种类和规格。菜单上各类菜式之间的数量比例必须合理，以免造成厨房中某些设备使用过度，而某些设备得不到充分利用甚至被闲置的现象。即使厨房拥有生产量较大的设备，在菜单设计时仍应留有适当余地，否则在营业高峰时，难免因应接不暇而延误出菜。与此同时，各类菜式数量的分配还应避免造成某些厨师负担过重，而另一些厨师空闲无事的情况。

二、菜品选择的要求

菜品的选择要反映出餐厅的经营特色和风格，要能满足餐厅就餐者的需求。菜单上列出的菜品是消费者就餐时选择的对象。菜品选择合理会促使顾客购买，并吸引顾客再次光顾，从而提高餐厅的营业收入和经营利润。

（1）迎合目标消费群体的口味需求。菜单上应列出多种菜品供顾客挑选，这些菜肴要反映出餐厅的经营宗旨，即要迎合目标顾客的需求。如果餐厅的目标顾客是中等收入水平、喜欢吃广东菜的群体，则该餐厅的菜品选择就应该以中档粤菜为主；以吸引享受型就餐为目的的高收入顾客为目标市场的餐厅，菜单应提供一些做工精细、容易形成服务气氛的菜品；以流动性人群为目标顾客的快餐厅，菜单应设计制作简单、价格便宜、上菜迅速的菜肴；以家庭群体为目标顾客的餐厅，菜单上的品种应丰富多彩，并且适合各个年龄段。

（2）菜品应与就餐氛围、就餐环境相协调。菜品并非在任何情况下都越精细越好，而应与就餐氛围、就餐环境相协调。一家设计美观、装修豪华的高档餐厅，人们自然会期望能享用到高档菜肴，如果菜单仅提供一些价钱低廉、看似简单的普通菜肴，顾客便会大失所望，产生不良印象。反之，一家设计简单、布置朴素的餐厅，消费者希望获得价廉物美的菜肴，如果餐厅提供高价特色菜，那么顾客也会望而却步。

（3）菜品数量与生产和服务条件相适应。餐厅菜单上列出的品种应该保证供应，不应发生缺货。菜品的总数过多，势必增加保证供应的难度。菜品过多还意味着餐厅需要很大的原料库存量，这势必又造成占用大量资金和需要高额的库存管理费。菜品太多还容易在销售和烹调时出现差错。另外，在客观上它还会使顾客挑选菜肴时左右为难，决策困难，延长点菜时间，降低餐座周转率，影响餐厅收入。因此，菜单的品种应该在精选后保持一个恰当的数量，这也为将来调整、更换菜肴留有余地。

（4）在经营风味一致的前提下，兼容多变和创新品种。为了使就餐者保持对菜单的兴趣，菜单要有新鲜感。菜单上的部分品种应经常更换，防止顾客对菜单产生厌倦而易地就餐，这对酒店长住顾客或回头顾客较多的餐厅尤为重要。

从菜单设计和制作的技术方面看，应将菜单分为两大部分：第一部分菜单通常列有本地、本餐厅的特色菜、拿手菜、看家菜，这部分菜品从整体上看能够自成一体，并且相对稳定；第二部分菜单通常将季节性较强的时令菜、流行的新潮菜、厨师的创新特荐菜归入其中，这部分菜品属于应该经常变动、更新之列。变动、更新的方法通常有：在零点菜单中放置插页、夹页；将变动、更新的菜品，以特别推荐菜的形式印在硬质纸上，置于餐台，或用广告牌的形式直接置于餐厅正门处，以招徕宾客，方便顾客点选。

（5）菜品组合结构平衡。做到五个方面的平衡：① 每类菜肴的价格平衡。同一目标市场的顾客，其消费水平也有高低之分。因此，每类菜肴的价格应尽量在一定范围内有高、中、低的搭配，以满足不同消费能力顾客的消费需求。② 原料的搭配平衡。每种菜肴都有各自的主料、配料，菜肴与菜肴之间主料和配料不应雷同，以满足顾客对不同制作原料的菜肴的需要。例如，同样是汤类菜，其主料应分别安排肉、鱼、蛋、家禽、蔬菜等，这样给予就餐者选择的余地就更大。③ 烹调方法、技术难度平衡。应提供采用不同烹调方法制作的菜肴，无论是中餐还是西餐，炒、烧、炸、焗、煮、蒸、炖等各类烹调方法制作的菜肴均应有一定的比例。一份菜单，所生产供应的菜品制作难易程度也应搭配均衡，既体现餐厅实力，又不致束缚自己。④ 菜品口味、口感平衡。不同口味、不同质地的菜肴应尽可能都有安排，这样可以满足不同年龄、不同地区消费者的需求。⑤ 菜品营养结构平衡。选择、搭配菜肴时，要注意各种营养成分的菜肴都有，以方便顾客自行选择、调剂、搭配菜品；为顾客推荐或组合产品，也要考虑菜品营养成分搭配合理。

三、菜单的内容

一份完整的菜单不但能告知消费者本餐厅的经营品种，而且会向消费者提供相关方面的信息。具体来讲，菜单应包括下列内容。

（一）餐厅的名称

餐厅的名称是菜单必备的内容，一般印制在菜单的封面上。餐厅的名称不但可以清楚地表明菜单的使用地点，而且可以起到一定的促销作用。

（二）菜品的类别及相关信息

1. 菜品的类别

将所有销售的品种按一定标准、规律分类陈列，可以方便顾客选择菜点。

中餐菜单菜品的类别一般按冷菜、海鲜、河鲜、肉类、禽类、锅（煲）仔、羹汤、饭面点心等编排。每个酒店销售导向、营销侧重点不一，菜单菜品分类与编排次序也不固定。

西餐菜单菜品通常按主菜、开胃品、汤、淀粉食品及蔬菜、色拉、甜点等分类编排。

2. 菜肴的名称和价格

菜肴的名称和价格是菜单设计的主体，又是顾客选择菜肴时的主要决定因素。绝大多数消费者到餐厅消费时，首先接触到的是菜单，通过菜单他们了解到餐厅的经营品种，通过菜肴名称挑选自己喜欢的菜肴。消费者对餐厅是否满意，在很大程度上取决于阅读了菜单后对菜肴产生的兴趣和期望值。因此，菜肴的名称和价格必须与消费者的阅读习惯和消费能力相适应，必须具有真实性和准确性。

3. 菜肴的特点和风格说明

受历史和区域性因素的影响，中西餐菜肴都分成了大大小小很多派系，而餐厅的名称有时并不足以体现餐厅所经营菜肴的特色。因此，必须在菜单上明确标明菜肴的特点和风格，如某某菜肴特别辣、某某点心特别甜、过桥米线特别烫等。

4. 菜品制作描述

菜品制作描述是为了让顾客充分了解餐厅所提供的菜肴而做的一些具体描述。特别是中餐厅，由于菜单设计者在确定菜名时融入了较多民俗习惯或诗情画意，因此一份好的菜单除了菜名通俗易懂外，还应该增加一些菜肴说明。菜肴说明包括以下几项内容。

（1）主辅料及其分量，即构成菜肴的主要用料、配料的名称和使用量。这些信息可以使顾客清楚地知道每道菜所使用的烹制材料及用料量，从而对菜肴的品质和价格做出一个基本评价。

（2）菜肴的烹制方法。无论是中餐还是西餐，其烹制方法都较为繁复，特别是一些不常见的烹制方法，如果能在菜肴说明中交代，可以使顾客对菜肴的制作有一些基本的了解。有些菜肴在不同菜系中的制作方法也不完全相同，如果注明制作方法，还可以减少顾客的误解和投诉。

（3）菜肴的分量。中餐菜肴一般以大、中、例来表示菜肴的分量，而在西餐中则是直接标明主料的用量，如牛排的克重等。

此外，菜肴说明还包括菜肴的服务方法、烹制时间、调味汁，甚至包括顾客需要等候的时间等。有些酒店对于一些需重点推销或特别推销的菜肴也会以详细的说明印制在菜单显著的位置上。

（三）其他信息

（1）告知性说明。告知性说明包括餐厅的营业时间、电话号码、餐厅地址、加收费用等。有些酒店的菜单上标明的信息不够全面，特别是餐厅电话号码的遗漏，等于自动放弃了一个极好的推销机会。

（2）荣誉性说明。荣誉性说明有助于树立餐厅的形象，如餐厅的历史背景、特色、知名人士对本餐厅的光顾及赞语、权威性宣传媒体对本餐厅报道的妙语选粹等，可以简明美观地列在菜单的首页。

此外，酒水单、甜品单等在一些规模不大的餐厅里也作为菜单的一部分列在菜单的后面。目前在绝大多数档次高、规模大的酒店，基本上将酒水单与菜单分开设计制作。甜品单一般用于西餐服务中，它与菜单的设计一样，具有较高的标准和要求。

四、菜单制定的程序

（一）制定零点菜单

1. 零点菜单的标准

（1）品种。零点品种通常不少于 120 种（具体数量视餐饮规模和经营需要而定）。

（2）类型。产品类型多样，冷菜、热菜、汤类、面点齐全。

（3）结构。各类产品结构比例合理。

（4）档次。各类产品高、中、低档搭配适当。

2. 零点菜单制定的程序

中餐零点菜单如表 4-3 所示，西餐零点菜单如表 4-4 所示。

表 4-3　中餐零点菜单制定的程序

步　骤	内　容
1	根据经营风味特色，拟订菜单结构
2	根据餐饮规模和生产能力，确定菜品总数量
3	针对客源市场和消费层次，确定由具体口味和原料组成的菜肴品种
4	确定具体菜肴的主、配料用量，落实盛器，规定例、中、大不同规格
5	核算成本，确定具体菜点的成本及售价，保证综合成本和目标利润的实现
6	分类平衡，调整完善菜单结构
7	规定菜点质量标准，筹备原料，对厨房生产人员、餐厅服务人员进行培训，准备生产推出
8	交给相关部门编排印刷

表 4-4　西餐零点菜单结构

早　餐	午　餐	晚　餐
1. 水果或果汁	1. 开胃品	1. 开胃品
2. 谷类（煮的或配制的）	2. 高淀粉食品	2. 高淀粉食品
3. 正菜	3. 正菜	3. 蔬菜
4. 面包和黄油等	4. 蔬菜	4. 正菜
5. 饮料	5. 色拉	5. 餐后甜点
	6. 餐后甜点	6. 色拉
	7. 面包和黄油等	7. 面包和黄油等
	8. 饮料	8. 饮料

注：一般不需改变的项目（如面包、黄油、饮料等）通常列在菜单样本的最后。

（二）制定套餐菜单

套餐菜单制定的程序如表 4-5 所示。

表 4-5　套餐菜单制定的程序

步　骤	内　容
1	根据市场，拟订套餐档次、销售价格阶梯
2	根据用餐人数设计套餐菜点、冷热菜数量结构
3	根据季节，调节原料、质地和口味，开列具体菜点品种
4	平衡、计算成本
5	配备餐具，固定盘饰，制定标准食谱
6	培训厨房生产人员、餐厅服务人员，准备生产经营
7	交给相关部门编排印刷

（三）制定宴会菜单

1. 宴会菜品组合结构分析

宴会菜品组合结构分析如表 4-6 所示。

表 4-6　宴会菜品组合结构分析

功用/目的	次序/身价	品种/内容	组 合 要 领
开胃 佐酒	前菜引导	烧烤、卤水冷菜、色拉	避让热菜
鉴赏 果腹	大菜（热菜）造势	荤素菜品、羹汤	突出主菜
			巧配辅菜
果腹 解酒 玩味	甜点谢幕	饭面、点心甜品	注重时令
			体现反差

2. 宴会菜单设计要求

宴会菜单是根据客人预订的消费意愿与标准设计的一组菜点，消费标准高、服务规格高、制作要求高，设计宴会菜单不仅要掌握上述原则，还要注意以下几个问题。

（1）按需设计。根据设宴主人及宴请对象的意图，尽量满足顾客的需要。

（2）搭配合理。宴会菜单中冷热菜、荤素菜、烹制方法、口味、形态、数量以及出菜顺序等要符合就餐习惯，同时考虑季节性变化，进行合理搭配。

（3）品种多样。根据不同的就餐标准配备菜肴品种，要讲究品种的多样化，尽量避免品种及原料雷同。菜肴的雷同常表现为用料、营养成分、味道、色彩等几个方面重复、相似。

（4）定价合理。宴会菜单在设计时要考虑成本与利润，定出合理的价格。

（5）营养平衡。营养是菜品之本，卫生是菜品之基。合理组配菜单，控制营养素的总量和比例。

（6）分量适当。切忌华而不实，不敷分配；同时避免贪多铺张，力戒浪费。

（7）加强培训。宴会菜单制定好以后，应根据菜单的内容、要求等对厨房生产人员和餐厅服务人员进行培训，以利于生产和服务。

3. 宴会菜单的类型

（1）宴会销售菜单（也称宴会标准菜单，属于固定耐用性菜单）。为了方便宴会销售，便于顾客选择，餐厅通常要有针对性地设计、制定一系列宴会标准菜单，放置于宴会预订部或订餐台在与顾客沟通时使用。宴会标准菜单是根据酒店市场定位，面向目标顾客人群，设计组合的菜点结构完整、销售价格明确，并有具体（主料等）用量说明的不同消费规格的系列菜单，用以给顾客订餐时参考、选择。采用质地精良、厚实且不易折断的重磅涂膜纸、防水纸、过塑重磅纸质，防污、耐磨、美观、高雅，拿在手里阅读时"手感"舒适。印刷精美，图文并茂，成本较高。菜单中的菜点基本不变，只是根据季节变化，对部分菜肴做适当调整，换上当季食材。顾客可选用标准宴会菜单，也可调换其中部分菜点。

（2）宴会定制菜单（又称繁式菜单，属于一次性菜单）。高规格宴会或重要宾客宴会，由酒店按照宴会主办者的办宴要求专门为顾客"量身定制"个性化菜单，其实质是一份宴会工作规划，设计内容多、要求高，供内部工作使用。制定时要考虑宴会服务方式，是围餐式宴会、位上式宴会还是自助式宴会，不同的服务方式菜单的制定是不一样的。

（3）筵席桌面菜单（又称简式菜单、提纲式菜单，属于一次性菜单）。① 简便型。用于聚餐性的筵席。散客聚餐，用零点方式点菜而成的菜单，内容与形式十分简单，一般是手写或机打的点菜记录单。② 普通型。用于普通宴会的筵席。内容简洁，用文字标明宴会名称、时间，将冷盆、热菜、羹汤、席点、水果与酒水等菜点名称编制成菜单，置于筵席桌面之上，供顾客使用。制作简单，可采用高级的薄型胶版纸或铜版纸制作一批折叠型菜单卡，即菜单封皮，正面印有店名、店徽或酒店建筑外貌，内夹轻巧的纸质材料，打印菜单文字内容。菜单封皮可多次使用，仅需更换内页即可。③ 豪华型。用于高档宴会的特制桌面菜单。在材质、印制、文字、形式等方面精心设计，精美典雅，艺术性强，具有纪念意义与收藏价值。也可用其他材质特制成艺术型菜单，如满汉全席用仿清红木架嵌大理石菜单、西北风情宴用仿古诏书式菜单、竹园春色宴用竹简式菜单、药膳宴用竹匾式菜单、红楼宴用线装古书式菜单、商务宴用印章式菜单、满月宴用玩具形菜单、豪华商务宴用中式扇面菜单、中餐西吃用油画架式菜单等。

4. 制定宴会菜单的方式

（1）零点式：由散客在零点菜单上自己选点菜品组成宴会菜单。囿于顾客宴会知识的局限，该菜单格局不太系统规范，随意性较大。

（2）销售式：由酒店按照不同宴会餐标，遵循菜单设计规律，将菜点组配成筵席格局，制定出若干套不同菜品、不同风味、不同价格的宴会销售菜单，供顾客选择（顾客可对其中某些菜品进行调整）。

（3）定制式：高规格宴会、重要宾客宴会或大型宴会，由酒店按照宴会主办者的办宴要求为客人"量身定制"个性化菜单。

5. 宴会销售菜单制定的程序

宴会销售菜单制定的程序如表 4-7 所示。

表 4-7　宴会销售菜单制定的程序

步　骤	内　容
1	根据市场消费水平，确定不同宴会标准
2	落实菜单结构，确定菜单菜点数量
3	根据原料结合技术力量和设备用具，确定菜点品种
4	结合菜肴特点落实菜点盛器，确定装盘规格
5	规定每道菜点用料，开出标准食谱
6	核算整桌成本，进行相应调整
7	打印菜单后交给宴会预订部（或订餐台）、厨房、餐厅培训部，准备使用

注：宴会销售菜单一般由冷菜、热菜（包括汤菜，炒、烩、炸类菜）、点心、甜品及水果等组成。菜点数量亦根据情况而定，盛器小，道数应多一些；盛器大，道数则可少点；面向家庭市场的婚宴、寿宴等，习惯上道数应多一些。在选定具体品种时，首先要考虑大菜，然后再安排其他辅助菜及汤、点等。西餐在首选主菜之后，一般程序是先安排开胃品和汤，接下来是高淀粉食品和蔬菜（如果不是属于主菜部分的话），然后是色拉，最后是餐后甜品、面包和饮料等菜单上的其他食品。

6. 高规格定制宴会菜单制定的程序

高规格或重要宾客宴会的定制菜单，其制定程序既与标准宴会菜单相似，又有不同。为保证菜单突出重点，强化针对性，更具权威性，在菜单制定时首先要明确宴会标准和就餐服务方式，预案初定后一定要请领导审核签字，如表 4-8 所示。

表 4-8　高规格宴会菜单制定的程序

步　骤	内　容
1	了解宾客构成与需求，确定宴会标准，明确就餐方式（如共餐或分餐或自助式等）

续表

步　骤	内　容
2	根据接待规格标准，确定菜肴道数和（冷、热）菜、点、汤等比例
3	结合客人饮食喜好、设宴者地方特色，拟订菜单具体品种
4	根据菜单品种确定加工规格、配份规格和装盘形式
5	开出用料标准，确定盛器，初步核算成本
6	报领导审批，签字；调整完善菜单
7	将确定后的菜单通知宴会预订部（或订餐台）及厨房，精心组织生产

（四）制定团队与会议菜单

团队与会议菜单适用于旅游团队、会议等大型活动用餐，菜品经济实惠、搭配合理有序。制定团队与会议菜单，既要考虑团队或特定群体用餐的特点，又要兼顾客人的具体情况；既要注意花色品种的组合搭配，又要控制菜单成本。

团队与会议用餐有很多共同点，如就餐人数多、消费标准大多不是很高、口味要求多种多样等。团队与会议菜单还要考虑客人在酒店连续多次用餐的特点，因此制定团队与会议菜单要统筹兼顾，反复推敲。团队与会议菜单制定的程序如表 4-9 所示。

表 4-9　团队与会议菜单制定的程序

步　骤	内　容
1	根据团队、会议人员构成，确定菜肴风味
2	根据接待标准，确定菜肴道数和菜、点、汤等比例
3	结合季节和原料库存情况交叉用料，开出具体的不同品种的菜点
4	列出原料，确定盛器，建立标准食谱
5	核算成本，调剂完善整个菜单
6	征询旅行社、会议会务组意见，落实菜单，筹备原料
7	菜单打印分发，依照执行

（五）制定自助餐菜单

1. 自助餐菜单制定的程序

自助餐菜单制定的程序如表 4-10 所示。

表 4-10　自助餐菜单制定的程序

步　骤	内　容
1	根据自助餐的主题和客人组成，拟订自助餐菜单结构（见表 4-11）与比例。通常自助餐包括冷菜及开胃菜、热菜、点心及甜品、水果、饮料等几大类食品
2	根据自助餐消费标准，结合原料库存情况，分别开列各类菜点食品名称
3	开列每道菜点所用原料，核算成本，进行调整平衡
4	确定菜点盛器，规定装盘及盘饰要求
5	将菜单印发至有关厨房，并通知餐务部门准备相应餐具、盛器
6	组织原料，按菜单进行加工生产

2. 自助餐菜单结构

表 4-11　自助餐菜单结构

餐别	冷菜、开胃菜、色拉		热菜		汤		点心、甜品		水果	明档	备注
	中厨	西厨	中厨	西厨	中厨	西厨	中厨	西厨			
早餐											
午餐											
晚餐											

3. 制定自助餐菜单的要点

对自助餐，不管客人选用的菜肴、点心的品种数量有多少，一般按每位客人规定的价格收取费用（少数以客人取用食品数量计价收费）。在制定自助餐菜单时，要预计目标顾客喜欢的菜品类别和品种，预计客人的数量，需提供相当数量、多种类型的菜品，以供客人自由选择。自助餐一般均为大批量集中加工生产，而且开餐时间相对较长。因此，制定自助餐菜单时应注意以下几个方面。

（1）选用能大批量生产且质量随时间下降幅度较小的菜式品种。热菜尽量选用能加热保温的品种。

（2）自助餐菜单要创造出特色，具有一定的主题风味。例如：海鲜自助餐、野味自助餐、水产风味自助餐、中西合璧自助餐等。

（3）选用较大众化、大多客人喜欢的食品，避免使用口味过于辛辣刺激或原料特别怪异的菜式。

（六）制定客房送餐菜单

客房送餐菜单是专门为一些出于种种原因不能或不愿去餐厅就餐，而希望在客房内用餐的客人准备的。菜单的内容和品种都是经过精心选择的，虽然数量不多，但各种菜肴都是选料讲究、精工细作的佳品。客房用餐的早餐菜单又多为"门把菜单"，一般挂在房门后的门把上，客人根据菜单内容选择菜肴品种和服务时间，然后挂在房门外的把手上，有专职客房用餐服务员收取后再在规定时间内为客人提供送餐服务。客房用餐正餐菜单一般放在服务夹内，客人通过电话进行预约订餐。有些酒店还提供夜宵送餐服务，专门设计有夜宵菜单，以便客人选用。客房送餐菜单制定的程序如表 4-12 所示。

表 4-12　客房送餐菜单制定的程序

步　　骤	内　　容
1	根据送餐规模（结合客房数、客源结构计算）、档次，拟订送餐菜单风味、规格、结构
2	根据厨房人数、班次、技术结构，划分送餐菜单时间段
3	选择、落实菜肴、点心品种
4	计算成本、售价
5	试做、定型，拍照，制作标准食谱（发现所需烹饪时间过长或质量易变的品种应及时调整）
6	分类、按经营时段填入菜单
7	核算、标明服务费
8	培训厨房员工与客房送餐服务员
9	交给相关部门排版印刷

第三节 菜 单 定 价

一、菜肴价格构成

（一）菜肴价值

任何产品的价格都是以价值为基础的，菜肴的价格也不例外。菜肴的价值一般由三部分构成：一是生产资料转移的价值，它以食品原料价值、设备设施价值、家具用具价值、餐饮器具价值和水电气消耗价值为主；二是劳动力价值，即劳动报酬，包括劳动者的工资和工资附加费、劳保福利和奖金等；三是积累，即以税金和利润为主要形式的公共积累和企业再生产资金积累。

（二）菜肴价格

菜肴价格构成与价值是相适应的，在价值向价格转化的过程中，食品原料价值转化为产品成本，生产加工和销售服务过程中的设备设施、家具用具、餐饮器具、水电气消耗、工资及其附加值等转化为流通费用。产品成本和流通费用构成餐饮的经营成本。税金以公共积累的形式上交国家，剩余部分为利润。由此可见，菜肴的价格是由产品成本、流通费用、税金和利润四个部分构成的，其计算公式为

菜肴价格=产品成本+流通费用+税金+利润

在餐饮经营过程中，人们习惯将价格中的流通费用、税金、利润三者之和称为毛利。这样，菜肴的价格又可简化为

菜肴价格=经营成本+毛利

二、菜单定价原则

（1）按质论价、优劣分档。餐饮产品既包括厨房出品，又包括餐厅服务，以及餐饮环境、设备设施条件等。创造餐饮产品的各种劳动消耗都是构成产品价格的重要因素，而各种劳动本身也存在较大差异。因此，餐饮产品的价格理应坚持按质论价、优劣分档的原则。按质论价、优劣分档的原则就是要求对优质产品、优等设施、优良就餐环境和优等服务制定较高的价格水平，以获得较高的经营利润；而对于同等产品、同等设施、同等就餐环境和同等服务，则制定基本相同的价格。

（2）适应市场，反映供求关系。菜单的定价既要反映产品的价值，还要反映市场供求关系。对于大多数客人而言，总希望餐厅的菜肴能够经济实惠，符合他们的消费能力。对高档次客人而言，他们则追求高档的物质享受和精神享受，因此高档次的餐厅，根据高档次出品，配合高雅服务，其定价可以高些，因为这种餐厅不仅能满足客人对饮食的需要，还能给客人一种用餐之外的舒适感。诚然，生产高档产品、营造高雅氛围的设计构思的投入也较大。此外，餐饮产品的价格受原材料进价成本波动的影响，高档风味、特色或时令产品大多原材料昂贵、进价成本高、加工方式复杂精细，价格自然应较高。酒店必须根据餐厅的接待对象、规模档次以及餐厅的实际条件进行市场划分，根据高档、中档和低档等级市场，分别设计不同的产品，制定不同的价格，提供不同的服务，使餐饮产品的供给随市场需求的变化而变化，价格随产品带给客人的不同享受程度而调整。餐饮产品价格的制定必须适应市场的需求行情。价格制定得不合理，甚至超过了消费者的承受能力，或价非所值，必然会引起客人的不满，导致消费人次减少，销量降低。

（3）既要相对稳定，又要灵活可变。餐饮产品菜单的定价要相对稳定，菜肴价格变动过于频繁会给消费者带来心理上的压力和不可信感，甚至会挫伤消费者的购买积极性。因此，菜单的定价在一定时间内必须相对稳定，不能随意调价，即使有价格变动，变动幅度也不宜太大。当然，菜单价格的稳定性并不是说菜肴价格长期固定不变，而是需要根据供求关系的变化而做相应的调整，要具有一定的灵活性。如对一些季节性变化较大的产品制定出季节价，对特别推销的产品制定出特别优惠价等，使菜肴价格根据市场需求的变化有升有降，以增加销量，提高经济效益。

（4）自我调节，利于竞争。菜肴价格是调节市场供求关系的经济杠杆，也是参与市场竞争的有力武器。随着餐饮市场的发展变化，市场竞争越来越激烈，餐厅为了广泛招徕顾客，扩大产品销售，要善于进行自我调节，利用价格手段主动参与市场竞争。在竞争中既要考虑同档次企业、同类型餐饮产品的毛利和价格水平，又要突出企业自身的竞争策略和技巧，发挥自我调节功能，掌握竞争的主动权。

（5）服从国家政策，接受物价部门督导。制定菜肴价格要贯彻按质论价、按优劣分档的原则，以合理的成本、费用和税金加合理的利润定出合理的售价。同时，在进行菜单定价，餐饮部门要主动接受当地物价部门的定价督查和指导，维护好消费者和企业的双重利益。

三、菜单定价程序

（一）确定市场需求

对菜单的定价必须以市场需求为前提，只有在做好市场调查，判定某种风味、某类产品的市场需求量及需求程度，预测消费者对产品价格的反应之后，才能合理地制定出餐饮产品的价格。不同的酒店由于其规模和档次不同，所能适应的市场类型也不完全一样，因此菜单定价要认真考虑企业自身及产品的市场需求。

（二）确定定价目标

菜单定价目标必须与酒店经营的总体目标相协调，菜单价格的制定必须以定价目标为指导思想，使产品价格与市场需求相适应，既能满足客人的要求，又能保证酒店的自身利益不受损害。菜单的定价目标是根据餐厅的等级、风味以及销售方式来确定的，主要定价目标有以下五种。

（1）市场导向目标，即以增加市场份额为中心，采用市场渗透策略定价，逐步扩大市场占有率，吸引回头客，以形成稳定的客源市场。

（2）利润导向目标，即以经营利润作为定价目标，一般采用声望定价策略进行定价。经营者根据利润目标，预测经营期内的经营成本和经营费用，计算出完成利润目标必须完成的营业收入指标。根据目标利润计算出的客人平均消费额指标应与客源市场的需求和客人愿意支付的价格水平相协调。在确定目标客人平均消费额指标后，就可以根据各类菜肴所占营业收入的比例来确定其大概的价格范围。

（3）成本导向目标，即以降低、准确控制成本为核心，采用薄利多销的策略进行定价。自从餐饮市场发生转变，尤其是大众化消费市场逐步占据餐饮市场主流后，一些酒店为确保生存，定价时首先考虑保本，待市场需求回升后再适时进行价格调整；或者在确保成本的前提下，微利经营，以吸引更多的客人。

（4）竞争导向目标，即以积极态势参与市场竞争、增强酒店产品竞争力为中心制定菜肴价格。一般确定以竞争导向目标定价有两种情况：一是新开张或地理位置较偏僻，酒店知名度不高，为了吸引客人或为了扩大知名度，菜肴价格制定得相对较低；二是在激烈的竞争中为了保持或扩大市场占有率，通过较低的价格来争取客源。以竞争导向目标定价可能会造成餐饮经营的表面繁荣，而实际获利较少，甚至不能产生利润。

（5）享受导向目标，即以满足客人物质和精神享受为重点，采用高价促销策略定价。采用这种策略定价的酒店一般档次较高，并且有固定的消费水平较高的客源，餐厅装潢、菜肴出品以及服务等都追求尽善尽美，给人以豪华典雅、舒适愉悦之感，甚至一些餐厅还增加一些娱乐节目为就餐的客人助兴，使客人得到物质和精神等多方面的享受。

（三）计算菜肴成本

菜肴价格受其成本的影响很大，成本是影响菜肴价格的重要因素。菜肴价格是以单位产品成本为基础来制定的。因此，在确定菜肴价格之前必须先进行菜肴成本的核算，分析菜肴成本、费用水平，掌握餐饮经营盈利点，以便为制定价格提供客观依据。

菜肴成本的构成通常是以生产菜肴的净主料的价格为基础，再加上辅料和调料的价格。定价时要综合考虑酒店总体利润水平要求和各项费用指标。

（四）比较分析竞争对手的价格

在餐饮经营过程中，比较分析同行竞争对手的同类产品的价格，对提高本酒店产品的竞争力有十分重要的作用。分析过程中一般以选择规模、档次与本酒店相仿的竞争对手为主，分析和比较其产品的规格、同类产品的质量水平和价格水平，然后根据分析比较的结果选择相应的定价策略。

根据竞争对手价格分析的结果，可采用几种不同的定价策略：一是随行就市，即不考虑与对手竞争的因素，而是根据市场行情进行定价，这样既可以保证酒店应有的经济效益，也不会因为价格过高或过低影响了本企业的客源。二是按高于竞争对手的价格定价，即在确保产品质量和服务质量等优于竞争对手的前提下，采用高于竞争对手的销售价格进行定价，一方面表明自己的经营信心，另一方面也可以向顾客传递一个优质优价的信息，吸引一批有消费能力、追求高档次享受的客人，但采用这种定价策略也可能会丧失一部分消费能力不高的客源。三是采用低价竞争策略，即按低于同行酒店的价格定价，通过低廉的价格与竞争对手争夺客源市场，迅速占领市场，但采用这种定价策略可能会损失企业的部分利益。采用低价竞争策略时要注意，虽然低价，但不能低质，否则也会很快失去应有的市场份额。具体采用哪种定价策略，还需要根据酒店自身的经营理念和实际情况确定。

（五）制定合理的毛利率标准

菜肴价格是根据菜肴成本和毛利率制定的。毛利率的高低直接影响到菜肴的价格水平。因此，菜肴正式定价前还必须制定合理的毛利率标准，菜肴的毛利率标准有分类毛利率和综合毛利率两种。

（1）分类毛利率。分类毛利率是指某一类餐饮产品的毛利率占该类产品销售额或原材料成本的比率，其表现形式有销售毛利率（又称内扣毛利率）和成本毛利率（又称外加毛利率）两种。销售毛利率是以销售额为基础制定的毛利率，成本毛利率是以原材料成本为基础制定的毛利率，它们是制定菜肴价格的主要依据，其计算公式为

$$销售毛利率=[(销售额-原材料成本)/销售额] \times 100\%$$
$$成本毛利率=[(销售额-原材料成本)/原材料成本] \times 100\%$$

（2）综合毛利率。综合毛利率是指某一等级、某种类型酒店的产品的平均毛利率。它是餐饮产品的毛利总额占其销售额或原材料成本总额的比率（销售毛利率和成本毛利率两种形式），它的作用是控制酒店餐饮产品的总体价格水平。其表现形式也有两种，计算公式与分类毛利率相同，但其数值是以酒店全部餐饮产品的销售额和成本额为基础的。

分类毛利率和综合毛利率是相辅相成的关系。分类毛利率是形成综合毛利率的基础，综合毛利率则对分类毛利率起控制作用。综合毛利率是在各种分类毛利率和各类餐饮产品经营比重的基础上确定的。

（六）确定定价方法

确定定价方法是菜单定价工作的最终环节。由于定价目标不同，市场竞争形势不同，酒店的定价方法也不一样。

在综合考虑了上述因素后，定价方法可以有以下三种选择：一是以成本为中心；二是以利润为中心；三是以竞争为中心。任何一家酒店都应该结合企业的实际情况和定价目标选择最佳的定价方法。

四、菜单定价方法

（一）随行就市定价法

随行就市定价法是一种比较简单、容易操作的定价方法。定价时一般以同类同档次酒店的价格作为依据。这种定价策略在实际经营中经常被一些企业采用，但使用该方法定价时必须注意以成功的菜单为依据，避免将不成功的范例用于本酒店的餐饮经营之中。

随行就市定价法还适用于季节性产品定价。酒店一般会根据生产原料的自然生长规律，在不同的季节使用不同的生产原料，制定不同的产品价格，如初夏零星及陆续上市的小龙虾、金秋江南新鲜上市的大闸蟹等，由于原料稀少，质量上乘，价格自然就会比其他季节高出很多。此外，酒店为了刺激消费、吸引客人，还会在不同的经营时间推出不同的销售价格，如周末特价、节假日酬宾价等。

（二）毛利率定价法

餐饮产品的毛利率是产品毛利与销售价格或毛利与成本之间的比率（销售毛利率和成本毛利率两种形式）。餐饮产品的毛利率分为内扣毛利率和外加毛利率两种。内扣毛利率是毛利占销售价格的百分比，又称为销售毛利率，计算公式为

内扣毛利率=(毛利/销售价格)×100%

外加毛利率是毛利占原材料成本的百分比，又称为成本毛利率，计算公式为

外加毛利率=(毛利/原材料成本)×100%

这里的原材料成本是指菜肴主料、配料和调料的成本之和。

由于毛利率有内扣毛利率（销售毛利率）和外加毛利率（成本毛利率）之分，因此采用毛利率定价法定价也就有以下两种不同的方法。

（1）内扣毛利率法，又称销售毛利率法，它是在核定单位产品成本的基础上，根据产品的花色品种，参照分类毛利率标准来确定菜肴价格。该方法主要适用于零点菜肴的定价。其计算公式为

菜肴价格=原材料成本/(1-内扣毛利率)

【例4-1】一份清蒸鲈鱼，用新鲜鲈鱼净料500克，购买价为20元，各种配料成本为2元，调料成本为2.5元，内扣毛利率为50%，计算其售价。

清蒸鲈鱼的价格=(20+2+2.5)/(1-50%)=24.5/50%=49（元）

（2）外加毛利率法，又称为成本毛利率法，它是以原材料成本为基数，按规定的外加毛利率计算菜肴价格的方法。外加毛利率比较的基础和内扣毛利率不同，毛利水平一般比内扣毛利率更高。其计算公式为

菜肴价格=原材料成本×(1+外加毛利率)

仍以上述清蒸鲈鱼为例，原材料成本不变，外加毛利率为100%，计算其价格。

清蒸鲈鱼价格=(20+2+2.5)×(1+100%)=24.5×200%=49（元）

由于两种毛利率参照和比较的基础不同，因此如果某菜肴的销售价格和成本相同，那么外加毛利率大于内扣毛利率，在这种情况下，用两种方法分别计算的毛利额应该是相等的。

两种毛利率的定价方法各有利弊，但目前国内酒店基本上采用内扣毛利率为菜肴定价，因为财务核算中的许多计算内容都以销售价格为基础，如费用率、利润率等，与内扣毛利

率的计算方法相一致，这有利于财务核算和分析。而外加毛利率定价法在计算上则比内扣毛利率法简单得多，两者可以进行换算，换算方法为

$$内扣毛利率=外加毛利率/(1+外加毛利率)$$
$$外加毛利率=内扣毛利率/(1-内扣毛利率)$$

（三）系数定价法

菜肴的成本除了食品原材料成本，还包括菜肴生产所需的人工成本。不同的菜肴由于制作方法和生产时间不同，其人工成本也不相同，一般的定价方法在定价时往往对这类成本考虑较少，而系数定价法却有这方面的优势。采用价格系数定价法定价时不但考虑菜肴原材料成本，而且兼顾人工成本、费用等诸多因素。

采用系数定价法，首先必须将所有菜肴按照加工制作的难易程度进行分类，因为不同加工难度的菜肴所耗费的人工成本不同。一般来说，根据制作的难易程度，菜肴可分为以下三大类。

第一类为深度制作类菜肴，即生产过程时间长、环节多、制作工艺比较复杂的菜肴，如叫花鸡、生炒甲鱼、果木烤鸭等。菜单中大部分菜肴属于这一类。

第二类为中度制作类菜肴，即生产工艺相对比较简单、容易加工烹制的菜肴，如凉拌、清炒、白灼类菜肴，这类菜肴所占比例较小。

第三类为轻度制作类菜肴，是指极少需要再加工制作的菜肴，如水果、牛奶等。这类菜肴在菜单上所占比例极小，酒水饮料、水果、干果均属此类。

系数定价法示例如表 4-13 所示。

表 4-13　系数定价法示例

项　　　目		第　一　类	第　二　类	第　三　类	合　　　计		占营收比例/%
食品原材料成本/元		168 000	48 000	24 000		240 000	40
人工成本/元	烹调制作人工成本	34 560	8640		43 200	108 000	18
	加工、服务人工成本	45 360	12 960	6 480	64 800		
其他营业费用/元		126 000	36 000	18 000		180 000	30
经营毛利/元		50 400	14 000	7200		72 000	12
营业收入/元		424 320	120 000	55 680		600 000	100
定价系数		2.53	2.50	2.32			

该餐厅预算食品原材料成本总额为 240 000 元，占营业收入的 40%，其中第一类菜肴占 70%，为 168 000 元；第二类菜肴占 20%，为 48 000 元；第三类菜肴占 10%，为 24 000 元。

餐饮人工成本总额为 108 000 元（43 200+64 800），占营业收入的 18%，同样可以按照一定比例分摊到三类菜肴中。根据经营实际，一般人工成本中的 40% 属于厨房烹制生产劳动力成本，包括炉灶厨师、冷菜、面点师等劳动力成本，合计为 43 200 元，其中第一类菜肴占 80%，为 34 560 元；第二类菜肴占 20%，为 8 640 元；第三类菜肴一般不分摊此类成本。人工成本的 60% 为原料加工成本（包括粗加工、精加工、宰杀、洗涤等）和服务人员的劳动力成本，合计为 64 800 元。这类人工成本，因为三类菜肴的食品原材料都需要进行洗涤加工，故应根据各类原材料成本的多少按比例分配，即第一类 70%，计 45 360 元；第

二类 20%，计 12 960 元；第三类 10%，计 6 480 元。其他营业费用率和经营毛利率分别为 30% 和 12%，因此，其他营业费用和经营毛利分别为 180 000 元和 72 000 元，同样按照食品原材料成本的比例进行分摊。

从上述数字分析可以看出，尽管三类菜肴在食品原材料成本、其他营业费用和经营毛利三方面是按照 70%、20% 和 10% 的相同比例进行分摊核算，但由于三类菜肴所占用的人工成本不同，因此，其销售收入的比例不同，第一类菜肴在生产制作时由于占用的人工成本最多，故销售收入的比例最高，第二类次之，第三类则最小。

计算各类菜肴的定价系数时只需将各类菜肴的营业收入除以该类菜肴的原材料成本即可，用公式表示为

$$定价系数=营业收入/原材料成本$$

由此可以计算出表 4-13 中各类菜肴的定价系数：

$$第一类定价系数=424\ 320/168\ 000=2.53$$
$$第二类定价系数=120\ 000/48\ 000=2.50$$
$$第三类定价系数=55\ 680/24\ 000=2.32$$

利用系数定价法给各类菜肴定价时，只需将其标准食品成本乘以该类菜肴的定价系数便可计算出菜肴的价格。

【例 4-2】某餐厅一份芹菜料烧鸭的成本为 16.50 元，黄瓜蘸酱的成本为 2.20 元，水果盘的成本为 5.50 元，按上述系数分别计算出 3 道菜肴的销售价格。

$$芹菜料烧鸭的售价=16.50 \times 2.53=41.75（元）$$
$$黄瓜蘸酱的售价=2.20 \times 2.50=5.50（元）$$
$$水果盘的售价=5.50 \times 2.32=12.76（元）$$

采用系数定价法虽然会导致部分菜肴的成本率高于标准成本率，但一份菜单的总成本却仍可以达到预算目标。同时，由于采用了不同的定价系数，菜肴价格之间会出现明显的差异，这样既可以满足不同层次客人的需求，又有利于参与市场竞争，占据更大的市场份额。

（四）主要成本率定价法

主要成本率定价法是一种以成本为中心的定价方法，定价时把食品原材料成本和直接人工成本作为依据，结合利润率等其他因素，综合进行计算。计算公式为

$$销售价格=(食品原材料成本+直接人工成本)/$$
$$(1-非原材料和直接人工成本率-利润率)$$

【例 4-3】一份杭椒炒牛柳原材料成本为 18.85 元，直接人工成本为 2.60 元，从财务损益表中查得非原材料和直接人工成本率与利润率之和为 45%，按主要成本率法计算其售价。

$$杭椒炒牛柳的售价=(18.85+2.60)/(1-45\%)=39.00（元）$$

采用主要成本率定价法定价时，与系数定价法一样，充分考虑了餐厅较高的人工成本率这一因素，将人工成本直接列入定价范畴进行全面核算。因此，这又从另一个侧面反映了降低劳动力成本的重要性。人工成本越低，菜肴价格越低，餐饮经营的竞争力也就越强。

（五）本量利综合分析加价定价法

本量利综合分析加价定价法是根据菜肴的成本、销量和盈利能力等因素综合分析后采用的一种分类加价的定价方法。其基本出发点是各类菜肴的盈利能力不仅应根据其成本高

低，还必须根据其销量的大小来确定。其方法是首先根据成本和销量将菜单上的菜肴进行分类，然后确定每类菜肴的加价率，再计算出各类菜肴的销售价格。

菜肴的分类方法多种多样，但若根据销量和成本进行分类，不管是采用何种菜单形式，都不会超出以下四种类型：高销量、高成本；高销量、低成本；低销量、高成本；低销量、低成本。

经过大量的经营分析，上述四类菜肴中，最能使餐厅得益的是高销量、低成本的菜肴。当然，在实际经营中，这四类菜肴都有，因此在考虑加价率时，就必须根据市场需求情况和经营经验决定。一般高成本的菜肴加价率较低，销量大的菜肴也要适当降低其加价率，而成本较低的菜肴可以适当提高其加价率。各类菜肴的加价率水平如表 4-14 所示。

表 4-14　各类菜肴的加价率水平

菜 肴 类 别	加 价 水 平	假设加价率范围
高销量、高成本	适中	25%～35%
高销量、低成本	较低	15%～25%
低销量、高成本	较高	35%～45%
低销量、低成本	适中	25%～35%

加价率的作用相当于计划利润率，在使用计划利润率法定价时，计划利润率适用于所有菜肴的食品成本率和销售价格的计算，但是在本量利综合分析加价定价法中，由于不同类型的菜肴使用不同的加价率，因而各类菜肴的利润率会有所不同。

采用本量利综合分析加价定价法是综合考虑了客人的需求（即销量）和餐厅的成本、利润之间的关系，并根据成本越大则毛利量应该越大、销量越大则毛利量可能越小的原理进行定价的。菜肴价格一旦确定，还必须与市场供应情况进行比较，价格过高或过低都不利于经营。因此，采用该方法定价时必须进行充分的市场调查分析，综合各方面的因素，确定切实可行的加价率，使菜肴定价相对趋于合理。当然，这种加价率并不是一成不变的，在经营过程中可以根据市场情况随机进行适当调整。

在进行具体的菜肴定价时，应先确定适当的加价率，然后确定用于计算其销售价格的食品成本率，计算公式为

$$食品成本率=1-(营业费用率+菜肴加价率)$$
$$菜肴销售价格=食品成本/食品成本率$$

其中，营业费用率是指预算期内营业费用总额占营业收入总额的比率。这里的营业费用为其他营业费用和人工成本的总和，包括能源、设备、餐具用品、洗涤、维修、税金、保险费和员工工资、福利、奖金等。

【例 4-4】某餐厅在预算期内的营业费用率为50%，餐厅所销售的过桥鱼片的标准成本为 6.48 元，加价率为 20%，计算其食品成本率及售价。

$$过桥鱼片的食品成本率=1-(50\%+20\%)=30\%$$
$$销售价格=6.48/30\%=21.60（元）$$

采用本量利综合分析加价定价法进行定价看似复杂，有一定难度，但因其定价结果是建立在充分的市场调查基础上的，故定价更为合理。此外，采用此方法定价，每道菜的盈利能力可以一目了然；又因为各类菜肴的加价率考虑了不同菜肴的销售量，故其销售价格基本适应了市场的需求。

第四节　菜　单　制　作

　　菜单制作是指在经过前期完整系统的菜单内容与价格等设计和确定的基础上所进行的菜单印刷设计与制作。菜单制作包括菜单艺术设计与菜单评估。菜单评估是菜单制作的重要步骤，评估既是对菜单设计工作的检查，又是完善菜单的前提。

一、菜单艺术设计

　　菜单内容设计好之后，必须将它们制作成可直接供顾客使用的菜单。一份设计精美的菜单应包含餐厅的所有主题特色，与餐厅的内部装潢融为一体，达到与顾客交流的效果，这样才有助于餐饮的销售和菜肴的推销。

（一）内容编辑

　　菜单设计者选好菜单内容后，下一步就是编辑内容了。许多酒店都愿意雇一名专业的撰稿人员来完成内容的编辑。

　　如同菜单设计中的其他项目一样，菜单内容的编辑也应该依据餐饮经营场所的情况、顾客的情况和不同的用餐时段来进行。儿童菜单的内容应该活泼有趣。午餐菜单应该简洁明了；晚餐菜单要多一些描述性语言，因为客人可能有时间来阅读菜单内容，或因为菜单内容比较复杂，或者客人对特色菜肴比较陌生，或者在备餐方法上需要有更多的介绍。

　　1. 标题

　　标题包括分类标题（如冷菜类、海鲜类、羹汤类等）和单个菜肴的名称（如中式煎牛排、清蒸石斑鱼、蒜蓉炒时蔬等）。菜肴名称必须认真选择。有些餐饮经营场所给它们的菜肴选择了简述性名称，也有些选择了详述性名称。对多数餐饮经营者来说，最好的菜肴名称应简单易读，这样不至于使客人把菜肴混淆。

　　如果菜单为中英文对照形式，要用中文和英文进行简单的描述，这将有可能增加该菜肴的销售量。另外，菜单内的插图也有助于克服客人的语言障碍。

　　2. 正文

　　菜单的正文能向客人传达菜单内容，起到增加销量的作用。菜肴的主要配料、次要配料、备餐方法等通常包括在正文里，但正文也不应像食谱那样详细。过于华丽的语言、太多过分的夸张句和技术性解释以及冗长的句子都会使客人转身而去。正文叙述应精确、简洁，语句应易认易读，精选的字词远远胜过冗长繁缛的段落。

　　何时使用描述性语言，其决定性因素很多。通常利润极高的主菜应使用描述性语言，店内的特色菜亦应下大功夫进行描述，因为它们有助于表明该餐饮经营场所的主要特点，能起到一定的感染作用。诱人的开胃品、甜点、主菜、大菜以及西餐、红酒等也需要描述性语言。如果菜肴名称不够明了，那就需要多一些描述性语言进行讲解。例如，"剁椒蒸冬瓜"一菜，本身就很明白易懂，就没有必要进行描述了。

　　描述性语言不应夸张菜单的内容，因为夸张会使客人因期望太高而失望。另外，夸张会造成言过其实的虚假宣传，违反菜单真实法则。因此，以下几点应该特别注意。

（1）等级。如果在菜单上标明选用的进口牛排是美国农业部优质产品，那么供应的牛排就必须符合这一等级。或者说，如果描述的是精选牛腰肉，那么就不能用次等牛肉来代替。有些食物的等级是以形状大小来分类的，所以标明的大小必须符合政府要求的标准。例如，若菜单标明的是特大对虾，那么供应的就必须是特大对虾，而不是较大虾或大虾。

（2）新鲜。如果菜单上标明某道菜为"新鲜原料"，那么这道菜就不能是罐头食品、冷冻食品。

（3）产地。对食品原产地一定不能做虚假的宣传。肉用鸡绝不能当作乡村土鸡来销售。

（4）备餐。对菜单菜肴的备餐备料的表述一定要精确。老年顾客、节食顾客和其他注重健康的顾客特别关心菜单菜肴的备餐备料情况。如果菜单上标明为炒，就不能以炸来代替。

（5）饮食或营养承诺。不可在菜单上做出与科学数据不符的饮食或营养承诺说明。

3. 附加性促销内容

附加性促销内容与其说是用来宣传菜单内容的，不如说是用来宣传酒店经营主旨的。它包括的基本信息有餐厅地址、电话号码、营业时间、供应餐别、预订及付款方式等。附加性促销内容也可以是娱乐性的，如餐厅历史介绍，对顾客的服务允诺，甚至可以是一首诗歌。许多餐饮经营场所都有自己的特色、趣闻、历史等，这些都可以形成一个有趣的故事，并能强化该店的形象，有助于该店在竞争中脱颖而出。

附加性促销内容的多少主要应根据菜单上空间的大小和管理者的意图来决定，是多些文字，还是多些其他插图类的内容。

（二）版面设计

菜单文稿确定之后，菜单版面必须安排好。版面就是完成后的菜单的草图。版面的设计包括将菜单的各项内容按合适的顺序进行安排、将菜单菜名和描述性语言布置在页面上、确定菜单的版式、选择合适的字体和纸张以及完整的画面在菜单上的位置等。虽然这些步骤在该项工作中比较分散，但事实上许多版面都是同时确定的，因为版面的各部分内容都有着不可分割的联系。

1. 顺序

每餐都有开头、中间和结尾，如冷菜、海鲜、淡水河鲜、肉类、羹汤、面点等。正常情况下，西餐菜单内容应该以这样的顺序列出：首先是开胃品和汤类，然后是主菜，最后是甜点。其他内容，如配菜类、色拉、三明治、饮料等，就要根据餐饮经营场所的情况和餐别来决定了。午餐时色拉可以与主菜排在一起，晚餐时色拉可以和开胃品排在一起。酒类饮料绝对不可列在早餐菜单中，可以排在晚餐菜单的首位。

多种菜肴在同一类别中的排列顺序通常依据其受欢迎程度和利润高低来决定。最受欢迎或创利较高的菜肴要特别列出，使客人能够容易地发现它，最不受欢迎或者利润较低的菜品通常排列在菜单较次要的位置上。吸引客人注意力到某个菜肴上的方法有很多，如将其列在菜单的前端或者次前端，画上一个方框将其框起来；将其列在整页菜单的中间；将其放置在一幅显眼的图画的旁边，或者还可以把它单列出来。

2. 排版

只要菜单内容的顺序排好，设计师就可画出一张菜单的草图，用方框或者直线标出每种菜肴的文稿所需的空间，当然也必须给附加性促销内容留出位置。有些设计师可能已经知道要在菜单中插入什么图样——画面、边饰、照片等，因此就要给这些内容留出位置。

设计师应该注意不要使菜单显得过分拥挤。多数设计师都喜欢通常所说的"空白空间"，即空出一块位置，这样有助于将人们的眼光引向重要的内容。

3. 版式

完成菜单草稿之后，菜单设计者就应明确最合适的版式了。版式是指菜单的形状、大小及结构。菜单的可选版式很多，常见的式样、形状有以下几种。

（1）杂志式。杂志式菜单是酒店常见的一种菜单形式，主要适用于各种正餐菜单。这种形式的菜单印刷精美，有硬朗、漂亮的封面及排列有序的内页，客人可以按照菜式的排列，一页一页地阅读，选择自己喜欢的菜肴。

（2）折叠式。折叠式菜单常见于中、西餐宴会，特别推销等销售形式的菜单中，以两折、三折的形式居多。这类菜单既可以平放于桌面，也可以立在桌面；既可以起点缀作用，也可以以其独特的形式吸引客人。

（3）单页式。单页式菜单主要用于快餐、咖啡厅早餐，以及"每日特选""厨师特选"等销售形式中。这类菜单一般设计制作比较简单，成本较低，绝大多数为一次性菜单，不重复使用。

（4）活页式。活页式菜单是在激烈的市场竞争中产生的一种菜单形式，这种菜单对于经营者来说十分方便、灵活，可以随时根据市场需求的变化调整菜单品种而不必重新制作菜单封面，如遇价格调整等政策性变化，采用活页式菜单更经济和方便。

（5）悬挂式。悬挂式菜单常见于客房用膳的早餐菜单。这种菜单一般悬挂在客房门把手的内侧，易于被客人发现和使用。

（6）多姿多彩式。多姿多彩式菜单是对各种奇形异状菜单的统称。这类菜单多用于特别推销、节日推销菜单的设计，形式多样，色彩纷呈，如用于圣诞节特别推销的松树状菜单、用于中秋佳节推销的圆月形菜单以及江南水乡餐厅采用的宫灯式菜单等。它们在设计上往往以独特的形式体现出推销活动的特殊性，并借此给客人留下深刻印象，达到促进销售的目的。

每家酒店的餐饮管理决策者都必须确定出适合自己经营场所的菜单版式。太大的菜单会占据小餐桌的桌面，还有可能使客人拿起菜单时撞翻杯子；太小的菜单读起来不方便并且显得拥挤；页数太多的菜单又会使客人感到茫然，无从选择。

确定了菜单的大小及结构后还要做一些调整。对于选定的版式，如果菜单内容太多，菜单设计师可进行多种选择：① 取消一些菜单内容；② 减少描述性内容；③ 缩短附加性促销内容；④ 换一个空间较大的版式。如果菜单内容太少，版式太大，设计师可以这样处理：① 增加菜单内容；② 利用多余空间添加画面或者"空白空间"；③ 换一个空间较小的版式或者使用大号字体。

4. 画面

画面包括图画、照片、装饰画，以及用来引起客人兴趣、增加文字效果、强化餐厅形象的边饰。如果画面包括在菜单之内，那么它就应该与餐厅的主题装修风格相协调。画面不应过多或者太复杂，否则客人会因此认为菜单难以看懂。一份杂乱无章的菜单会使点菜变得困难无比。

艺术画面越多，越难将其与菜单结合起来，当然成本也越高。如果想让画面表现出与众不同的色彩，制作的成本就会上升。让画面物有所值的一个好办法就是把它放置到其他地方，如明信片上、业务信函上、客人账单上、餐巾上、广告牌上。

（三）封面效果

多数菜单的封面极具特色。设计完美的封面能体现经营场所的形象、风格、风味，甚至价位。它有助于营造一种气氛，让客人留下难忘的用餐体验。

餐厅的名字是封面的必备内容，有些菜单还在封面印上了餐厅的基本信息，如地址、电话号码、营业时间等，不过按照一般规律，封面不可太凌乱，基本信息最好印在封底。封底也可印放其他附加性促销内容，如餐厅的历史、宴会信息、外卖信息等。

二、菜单评估

菜单评估既是菜单设计工作的小结，又是今后菜单设计的依据。下面就零点菜单和宴会菜单分别进行评估。

（一）零点菜单评估

无论菜单的内容设计和艺术设计如何精美，菜品组合评估都应该按阶段进行，零点菜单也是如此。所谓零点菜单，是指每道菜都单独标价的菜单。

为了对菜品组合进行评估，管理人员应该首先制定出评估目标。例如，西餐晚餐评估目标可以是，"每位晚餐客人除主菜外应点一份开胃食品：一份汤或者色拉，一杯红酒或一份甜点"。如果这个目标达不到，管理人员就必须找出原因。菜品是否达到餐厅的质量标准？服务人员是否尽到销售额外菜品的责任？

许多生产与销售的标准可以帮助管理人员评估菜品组合。生产和销售的历史记录可被用于确定菜单品种的销售情况。菜单是多种多样的，每一个餐饮经营场所都必须建立自己的评估方案。当评估一份菜单时，餐饮管理人员应该考虑如下问题：客人对菜单有意见吗？客人对菜单提出过赞扬吗？与竞争企业相比自家的菜单如何？客人账单数额是稳定不变还是有所增加了？菜品组合内容能满足客人的要求吗？菜品定价合理吗？高利润与低利润混合在一起的菜肴销路如何？菜单有吸引力吗？色调及其他设计内容与餐厅的主题和装潢协调吗？菜单菜肴、点心的布局能引起注意吗，合理吗？描述性内容是太多，还是太少，容易理解吗？对于经理人员的首选销售项目，用什么方法才能吸引客人的注意力？菜单字体容易认读吗？菜单字体与餐厅的主题及装潢协调吗？纸张与餐厅的主题及装潢协调吗？菜单能保持长久使用吗？

餐饮经营场所可以编制出自己的菜单及菜品组合评估表，在表中列出各种问题，并将其进行分类，如"设计""布局""文字说明""促销信息"。当确定评估因素和制定评估表时，餐饮管理人员应该注意，只有收集到了足够多的信息，根据这些信息修改了菜单后，菜单及菜品组合的评估才是有价值的。

通过对菜单的评估分析，可以找到调整菜肴成本构成的突破口，采取相应的营销策略，积极推动菜品销售。评估分析与调整促销分两步进行。

1. 对菜品进行分类

首先，要清楚什么叫菜品的平均边际利润和菜品的平均应该被接受的销售率。其计算

公式为

菜品平均边际利润=全部菜品总边际利润/菜品总销量

菜品平均应该被接受的销售率=(1/菜品类型数)×70%

其次，要知道明星、金牛、问题和瘦狗四类菜品的各自特点。

（1）明星类：其菜品的边际利润高于菜品平均边际利润，同时，其菜品销量占全部菜品销量的比率也高于菜品平均应该被接受的销售率。

（2）金牛类：其菜品的边际利润低于菜品平均边际利润，同时，其菜品销量占全部菜品销量的比率高于菜品平均应该被接受的销售率。

（3）问题类：其菜品的边际利润高于菜品平均边际利润，同时，其菜品销量占全部菜品销量的比率低于菜品平均应该被接受的销售率。

（4）瘦狗类：其菜品的边际利润低于菜品平均边际利润，同时，其菜品销量占全部菜品销量的比率也低于菜品平均应该被接受的销售率。

对菜品进行分类评估的示例如表 4-15 所示。

表 4-15　菜品分类评估示例

菜名	每类菜销售量/份	每类菜占菜品总销量的比率/%	每道菜原料成本/元	每道菜销售价格/元	每道菜边际利润/元	每类菜原料成本总额/元	每类菜总收入/元	每类菜边际利润/元	每类菜边际利润状态	每类菜占总销量比率状态	菜肴分类
手撕包菜	420	42	2.21	4.95	2.74	928.20	2079.00	1150.80	低	高	金牛
剁椒鱼头	360	36	4.50	8.50	4.00	1620.20	3060.00	1439.80	高	高	明星
酥炸牛丸	150	15	4.95	9.50	4.55	742.50	1425.00	682.50	高	低	问题
玉兰豆腐	70	7	4.00	6.45	2.45	280.00	451.50	171.50	低	低	瘦狗
总计	1000					3570.90	7015.50	3444.60			

表 4-15 数据说明如下：

第一，每道菜边际利润=每道菜销售价格−每道菜原料成本。

第二，每类菜原料成本总额=每类菜销售量×每类菜原料成本。

第三，每类菜边际利润=每类菜总收入−每类菜原料成本总额。

第四，每类菜平均边际利润=每类菜边际利润总额/每类菜总销量。

第五，每类菜边际利润状态是用每道菜边际利润与每类菜平均边际利润比较得出的，前者低于后者为低，前者高于后者为高。

第六，每类菜占总销量比率状态是用该类菜占总销量比率与每类菜平均应该被接受的销售率比较得出的，前者低于后者为低，前者高于后者为高。

第七，每类菜平均应该被接受的销售率为：(1/4)×70%=17.50%。

2. 不同类型菜品的经营策略

（1）对明星类菜品的经营策略有：① 通过遵循严格的作业规程来保持菜肴的质量。② 将这类菜品的名字放在菜单上的显著位置。③ 测试销售价格弹性，如果弹性小于 1，还可以提价；如果弹性大于 1，则可以降价。④ 利用建设性的推销技巧。

（2）对金牛类菜品的经营策略有：① 提高销售价格。② 将这类菜品的名字放在不显著的位置。③ 将更多的需求量转移到边际利润贡献高的菜品上去，如转移到问题类菜品上去。④ 降低菜品成本。⑤ 减少每客菜的分量。

（3）对问题类菜品的经营策略有：① 把对其他菜品的需求转移到这类菜品上来。② 降低价格以增加销量，从而增加销售额。③ 增加新的价值到这类菜品上去，以增加吸引力。

（4）对瘦狗类菜品的经营策略有：① 从菜单上删掉。② 提价，这样做至少能保证具有较高的边际利润。③ 降低成本。

（二）宴会菜单评估

无论是日常经营使用的宴会标准菜单，还是专门为某一活动设计的特别宴会菜单，都有必要根据相关内容逐项进行全过程评估，并提出具体评估意见，以期改进，如表4-16所示。

表4-16　宴会菜单及菜品组合评估分析表

宴会名称 品名				销售季节					销售标准				
	主料	口味	质地	色泽	盛器	营养	造型与盘饰	烹制方法	烹制时间	每客分量	服务方式	新意	成本
冷菜													
热菜													
汤													
点心													
甜品													
水果													
其他													
分类评价													
总体建议													

参加分析人员：　　　　　　　　　　　　　　　时间：

本章小结

1. 菜单在餐饮经营方面的作用：反映餐厅的经营方针、昭示菜肴的特色水准、沟通客我的信息桥梁、酒店形象的宣传载体。

2. 菜单在餐饮管理方面的作用：选聘员工岗位依据、影响设备选配布局、决定原料采购模式、决定服务规格要求、影响食品成本控制。

3. 点菜菜单的特点：特色鲜明、主推品种显赫、结构合理、分类清楚、数量适中、菜名直观、品种相对稳定、方便特选陈列。

4. 中餐点菜菜单的排列顺序：冷菜类、海河鲜类（海鲜产品、河鲜产品）、家禽类（鸡、鸭、鹅、鸽）、畜肉类（牛、羊、猪肉）、蔬菜类、羹汤类、主食点心类等。

5. 宴会标准菜单要点：显示用料分量、昭示时令出品、彰显技艺风尚、顾客订餐参考、员工作业指导。

6. 宴会菜单设计要求：按需设计、搭配合理、品种多样、定价合理、营养平衡、分量适当、加强培训。

7. 菜品选择的要求：迎合目标消费群体的口味需求；菜品应与就餐氛围、就餐环境相协调；菜品数量与生产和服务条件相适应；在经营风味一致的前提下，兼容多变和创新品种；菜品组合结构平衡（每类菜肴的价格平衡，原料的搭配平衡，烹调方法、技术难度平衡，菜品口味、口感平衡，菜品营养结构平衡）。

8. 菜单的内容：餐厅的名称、菜品的类别及相关信息（菜品类别、菜肴的名称和价格、菜肴的特点和风格说明、菜品制作描述）、其他信息（告知性说明、荣誉性说明）。

9. 制定零点菜单、套餐菜单、宴会菜单、团队与会议菜单、自助餐菜单以及客房送餐菜单的程序。

10. 菜肴价格=产品成本+流通费用+税金+利润。简化为：菜肴价格=经营成本+毛利。

11. 菜单定价的原则：按质论价、优劣分档；适应市场，反映供求关系；既要相对稳定，又要灵活可变；自我调节，利于竞争；服从国家政策，接受物价部门督导。

12. 菜单定价的程序：确定市场需求、确定定价目标、计算菜肴成本、比较分析竞争对手的价格、制定合理的毛利率标准、确定定价方法。

13. 菜单定价的目标：市场导向目标、利润导向目标、成本导向目标、竞争导向目标、享受导向目标。

14. 菜单定价的方法：随行就市定价法、毛利率定价法、系数定价法、主要成本率定价法、本量利综合分析加价定价法。

15. 菜单艺术设计：内容编辑（标题、正文、附加性促销内容）、版面设计（顺序、排版、版式、画面）、封面效果。

16. 对菜品进行分类（明星类、金牛类、问题类、瘦狗类），不同类型菜品的经营策略。

17. 宴会菜单评估。

课后练习

一、名词解释

零点菜单　　餐酒单　　门把菜单　　金牛类　　菜肴价格

二、单选题

1. 固定菜单上列出的经营品种、价格在某一特定时间内不应发生变化。按照国际餐饮惯例，这一特定时间为（　　　）。

　　A. 半年　　　　　　B. 一年　　　　　　C. 两年　　　　　　D. 三年

2. 根据市场销售特点，经营使用频率高、设计制作要求高的菜单可分为点菜菜单、套餐菜单与（　　　）。

　　A. 宴会菜单　　　　B. 门把菜单　　　　C. 酒吧菜单　　　　D. 儿童菜单

3. 菜肴排列顺序为冷菜类、海河鲜类、家禽类、蔬菜类、汤类、主食点心类，并分别按大、中、例定价，这种菜单是（　　　）。

　　A. 点菜菜单　　　　B. 宴会菜单　　　　C. 西餐菜单　　　　D. 套餐菜单

4. 门把菜单是挂在房门后的门把上，让客人选择菜肴品种和服务时间，然后挂在房门外的把手上，由专职客房用餐服务员收取后在规定时间内为客人提供送餐服务，一般用于（　　　）。

　　A. 早餐　　　　　　B. 午餐　　　　　　C. 晚餐　　　　　　D. 夜宵

5. 为使菜单科学合理，方便适用，除了要认真考虑特色原则、需求原则、盈利原则、营养原则外，还需考虑的第五项原则是（　　　）。

　　A. 设备技术条件　　　　　　　　B. 加强员工培训
　　C. 食品清洁卫生　　　　　　　　D. 分析竞争对手

三、多选题

1. 菜肴价格的四项构成内容是（　　　）。
　　A. 产品成本　　　B. 税金　　　C. 下脚料价款
　　D. 流通费用　　　E. 利润

2. 营业收入指标的构成内容是（　　　）。
　　A. 目标利润　　　B. 经营费用　　　C. 税金及附加
　　D. 原料成本　　　E. 员工费用

3. 菜单可选用的版式有（　　　）。
　　A. 杂志式　　　B. 单页式　　　C. 悬挂式
　　D. 折叠式　　　E. 活页式

4. 菜单版面设计的内容有（　　　）。
　　A. 顺序　　　B. 排版　　　C. 文字
　　D. 版式　　　E. 画面

5. 宴会菜单需要评估的内容有（　　　）。
　　A. 原料　　　B. 口味　　　C. 色泽
　　D. 盛器　　　E. 营养

四、判断题

1. 中餐零点菜单上的菜肴更换频率要高于西餐零点菜单上的菜肴更换频率。（　　）
2. 销售毛利率又称外加毛利率。（　　）
3. 采用声望定价策略进行定价的是市场导向目标。（　　）
4. 中式菜单菜品类型排列顺序首先是热菜。（　　）
5. 为获得更高的利润，菜单定价应该采取高位政策。（　　）

五、简答题

1. 简述菜单经营与管理的作用。
2. 简述菜单设计的原则。
3. 简述选择菜品的要求。
4. 简述菜单的内容。
5. 简述菜单定价的原则。

六、论述题

1. 论述一家酒店确定菜品类型品种的要求与方法。
2. 论述菜单评估的要求与方法。

案例讨论

我办丧事，你怎么上鱼？

8 月的一天，饭店订餐员陈莉接到一个电话："两天后，我要用你们饭店的大厅请客吃饭，你们赶紧安排一下，订金下午就送来。"订餐的是当地居民王均。"我这是办丧事请客吃饭，虽然是喜丧，但千万别上坏我们当地规矩的菜，弄得我不吉利。"王均交完 1000 元订金后，一再叮嘱陈莉。

见客人特意吩咐，到预订的那一天，陈莉很早就来到了饭店，安排员工摆设场地，并多次到后场跟厨师打招呼，千万不要出差错。到了中午，王均家中丧事办理结束，一批人来到了饭店就餐。不料酒过三巡，让王均忌讳的事情还是发生了。

正在向来宾敬酒的王均突然发现，服务员给每桌都上了一道红烧鱼。"怎么给我上了鱼？"他立即火了，酒杯一放冲到吧台，当场揪着陈莉的衣领不放，"我当初怎么跟你交代的？你不知道我们这里的风俗啊？你不是咒我吗？"陈莉被这突如其来的变故搞愣了，问："这是怎么了？一顿饭没有鱼，哪能叫请客吃饭呢？"

王均指着旁边桌上的红烧鱼说："我是办白事，你还给我上鱼，让我'年年有余'这不意味着我家还得再办场丧事，你这不是存心让我晦气吗？"饭店的这个做法，让王均实在难以接受，"我告诉你，今天这饭钱全是你的，而且你还得在报纸上郑重给我道歉。"说完，王均气呼呼地带着亲戚们径直离开了饭店。由于协调无果，饭店将王均告到法院，索要 1.8 万元的酒席余款。

"饭店这个做法确实不太合适，有悖我们这里的风俗习惯"从事民事审判二十多年的朱法官首先指出双方的不对之处，"但你吃完饭，因为一道菜而不给全部钱款，这也不对。"最终，朱法官将当地风俗与相关法律相结合，促成双方和解。王均支付酒店 1.6 万元的酒席款，而饭店订餐员陈莉在酒店门口张贴道歉告示。

资料来源：宗一多. 我办丧事 你怎么上鱼［N］. 现代快报，2008-05-15.

思考题：

1. 菜单承载着文化，其文化内涵包括哪些方面？
2. 搜集当地餐饮文化风俗，讨论其对酒店经营管理带来的影响。

实训项目

1. 制作一份既符合要求又有艺术性的零点菜单。
2. 制定一套宴会销售标准菜单。

第五章 餐饮原料管理

学习目标

通过本章学习，应达到以下目标。

1. 知识目标：了解餐饮原料的特点，了解餐饮原料的采购、储存、保管、发放、盘点等环节的基础知识、操作流程。

2. 技能目标：学会利用各种方式、方法对餐饮原料的数量、质量进行控制；掌握不同仓库对不同原料的储存、保管方法。

3. 能力目标：掌握餐饮原料采购、验收、储存、保管、发放、领用、盘点等环节的管理制度与管理方法。

导入案例

案例 5-1 网红餐厅"胖哥俩肉蟹煲"：隔夜蟹当活蟹卖

胖哥俩肉蟹煲是一家知名连锁餐厅，近几年被很多人追捧为"美食打卡地"。在该公司官网上，"食材新鲜"被列为第一卖点。一组数据称，截至2020年年底，"胖哥俩"已经入驻全国130多个城市，拥有门店400余家，全年接待顾客达到3600万人次。"食材都是当天加工，保证新鲜和口感。"这是该门店员工常挂在嘴边的话。然而，记者近日调查发现，火爆背后，这家餐厅的食材问题也常常被食客投诉。

从6月底开始，记者先后卧底进入北京两家由该公司直接管理的合营门店，揭露"食材新鲜"背后的种种乱象：承诺的现杀活蟹，其实是前一天已经宰杀好的"隔夜蟹"。"我们的螃蟹上午刚运来，都是活的，你们点的话现宰现杀。"卧底期间记者发现，每当有顾客询问螃蟹是否新鲜时，员工都会给出这样的回答。但实际情况并非他们承诺的这样。6月28日中午，店里陆续有两份送上餐桌的蟹煲被顾客退了回来，原因是顾客发现螃蟹"颜色发黑"。后厨一名杀蟹工向记者透露了其中的秘密："是昨天剩下的螃蟹。过了一天放得时间长了，肉就发黑了。""螃蟹不都是现杀的吗，怎么还会有剩的？"面对记者的疑问，这位员工觉得记者过于大惊小怪："当天卖不掉有啥办法？颜色变深了，只能洗洗再卖。"随后几天，记者在店内观察发现，每天一早，供货商会送来活蟹，交由后厨宰杀后售卖。由于客流不稳定，每天总有杀好的螃蟹卖不完，少则十来只，多则近百只。剩下的螃蟹，后厨通常放在冰箱里冷藏。第二天，清洗后，再充当现杀的活蟹卖给顾客，而顾客大多被蒙在鼓里。"为什么不养一晚，第二天再杀？"这名员工解释说，这些螃蟹很难活过一夜，为了防止他们死掉变质，只好提前宰杀。记者调查发现，售卖"隔夜蟹"的情况并非只在这一家门店出现，这已经成为店里的"惯例"。

事实上，该公司餐厅曾多次因食材问题被投诉。在某美食点评平台上，很多网友反映肉蟹煲"食材不新鲜"。诸如螃蟹有臭味、豆腐发酸、鸡爪有腥味，等等，也有不少网友称就餐后出现腹泻、拉肚子等不适症状。在上述平台上，记者统计了其北京门店的网友评论，其中，提到就餐后出现腹泻等不适症状的留言就多达165条，仅西单大悦城店就有31条。

【点评与思考】原料管理，不仅要确保采购新鲜安全的食材，同时要加强对于库存原料的管理，严格相关取用制度，加强对员工的监督。以次充好、以死充活，不仅暴露原料管理不力，更重要的是员工违反职业道德，损害顾客利益；长此以往，企业将失信于消费者、管理者将失信于员工。

资料来源：韩福涛，李明，孙霖婧. 卧底网红餐厅"胖哥俩肉蟹煲"：过期食材继续用 隔夜蟹当活蟹卖[N]. 新京报，2021-08-23.

第一节　原料采购管理

一、原料采购的目标与方式

原料采购工作往往因酒店管理体系、管理风格的不同而归属部门不一，有的由餐饮部门管理，而大多数酒店则划归财务部管辖，或成立独立的采购部。然而，不管哪一个部门主管原料采购工作，原料采购工作必须围绕餐饮生产和经营需要，努力实现既定目标，达到应有效果。选择原料采购方式则是实现原料采购目标的必要途径。

（一）原料采购的目标

原料采购的目标主要是出于酒店利益考虑，以及餐饮生产和服务的需要，要求采购达到五个"适当"的具体目标。

（1）购买适当的物品。购买适当的物品是指购买餐饮生产和服务能用、适用而不致浪费或不敷使用的原料、物品。

（2）获得适当的数量。一次购进的原料、物品要满足生产和服务的需要。数量过多，增加保管成本和负担；数量不足，增添生产和服务的工作麻烦。

（3）支付适当的价格。采购原料、物品所花的费用要恰当，既不可太贵，为生产和服务的成本控制和定价销售带来困难；也不可过于便宜，太便宜的原料、物品往往质量难以保证。

（4）把握适当的时间。采购进货要在适当的时间范围之内。太早进货，不仅会增加保管的工作量，还有可能使原料变得不新鲜，甚至变质；过迟进货又会打乱正常工作秩序，严重的情况，可能会延误开餐，造成顾客的不满。

（5）选择适当的供应商。适当的供应商，不仅可以减少酒店对原料、物品采购的沟通、联系等工作量，还可能给酒店带来购货以外的附加服务或积极的帮助，如送货人员协助从事原料加工工作，提供相关的原料、物品信息以及样品等，这些对酒店无疑是有益的。

（二）原料采购的方式

原料供货市场纷繁复杂，原料采购的方式多种多样，究竟确定何种采购方式并不是固定的。选择何种采购方式，关键在于餐饮生产规模和原料使用量以及当地原料市场的状况。

1. 竞争报价采购

竞争报价采购适用于采购次数频繁，往往需要每天进货的食品原料。餐饮绝大部分鲜活原料的采购业务属于此种性质。酒店采购部把所需采购的罐装、袋装干货原料（见表5-1）和鲜活原料名称及其规格标准（见表5-2）通过电话联系或函告，或通过直接接触（采购人员去供货单位或对方来酒店）等方式告知各有关供货单位，并取得所需原料的报价，如表5-3所示。一般每种原料至少应取得三个供货单位的报价，酒店财务、采购等部门再根据市场价格，如表5-4所示，选择其中原料的规格和质量最合适、价格最优惠、信用比较好的供货单位，让其按既定价格、原料规格和每次订货的数量负责供货。待一个周期（区别原料性质和市场行情，7～15天不等），再进行询价、报价，确定供货单位。

表 5-1 罐装、袋装干货原料规格表

日期：

编　号	名　　称	单　位	规格标准	质量要求	产地及厂家	保质期	备　注

厨师长：　　　　　　制表人：　　　　　　　　日期：

表 5-2 鲜活原料规格表

序　　号	原 料 名 称	烹制菜肴	规 格 要 求	备　注
1	肉蟹	姜葱炒肉蟹	活、无绳，350～400克/只	
2	膏蟹	清蒸膏蟹	活、无绳，400～450克/只	
3	大黄鳝	椒盐鳝卷	活，150克/条	炸、炖
4	甲鱼	生炒甲鱼	活、未注水，300～400克/只	生炒

厨师长：　　　　　　制表人：　　　　　　　　日期：

表 5-3 食品原料报价表

供应商：　　　　　　　　　　　　　　日期：

品　　名	规　　格	单　位	价　　格	备　注

续表

品　　名	规　　格	单　　位	价　　格	备　　注

地址：　　　　　　联系电话：　　　　　　　　传真：　　　　　　　　报价人：

表 5-4　鲜活原料市场价格一览表

编号：　　　　　　　　　　　　　　　　　　　　日期：

品　　名	规　　格	零售价/（元/500 克）				备　　注
		菜场甲	菜场乙	菜场丙	平均价	

调查部门：　　　　　　　　　　　　　　　　　调查人：

在当今买方市场的前提下，采取竞争报价采购，对酒店而言，可以就现有的市场空间，选择可靠的供货渠道，从而获得较为经济的原料。竞争报价采购方式下，买方（即酒店）获得优势、主动地位的前提有以下几点：① 酒店要有良好的企业信誉；② 酒店资金运转状况良好；③ 酒店有相对稳定、大量的原料需求；④ 酒店所在地具有相对广泛的原料供给市场。竞争报价采购的不利之处是有时酒店会受供货单位约束或牵制，缺少灵活性。

2. 无选择采购

酒店有时候会遇到这样的情况：餐饮部需要采购的某种原料在市场上奇缺，或者仅有一家单位供货，或者必须得到某些原料，不管对方如何索价。如遇到特别高规格的宴会或政治活动时，需要紧急采购的原料就是如此。在这种情况下，酒店往往采用无选择采购的方式，即连同订货单开出空白支票，由供货单位填写。使用此方式，往往使酒店对该原料的成本失去控制。因此，只有在不得已的情况下才可使用此方式，而通常酒店在决定购货之前总需要进行一番讨价还价。

3. 成本加价采购

当某种原料的价格涨落变化较大或很难确定其合适价格时，通常采用成本加价法采购。此处的成本指批发商、零售商等供货单位的原料成本。在某些情况下，供货单位和采购单位双方都把握不住市场价格的动向，于是便采用此法成交，即在供货单位购入原料所花的成本上酌加一个百分比，作为供货单位的盈利部分。例如，刚上市的刀鱼、螃蟹，价格起伏较大，即可在供货商收购价格的基础上，加价 10%左右，作为酒店买入价。对供货单位来说，这种方法减少了因价格骤然下降可能带来的亏损风险；对采购单位来说，加价的百分比一般较小，因而也比较有利。采用成本加价采购的主要困难是很难确切掌握供货单位原料的真实成本。因此，酒店使用成本加价采购的次数不可过多。

4. 归类采购

归类采购，即将属于同一类的食品原料、调味品等，向同一个供货单位购买。例如，酒店向一家奶制品公司采购所需的全部奶制品原料，向一家食品公司采购所需的所有罐头食品，向一家调味品商店采购所有的调味品原料等。这样，每次只需向供货单位开出一张订单，接受一次送货，处理一张发票，因而节省了大量人力和时间。归类采购的缺点是，采购的部分原料的质量可能并不是同类中最好的。

5. 集中采购

大型酒店或集团酒店往往建立地区性的采购办公室，为本集团在该地区的各酒店采购各种食品原料。具体办法是各酒店将各自所需的原料及数量按时上报集团采购办公室，办公室汇总以后进行集中采购。订货以后，集团可根据具体情况由供货单位分别运送到各家酒店，也可由采购办公室统一验收，随后再行分送。

集中采购的优点在于大批量购买往往可以享受优惠价格，便于与更多的供应单位联系，因此原料质量有更多的挑选余地。集中采购有利于某些原料的大量储存，因此能保证各酒店的原料供应；同时，集中采购能减少各酒店采购者营私舞弊的机会。例如，香港、澳门及内地同属一家公司或集团的酒店、餐饮单位，其海产干货、西餐原料的集中采购就比较合算和省事。集中采购也有其不足之处，如各酒店或多或少地被迫接受采购办公室采购的食品原料，不利于酒店按自己的特殊需要进行采购。由于集中采购，基层餐厅不得不放弃当地可能出现的廉价原料，而且集中采购有使各酒店菜单趋向雷同之虞，而各酒店自行修改菜单的能力也受到限制，因而不利于基层企业标新立异，不利于创造自己独特的风格。

6. 线上采购

随着网络的不断发展，线上采购不失为餐饮原料采购优选方式之一。与线下采购方式相比，线上采购的优势有：① 通过线上平台可以及时了解采购信息动态；② 由于互联网的高效、信息曝光快，可以缩短采购时间，同时可以适当节省采购人工成本；③ 通过信息平台，可以有更多的可选择的资源空间；④ 线上采购使交易变得更加透明，减少暗箱操作的可能性。不过，线上资源信息也不一定准确，需要严格精选甄别。

以上几种采购方式，各酒店应根据自己的档次、规模、隶属形式、业务特点、市场条件等因素选择或综合使用。

二、原料采购的程序

餐饮原料采购的前提是餐饮订货，即精准地确定满足餐饮加工、生产需求而又不浪费的食品原料品种及数量。根据餐饮规模和生产需求实际，指定订货负责人，可以由总厨师长或加工厨房主管来负责这项工作。对于一些干货、调味品、罐装和袋装原料，厨房工作人员需要去仓库申领，其原料的申购、补充由仓库管理人员负责。

对于仓库的存货，即食品、饮料和其他辅料的存货数量必须补充。需要再次订货时，由库管人员填写请购单交给采购部。请购单是详细描述所要购买的原料的凭据，包括所需的数量以及所需物品的规格、质量要求，然后采购部通过正式或非正式的采购预订系统向供应商订购所需货物，并将订货单的副联交给验收员和会计人员。

供应商将订购的货物送到验收处，并交给验收员一张送货发票，供应商的发票上写明所送的货物、货物的数量和价格以及应付款的总价。验收员要对照请购单的副联或采购记录单对所送货物进行核查，同时也要检验货物的质量（有时可能是非法生产的替代品）和损坏情况等事项。

所送货物经检验被接受后，送货员将其转送到合适的储存地点，送货发票则交给财务部门。会计人员处理有关单据，并支付供应商的货款。

尽管采购程序因企业的经营情况不同而各异，但基本步骤大体相似。即使电子数据处理取代了图 5-1 所示的全部或部分手工劳动，其基本步骤仍当如此。

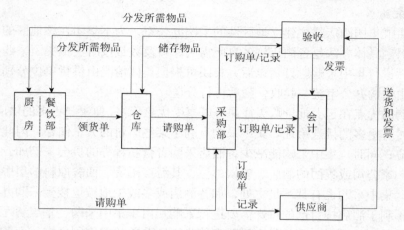

图 5-1　原料采购程序

三、原料采购控制

（一）原料采购质量控制

餐饮要提供质量始终如一的菜点成品，就必须使用规格、质量始终如一的食品原料。制定食品原料采购规格标准，并依此进行采购，是保证餐饮生产所需原料质量的有效措施。采购规格标准是根据餐饮烹饪制作的需要，对所要采购的各种原料做出的具体规定，如原料产地、等级、性能、大小、个数、色泽、包装要求、肥瘦比例、切割情况、冷冻状态等，如表 5-5 所示。当然，酒店不可能也没有必要对所有原料都制定采购规格标准，但对占食品成本将近一半的肉类、禽类、水产类原料及某些重要的蔬菜、水果、乳品类原料等都应制定采购规格标准。一方面是由于上述原料的质量对餐饮产品的质量有着决定性的作用，另一方面是因为这些原料的成本很可观，因此在采购时必须严加控制。

表 5-5　肉类原料采购规格

品　　名	规　　格	质　量　说　明
牛腰肉	0.5～5 公斤/块	带骨切块，25 厘米宽；符合商业部牛肉一级标准；油层 1～1.5 厘米，肉色微深红；无不良气味，无变质迹象；冷冻运输交货

制定采购规格标准应审慎仔细，要认真分析菜单、菜谱，根据各种菜式制作的实际需要，同时要考虑市场实际供应情况。一般要求厨师长、食品成本控制员和采购部人员一起研究制定，力求把规格标准定得切实可行。规格标准的文字表达要科学、简练、准确，避免使用模棱两可的词语，如"一般""较好"等，以免引起误解。

采购规格标准一经制定，应一式多份，除分送给货源单位使其按照酒店所要求的规格标准供应原料外，酒店内部厨房、采购办公室以及食品原料验收人员都应留作依据。随着市场行情的变化和菜肴新品的研制推出，采购规格标准应及时做相应调整或修订。总的来说，酒店使用食品原料采购规格标准有以下几点好处。

（1）通过预先确定本企业所需各种食品原料的具体质量要求，以防止采购人员盲目或不恰当地采购。

（2）将采购规格标准分发给有关货源单位，能使供货单位掌握餐饮原料的质量要求，避免可能产生的误解和不必要的损失。

（3）使用采购规格标准，避免了在每次订货时向供货单位重复解释原料的质量要求，从而可以节省时间，减少工作量。

（4）食品原料采购规格标准还是原料验收的重要依据之一，它对控制原料质量有着极其重要的作用。

对采购质量控制来说，制定和使用原料采购规格标准固然重要，采购人员的职业道德更是决定采购原料以及价格的重要因素。采购人员必须具有良好的道德标准和职业操守，必须对企业和供应商负责，使企业与供应商在公平、诚实的基础上进行交易。重道德的交易可以激励供应商协助完成酒店的业务、维护酒店的名声，有助于避免违法事件的发生。

（二）原料采购数量控制

原料采购数量根据仓储的订货情况和餐饮原料的预订量确定。如果采购的原料太少，就会造成餐饮生产断档、库存短缺，使得销售额减少，顾客失望；如果采购的物品太多，资金将沉淀在不必要的存货上，不能满足他用。

仓储的订货可根据不同品种原料存货定额来决定所需采购数量，即对各种原料确定其最高和最低库存量，通过采购保持库存量的平衡。

案例 5-2　"清水马蹄"的最高、最低库存量和应采购量的计算

假定：

采购量：12 听/箱

每天使用量：6 听

采购周期：30 天

采购周期内的使用量：6×30=180（听），即 15 箱

订货到购回入库时间：3 天

订货到入库期间使用量：6×3=18（听），即 1.5 箱

库存安全系数：6×3=18（听），即 1.5 箱

最低库存量：订货到入库期间使用量＋库存安全系数，即 1.5+1.5=3（箱）

最高库存量：采购周期内的使用量＋库存安全系数，即 15+1.5=16.5（箱）

订货采购量：当处在最低库存量订货时，订货采购量就是采购周期内的使用量。

在库存未达到最低库存量时，确定订货采购数量，应先清点库存数量，然后从清点的库存量中减去最低库存量。

现有库存量：4 箱

减去最低库存量：3 箱

即：4-3=1（箱）

应采购量：采购周期内的使用量减去超过最低库存量的数量，即：15-1=14（箱）

案例 5-2 中，是用控制最高和最低库存量的方法来确定订货采购量，使用这种方法必须首先决定每一项物品的最低和最高库存量，并向订货人说明不得少于最低库存量才订货，否则会影响生产和经营。超过最高库存量则不得再行添购，以防原料积压。对采购周期要

调查核实得十分精确。

在确定库存原料采购数量时，必须考虑以下几个因素。

（1）产品的销量。当产品销量突然增加时，需要相应地增加采购数量。连续接待大型团队或会议用餐以及食品推广周时，销量必然相应增加。

（2）储存情况。确定库存采购量，应考虑到仓储设施的承受能力和条件是否会产生损耗或有无损坏变质的可能；对储存和处置成本费用、浪费和损坏因素、偷盗和扒窃的安全因素，也应加以考虑。

（3）市场情况。市场的原料供应受季节变化影响很大，对可能发生短缺的原料，应随时调整采购周期或库存量。价格的变动（提价或降价）也会影响企业采购的数量。

（4）运输问题。有些原料的采购运输需要一定的条件，应考虑到可能发生的送货误期。

（5）使用量的变化。餐饮原料库存量应定期检查，对因销售变化而产生的库存过多或不足现象，要及时采取相应措施。

（6）供应商规定的最低订货数量。有些供应商不允许"拆箱"销售，也就是不零售，如果供应商报价过高，酒店就要考虑批量采购，虽然这样可能会超出所需的适当采购量。

（7）订货成本。一次订货的成本可能会很高，而增加订货数量、减少订购次数可以降低订货成本。

餐饮订货的品种多为鲜活食品原料，这些原料具有易腐的特性，通常不宜作为库存食品，因此酒店应根据需要每日或隔日提出订货。订货量可通过测算需用量，再减去已有存货量来确定。具体的订货量计算方法是：先列出所需订货的品种，然后用预测销售的份数乘以菜肴的标准分量，得出所需原料的数量（注意：以标准食谱算出的数量是净料量，要换算成原始原料，即毛料的数量），再减去已有的存货量，便可以算出所要订购的每种烹饪原料数量。

（三）原料采购价格控制

理想的采购工作目标之一是用合适的价格获得满意的原料。根据餐饮生产的要求，可以采取以下方法来降低价格并且保证原料的质量，以实施对采购价格的控制。

1. 限定采购价格

通过详细的市场价格调查，酒店可对所需购买的某些原料提出购货限价，规定在一定的幅度范围内，按限价进行市场采购，不得超过限价。当然，这种限价是酒店派专人负责调查后获得的信息。限价品种一般是采购周期短、随进随用的新鲜品。

2. 规定购货渠道

为了控制价格，许多酒店规定采购部只能向指定的单位购货或者只许购置来自规定渠道的原料，因为酒店预先已同这些单位商定了购货价格。供应商的好坏，不仅影响到采购原料的价格，而且对原料的质量及相关服务的提供都有根本性影响，因此必须慎重选择供应商。选择供应商应该考虑以下几个条件。

（1）供应商的地点。地点关系着运送的效率，以免远水解不了近渴或是因长途运输影响原料新鲜度。如果选择本地供应商或是社区内的供应商，更可以反哺本地，维持良好的公共关系。

（2）供应商的设备。健全的设备不但能确保原料的品质，还能便于运送。

（3）供应商的专业知识。专业知识的提供也是一种无形的服务，可确保采购行为的正确。

（4）供应商的财务状况。事先调查供应商的财务背景、进出货资料、来往客户等，以免上当，贻误工作。

（5）供应商的诚信原则。本着诚实、互惠的原则做生意的供应商才是值得选择的供应商。调查供应商的信誉、口碑实属必要。

3. 控制购货权限

贵重和大宗食品原料的价格是影响厨房成本的主体，对此酒店规定由餐饮部提供使用情况的报告，采购部提供各供应商的价格，具体向谁购买必须由酒店决策层决定。

4. 根据行情采购

当某些食品原料在市场上供过于求，价格十分低廉，又是餐饮大量需要时，只要质量符合标准并有条件储存，可利用这个机会适时购进，以减少价格回升时的开支。当原料刚上市，价格日渐下跌时，采购量要尽可能少，只要满足短期生产即可，等价格稳定时再行添购。预测价格趋势，如果某些原料的价格会上升，就应在上升前加大购买量。

5. 减少中间环节

绕开供应单位，直接从批发商、制造商或种植者以及市场直销处采购食品原料，可获得优惠价格。许多酒店自行物色、定点建立无公害、绿色蔬菜生产基地、禽畜饲养基地，既保证了原料质量，又省却了中间环节，可谓明智的战略举措。

6. 评估购物需求

重新评估对高成本物品的需求，如某种装饰物品（包括菜点的点缀饰物），其价格升高，就要考虑是否用价格较低的装饰物品进行替换。

7. 降低物品标准

如果还没有确定采购物品的所需质量，采购质量较低的物品也许是一个合理的选择。

8. 改变购货规格

当某些原料的包装规格有大有小时，可购买大规格包装的原料来降低单位价格。较大单位量的采购分摊到每个单位的成本会低一些。例如，当采购 500 公斤哈密瓜而不是 10 公斤哈密瓜时，分摊到每公斤的成本前者要比后者低。

9. 采取批量订购

如果供应商较少，每个供应商得到较多的订单，价格可能会因为批量购买而得以降低。

10. 餐饮部门自行制作

一种食品，如午餐小面包，一种调料，如 XO 酱调料，有时酒店自制的比外购的成本要低。现场制作可充分利用设备、人力，质量标准可以得到很好的保证，自制还便于生产出具有特别风味的菜品。

11. 取消不必要的服务

酒店所支付的订货价格包括送货费用、延付账款和技术支持等。如果不需要这些服务，价格可能会降低。

12. 利用现金支付

如果供应商面临着暂时的现金周转问题，就会对现金交易提供较低的价格。

13. 利用促销折扣

产品的价格也会受到支付方式的影响。如果供应商为获得现款而提供一定折扣，这种选择值得考虑。一般来说，支付方式是在价格达成一致后进行协商。

14. 坚持讨价还价

与卖方议价是一种很常用的方法，但对每一种商品来说，供应商都有一个不能突破的底价。这个价格在某种程度上由其他供应商的报价所决定，另外还由供应商的运营成本以及供应商对市场的控制程度来决定。

第二节　原料验收管理

采购是餐饮生产和服务获取必需原料的前提。原料验收则是根据餐饮生产和服务要求，酒店为获得价格适宜、规格适中的各类原料而对供应商所送物品的检查、认可和接受。酒店按质按量并以合理价格订购，并不能保证供货单位也按质按量为酒店提供各类餐饮原料。验收管理不仅关系到餐饮生产成品和服务的质量，还对生产和服务成本的控制具有直接影响。因此，规定验收程序和要求，使用有效的验收方法，并对验收工作加以控制管理是必需的。

一、原料验收的方法与程序

明确验收的方法与程序，可以保证验收工作循序渐进、验收项目全面而又节省时间；还可以减少验收的随意性，确保进货质量。

（一）根据订购单检查进货

验收员要负责核实送验货物是否符合订购单上所规定的品种及规格、质量要求，符合品种和规格、质量要求的原料及时进行其他方面的检验，不符合要求则拒收。

（1）未办理订货手续的原料不予受理。

（2）对照原料规格书，规格未达标或串规的原料不予受理。

（3）对畜、禽、肉类原料，查验卫生检疫证，未经检疫或检疫不合格的原料拒绝受理。

（4）冷冻原料如已化冻变软的，亦作不合格原料拒收。

（5）对各类原料的质量有怀疑的，需报请厨师长等专业技术权威仔细检查，确保收进的原料符合原料规格书的最低质量标准。

（二）根据送货发票检查进货原料

供货单位的送货发票是随同物品一起交付的，供货单位交给收货单位的结账单是根据发票内容开具的，因此发票是付款的主要凭证。供货单位送来或酒店自己从市场采购回来的原料数量、价格是发票反映的主要内容，故应根据发票来核实验收各种原料的数量和价格。

（1）凡是以件数或个数为单位的原料，必须逐一点数，记录实收箱数、袋数或个数。

（2）以重量计量的原料，必须逐件称量，记录净料；水产原料沥水去冰后称量计数，对注水掺假原料拒收。

（3）对照随货交送的发票，检查原料数量是否与实际数量相符，以及是否与采购订单原料数量相符。

（4）检查送货发票原料价格是否与采购定价一致，单价与金额是否相符。

（5）如果由于某种原因，发票未随货同到，可开具酒店印制的备忘清单，注明收到原料的数量等，在正式发票送到之前以此据记账。

（三）对不合格原料予以退回

对质量不符合规格要求或分量不足的原料，应予以退货。退货时，酒店必须在退货通知单（见表5-6）上详细说明该项货品的退货原因，注明究竟是品质、数量或价格中的哪一项或哪几项不符合订货单上的规定。送货员必须在退货通知单上签名，表示该项被拒绝货品确有瑕疵，并将退货通知单正本寄交给供应商。这样做除了可以告知退货事实，也可供供应商查证送货员是否有欺骗、调货等行为。副本则交给财务部门，以核算新的应付账款，而验货员也应持有一副本（一联），作为备查供应商供货是否有疏失的依据。

表 5-6　退货通知单

（副本备存）	编号：＿＿＿＿＿＿＿
发自：＿＿＿＿＿＿＿	交至：＿＿＿＿＿＿＿
（供应单位）	
发票号码：＿＿＿＿＿	开具发票日期：＿＿＿＿＿
理由：＿＿＿＿＿＿＿	总计：＿＿＿＿＿＿＿
送货员：	负责人签字：

验收工作中，验货员不要因为一些很小的缺点而任意退货。因为供应商可能不愿意与过分挑剔的买主继续来往，尤其是当指定货品缺货而酒店坚持退回一些合理适当的代替品，这不但会损及双方合作的气氛，也会造成餐厅频频缺货的现象。比较理想的处理方式是将不满意但可接受的原料收下，同时从速通知供应商下次送货时须特别注意该类原料的质量。

（四）受理原料

前三个程序完成后，验收员应在送货发票上签字并接受原料。有些酒店为了方便控制、统一格式，要求在送货发票或发货单上加盖收货章，如表5-7所示。收货章包括收货日期、单价、总金额、验收员等，验收员正确填写上述项目并签字。检验认可后的原料应由进货单位负责，而不再由采购人员或供货单位负责，这一点验收员应该知晓。

表 5-7　收货章

××酒店收货章	
日期＿＿＿＿＿＿＿	
单价＿＿＿＿＿＿＿	总金额＿＿＿＿＿＿＿

验收员：

二、原料验收的要求

（一）指派有高度责任心的验收员

餐饮部门应指定专人负责验收工作，而不能是谁有空谁验收。应安排机敏、诚实、对验货有兴趣，而且对各项采购原料有所了解的员工。验收员确定后，必须经过系统培训，并使其达到以下四点要求。

（1）验收员必须以单位利益为重，秉公验收，不图私利，具有一定的原则性。

（2）验收员要勤恳踏实，仔细认真，验收程序应全面彻底完成。

（3）应受过专业训练，掌握较全面的原料基本知识，清楚采购原料的规格和标准，对原料质量能做出较全面、准确的判断。

（4）应该熟悉酒店的财务制度，懂得有关票据、账单处理的方法和程序。

（二）配备适当的验收工具

验货区最重要的工具是磅秤。温度计可用来检查冷藏或冷冻货品的温度是否符合要求。尺子可用来测量肉品的脂肪与切割厚度等规格是否有出入。

（三）安排足够的验收空间

商品应运送到指定验收区域。标准的照明度和宽敞、安全而方便的地点能让验收员与供应商准确无误地工作。如果可能，验收处应尽量设在距离交货地点较近的位置，以便限制送货员进入其他区域。

（四）安排适当的验收时间

切记不要让验收员无间断地检验一批又一批的送货，因为在人员疲劳、时间仓促或工具不敷使用的情况下很容易出错。验收员要能准确掌握所有送货单位的送货时间，亲自在现场督导查验，千万不可因为验收员不在而另外找人替代。在一些中小型酒店、餐饮企业，为节省人手，验收员可能不是专职的，这更要事先约定各类货物的验收时间。如果验收员兼管其他工作，应尽可能将交货时间安排在验收员比较闲的时候。

（五）持有明确的验收标准

验收员应该持有原料采购规格标准书，可在规格发生混淆时查阅参考。此外，当某项指定原料缺货时，供应商若提供替代品，验收员便可根据采购规格表上所列出的各项条件决定是否采用替代品，或是坚持使用原指定货品。

验收员应该持有原料订货单。验收员应该充分掌握每天进货的原料品名、数量与送货时间，一份完整且正确的订货单（附件）有助于验收员做好准备工作、提高工作效率和质量。

（六）经常监督检查

餐饮企业管理人员应不定期检查验收工作，复查货物的重量、数量和质量，并使验收员明白，经管人员非常关心和重视他们的工作。不允许推销员、送货员等进入储藏室或食品生产区域。验收、检查区域应靠近入口处。入口处大门应加锁。大门外应安装门铃。

送货员到达之后，应先按门铃。送货员在验收处逗留期间，验收员应始终在现场。

第三节　原料储存与发放管理

案例 5-3　一头牛仅供 6 客的王品牛排

　　王品台塑牛排是中国台湾知名企业台塑集团董事长王永庆先生招待贵宾的名菜，缘于王董事长经常出席各种宴会，却不习惯血淋淋的牛排，于是王太太和主厨精心研制出一道全熟牛排，虽然全熟却鲜嫩多汁。这道牛排一经推出马上得到王董事长的喜爱，久而久之也成了台塑集团招待贵宾的一道代表菜品。执着于对美味的严格定义，王品历经数千小时的严格选材、精心研发之后，发现一头牛只有第六至第八对肋骨这六块牛排能够被做成王品台塑牛排。

　　王品牛排经 72 种中西香料腌浸两天两夜后，是全国唯一能在 250℃烤箱中烘烤 90 分钟还能保持 100% 鲜嫩度、独具中国口味的牛排。因此，一头牛只能供 6 位客人享用。这虽然是一款全熟牛排，但因为选料讲究，牛排里的油花分布均匀，故而吃起来汁水充沛，极其润口，不干不涩。而全熟牛排更是王品台塑的独特之处。

　　王品台塑牛排一直走的是套餐销售路线，王品套餐的精致餐点，依次为餐前酒、面包、沙拉、汤、主餐配菜、甜点、饮料。王品的主餐有风味绝佳的王品台塑牛排、皇家牛排、酥烤牛小排、法式红酒小羊排、海陆大餐等可供选择。法式红酒小羊排，选用了内蒙古 3个月、只喝母奶不吃草的小羔羊，以慢火煎烤，羊排特有的香味与红酒的果香融合在一起，将小羊羔的鲜嫩、多汁展现得淋漓尽致。除主餐外，其他精品也层出不穷。散发出阵阵奶香的现烤面包，蘸上王品秘制的银鳕鱼酱和番茄丁，浓浓香香，令人回味无穷。用蔬菜汁凝结而成的翡翠布丁遇上热情鲜艳的南瓜汤，合成软糯香甜、别具特色的翡翠南瓜汤。伴随浓浓的香味喝一口，甜蜜直绕心间。餐后，再来份热浓浆巧克力拉瓦，以高纯度进口巧克力加入大量新鲜牛奶现烤而成的拉瓦，口感细腻圆滑，到了胃中，还能感受到它的丝丝温暖，加上冰激凌的刺激，冷热交织，沁人心脾。而那镶着玫瑰花的香颂玫瑰露，粉嫩清澄，带有淡淡的玫瑰香味，实在让人不忍咽下。

　　【点评与思考】原料独特，菜肴风味则有可能别致；原料精致，菜肴品质则有可能无与伦比。

　　资料来源：依晨，江德熙. 王品台塑牛排　高端连锁餐饮商场新经［J］. 餐饮世界，2015（9）：66-68.

一、原料储存管理

（一）原料储存管理的要求

　　原料储存管理的先决条件是酒店要有足够的、合适的，即具备一定温、湿、安全条件的各类仓库，这些软、硬件的配套为原料储存提供了便利的条件。

　　1. 仓库面积

　　仓库的面积在酒店设计建造时常常被忽视，可是对于保障生产、储存原料却是十分重要的。仓库的具体面积应根据酒店的类型、地点、菜单种类、营业量、市场原料供应情况、采购方式及订货周期等因素决定。虽然各酒店的具体情况不同，但有一般的规律可循，并以此计算仓库的面积。以下几种确定仓库面积的方法可供参考。

（1）按需求计算。根据酒店实际储存量的需要确定仓库面积，酒店一般应有一星期左右的原料物资储备。酒店应计算出所需各种原料物资的总量，然后推算出储存这些原料物资所必需的仓库面积。

（2）按面积计算。餐饮储存设施包括冷藏室在内，应当有酒店整个餐饮场所的 1/10 大。在这个面积范围内，应有 30% 的面积用于冷藏及冷冻，其余 70% 的面积用于干藏及其他补给品的储存。

（3）按人均计算。① 冷藏面积应达到每个客人约 0.46 平方米的要求；② 厨房干货储存室面积应达到平均每个客人约 0.56 平方米的要求。

2. 仓库位置

仓库的位置也同样影响原料储存的方便程度。最理想的仓库位置应该设在原料进货口、验收处和厨房之间。三者靠得越近越好，以缩短原料搬动距离，防止人流、物流拥挤，避免延误原料供应等现象发生，然而事实上很多酒店没有条件做到这样。许多仓库都设在酒店的地下层，靠工作电梯运送原料。这就要求厨房有较周密合理的用料计划，以尽量减少领料次数。如果由于酒店规模大，仓库必须设在远离厨房的地方，那么厨房应该设有厨房仓库（又称为周转库或二级库），以存放当日或两日内所需的食品原料，以保证不中断生产。

3. 储存安全措施

（1）仓库上锁。大型冷库和冷藏柜、干货仓库和酒类仓库都应该上锁。如果员工需要经常进入这些仓库，上锁比较困难，至少应将需要冷冻处理的贵重物品，如鲜肉、海鲜和冰镇酒锁在专门购买或制作的用于储存这些物品的特别橱柜和隔离间中。

（2）贵重物品储存。将贵重物品储存在仓库中可锁的橱柜或隔离间中。

（3）限制进入。只允许授权的员工进入仓库。除了分发物品，其他时间都应将仓库锁好。

（4）控制程序合理。使用连续盘存法对贵重物品和容易被偷盗的物品进行控制。

（5）集中存货控制。大型活动临时借用的物品，使用完毕应及时退回仓库，并办理相关手续。

（6）安全设计。设计仓库时要考虑到安全问题。墙壁应延伸到屋顶，门应该适当设计并能上锁，以确保窃贼不会从屋顶进入仓库，并不应留有窗户。

（7）照明与监控。仓库里有恰当的照明是必要的。如果采用闭路电视系统对仓库进行监控，则效果更好。

4. 储存质量

如果在储存期间无法确保产品质量，那么仓库的建设就是多余的。确保质量不仅仅意味着保证菜点原料不变质，还应保持各类原料应有的新鲜度及食用价值。

以下为确保物品质量的基本储存注意事项。

（1）加速原料存货流转。应首先用掉储存时间最长的原料，坚持先进先出（first input first output，FIFO）的原则。将新来物品存放在原有物品的后面或下面。在物品入库之前对送货日期做记号也是很有益的。

（2）在适当的温度下储存原料。区别不同类型仓库，分别设定、保持一定温度，有利于原料保质储存。

（3）保持仓库清洁。定期对所有的仓库进行清扫有助于保护物品质量。

（4）确保适当通风和空气流通。让原料远离地面和墙壁以保证空气流通。通常，物品应按照原包装进行储存。应将吸收气味的原料（如面粉）与散发气味的原料（如洋葱）隔离存放。各类原料应密封保存或放于容器中保存，切不可散地乱堆。

（二）科学、合理的存放方法

（1）分区分类。根据物品的类别，合理规划物品摆放的固定区域。分类划区的粗细程度应根据企业的具体情况和条件决定。

（2）四号定位。四号是指库号、架号、层号、位号。四号定位是指对四者统一编号，并和账页上的编号统一对应，也就是把各仓库内的物品进一步按种类、性质、体积、重量等不同情况，分别对应堆放在固定的仓位上，然后用四位编号标出来。这样，只要知道物品的名称、规格，翻开账簿或打开计算机，就可以迅速、准确地寻料、发料。

（3）立牌立卡。立牌立卡是指对定位、编号的各类物品建立料牌和卡片（此处的"料牌"就是"食品存货标签"）。料牌上写明物品的名称、编号、到货日期，有可能的话再加上涂色标志。卡片上填写记录物品的进出数量和结存数量等。

（4）五五摆放。五五摆放就是根据各种物品的性质和形态，以"5"为计量基数堆放物品，长×宽×高，均以"5"作为计算单位。这样既能使库存物品整齐美观，又便于清点、发放。

需要注意的是，并非所有的餐饮库存原料都可以用上述存放方法处理，因为餐饮原料的外形、包装等在许多情况下是无规则的。

（三）干货库管理

通常干货、罐头、米面等食品原料都置于干货库储存。虽然这些原料的储存不需要冷藏，但也应保持相对的凉爽。干货库的温度应保持在18℃～21℃。对大部分原料来说，若能保持在10℃，其储存效果更好。干货库的相对湿度应保持在50%～60%，谷物类原料则可低些，以防霉变。通风的好坏对干货库温、湿度有很大影响。按照标准，干货库的空气每小时应交换4次。仓库内照明，一般以每平方米2～3瓦为宜；如有玻璃门窗，应尽量使用毛玻璃，以防止阳光的直接照射而降低原料质量。

以下为干货库管理的具体要求。

（1）干货库应安装性能良好的温度计和湿度计，并定时检查其温、湿度，防止库内温度和湿度超过许可范围。

（2）原料应整理分类，依次存放，保证每一种原料都有其固定位置，便于管理和使用。

（3）原料应放置在货架上，保证原料至少离地面25厘米，离墙壁10厘米，以便于空气流通和清扫，并随时保持货架和地面的干净，防止污染。

（4）原料存放应远离自来水管道、热水管道和蒸汽管道，以防受潮和湿热霉变。

（5）入库原料须注明进货日期，以利于按照先进先出的原则进行发放，定期检查原料保质期，保证原料质量。

（6）干货库应定期进行清扫、消毒，预防和杜绝虫害、鼠害。

（7）塑料桶或罐装原料应带盖密封，箱装、袋装原料应放在带轮垫板上，以利于挪动和搬运。玻璃器皿盛装的原料应避免阳光直接照射。

（8）所有有毒及易污染的物品，包括杀虫剂、去污剂、肥皂以及清扫用具，不要放在食品原料干货库内。

（9）控制有权进入仓库的人员数量，外单位及职工私人物品一律不应存放在干货库内。

（四）冷藏库管理

冷藏是以低温抑制原料中微生物的生长繁殖速度，以达到维持原料的质量、延长其保存期的效果。因此，一般温度应控制在 0～10℃，将其设计在深冻库的隔壁，可以节省能源。由于冷藏的温度限制，其保持原料质量的时间不可能像冷冻那样长，抑制微生物的生长繁殖只能在一定的时间内有效，所以要特别注意对储存时间的控制。冷藏的原料既可以是蔬菜等农副产品，也可以是肉、禽、鱼、虾、蛋、奶以及已经加工过的成品或半成品，如各种甜点、汤料等。以下为冷藏库管理的具体要求。

（1）冷藏库温度每天必须定时检查，温度计应安装在冷藏库明显的地方，如冷藏库门口。如果库内温度过低或过高都应调整，以保证制冷系统正常发挥功能。

（2）厨房要制订妥善的领用原料计划，尽量减少开启冷藏库的次数，以节省能源，防止冷藏设备内温度变化过大。

（3）冷藏库内储藏的原料必须堆放有序，原料与原料之间应有足够的空隙，原料不能直接堆放在地面或紧靠墙壁，以使空气良好循环，保证冷空气自始至终都包裹在每一种原料的四周。

（4）原料进冷藏库之前应仔细检查，不应将已经变质或弄脏的原料送入冷藏库。

（5）需冷藏的原料应尽快下库，尽量减少耽搁的时间；对经过粗加工的原料进行冷藏，应用保鲜纸包裹并装入合适、干净的盛器，以防止污染和干耗。

（6）熟食冷藏应等凉冷后进行，盛放的容器需经过消毒，并加盖存放，以防止干缩和沾染其他异味，加盖后要注意便于识别。

（7）冷藏设备的底部及靠近冷却管道的地方一般温度最低，这些地方尽可能存放奶制品、肉类、禽类、水产类原料。

（8）冷藏时应拆除鱼、肉、禽类等原料的原包装，以防止污染及致病菌的进入；经过加工的食品，如奶油、奶酪等，应连同原包装一起冷藏，以防发生干缩、变色等现象。

（9）要制定清扫规程，定期进行冷藏库的清扫、整理工作。

（10）各类原料冷藏温度及相对湿度应执行的标准如表 5-8 所示。

表 5-8　各类原料冷藏温度和相对湿度的执行标准

食品原料	温度	相对湿度
新鲜肉类、禽类	0～2℃	75%～85%
新鲜鱼、水产类	−1～1℃	75%～85%
蔬菜、水果类	2～7℃	85%～95%
奶制品类	3～8℃	75%～85%
厨房一般冷藏	1～4℃	75%～85%
自然解冻	−3～3℃	60%

（五）冷冻库管理

冷冻库的温度一般为-23℃～-18℃，在此温度下，大部分微生物能得到有效抑制，小部分不耐寒的微生物甚至会死亡，所以原料可以长时间储存。

原料冷冻的速度越快越好，因为速冻之下，原料内部的冰结晶颗粒细小，不易损坏结构组织。如果原料速冻与冷冻储存在同一设备中进行，难免会引起温差变化而影响原先储藏的原料的质量。因此，有条件的酒店应安装速冻设备，其温度一般应在-30℃以下。

以下为冷冻库管理的具体要求。

（1）把好进货验收关，坚持冷冻原料在验收时必须处在冰冻状态的原则，避免将已解冻原料送入冷冻库。

（2）新鲜原料冷冻储藏应先速冻，然后妥善包裹后再储存，以防止干耗和表面受到污染。

（3）冷冻原料温度应保持在-18℃以下。温度越低，温差越小，原料储藏期及原料质量越能得到保证。

（4）冷冻储存的原料，特别是肉类，应该用抗挥发性的材料包装，以免原料因过多地丧失水分而造成冻伤，引起变质或变色。因此，冷冻库内的相对湿度应比冷藏库稍高。

（5）冷冻原料一经解冻，不得再次冷冻储藏。否则，原料内复苏的微生物将导致食物腐败变质，而且再次速冻会破坏原料的组织结构，影响外观、营养成分和口味。

（6）冷冻原料不能直接放在地面上或靠墙摆放，以免影响库内空气循环，降低储存质量。

（7）坚持先进先出的原则，所有原料必须注明入库日期及价格，并经常检查储存的原料，防止某些原料储存过久甚至过期，造成浪费。

（8）检查整理并保持冷冻库货架及各类原料存放整齐和清洁。

（9）在-23℃～-18℃的冷冻库中，应注意表5-9中各类原料的最长储藏期。

表5-9　各种原料冷冻储藏期标准

原 料 名 称	最 长 储 藏 期
香肠、鱼类	1～3 个月
猪肉	3～6 个月
羊肉、小牛肉	6～9 个月
牛肉、禽类	6～12 个月
水果、蔬菜类	生长间隔期

二、原料盘存管理

对库存食品原料按期盘存点数（通常每月一次）是对原料储存管理的一个重要措施。盘存清点工作是一项全面彻底地核实清点仓库存货、检查原料的账面数字是否与实际储存数相符的工作。必要时，盘存清点可以随时进行。原料的盘存清点不应仅由仓库保管人员经手，还应由酒店财务部门派人专门负责。

使用永续盘存卡，如表5-10所示，可以随时得到对库存原料的最新滚动存量，保持对库存原料的了解，方便对库存原料补充和发货的控制。

表 5-10　永续盘存卡　　　　　　　　　　　　　单位：罐

品名：樱桃
规格：　　　　　　　　　　　　　最高库存量：300
单位：　　　　　　　　　　　　　最低库存量：80

日　　期	订单凭号	进 货 量	发 货 量	现 存 量
⋮				（承前）
28/10	No.3128-252		20	150
29/10			18	132
30/10			19	113
31/10			23	90
1/11			22	68
2/11		252	18	302
⋮				

　　通过查看盘存卡，可以发现 10 月 31 日时库内樱桃还有 90 罐，随着 11 月 2 日采购进货 252 罐，当日又领用 18 罐，截至 11 月 2 日库存数为 302 罐，不仅原料的库存情况一目了然，同时还为原料采购数量的确定提供了方便。

　　每一种库存原料必须经过实地点数核对，检查其实际库存量是否与永续盘存卡账面数字相符合，然后记入存货清单，如表 5-11 所示。如果实际库存数与账面数字有出入，那就需要重新点数库存实物，或需查询该材料的进货记录和发料记录。倘若差错原因无法找出，则应根据该原料的实际库存数修改账目数字，使自此以后两者相符。为了便于清点，加快盘存速度，永续盘存卡的编排次序以及存货清单上原料编排次序应该与仓库原料存放的实际次序完全一致。这样不仅能节省大量劳力和时间，而且能避免遗漏。如果酒店不使用永续盘存卡，则盘存清点只不过是逐一点数存货数量，并将数字记入存货清单这样一个简单的过程，控制作用不大。

表 5-11　存货清单

原 料 名 称	数 　 量	单 　 价	金 　 额
合计			

　　盘存清点结束以后，即应计算各种原料的价值和库存原料总额，作为本期原料的期末结余，而本期的期末结余自然便是下期的期初结余。由于每一种原料往往以不同的价格购进，也因为同一种原料的市价在一个会计期内也往往有涨有落，因此计算各种原料的单价常常是盘存清点工作的关键，因为它关系到库存餐饮原料总额的计算。

三、原料发放与领用管理

（一）原料发放部门发料的原则

　　加强原料发放管理：一是为了保证厨房、餐厅用料得以及时、充分供应；二是控制厨房、餐厅用料的数量；三是正确记录厨房、餐厅用料的成本。为此，原料的发放要遵循以下原则。

（1）定时发放。仓库保管人员应有充分的时间整理仓库，检查各种原料的库存及质量情况。同时，为了促使厨房、餐厅加强用料的计划性，对原料的发放必须规定时间，定时发放。

（2）履行手续。为了记录每一次发放的原料数量及其价值以便正确计核厨房、餐厅成本消耗，仓库原料发放必须坚持凭原料领用单发放的原则。领用单应由厨房、餐厅领料人填写，由厨师长及按规定有权审批的人员核准签字，然后送仓库领料。保管人员凭单发料后应在单上签字。原料领用单一式三联，一联随原料交给领用厨房、餐厅，一联由仓库转交财务部，一联做仓库留存。仓库发货人员要坚持原则，做到没有领用单不发货，领用单没有审批或涂改、字迹不清楚的也不予发货。

（3）正确计价。根据领料手续做好原料发放记录和存货卡记录。当日发货时间过后，仓库保管人员必须逐一为领用单计价，并及时转交食品成本控制人员，以保持库中原料与账卡相符，协助做好厨房成本控制工作。

（二）原料使用部门领用的要求

烹饪原料的领用是由厨房内部决定、直接影响厨房当日成本的重要工作。餐饮其他各种对原料的领用同样要持慎重的态度，因为领用之后，涉及成本的增加和原料妥善保管的问题。原料使用部门除了要采取积极的态度，主动配合仓储发放工作外，更要自觉注意以下三个方面的问题。

（1）增强原料领用的计划性和审核的严肃性。要将每次领料的数量控制在尽可能少而不妨碍正常生产出品的范围之内，努力压减厨房备用原料，这样才能比较准确地反映厨房每日成本消耗。对名贵原料的申领更要按计划补充，控制备存，防止因原料领用的无序而导致成本计核的大起大落。

（2）把好领用原料质量关。原料领进厨房，便随时可能用于做菜。因此，要确保领用的原料质量优良。罐头等有保质期的原料应保证在可使用的期限以内。无明确期限要求的原料，其感官性状，即原料的色、形、味、质地等均要符合烹饪要求；否则，不能领用。

（3）坚持对领进的原料进行数量复核。由于库房和厨房多有间隔，加之领料人员责任心强弱不一，原料从库房领到厨房以后，其数量可能与发料数量不相吻合，因此必须有管理人员复核，对贵重、小包装原料尤其应该如此。

四、原料调拨管理

酒店内不同功能的餐厅、厨房、酒吧等生产、服务网点较多，原料调拨会经常发生。为了使各部门成本核算准确，企业规定内部原料调拨使用调拨单记录调拨往来账目的制度。调拨单应一式四份，除原料调出、调入部门需各留有一份外，一份应及时送交财务部，一份则由仓库记账，以使各部门营业情况与成本用料情况得到正确全面的反映。

本章小结

1. 原料采购的目标：购买适当的物品、获得适当的数量、支付适当的价格、把握适当的时间、选择适当的供应商。

2. 原料采购的方式：竞争报价采购、无选择采购、成本加价采购、归类采购、集中采购、线上采购。

3. 原料采购的程序。

4. 原料采购控制包括原料采购质量控制、原料采购数量控制、原料采购价格控制。

5. 库存原料的最高和最低库存量的计算及补充采购方法。

6. 原料采购价格控制的方法：限定采购价格、规定购货渠道、控制购货权限、根据行情采购、减少中间环节、评估购物需求、降低物品标准、改变购货规格、采取批量订购、餐饮部门自行制作、取消不必要的服务、利用现金支付、利用促销折扣、坚持讨价还价。

7. 原料验收的方法与程序：根据订购单检查进货、根据送货发票检查进货原料、对不合格原料予以退回、受理原料。

8. 原料储存管理的要求：仓库的面积与位置、储存的安全、储存的质量。

9. 仓库的安全措施：仓库上锁、贵重物品储存、限制进入、控制程序合理、集中存货控制、安全设计、照明与监控。

10. 确保物品质量的基本储存程序：加速原料存货流转、在适当的温度下储存原料、保持仓库清洁、确保适当通风和空气流通。

11. 科学、合理的存放方法：分区分类、四号定位、立牌立卡、五五摆放。

12. 干货库、冷藏库、冷冻库管理的具体要求。

13. 各类原料冷藏温度及相对湿度标准和原料冷冻储藏期标准。

14. 原料的盘存清点。

15. 原料发放部门发料的原则：定时发放、履行手续、正确计价。

16. 原料使用部门领用的要求：增强原料领用的计划性和审核的严肃性、把好领用原料质量关、坚持对领进的原料进行数量复核。

17. 原料调拨管理：使用调拨单记录调拨往来账目的制度。

课后练习

一、名词解释

竞争报价采购　　干货库　　冷藏库　　四号定位　　永续盘存卡

二、单选题

1. 当某种菜肴原料的价格涨落变化较大或很难确定其合适价格时，采购原料的方法应该是（　　　）。

    A. 竞争报价法　　　　　　　　　B. 成本加价法

    C. 归类集中法　　　　　　　　　D. 别无选择法

2. 餐饮原料采购在确定库存原料采购数量时，必须综合考虑多种因素，其中第一位应考虑的是（　　　）。

    A. 最高、最低库存量　　　　　　B. 市场供应、运输价格变动情况

    C. 产品的销量　　　　　　　　　D. 浪费损坏率

3. 正确的原料验收程序是（　　　）。

    A. 查货—退货—受理—进货　　　B. 进货—查货—（不合格）退货—受理

  C. 拒收—检查—退货—进货   D. 检查—认可—接受

4. 食品的安全冷藏温度区间是（　　　）。

  A. 18～21℃   B. 0～4℃   C. −20～0℃   D. −22～−16℃

5. 下列原料中，采用临时采购的原料是（　　　）。

  A. 米面   B. 罐头   C. 酒类   D. 水产品

6. 保证所采购的餐饮原料质量达标的前提是（　　　）。

  A. 划分原料采购类别   B. 确定原料采购数量

  C. 制定原料采购标准   D. 控制原料采购金额

三、多选题

1. 原料的发放与领用管理要做到的三条原则是（　　　）。

  A. 定时发放   B. 履行手续   C. 遵纪守法

  D. 安全方便   E. 正确计价

2. 采用无选择采购方法的情境有（　　　）。

  A. 市场缺货   B. 必需原料   C. 紧急采购

  D. 贵重原料   E. 大宗原料

3. 考察供应商的条件主要有（　　　）。

  A. 供货地点   B. 真诚守信   C. 专业知识

  D. 财务状况   E. 特殊条件

4. 原料验收时要有（　　　）。

  A. 专职验收员   B. 适当的时间地点

  C. 适当的验货根据   D. 良好的人际关系

  E. 规范的验收单据

5. 在冷藏库保管的餐饮原料有（　　　）。

  A. 禽蛋类   B. 蔬菜类   C. 新鲜肉类、禽类

  D. 奶制品类   E. 谷物类

四、判断题

1. 为保证原料质量，库房应该密不通风。   （　　　）

2. 经过加工的食品如奶油、奶酪等，应连同原包装一起冷藏。 （　　　）

3. 目前，我国大多数酒店的采购部在组织关系中归酒店财务部领导管理。 （　　　）

4. 食品原料有不同的成品形状，其中"制成品"这种成品形状的购入价最低。 （　　　）

5. 茶叶要想长期保存，需密封后置于冷冻条件下。   （　　　）

五、简答题

1. 简述原料采购的目标。

2. 简述原料验收工作的六个必备。

3. 简述仓库的安全措施。

4. 简述原料发放部门发料的原则。

5. 简述鱼类、猪肉、牛羊肉冷冻保存最长储藏期。

六、论述题

1. 论述原料采购的程序。

2. 论述原料采购价格控制的方法。

案例讨论

深圳某酒店酒水离奇失踪，竟是有"内鬼"

近日，深圳福田一酒店负责人发现，酒店的酒水不翼而飞，不知道酒是如何从酒水库里出去的，也不知道是外人所为还是有"内鬼"。到底怎么回事？10月28日，记者从深圳市公安局福田分局了解详情。

"警察同志，我要报警！我们在清点存放客人酒水的酒水库时发现酒水数量少了，可能是被盗了。"日前，辖区某酒店员工王女士焦急地对派出所民警说。

接报后，民警立即对案件展开调查。通过查看酒店公共视频并实地走访调查，民警发现，酒店仓库内部安保防范措施十分严密，外人进来作案的可能性微乎其微，内部人员作案可能性极大。再次对酒店内的公共视频进行逐一排查后，民警发现一名在多日内频繁进出酒水库的男子。视频显示，他每次空着手进入，出来时手上都提着可疑纸袋。

通过向酒店工作人员了解，民警得知公共视频中的男子正是酒店的离职员工吕某。据悉，吕某今年3月入职，工作几个月后便离职了，之前是酒店的领班。平时酒店中餐厅收市以后，吕某负责将中餐厅大门及存放客人酒水的酒水库门锁好，再将钥匙交由酒店保安室管理，待中餐厅开市前，再到保安室取钥匙开门。

掌握这些证据后，10月13日19时许，警方顺利将嫌疑人吕某抓获。经审讯，嫌疑人吕某对其犯罪事实供认不讳。原来，今年5月，吕某因信用卡欠款，再加上准备离职，于是心生贪念，在工作期间将客人存放在中餐厅酒水柜的酒盗走。凭借自己的职务和出入便利条件，他前后6次进入酒店中餐厅酒水库盗窃10余瓶酒水和2条香烟。对盗窃得手的部分酒水，他会留下自己饮用，其余酒水和香烟均通过网络寻找到合适的买家后，再通过见面交易的方式变卖出去。目前，吕某已被福田警方依法刑事拘留，案件正在进一步侦办中。

资料来源：高灵灵，刘华威. 深圳一酒店酒水离奇失踪　竟是有"内鬼"[N]. 深圳晚报，2021-10-28.

思考题：

1. 原料管理除了要防止过期失效、霉烂变质，还应注意什么？
2. 对于酒水保管与盘存、贵重物品保管，酒店、餐企应该制定哪些有针对性的制度？
3. 餐饮、酒店员工上下班，统一、规范进出通道，其积极意义有哪些？

实训项目

1. 根据餐饮原料采购运转程序，设计一份实用的食品原料采购管理、验收管理的表格。
2. 能根据"5S管理"的原理，对库房保管制度进行设计。

第六章　餐饮前台运营管理

学习目标

通过本章学习，应达到以下目标。

1. 知识目标：了解宴会、零点、酒吧、客房用餐运营管理的基本内容。
2. 技能目标：掌握中餐、西餐、酒吧与客房用餐服务的基本技艺。
3. 能力目标：能根据客人的要求进行宴会摆台与服务设计；能根据中餐、西餐、酒吧与客房用餐服务的不同特点进行服务管理。

导入案例

案例 6-1　只为少说一句话

某大型餐厅的正中间是一张特大的圆桌，从桌上的大红寿字和老老少少的宾客可知，这是一次庆祝寿辰的家庭宴会。朝南坐的是一位白发苍苍的八旬老翁，众人不断站起对他说些祝贺之类的吉利话，可见他就是今晚的寿星。

一道又一道缤纷夺目的菜肴送上桌面，客人们对今天的菜显然感到心满意足。寿星的阵阵笑声为宴席增添了欢乐，融洽和睦的气氛感染了整个餐厅。

又是一道别具一格的点心送到了大桌子的正中央，客人们异口同声喊出"好"来。整个大盆连同点心拼装成象征长寿的仙桃状，引起邻桌食客伸颈远眺。不一会儿，盆子见底了。客人还是团团坐着，笑声、祝酒声汇成了一首天伦之曲。可是不知怎的，上了这道点心之后，再也不见服务员端菜上来。闹声过后便是一阵沉寂，客人开始面面相觑，热火朝天的生日宴会慢慢冷却了。众人怕老人不悦，便开始东拉西扯，分散他的注意力。

一刻钟过去，众人仍不见服务员上菜。一个中年人终于按捺不住，站起来朝服务台走去。接待他的是餐厅的领班。他听完客人的询问之后很惊讶："你们的菜不是已经上完了吗？"

中年人把这一消息告诉大家，人人都感到扫兴。在一片沉闷中，客人快快离席而去。

【点评与思考】细节决定成败。服务用语不完全是客套。有些节点，有些语言提示甚至至关重要。无论是零点，还是宴会，菜点上齐及时提示、告知客人，都是礼貌和必要的特定程序，省却它，便会带来麻烦。

资料来源：资料来源于网络并经作者加工整理。

第一节　宴　会　管　理

宴会是人们为了一定的社会交往目的，集饮食、社交、娱乐于一体而举行的饮食聚会活动，是一种规格高、消费高、出品和服务要求都比较高的顾客就餐形式。因此，宴会管理既体现酒店总体管理水平，又是顾客特别关注的企业管理内容。

一、宴会的种类及其特点

宴会的种类繁多，按饮食风格（使用餐具、菜式组成、就餐方式和环境氛围）分为中式宴会、西式宴会、中西合璧宴会；按宴会规范分为正式宴会、非正式宴会；按接待规格和隆重程度分为国宴、政务宴、庆贺宴、便宴、家宴；按服务方式分为围餐式宴会、位上式宴会、自取式（自助餐）宴会；按宴会主题与内容分为商务宴、亲情宴、婚宴、节日宴、欢聚宴、感恩宴、尾牙宴；按宴请形式分为招待会、茶话会、工作餐；按宴会价格档次分为豪华宴会、高档宴会、中档宴会、普通宴会；按宴会桌数、赴宴人数分为单桌宴会、多桌宴会；按客人是否组团分为散客零点宴、团队包餐宴；按宴会特色（食材、主题、烹法、风味、情趣等）分为主题宴会、烧烤宴、火锅宴等。下面介绍几种主要宴会。

（一）国宴及其特点

国宴是国家元首或政府首脑为国家庆典活动（如国庆）或为欢迎外国元首、政府首脑来访而举办的正式宴会。这种宴会的规格最高，最为隆重。在正规场合举行，礼仪程序严格，气氛热烈隆重，就餐环境高雅，设施设备高档，台型设计完美，菜单设计精美，菜品规格高调，员工形象良好，席间服务细腻，注重礼貌礼节。宴会厅内悬挂国旗，设乐队，演奏国歌，席间致辞，在菜单和席次卡上均印有国徽。出席者身份高，重礼仪，场面隆重盛大，服务规格高，菜点以热菜为主，兼有一定数量的冷盘。现在流行采用"各吃"的位上式上菜和服务。

（二）正式宴会及其特点

正式宴会通常是政府有关部门、群众团体、企事业单位为欢迎应邀来访、洽谈的宾客，或来访的宾客为答谢主人的款待而举行的宴会。正式宴会的安排与服务程序大体上与国宴相同。宾主按身份排列席次和座次，在宴席上演奏席间乐，但不悬挂国旗、不演奏国歌，出席者的规格也低于国宴。采用"各吃"的位上式上菜和服务。

（三）便宴及其特点

便宴，即非正式宴会，用于非正式场合的日常友好交往宴请。形式简化，不讲究聚餐场所与布置，不讲究礼仪程序与接待规格，不拘形式，不排席位，不作正式讲话，气氛轻松、活泼、亲切、自由。多用于招待熟识的宾朋好友、生意上的伙伴等。其规模随宴会规格或设宴单位需要而定，摆台简单，菜单随意（根据宾主爱好确定，可临时换菜、加菜），肴馔不求配套，菜品经济实惠，可自行服务。采用围餐式宴会或自助餐宴会形式比较多。

（四）围餐式宴会及其特点

中式传统宴会的范式。设置圆桌，中间摆放转盘，众人围桌而坐、同桌而食。保存继承了中国传统的家庭式用餐方法和气氛融洽的特点。就餐方式为合餐制。所需服务较少、技术要求不高。由于所有菜肴都上餐桌，用餐到后半段时，如撤盘不及时，台上会杯盘狼藉。现在倡导分餐制，可实行公筷公勺或双筷制，高规格宴会可由服务员分菜。

（五）位上式宴会及其特点

（1）采用分餐制。餐台可圆桌、可长桌。按中式烹调制作菜点，每人各一盆，位上式上菜，客人各吃。

（2）菜点道数少。围餐式宴会有十几道菜点，而位上式宴会为6～8道。

（3）菜肴分量多。围餐式宴会菜点是一桌一份，单个菜点平均份量400～600克/桌（10位），位上式宴会菜点是一人一份，单个菜点平均份量100～150克/位。同样，如在台面分菜的菜肴，该菜肴配制的份量是不分菜时份量的1.5～2倍。

（4）菜品装盘美。围餐式宴会是大盘菜，位上式宴会是小份菜，用小餐具盛装，菜点的刀工与装饰要比大盘菜精致，除主料外，都会有辅料来配色点缀，显得靓丽美观。既显示了中餐菜肴的整体精美，又使客人对食用菜肴的卫生放心。

（5）菜品制作精。菜品要求每人规格一致，但有的菜品原料不能达到要求，如清蒸鱼，鱼尾部肉少刺多，就要用两条鱼来烹制配份；红烧肉每块要基本一致，必须去掉较多的边角料。菜品精致了，成本上去了，这是位上式宴会餐标高的原因之一。

（6）服务规格高。适用于正式高档宴会服务，或大型宴会的主桌服务。客人感觉备受关照、倍感亲切。

（六）自取式（自助餐）宴会及其特点

（1）就餐方式自由。自助餐来源于西方的冷餐会、酒会。设置台型多样的餐台，服务人员将厨房烹制好的各种热菜、冷菜、点心、水果等食品按类摆放在餐台上，保证整齐、美观、丰富。客人自己随意取用，多次取食，气氛轻松愉快。西方冷餐会、酒会一般不设客人就餐餐桌，仅摆放几个高台，供放置用过的酒杯和餐盘。中国客人不习惯无座位的用餐形式，于是安排桌椅，逐渐演变成设置餐桌的中国式自助餐宴会，除主桌外无固定席位。

（2）办宴形式灵活。举办场地灵活（既可在室内，也可在户外；既可在正规餐厅，又可在花园举行），规格可高可低，菜点品种可多可少，赴宴人数可多可少（少则近百人，多则数千人，但必须确保一个最低客流量），程序可繁可简，就餐时间可长可短（只需在规定时间内进餐），服务可多可少。适应范围广泛，常为政界与民间举行人数众多的盛大活动所采用。

（3）菜品丰富多彩。菜点品种丰富，形象一目了然。这种宴会多选用客人喜食且易于运送、存放和取食的食材，所选菜品具有反复加热后仍能保持色、香、味、形的特点。菜品口味多样，不宜太甜、太酸、太苦、太刺激。有些高档或特色菜品不应一次全部装盘上桌，可根据客人进餐情况决定添加与否，既保证菜肴供给，又控制菜肴成本。

（4）就餐速度较快。客人进餐无须点菜和等待，餐位周转率高。菜肴可事先准备，能缓和高峰时期厨房的忙碌和厨师人手紧张的矛盾，服务员配备也非常节省。

（5）气氛热烈隆重。根据主题布置餐厅，布置造型优美、丰富多彩的展示台，菜品可做点缀或造型。烤鸭、烤牛排等特色菜肴可由厨师或服务员在现场进行客前切配、派送等表演，既增加就餐气氛，又缓解餐台拥挤。

（七）鸡尾酒会及其特点

鸡尾酒会在西方是比较普遍的，它是欧美社会传统集会交往的一种宴会活动形式。鸡尾酒会比较轻松活泼、随意自在，便于广泛接触交谈。酒会举行的时间也比较灵活，中午、下午、晚上均可，有时也在正式宴会开始前举行鸡尾酒会，称餐前酒会。

鸡尾酒会特点鲜明，主要表现在以下三个方面。

（1）注重气氛。鸡尾酒会通常气氛轻松活泼、热烈奔放，因此举办鸡尾酒会的地点、场景、布置大多新颖别致、舒心怡人。

（2）流动性大。参加鸡尾酒会活动的宾客来去自由，可以迟到、早退，不受约束。鸡尾酒会期间，常由主人、主宾即席致辞，鸡尾酒会一般不摆台、不设座，只在边上为年老者或愿落座者设少量座椅。其实，有些在正式宴会前举办的鸡尾酒会也兼有等人、聚会的性质，使宾主聚齐，再正式步入宴会大厅开始宴会。因此，客人之间走动、打招呼、交流是鸡尾酒会的主要组成内容。

（3）非正餐、食品淡化。参加鸡尾酒会的客人多以饮用配制的各种鸡尾酒为主，一般不用烈性酒。食品主要是三明治、点心、面包等各种小吃，客人用牙签取食。鸡尾酒会的桌上多摆放口纸、花瓶和烟缸等，在酒会大厅中设一到几个类似自助餐的餐台，陈列小吃、菜肴。鸡尾酒和小吃由服务员用托盘端上敬让，或部分置于小桌上。

二、宴会部门组织机构及各岗位职责

宴会部门组织机构的设置如图 6-1 所示。

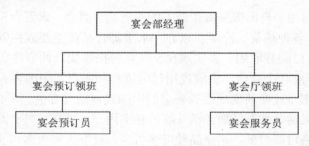

图 6-1　宴会部门组织机构图

（一）宴会部经理的岗位职责

1. 岗位名称
宴会部经理。
2. 岗位级别
视各公司具体情况而定。

3. 直接上司

餐饮部经理。

4. 管理对象

宴会预订领班、宴会厅领班。

5. 职责提要

具体负责宴会部的日常运转和管理工作，保证以舒适的就餐环境、优质的食品和良好的服务来吸引客源，通过向客人提供程序化、标准化的优质服务获取最佳的经济效益和社会效益。

6. 具体职责

（1）制订宴会部的市场推销计划，确保经营预算和目标的实现；制定宴会部各项规章制度并督导实施。

（2）制定宴会服务标准和工作程序，并指导实施。

（3）负责大型宴会的洽谈、设计、组织与安排工作，并参与大型活动的接待服务工作。

（4）了解客情，根据客情编排员工班次和休息日，负责对领班进行工作考核。

（5）做好与相关部门的协调工作，处理各种突发事件。

（6）与厨师长保持良好的合作关系，及时将客人对菜肴的建议和意见转告厨师长，供厨师长在研究制定菜单时参考。

（7）掌握宴会厅的经营情况，在宴会期间，负责对宴会服务工作进行督导、巡查。

（8）检查结账过程，督促下属正确及时地为客人结账。

（9）督导员工正确使用宴会厅的各项设备和用品，做好清洁保养工作，控制餐具损耗。

（10）签署宴会厅各种用品领用、补充、损耗报告单和设备维修单。

（11）负责制订员工培训计划，督导员工培训，确保服务员具备基本的专业知识、技巧及良好的工作态度。

（12）出席餐饮部召开的会议，主持宴会厅内部会议，分析宴会业务情况，积极开展各种宴会促销活动。

（13）督促员工遵守企业的各项规章制度。负责对员工的工作表现进行定期评估和奖惩。

（14）完成上级布置的其他工作。

7. 任职条件

（1）热爱服务工作，工作踏实、认真，有较强的事业心和责任心。

（2）懂得餐厅管理和服务方面的知识，具有熟练的服务技能。

（3）有一定的外语会话能力和处理餐厅突发事件的应变能力。

（4）餐饮中专、中职毕业或具有同等学力，有从事餐饮服务工作 3 年以上的工作经历。

（5）身体健康，精力充沛。

8. 岗位权力

（1）调配所属员工工作及休假的权力。

（2）对所辖范围员工，有决定奖罚、提议晋升或调换工作岗位的权力。

（3）签署领料单的权力。

（二）宴会厅领班的岗位职责

1. 岗位名称

宴会厅领班。

2. 岗位级别

视各公司具体情况而定。

3. 直接上司

宴会部经理。

4. 管理对象

宴会服务员。

5. 职责提要

在宴会部经理领导下，负责宴会服务管理工作，保证以舒适的就餐环境和良好的服务来吸引客人，提高企业经济效益和社会效益。

6. 具体职责

（1）协助经理制定宴会服务标准与工作程序，督促下属履行岗位职责，确保优质服务。

（2）根据客情，负责本班组员工的工作安排和调配。

（3）负责实施宴会厅员工的业务培训计划，负责下属员工的考核评估工作。

（4）妥善处理对客服务中发生的各类问题和客人的投诉，主动征求客人意见，及时向经理反馈有关信息。

（5）督导服务员正确使用宴会厅的各项设备和用品，做好清洁卫生保养工作，控制餐具损耗，并及时补充所缺物品。

（6）督导员工遵守企业各项规章制度及安全条例，确保就餐环境清洁、美观舒适。

（7）完成经理交办的其他工作。

7. 任职条件

（1）热爱本职工作，有较强的事业心和责任心，工作认真负责。

（2）掌握一定的宴会服务、菜肴、酒水、烹饪等方面的知识。

（3）有一定的组织和管理能力，具有熟练的服务技能，能用一门外语进行对客服务。

（4）具有高中、职高以上学历或同等文化程度，具有两年以上宴会服务工作经历。

（5）身体健康，仪表端庄，精力充沛。

三、宴会预订管理

宴会预订，即根据顾客需要，接受并为其提前安排合适的用餐场所和用餐菜品。这是餐饮经营管理的首要环节。宴会预订是餐饮客情信息的收集与整理，而客情是餐饮所有菜单设计、原料组织、加工生产、服务销售的前提。因此，宴会预订部可以说是餐饮销售的"心脏"和信息集散中心。宴会预订由酒店分配至营业部管理，大多数酒店会成立专门的宴会预订部对此加以管理。

（一）宴会预订人员

宴会预订是一项专业性很强的工作，它是代表酒店与外界洽谈和推销餐饮的一项业务。

因此，必须挑选有多年餐饮工作经历、了解市场行情和有关政策、处事灵活的人员承担此项工作。

1. 宴会预订人员的知识技能要求

（1）清楚企业尤其是餐饮可提供销售的各宴会场所的面积、设施情况和服务项目，并懂得如何满足客户要求而做出调整。

（2）清楚企业的有关政策、各个档次的宴会标准、宴会厅可容纳的最多人数、会议场地出租费及折扣、可免费提供的配套项目等，并且有应付讨价还价的能力和技巧。

（3）熟悉宴会菜单、厨房生产情况、服务程序，以及与具体菜品相配合的酒水知识。

（4）了解本企业各类菜肴的加工过程、口味特点，并能考虑到季节和人数的因素，对菜单做出相应调整。

（5）具有良好的洽谈技巧和语言表达能力。

（6）具有较强的外语会话能力。

2. 宴会预订领班的岗位职责

（1）做好餐饮市场调查分析，掌握市场信息和餐饮动态，及时向宴会部经理提出餐饮销售的建议。

（2）了解和掌握本企业、同类酒店的餐饮新品种和销售方式及技巧。

（3）分析客源构成，了解顾客心理，主动宣传，适时推销。

（4）与顾客建立良好的合作关系，定期联络新老顾客，促进宴会销售。

（5）负责督促下属认真执行宴会预订的各项标准和程序，及时妥善安排各种宴会预订活动。

（6）协助经理负责大型宴会活动的安排工作。

（7）每天检查各种预订表格的编制和发送工作，确保信息沟通准确顺畅。

（8）负责宴会预订档案的建立，尤其是做好大型宴会和重点顾客档案的管理工作。

（9）协助制订本岗位培训计划，定期进行员工培训，提高员工工作效率。

（10）负责本岗位员工的考勤考核，督促下属遵守企业各项规章制度。

（11）完成上级交办的其他工作。

3. 宴会预订员的岗位职责

（1）负责各种形式宴会、会议预订的接待和商谈工作，并安排和落实。

（2）根据宴会预订的详细记录，编制和填写客情预报表及宴会活动通知单，并分别送至各有关部门。

（3）（综合型酒店）认真接受前厅发送的团队接待通知单，同时根据通知单上的信息，详细填写客情预报表并发送至各有关部门。

（4）建立宴会档案，记录贵宾、大型活动的事项。

（5）与客人和客户保持良好合作关系，尽量争取客源。

（6）完成领班布置的其他任务。

（二）宴会预订准备工作

1. 宴会预订推介资料

备足相应订餐资料是高效率进行订餐、有效促进餐饮销售的保证。宴会预订部应从客人预订的方便性、减少管理的随意性的角度考虑，根据实际需要，编制一套供客人询问、比较、选择用的书面或电子资料。其内容应包括以下几个方面。

（1）中西餐宴会、酒会、茶话会等起点标准费用。

（2）大型宴会消费总金额起点标准。

（3）各类宴会的菜单和可变换、替补的菜单。

（4）各类宴会可供选用的酒单。

（5）不同费用标准的宴会、企业提供的服务规格。

（6）不同费用标准的宴会、企业提供的配套服务项目。

（7）中西餐宴会、酒会、茶话会的场地布置、环境装饰和各种台型布置的实例图。

（8）宴会中主要菜点和名酒的介绍及实物彩色照片。

（9）宴会订金的收取规定。

（10）提前、推迟、取消预订宴会的有关规定。

上述书面资料应图文并茂、简明完整，具有观赏性和艺术性。

2. 订餐方式

宴会预订的方式则随着社会的进步不断先进化、多样化。有私人或企业派专人来酒店当面洽谈，预订时交纳订金。更多的是通过各种方式（如电话、信函、电子邮件、电传、网络）进行间接预订。也有少数客人委托酒店工作人员代为预订。

（三）宴会预订程序

1. 接受预订

客人采用不同的方式预订宴会，其预订的程序也不同。

（1）直接预订。客人亲自来店当面洽谈并交纳订金的预订方式，其流程如图 6-2 所示。

图 6-2　宴会预订流程 1

（2）间接预订。客人采用线上预订方式（如微信、QQ、E-mail）以及电话、信函或其他间接方式，一般不能当场收取订金的预订方式（除微信、支付宝外），其流程如图 6-3 所示。

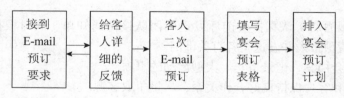

图 6-3　宴会预订流程 2

2. 确认并签订宴会预订合同（协议书）

（1）宴会预订以后，双方都认为有条件举办宴会，就需要进一步协商有关宴会的具体承办事项。经认可的菜单、酒单、场地布置示意图、灯光、音乐等细节资料，应以确认信的方式迅速送交客人。宴会合同（协议书）一式两份，如表 6-1 所示，经双方签字后有效。如有变动，需双方协商，另行确定。

表 6-1　宴会合同样本

（宴会确认书）

日期_____　　　编号_____
暂定_____　　　确定_____

客人姓名_____　　　　　付 款 人_____
地　　址_____　　　　　地　　址_____
宴会形式_____　　　　　电　　话_____
租用餐厅_____　保证人数_____　收费标准_____
宴请时间_____

请注意：要在宴会之前一周进行最后确认。

菜单	其他服务项目

预订设施须付保证金_____　顾客若取消宴会请提前至少_____天通知酒店，否则不予退款。
估计总款数_____

　　　　　　　　　　　　　　　　　　　　　　　　　××酒店

　　　　　　　　　　　　　　　　　　　　　　　　　客人签名

注：本协议所包括的条款列于本合同背面。

（2）如果是提前较长时间预订，应每隔一段时间主动用传真或电话方式与客人保持联系，进一步确定日期及有关的细节。

（3）做好统一安排。宴会合同签订以后，宴会预订的客源组织工作已经落实到位。但对酒店来说，几场宴会同时举行的情况是经常存在的，因此管理人员要根据宴会合同对原料采购、物资用品消耗、场地的使用等做出统筹安排。

宴会合同背面包括以下几个方面的内容。

（1）客人活动前至少 48 小时通知酒店确切的人数，这个数将作为保证的最低人数。

（2）宴会活动前一周客人需交纳估计费用的 50%，其余 50% 必须在宴请后及时付清，如果酒店没有收到预付款，酒店将在三天内宣布合同无效。

（3）未经酒店同意，参加活动的任何人不得把食品或饮料带进酒店食用。

（4）参加活动的任何人造成酒店设施的损坏，举办者应承担责任。

（5）用公司或单位名义在合同上签字时，签字人必须具备此项权力，否则当事人本人应对本合同的实施负责。

四、宴会台面设计

宴会台面设计，即根据宴会主题等需要设计具有针对性、艺术性的餐台，给就餐客人以观赏美感。要想成功地设计和摆放一张完美的宴会台面，必须预先做好充分的准备工作。既要进行周密、细致、精心、合理的构思，又要大胆借鉴和创新，但无论怎样构思与创新，都必须遵循宴会台面设计的一般原则。

（一）特色原则

根据不同宴会主题与规格，决定环境氛围、家具档次、餐位空间、餐具种类与服务形式，决定是否设计看台、花台等。突出宴会主题，体现宴会特色，如婚庆筵席摆设"囍"字席、百鸟朝凤、蝴蝶戏花等台面，接待外宾摆设友谊席、和平席等。根据季节设计台面，如春桃、夏荷、秋菊、冬梅。要根据各国、各民族的社交礼仪、生活习惯、宴饮习俗、就餐形式和规格来设计摆台。主桌、主位处于突出或中心位置，能环视宴会全场。餐具、布件的颜色，插花、席花、席位、服务顺序符合国际礼仪，符合民族风俗和宗教信仰。当多个宴会在同一场地举行时，可利用灯光、花草、低墙、屏风或隔断等方式进行餐区分隔，归属明确，尊重隐私和自主权，不使相邻顾客感到为难或混乱。

（二）舒适原则

综合考量餐椅间距、餐位大小、餐具摆放、台面规格、服务方式，以及儿童椅的高低、是否要护栏、残疾客人出入等方面，以便于客人进餐和员工服务。吃什么菜配什么餐具，喝什么酒配什么酒杯；选用餐具应符合各民族用餐习惯，摆放位置方便客人使用，如食盘靠桌边对准客位，汤碗在左，酒具在前，筷子在右，茶具在筷子的右边；餐具间距以不碰另一件餐具为宜；上带骨食品、味道较重的海鲜等菜品，应跟上洗手盅等。餐区各种标识清楚，指示清晰，如自助餐取食和进食区域区别明显；客人动线与服务动线应合理，少交叉；桌号牌能清楚看到。

（三）美观原则

台面装饰富有艺术性。餐台摆放成几何图形，餐椅摆放整齐划一。台面大小与进餐者人数适应，席位安排有序。台面上的布件、餐具、用具、装饰品要配套、齐全、洁净，色彩与宴会厅环境协调平衡。餐具摆放相对集中，位置恰当，横竖成行。餐具布局上下左右间距1厘米左右，酒杯的中心点成直线。圆形餐台，各餐具都应以圆心直线为准，围绕圆心平行于圆心直线。公用器具摆放对称美观，数量恰当，把柄、标签朝外，方便客人取用。餐具的图案、花纹、长短、高低搭配合理，图案正位、方向一致。善于利用不同材质、造型、色彩的餐具进行组合，如由玻璃餐具组成的全玻璃台面体现出雍容华贵、晶莹剔透，陶瓷餐具乡土气息浓郁，宜兴紫砂餐具显示出悠久历史。

（四）卫生原则

操作规范，安全卫生。操作前，清洗消毒双手。检查所用餐具完整无缺，不得使用残破、有缺口、有裂纹的用具。餐具洁净，不能有污迹、水渍与手迹，消毒指标达到国家有关标准。操作工具安全干净，装饰物品符合卫生标准。摆台时，要求盘碗拿边沿，杯盏拿底部或杯脚，刀、叉、匙、筷拿柄，不能用手碰触餐具、杯具口沿与内壁、筷尖与勺内的部位，折叠餐巾花时不能用嘴咬餐巾。倡导分食制就餐方式，即便是采用围餐式合餐也应设置公筷公勺。

五、宴会服务管理

宴会部在接受客人的宴会预订、签订了宴会合同之后，就应着手进行宴会的服务组织工作。宴会活动的服务管理主要包括餐厅的布置、物品的准备、人员的安排、宴会前的检查、宴会的现场指挥和宴会结束工作等内容。

（一）宴会就餐环境布置

宴会服务人员在进行场地布置时，应充分考虑到宴会的形式、宴会的性质、参加宴会的宾主身份和宴会的标准，结合客人提出的具体要求，进行精心设计、组织，使宴会的场地布置既能反映出宴会的特点，又能使顾客进入宴会厅后有新颖舒适、美观整洁的感觉，以体现出高质量、高水准的服务。宴会环境布置的基本要求包括以下四个方面。

（1）环境布置要庄重、美观、大方，突出宴会主题。

（2）桌椅、家具摆放要对称、整齐，且安放平稳。餐桌间距要适当，留有通道，方便客人行走与员工服务。

（3）主桌要明显突出（有时桌面要大于其他餐桌），主桌要设在能够纵观全场的位置。

（4）吧台、工作台、礼品台、贵宾休息室等要根据宴会的需要和宴会厅的具体情况灵活恰当安排。

（二）物品准备与人员安排

（1）备齐台面用品。宴会服务使用量最大的是各种餐具，宴会组织者要根据宴会菜肴的数量、宴会人数，计算出所需餐具的种类、名称和数量，并分类进行准备。

（2）备好酒品饮料。宴会开始前30分钟按照每桌的数量领取酒品饮料。

（3）备好冷菜。大型宴会一般在开始前30分钟摆好冷菜。冷菜的数量应根据宴会的规模、规格来定，冷菜的卫生和安全必须时时关注。

对规模较大的宴会，要确定总指挥、总协调人员。在准备阶段要向服务人员交代任务，讲清宴会意义，提出重点要求，宣布人员分工和服务中的注意事项。

（三）宴会服务跟踪管理

宴会服务跟踪管理主要适用于宴会开餐期间，随着宴会的进程对出品、服务及客人用餐状况进行协调和控制，以使客人取得最佳的感受。宴会服务跟踪管理的主要内容有宴会餐前检查、宴会开餐期间现场监控、宴会结束工作与宴会服务情况小结等。

第二节　零点管理

零点即酒店提供一定数量、品种的菜点，让客人随意点菜食用的就餐服务方式，是一家酒店基本的开餐及服务方式。

一、餐厅的种类

餐厅是供人们享用餐饮的场所，也是供客人与客人交流的场所。餐厅必须同时具备以下三个条件。

（1）拥有接待就餐者的一定空间，以及与之配套的生产、提供服务的设施。

（2）必须能向顾客提供餐饮及相应的服务。

（3）所有行为均以经营为目的（非企业经营性餐厅则提供相应服务即可）。

不同酒店拥有不同类型和主题的餐厅；同一酒店，只要规模较大，也会有许多功能、风味、大小不一的餐厅。用于零点销售和服务的餐厅主要有以下几种。

（1）中餐厅（Chinese restaurant），即从餐厅的装潢布置到餐厅供应的品种、提供的服务都富有中国特色的餐厅。

（2）扒房（grill room），即高档西餐厅，装修布置豪华典雅，设备设施高档精良，餐厅多采用法式服务，相当一部分菜肴客前烹制。

（3）咖啡厅（coffee shop），即供应简单快捷中西餐及本地小吃的餐厅，营业服务时间较长。

（4）风味餐厅（specialities room），该餐厅的装修氛围与其经营的菜点具有某地或某种典型风格（风味）。

（5）食街（food court），是由传统的街边咖啡店发展演变而来的，提供大量可供选择的不同风格、类型的食品，环境宽松，服务简便。

二、中餐的服务方式

中餐在其长期的发展过程中，逐步形成了自己的服务方式，并使之和中餐菜肴的特点相适应。同时，随着人们对卫生要求的提高和对就餐方式的多样化需求，在借鉴学习西餐服务基础上，中餐服务方式经历了和正在经历着一定程度的变革，出现了许多新的方式。

（一）共餐式服务

共餐式服务，即客人用公筷、公匙、公勺从餐桌的菜盘或菜盆中自由取食。现在的共餐式服务已在传统的围餐式基础上有了很大的改进，不再是各人用自己的筷子去夹菜，而是使用公匙、公筷、公勺取菜。

1. 共餐式服务的优点

（1）共餐式用餐客人比较自由，它可以由桌上的主人为其客人分菜，也可以由客人各取所需，气氛融洽。

（2）共餐式服务比较适合中餐2～4人的小餐桌、客人享用便餐。

（3）共餐式服务所需的服务员较少，一个服务员可以同时为多桌客人提供服务，共餐式服务对服务员的技术要求不是很高。

（4）共餐式服务对中国传统的家庭式用餐方法和气氛保存比较完整。

2. 共餐式服务的缺点

（1）共餐式服务客人得到的服务和个人照顾较少，第一次试用中餐的客人会对一盘装饰精美的菜肴不知所措。

（2）对不善用中餐餐具的外宾来说，夹菜是一件难事。

（3）由于所有的菜肴一起上桌，共餐式服务中客人用餐到后期台上容易出现杯盘狼藉的现象。

3．共餐式服务要注意的事项

（1）服务员如发现客人有不会使用筷子或使用有困难时，应主动征求客人意见，决定是否向客人提供刀、叉、勺等西餐餐具。

（2）在台面上摆不下菜盘时，应征求客人意见，收掉剩菜不多的盘子，勿将菜盘叠架摆放。

（3）服务人员应协助客人分解一些整的鱼、鸡、鸭等菜肴。

（二）转盘式服务

转盘式服务是一种利用转盘盛放菜肴、点心，方便客人就餐的服务方式。转盘式服务在中餐服务中是一种比较普遍的餐桌服务方式，适用于大圆台的多人就餐服务，既可用于便餐，也可用于宴会服务。转盘式服务的特点体现在以下几个方面。

（1）适用于团队客人用餐和团体用餐，取菜方便。

（2）用于便餐服务中客人自取菜肴，是一种比较节省人力的服务方式。

（3）便于服务人员在转盘上分菜，具有表演性，可以活跃就餐气氛。

（三）分餐式服务

1．分餐式服务的特点

分餐式服务，即服务员将整盘菜肴、点心分配给各位客人食用。分餐式服务是吸收西餐服务方式的优点并使之与中餐服务相结合的一种服务方式，故有"中餐西吃"之说，适用于中餐的宴会。其优点是可使客人感觉受到关照、倍感亲切，既可以显示中餐菜肴的整体精美，又不失食用的卫生放心。其缺点是服务用工较多而显得不经济，对分菜服务人员技艺要求高。

2．分餐方法

按操作者分：厨师分盆、服务员分菜和客人分筷。按桌面分：餐桌分菜、旁桌分菜。按操作人数分：单人分菜、双人分菜。按依托用具分：托盘分菜、转盘分菜等。2020 年 4 月 29 日，上海市市场监督管理局颁布了《餐饮服务单位分餐制管理规范》，把分餐方法归纳为四种模式：位上式、分派式、公筷公勺自取式、自助餐式。

第一种模式：位上式（厨师按人分盆）。借鉴美式宴会上菜的服务方式，人各一份、分盘而食。由厨师烹制菜品，按人装盆，由服务员送至餐位上菜，每位客人进食自己餐盘中的菜品，称为位上式服务，行话俗称"各吃""每人每（份）"（有的写成"每人美"）。服务高档雅致、清洁卫生，但人力成本与食材成本较高，餐具使用较多。适用于高档宴会、大型宴会的主桌，或筵席高档炖品、汤类与羹类菜品，以显示宴会规格和菜肴名贵。

（1）厨房分盆。热菜在厨房烹制，冷菜、水果在专间拼切，分装成每人份上席。要保证菜品温度和适宜口感。热菜，应事先对餐具加温或选择自带加温功能的餐具；冷菜，应配冰块、干冰等保冷措施。

（2）餐厅分盆。① 现场片割分盆。如烤乳猪、烤全羊、烤鸭等特色菜肴，厨房烹制完成后，通过服务餐车（行业俗称"牛车"）送至宴会厅。展示后，由厨师在现场片割、装盆、上席。具有表演观赏性。② 现场烹制分盆。自助餐宴会在宴会厅设置捞煮台、煎烹台、汤羹台、刺身台、切割台等"明炉明档"，由厨师在宴会现场烹制、装盆，由客人自取。

第二种模式：分派式（服务员分菜）。

（1）餐桌分派式（也称临桌分菜、餐位分菜、台面分菜）。① 单人独立分派。服务员站在客人的左侧，左脚向前，上身微前倾，左手托盘（下垫口布），靠近客用骨盆，右手拿叉勺，将菜从客人的左侧派给客人。每派完一位客人，退后两步，再转身给下一位客人服务。② 双人合作分派。大型宴会主桌或高档筵席为加快服务速度，可由两位服务员配合分菜，一位负责分菜，另一位负责撤脏盘与送菜。

（2）旁桌分派式（也称备餐台分菜、边桌分菜、离桌分菜）。旁桌是指备餐台或服务餐车。示菜后，将菜端至旁桌，快速、均匀地分菜分盆，再装入托盘送至餐桌，按序依次用右手从客人右侧上菜，礼貌用语"您请用"。常用于普通宴会。

分菜方法有以下两种。

（1）托盘分菜法。左腿在前，上身微前倾；左手托盘（菜盘下垫口布），右手拿叉匙。

（2）转盘分菜法。上菜展示后，直接将转台上的菜依次分派到客人的骨碟里。服务技巧娴熟，给客人以亲切感。因需要留出服务空间，会使围餐筵席的客人感到不便。

第三种模式：公筷公勺自取式（顾客分筷）

（1）公筷制。餐具可分为公用取食餐具与私用进食餐具两类。公筷公勺泛指取拿餐台菜品的公用取食餐具，如筷子、勺子和刀叉。上菜后，客人用公筷取食，把菜点夹到自己菜盆，再换成私筷进食。公用餐具是文明、健康、安全、卫生用餐的重要保障。但在实践操作中，会经常混淆两类筷子，因此有人提出采用公夹（夹子）取菜，既容易区分，也方便使用。公筷制作一要醒目，二要美观。

（2）公筷配置方法。① 一客一配。按人配。实行"双筷制"，每个餐位摆放一双公筷取食、一双私筷进食。取食筷摆在筷架右侧或横摆在酒杯前方，进食筷摆在筷架左侧。② 一菜一配。按菜配。按照"一菜一公筷、一汤一公勺"的原则，将公筷放在菜盘上的右侧，或另置于托架上。席间做好巡察调整服务。撤盘时，先撤公筷后撤菜盘。③ 一席一配。按桌配。4～6 餐位摆放两套，8～12 餐位摆放四套。普通宴会无须更换公筷，高档宴会可每上 2～3 道菜肴新配一份公筷公勺。

第四种模式：自助餐式（顾客分筷）（详见自助餐的内容）。

三、西餐的服务方式

（一）西式服务方式简介

1. 法式服务特点

（1）豪华高雅。源于欧洲贵族家庭与王室的贵族式服务，是最豪华的西餐服务，用于高档零点和小型宴请。环境幽雅，设施豪华，礼仪讲究，服务周到，节奏较慢，费用昂贵。摆台按菜肴配备餐具，全部铺在餐桌，餐具贵重。有专职酒水服务员使用酒水服务车，按开胃酒、佐餐酒、餐后酒的顺序依次提供酒水服务，餐厅服务面积较大，空间利用率与座位周转率较低。

（2）客前烹制。头道冷菜现场加料、搅拌，主菜及其他菜肴在厨房半加工后，用银盘端出，置于有加热装置的餐车，由首席服务员在客前分切、焰烧、去骨、加调味品及装饰，烹制过程具有表演性；甜品现场加工成型，再一一派给客人。

（3）双人服务。经验丰富的首席服务员负责诚请顾客入座、接受顾客点菜、桌边烹制、装盘、斟酒和结账，助理服务员负责传菜、上菜、收撤餐盆。员工技艺精湛，着装规范（标准的小燕尾服套装，佩戴白手套），服务客人较少，是豪华式的个性化服务。

2. 俄式服务特点

（1）银盘托送。源于沙皇宫廷与贵族的豪华服务，是目前世界上所有高级餐厅中最流行的服务方式，被称为国际式服务。讲究礼节，风格雅致，服务周到；表演较少，费用较少，节省人力；服务效率高，服务速度快，为客服务较多；餐厅空间利用率较高。餐桌摆台与法式摆台相同，采用精美银质餐具（一次性投资较大），热菜上热盘，冷菜上冷盘。厨房烹制好的菜肴盛入大银盘，并加以装饰。服务员左手高托大银盘，优雅送入餐厅。

（2）托盘分菜。服务员左手托盘示菜，右手拿叉勺，站在客人的左侧，先女宾、后男宾、最后是主人，依次分菜。分两次派菜。按客人需求派菜，浪费较少。

3. 英式服务特点

（1）私人家宴。又称家庭式服务，起源于英国维多利亚时代的家庭宴请，是一种非正式的、在服务员协助下由主人完成服务的服务方式。家庭气氛很浓，客人自由随意，用餐节奏缓慢，自主服务较多，节省人工成本。私人宴请、小型宴请采用较多。

（2）主人服务。服务员负责摆台、传菜、清理餐台等。菜肴传送到餐厅，由男主人切肉装盘，女主人配上蔬菜及装饰，各种调味汁和一些配菜摆放在餐桌上，客人自己取菜，自行调味。

4. 美式服务特点

（1）各客分盘。起源于美国餐馆，适用于中低档的零点和宴会。厨师根据订单制作菜肴，菜肴在厨房分盆，每人一份，不做献菜、分菜服务，由服务员直接端盘送给客人。装盆后多余的主菜，另装大盆，放在色拉台上让客人自由添加。目前，国内高端中式宴会常采用位上式的各吃服务。

（2）简单快捷。快速、迅捷、方便，一名服务员同时可服务多人，服务效率高，空间利用率及餐位周转率较高。对客人而言，缺乏亲切、细腻和个性化；对员工而言，操作简单，技术要求较低，容易学习；对企业而言，不需要昂贵的设备，人工成本低。

（二）比较中西餐服务 [①]

（1）尊重客人。西式服务中任何服务都须征求并服从客人的选择，如牛排需加工到几成熟，是嫩、中等熟还是老一点；上一道菜的调料有多种选择；上酒水也有选择。"选择"一多，客人得到的热情服务的机会就多。相对于服务员来说，要求高、劳动强度大，动作也需要更麻利。而中餐的客人选择较少，被动的接受菜品和服务较多。

（2）技能专业。西式服务对服务员的知识和技能要求高，服务难度大。以酒水来说，中国仅有白酒、黄酒、葡萄酒几大类，而西餐市场上流行的酒有三千多种，对什么菜配什么酒颇有讲究，从开瓶、掀瓶、用杯到斟酒的姿势和深浅都各不相同。例如，白葡萄酒要当场开，红葡萄酒要提前半小时开，让酒中微生物与空气接触，产生第二次化学反应，味道更醇。中餐就简单得多，大多数场合一句"满上"可以解决所有问题。中餐配调料，无非酱油、醋等有限的几种。有名的涮羊肉，虽然有几十种调料，但事先调好，对服务员来说，只是"一种"或"几种"而已。而西餐每道菜都配调料，如上大马哈鱼，要给客人上芥末、黑胡椒、柠檬、小洋葱等的专门配料。从更高要求看，称西餐服务员相当于半个厨师决不过誉。正规的法式扒房，服务员要掌握面对客人切煎牛排、做色拉、自制甜品的技能。

---

① 王大悟. 饭店管理 180 个案例品析[M]. 北京：中国旅游出版社，2007.

（3）标准规范。西式服务标准化、规范化程度高。一桌筵席无论客人多少，每位客人占有桌面的宽度是一样的。不像中餐圆台，10 人一桌可挤到 12 人，也可减到 8 人。奥林匹克大赛中比赛斟酒，西餐出身的服务员走 3 步倒一杯酒，步法一丝不差；而从中餐转行西餐服务的员工，没有精确走步的习惯，不是走步过头就是走步不够，因而影响服务质量。茶是中国人最常喝的饮料，但对茶的沏泡方法从未有过标准。西方酒店沏红茶用漏格、勺子量出茶叶用量或用袋泡茶。一壶一沏，倒光了再新来一壶。

（4）注重服饰。西式服务讲究服装的多样性、整洁性，白天的服装与晚上的服装有严格的区别，服务员每开一顿饭必须换一次衣服。服务员养成了定期换衣洗衣的好习惯。中餐服务服饰虽也不错，可若细看整洁性就差一些了，这大大影响了酒店文明。

四、服务流程管理

（一）餐前准备

在餐厅开门营业前，服务员有许多工作要做。首先是要接受任务分配，任务分配方式多种多样，既可以写在分工簿上，也可以通过告示栏进行分工，但多数餐厅通过餐前会的形式进行工作安排；然后检查服务工作台和服务区域餐具物品的准备情况；最后熟悉菜单及当日特选菜，了解重点宾客和特别注意事项等。餐前准备具体要检查和落实的项目包括以下几个方面。

（1）已预订客情的准备情况。

（2）重点客情安排。

（3）特别推荐品种及员工熟悉情况。

（4）当日时蔬销售品种以及菜单缺售品种通报。

（5）赠送开胃小菜准备情况。

（6）仪表仪容情况，包括铭牌、指甲、纽扣等。

（7）餐桌摆台规范与使用物品的达标状况。

（8）工作台物品的摆放与配备情况。

（9）备餐间物品的配备数量及摆放规范。

（10）灯光、音响、温度的达标情况。

（二）餐中服务

餐中服务是餐厅直接对客服务工作的开始，也是餐厅服务工作的重要一环，包括迎接客人、安排客人就座、接受客人点菜并向客人推荐菜肴、上菜及台面服务、特殊情况处理、结账与收款等。餐中服务期间，管理人员要加强现场督导，具体要检查和落实的项目包括以下几个方面。

（1）上菜速度与节奏。

（2）冷菜、热菜、荤菜、素菜等出品次序。

（3）根据原料使用情况调剂销售。

（4）重点客情、常客的关照。

（5）人手调整，劳动量平衡。

（6）服务规范的执行情况。

（7）结账效率与准确性。

（8）餐中卫生整洁的保持情况。

（三）结束收尾

做好餐厅结束收尾工作，既可以保证下班以后的卫生和安全，同时又为下一餐的正常工作秩序创造了前提条件。以下为管理人员在餐厅结束收尾时要检查和落实的工作内容。

（1）已预订下一餐客情落实情况。

（2）顾客用餐效果及相关意见反馈的收集。

（3）VIP 客史档案内容充实。

（4）酒水销售复核结账。

（5）备餐用具复原归位。

（6）棉织品（布草）点交送洗。

（7）打扫卫生，确保卫生全面达标。

（8）餐具点验归位。

（9）补充物品和维修项目登记。

（10）全面检查，确保无烟头和电器火灾隐患。

（11）空调、音响、灯具关闭。

（12）橱柜和门窗的关锁、整洁情况。

第三节　酒 吧 管 理

酒吧是酒店服务经营酒水的地方。酒水是顾客餐饮消费不可或缺的重要内容。酒店加强酒吧的科学管理既是对客服务的需要，同时也是酒店强化经营、努力提高经济效益的需要。

一、酒吧的种类与特点

酒吧是一个酒店各种酒水、饮料的供应与消耗的主要场所。分析酒吧的种类、探寻酒吧经营运作的特点是实施酒吧管理的前提。

（一）酒吧的种类

不同的酒店根据其规模和性质不同，所设置的酒吧种类和数量也不同。酒吧的种类有很多，根据其服务功能，可以分为以下几种。

1. 鸡尾酒吧

鸡尾酒吧大多是综合型酒店专一提供客人酒水服务的主要酒吧，它可以向店内外客人展现酒店的酒水服务规格和标准。鸡尾酒吧内大多设有低矮的餐桌和沙发，座席十分宽敞，能给顾客以轻松愉快、舒适自如的感觉。同时，有专职调酒员和服务员为客人提供服务，供应的酒水种类齐全，尤其是鸡尾酒调制和服务，不仅可活跃酒店经营气氛，还可给客人增添乐趣。

2. 休闲酒吧

休闲酒吧是供客人在旅行或公务之余松弛精神、休息或等候他人的场所；有时综合型酒店住店客人也可以在此招待朋友、聚会，甚至洽谈生意。因此，休闲酒吧的环境比较幽静，布置也别具特色，有的是庭院式，有的是酒廊式，还多用花草盆栽点缀。在一些酒店，大堂酒吧与休闲酒吧合而为一，为店内外客人提供酒水饮料和小食品服务。休闲酒吧的特点是客人的流动量较大，供应的饮料品种比较简单，且以软饮料为主；同时，根据客人的需要，还可以提供蛋糕、曲奇饼、土豆条等点心、小食品。

3. 餐厅酒吧

餐厅酒吧设置在各种中西式餐厅内，主要为客人就餐时提供各种酒水饮料，有时也为等座位的客人提供一个休息、等待的场所和服务。餐厅酒吧经营的酒水品种根据餐厅的经营特色而有所不同。中餐以国产白酒、葡萄酒和各种软饮料为主，西餐则以葡萄酒为主。餐厅酒吧的设计、布局基本上与餐厅的总体设计要求相一致，所设座位数量较少，占地也不太大。

4. 服务性酒吧

服务性酒吧通常并不设在餐厅里面，主要用于向餐厅提供酒水服务。这类酒吧设计比较简单，工作条件有的也比较差，因为它不直接面对客人，主要服务都由服务员完成。酒吧供应的品种根据餐厅的性质而有所不同。

5. 临时性酒吧

临时性酒吧又称宴会酒吧，通常是为了某个宴会或大型活动而专门设立的酒吧。吧台的设立形式多种多样，供应的品种也各不相同。临时性酒吧的组织设置要求很高，其营业时间短，宾客集中，服务员工作量大，服务速度快，因此对服务员、调酒员的要求较高。

6. 客房小酒吧

客房小酒吧是为了方便综合型酒店住店客人而在客房内提供若干数量的酒品、饮料，以供客人自行选用。客房小酒吧是有一定规格等级客房的标志，因此一些高星级的酒店非常注重客房小酒吧的设置和安排。

（二）酒吧的服务、经营特点

酒吧作为酒店一个特定的营业场所，其服务和经营具有区别于一般餐饮服务的显著特点，主要表现在以下几个方面。

1. 消费人流分散，经营时间长

酒吧经营不像开餐上客那样集中，而是零散上客多。酒吧多为客人休闲（非正餐）场所，故客人消费时间长。一个酒吧，如果经营得法，每天的客人会很多，客人流动性大，服务频率高。酒水饮料的销售往往以杯为单位，并且每份饮料的容量低于 295 毫升。销售服务好、推销技巧高的酒吧，会使人均消费量增加。因此，服务人员必须树立较好的服务观念和服务意识，主动服务，积极销售，不厌其烦地为客人提供每一次服务。

2. 销售单位小，销售和服务随机性强

酒水销售多以零杯为单位，也有的酒吧整瓶发售，其销售单位多随客人需要而变化，销售和服务都以给客人温馨、休闲的感受为主，因此销售和服务随机性很强。

3. 规模小，服务要求高

酒吧虽然也是生产部门，但它不像厨房那样需要较宽敞的工作场地和较多的工作人员。

酒吧一般规模较小，座位不多，每个酒吧配备 1～2 名调酒员，但是酒吧的服务和操作要求却很高。每一份饮料、每一种鸡尾酒都必须严格按标准配制，来不得半点马虎，而且调酒本身就具有表演功能，要求调酒员姿势优美，动作大方，干净利落，给人以美的享受。

4. 现金结账，资金回笼快

酒品的销售一般以现金结账，如果销售好，资金回笼就快。为此，管理人员决定销售品种时，必须根据本酒店的客源对象以及酒品的销售情况做出合理安排，既要满足客人的要求，又要最大限度地保证酒店的经济效益。

5. 中间环节少，销售利润高

酒吧酒水的毛利率通常高于食品，一般达到 60%～70%，有的甚至更高，这对餐饮部的总体经营影响很大。同时，酒水的服务还可以刺激餐厅客人的消费，增加餐厅的经济效益。

6. 经营、成本控制难度较大

由于酒水饮料的利润较高，往往会使一些管理人员忽视对它的控制，从而致使酒吧作弊现象严重，酒水大量流失，酒吧成本提高。酒吧作弊与酒水流失有来自酒吧外部的原因，如采购伪劣酒品等；也有酒吧内部因素，如员工私拿私喝饮料等。因此，作为餐饮部经理必须加强对酒水饮料的采购与销售管理，抓好员工培训，采取有效措施进行酒水控制，杜绝疏漏和浪费，一旦发生问题，必须严肃查处。酒吧员工的作弊现象多种多样，如自己偷喝、给朋友喝、与厨师换食品吃，甚至偷回家等。有经验的管理人员应时刻提高警惕，特别是对价格昂贵的酒，必须采取特别的防范措施和检查手段，严格管理，尽量减少因酒水流失而导致的成本升高现象。

二、酒吧的组织机构及各岗位职责

酒吧管理者大多直接从属于餐饮部经理领导，全权负责整个酒店酒水饮料的供应和酒吧的运转与管理，并向餐饮部经理负责。

有些综合型酒店，不设立酒水部，而是以酒吧为独立单位，直接从属于餐饮部，设酒吧主管，负责日常管理工作。同时，将酒吧调酒与服务分开，另设服务主管，与酒吧主管平行。这种组织机构虽有其好处，但不利于统一管理。组织机构的设立应视酒店的具体规模和经营现状来决定，不必生搬硬套某种模式。

酒吧的组织机构设置如图 6-4 所示。

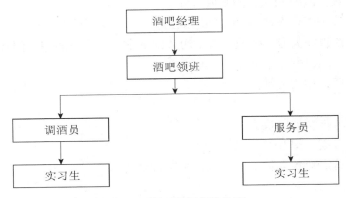

图 6-4　酒吧的组织机构图

（一）酒吧经理的岗位职责

1. 岗位名称

酒吧经理。

2. 岗位级别

视各公司具体情况而定。

3. 直接上司

餐饮部经理。

4. 管理对象

酒吧领班。

5. 职责提要

负责酒店内各餐厅、酒吧的酒水经营管理工作，制定和实施酒吧服务标准和程序，督导本部门员工为客人提供优质高效的饮品服务。

6. 具体职责

（1）负责制定酒吧酒水服务程序和服务标准，并组织实施。

（2）根据营业情况为员工排班，监督和指导员工正确工作。

（3）负责建立并实施酒水质量检查控制制度，杜绝酒水浪费现象。

（4）负责检查酒吧物资、设备和用具的领用和管理，并签署领货单及物品申购计划。

（5）与客人保持良好关系，亲自参与重点客人的接待工作。正确处理客人投诉，确保优质服务。

（6）负责检查结账情况，协助成本会计做好酒水成本控制。

（7）负责酒吧的设备维护与保养工作。

（8）随时掌握餐饮经营中酒水销售与竞争信息，负责酒单的制定和价格的核算，积极组织各种酒水促销活动，提高餐饮经济效益。

（9）定期对员工进行业务培训，督促员工遵守酒店的规章制度，并对员工进行考核评估。

（10）及时、认真地完成上级布置的其他任务。

7. 任职条件

（1）热爱本职工作，大公无私，勤勤恳恳，具有较强的事业心和责任感。

（2）掌握酒水、酒吧知识和酒水服务知识。

（3）对酒吧管理工作有决策和实施的能力。

（4）具有餐饮管理大专、高职以上学历或同等学力，至少能用一门外语对客服务，具有酒吧 3 年以上工作经历。

（5）身体健康，精力充沛。

8. 岗位权力

（1）对下属考核奖惩的权力。

（2）对下属晋级、提升有建议权。

（3）有权签署酒吧各类物资申领单、采购计划等。

（二）酒吧领班的岗位职责

1. 岗位名称

酒吧领班。

2. 岗位级别

视各公司具体情况而定。

3. 直接上司

酒吧经理。

4. 管理对象

酒吧调酒员和服务员。

5. 职责提要

负责执行酒吧的服务标准和程序，负责酒店各营业点正常的酒水供应，做好酒水促销工作，控制饮料成本以获得最佳经济效益和社会效益。

6. 具体职责

（1）组织并带领员工执行酒吧服务标准与程序，督促员工始终保持酒吧的服务水准。

（2）负责酒水统计以及调制酒品的规格检查工作，确保酒水出品质量。

（3）督促员工按正确程序结账，杜绝浪费和作弊行为。

（4）协助经理制订酒水推销计划，并组织认真实施。

（5）负责检查酒吧酒水的申领、补充等日常管理工作。

（6）检查并保持酒吧内的清洁卫生及员工个人卫生。

（7）负责检查酒水的盘点和酒吧物品管理工作。

（8）负责员工的业务培训，以提高员工的业务水平。

（9）根据营业情况，合理安排员工工作，并督导员工认真执行酒店的各项规章制度。

（10）完成酒吧经理布置的其他工作。

7. 任职条件

（1）有较强的事业心和责任感，工作认真踏实。

（2）掌握全面的酒水及其服务知识。

（3）掌握酒水服务技能和鸡尾酒调制技巧，有较强的对客沟通能力。

（4）具有高中、职高以上学历或同等学力，具有两年以上酒吧服务经历，并经过专业调酒培训。

（5）身体健康，能吃苦耐劳，仪表端庄。

（三）酒吧调酒员的岗位职责

1. 岗位名称

酒吧调酒员。

2. 岗位级别

视各公司具体情况而定。

3. 直接上司

酒吧领班。

4. 管理对象

酒吧实习生。

5. 职责提要

负责酒吧酒水的申领、保管、调配工作；以高标准、高质量的服务水准对客服务，树立良好的优质服务形象。

6. 具体职责

（1）按正确程序和方法为客人提供各类酒水服务。

（2）按准确配方负责酒水调制工作，确保酒水质量。

（3）负责酒吧酒水申领、补充和保管工作。

（4）负责酒吧日常盘点工作，并填写每日销售盘点表。

（5）负责酒吧日用品和设备的清洁、保养工作。

（6）做好酒吧日常清洁卫生工作。

（7）积极学习新的鸡尾酒配方，不断创新，推出新的鸡尾酒品种。

（8）完成酒吧领班布置的其他任务。

7. 任职条件

（1）有较强的事业心，工作踏实、认真，具有吃苦耐劳的精神。

（2）掌握全面的酒水知识和酒水服务知识。

（3）具有一定的酒水服务技能和鸡尾酒调制技能。

（4）具有高中、职高学历或同等学力，经过专业调酒培训。

（5）身体健康，能吃苦耐劳。

三、酒吧销售与成本管理

酒吧产品和顾客消费方式的特殊性，导致其售卖方式和成本控制也与其他餐饮产品的管理和控制要领有所区别。如果不做具体了解和分析，就很难有效管理酒吧。

（一）酒水成本控制

酒吧酒水的成本控制贯穿于酒水的组织和服务整个流程之中，但在酒吧经营过程中，酒水的成本控制尤为重要。一般酒水成本控制方法有以下几种。

（1）标准成本控制。标准成本控制方法是将酒吧某个时期内的标准成本与实际成本相比较，如果发生偏差，则需分析找出原因，进而采取措施，强化管理，调整经营策略。

（2）标准营业收入控制。标准营业收入的控制方法是根据库存烈性酒耗用数计算出来的标准营业收入与实际营业收入相比较。

（3）酒水还原控制法。酒水还原控制法是从数量上对酒水成本进行控制。在酒吧的日常经营过程中，对酒水的管理一般采用酒水还原控制法进行控制。

（二）酒吧酒水零杯销售管理

零杯销售主要用于各种烈性酒，如白兰地、威士忌、金酒等。这类酒的用量不大，除宴会外基本上都是零杯销售。零杯销售的控制首先必须确定每瓶酒的销售份数，然后统计出某一段时间总销售数，折合成整瓶数进行计算。每一种酒由于其容量不同，所能销售的份数也不同。此外，每个酒店零售酒水的标准分量也有所区别。以人头马 VSOP 为例，每瓶酒实际容量为 700 毫升，每份按 1 盎司（约 30 毫升）标准分量计算，每瓶人头马 VSOP

的实际销售份数为

(每瓶容量-溢损数)/每份分量=(700-30)/30=22.3（份）

计算公式中的溢损数是指服务员在斟酒过程中可能会因个人技术问题，适当损耗一部分酒水（这里按 30 毫升计算），这是允许的。因此，一瓶人头马 VSOP 实际可以销售 22 份；同样，如果某一时期销售该酒 22 份，就可以还原成一整瓶酒计价。核算时可以根据每份酒的成本以及整瓶酒的成本与实际销售成本相比较，如果实际成本偏高或过低，就说明销售中有问题，应及时检查，避免和纠正销售过程中的差错。

零杯销售的酒水关键在于平时严格控制，酒吧日常的销售控制可以通过酒吧酒水盘存表来完成，如表 6-2 所示。酒水盘存表又称为每日销售控制表，要求每个班次当班调酒员逐项核对填写，管理人员必须经常检查盘存表的填写数量与实际储存量是否相符，如有出入，应及时检查，发现问题，解决问题。

表 6-2　酒吧酒水盘存表

日期：

编号	品名	早班						晚班					备注
		基数	领进	调进	调出	售出	实际盘存	基数	调进	调出	售出	实际盘存	
	苦味金巴利												
	干马天尼												
	甜马天尼												
	马天尼苦艾酒												
	干仙山露												
	甜仙山露												
	法国绿茵香酒												
	皮姆一号												
	⋮												

每瓶酒的标准份额也必须事先确定，如表 6-3 所示，并作为培训内容之一，让酒吧员工掌握。

表 6-3　瓶装酒标准份额表

名　　称	容量/毫升	标准分量/毫升	实际可售份数
苏格兰威士忌	750	30	24
皇家礼炮	700	30	22
波旁威士忌	750	30	24
加拿大威士忌	750	30	24
金酒	750	30	24
朗姆酒	750	30	24
伏特加	750	30	24
干邑	700	30	22
阿玛涅克	700	30	22
金巴利	1000	45	22
味美思	1000	45	22
雪利酒、波特酒	750	45	16

（三）酒吧酒水整瓶销售管理

酒吧酒水整瓶销售是指酒水以瓶为单位对外销售。整瓶销售在酒吧不常见，主要在中西餐厅、零点和宴会中使用。一般的进口洋酒整瓶销售时价格要低于零杯销售价，很多酒店为了鼓励客人消费，整瓶洋酒往往以零杯 20 份的价格售出。还以人头马 VSOP 为例，假设每份售价为 20 元，那么整瓶酒的售价即 400 元，也有一些酒店另外制定整瓶酒的售价。但不管以何种方式定价，整瓶酒售价都要比零杯销售价低 10%～20%。为了防止调酒员和收款员联合作弊，对整瓶售出的酒可以用整瓶酒水销售日报表（见表 6-4）形式进行控制。该表一式两联，每日由酒吧填写，并交经理签字后一联交财务部（附订单），另一联由酒吧留存。

表 6-4　整瓶酒水销售日报表

DAILY REPORT OF FULL BOTTLES SALES

酒吧　　　　　　　班次　　　　　　　日期
BAR＿＿＿＿　　　SHIFT＿＿＿＿　　　DATE＿＿＿＿

编号 No.	品种 NAME	规格 SIZE	数量 QTY	售价 SALES PRICE		成本 COST		备注 REMARK
				单价 UNIT	金额 TOTAL	单价 UNIT	金额 TOTAL	

调酒员　BARTENDER＿＿＿＿＿＿

部门主管　SUPERVISOR＿＿＿＿＿

此外，中餐厅的国产名酒销售较多，而且绝大多数国产名酒不零杯销售。因此，这一类酒可以通过每日盘点表进行控制，而不必填写整瓶酒水销售日报表。同样，瓶装、听装的啤酒、饮料也只需通过每日盘点进行控制。

（四）酒吧酒水混合销售管理

酒吧酒水混合销售又称为配制销售，主要是对各种混合饮料和鸡尾酒的销售控制。鸡尾酒在酒吧的销量很大，而且使用的酒水品种较多。因此，混合销售的主要控制方法是依据标准酒谱进行还原核算。其计算公式为

　　　　　某种酒水实际消耗量=标准配方中该酒水用量×实际销量

以干马天尼为例，其配方是金酒 2 盎司、干味美思 1/2 盎司。假设某一时期共销售干马天尼 150 杯，那么根据标准配方可算出金酒的实际用量为 2 盎司×150 杯=300 盎司。由此可见，混合销售也完全可以将调制的饮料分解还原成各种酒水的整瓶耗用量计算。

酒吧对混合销售饮料的控制比较复杂，首先必须建立标准配方，并督促员工严格按配方调配鸡尾酒。每日销售的鸡尾酒要填写鸡尾酒销售日报表，如表 6-5 所示，使用的各类酒品按照还原法将实际用量填写到酒水盘点表上，管理人员可以将两表中酒品的用量相核对，并与时间储存数进行比较，检查是否有遗失。

表 6-5　鸡尾酒销售日报表
DAILY REPORT OF FANCY DRINK SALES

酒吧　　　　　　　　　班次　　　　　　　　　日期
BAR_____　　　SHIFT_____　　　DATE_____

品种 NAME	数量 QTY	单价 UNIT	金额 TOTAL	备注 REMARK

调酒员　BARTENDER_____
部门主管　SUPERVISOR_____

鸡尾酒销售日报表一式两联，由当班调酒员填写，酒吧经理签字后一联附订单送财务部，另一联酒吧留存备查。

此外，国内很多酒店内部会有几个酒吧，而且每个酒吧都进行独立核算，在日常经营中难免有临时缺货现象。在这种情况下，为了减少盘点和核算上出现差错，任何酒水调拨都必须通过正常渠道进行，即填写酒吧内部调拨单。酒吧内部调拨单（见表 6-6）一式三联，第一联由调进酒吧留存，第二联交财务部，第三联由调出酒品的酒吧留存。每一笔调拨都应在盘点表上登记，以便检查。

表 6-6　酒吧内部调拨单
INTER-BAR TRANSFER

日期
DATE_____

由酒吧至酒吧
FROM BAR TO BAR

编号 No.	品种 NAME	规格 SIZE	数量 QTY	单价 UNIT	金额 TOTAL

制表人
ORDERED BY_____
发放人　　　　　　　　　　部门主管
DELIVERED BY_____　　DEPT. HEAD_____

（五）拟客检查管理

酒吧服务员干的时间长了，对酒店各方面情况比较熟悉，有些人甚至会有些"小动作"。国外有时采用模拟顾客监督员来检查酒吧服务员的工作。模拟顾客监督员是指某人扮成顾客来观察酒水的操作情况。采用模拟顾客监督员主要侦察酒吧服务员的偷窃行为，也可以用来观察整体经营状况，以便改进工作。所有的酒吧服务员都应该接受定期的检查（酒吧服务员在受雇时就应该被告知酒店会使用模拟顾客监督员方式），当然不能让酒吧服务员认出模拟顾客监督员。模拟顾客监督员在访问餐馆之前要会见管理人员，了解所有的相关程序和制度。

总之，酒吧管理有一定特殊性，只要管理者认真对待，悉心钻研，酒吧管理工作一定会有成效。一方面，管理人员必须对酒水知识有深入的了解；另一方面，管理人员还应具备一定的管理经验。同时，应注意做好员工的思想沟通工作，制定和建立一整套管理和操作标准，并通过正确使用各种表格，达到控制酒水销售及其成本、提高经济效益的目的。

第四节　客房用餐管理

客房用餐是综合型酒店将餐饮产品提供给住在客房的客人用餐的一种服务方式，是一种特殊的餐饮服务方式。

一、客房用餐部门的组织机构及各岗位职责

客房用餐服务是宾馆、酒店为方便客人、增加收入所提供的一项服务，通常为餐饮部属下的一个独立部门，一般提供全天 18 或 24 小时服务，也有酒店只提供客房用餐早餐服务。客房用餐服务的价格大多包含额外服务费。

（一）客房用餐部门的组织机构

客房用餐部门的组织机构设置如图 6-5 所示。

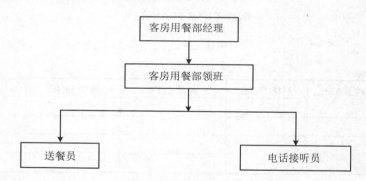

图 6-5　客房用餐部门的组织机构图

客房用餐部门通常有两个职能部门：一个负责电话预订接听的订餐部；另一个是负责传送食品的送餐部，负责将客人预订的食品送到客人的房间。

（二）客房用餐部门岗位职责

客房用餐部门根据酒店规模、服务时间和业务量设置岗位，以下为不同岗位的职责。

1. 客房用餐部经理的岗位职责

客房用餐部经理对所有客房用餐活动的运转负全面责任，亲自处理下列问题。

（1）制定工作程序，直接向餐饮部经理汇报工作。

（2）计划、安排员工工作，确保工作效率。

（3）负责工作日记的填写、汇报。

（4）每天检查员工的仪表仪容。

（5）提供热情有礼的服务。

（6）负责重点宾客的接待和特别要求的处理。

（7）负责员工日常培训。

（8）负责本部门设备的保养和清洁。

（9）填写月报告和年度预测。

2. 客房用餐部领班的岗位职责

（1）在每个班次工作之前，以餐前会的方式介绍当天的工作任务、重点宾客房间的特别服务和其他注意事项等。

（2）在送出前检查核对所有的客人订单和食品。

（3）接受和处理客人的投诉并立即向经理汇报。

（4）负责实施免费赠送的酒吧饮料、茶水和水果篮等，保证准确无误。

（5）需要时顶替电话接听员的工作，或在客房根据客人需要开订单。

（6）在繁忙的高峰期，帮助准备送餐车甚至直接进行送餐服务。

（7）负责每周领用各种用品和食物。

（8）检查客房用餐区域的卫生和秩序。

（9）经常进行客房用餐服务的现场检查。

（10）在用品损耗控制簿上登记所有的破损、损失记录。

（11）检查送餐车的卫生和保养、保温炉的清洁、布件的清点和换洗等。

（12）确保按时收集客人的门把菜单，按客人的要求，在指定的时间内提供送餐服务。

（13）值大夜班时负责打印所有客房用餐账单和小酒吧的账单。

（14）监督送餐服务员的活动，时时在客房用餐服务区域进行检查。

二、客房用餐服务

客房用餐服务形式不同于一般的餐厅服务，大多数是客人电话订餐或通过门把菜单的形式要求提供餐饮服务。由于绝大多数客人订餐通过电话与服务人员进行沟通，这比在餐厅与客人面对面时提供服务增加了难度。

（一）客房用餐服务的要求

（1）认真对待客人预订中的每一个细节。

（2）迅速将客人预订的食品、酒水在规定时间内送至客房。

（3）送餐服务中要熟练而有礼貌。

（4）使用保温设备时要执行安全规定。

（5）食品要保证质量，同时冷热温度要符合要求。

（6）餐具要及时撤出客房并收回。

（二）客房用餐送餐服务的程序

（1）送餐服务员从电话接听员窗口取出客人订单，打上取单的时间。

（2）将入厨房的一联交给厨师准备菜肴。

（3）迅速准确地准备托盘或送餐车，根据订单上的食品，准备必需的各种餐具和服务用品，全部准备好以后，再彻底检查一遍。

（4）将订单交给领班检查，并写上送餐服务员的姓名，记录送餐时间。

（5）如果同时要送两张订单，一般应该是同一楼层的房间。

（6）进房前脸带微笑，面向房门，轻轻敲门（或按门铃），同时说"客房送餐服务（room service）"。敲门不要太急，一般敲三下，稍事停顿一下，如果没有反应，再敲三下（按门铃亦如此）。

（7）进房后首先向客人问好，征求客人意见后将餐台摆放在适当的位置。

（8）固定送餐车的脚闸，将桌的两边支平，把椅子摆近餐桌。

（9）询问客人有何要求，根据情况为客人开酒。

（10）在客人不需更多的服务时，递呈账单请客人签字。

（11）离开前向客人道谢，祝客人用餐愉快，并问清客人需要何时收台。

（12）迅速返回客房用餐部，签上返回时间表，同时填写收台时间表，以保证及时回收餐具等设备。

三、客房用餐管理要领

（一）菜单与菜品的要求

（1）菜单设计必须以酒店的客源市场为依据。

（2）菜肴品种应易于制作，尽量避免使用制作时间长、等候时间过久的菜品。

（3）客房用餐必须使用中英文对照，对客源结构比较特殊的酒店，在外文翻译上应予以特殊处理。

（二）客房送餐时间的要求

（1）菜单上明确标注供餐时间及相应的提醒性说明。

（2）送餐要及时。在接受客人预订时，预订员必须告知客人需等候的时间。菜肴制作完成后应立即送至客人房间。

（三）送餐过程的要求

（1）送餐前要认真检查核对菜肴品种、数量与订单是否相符合，餐具、用具、调味品是否齐全。

（2）在送餐后的一段时间内要注意及时回收餐具，以减少餐具的流失。同时，应注意加强和客房的沟通和联系，请其协助回收餐具。

（四）客人结账的要领

（1）对客人签过的账单应及时送交收款台销单，以免丢失。

（2）凡接受客人现金结账的，应当面点清钱款，并及时送交收款台结清。

第五节　服务质量管理

服务质量，即服务的好坏，是酒店员工通过一系列具体、细微的劳动给餐饮消费者带来的用餐感受；这里同时包括酒店环境等氛围给餐饮消费者的感觉。服务质量管理是餐饮管理的重要内容，系统分析餐饮服务内容，全面检查、准确把握服务质量现状，在此基础上加强服务质量管理，不断完善、提高服务质量，这是餐饮持续发展的根本。

一、餐饮服务的内容

衡量餐饮服务质量的优劣取决于顾客的亲身体验。顾客的亲身体验来自顾客与餐厅的接触过程，国外把这一接触时间称为影响服务质量的"关键时刻"。在这"关键时刻"，餐厅有机会向顾客展示服务的内容，如果机会错过，顾客便会离去；如果提供的服务出现问题，就会影响服务质量。餐饮服务的内容主要表现在以下几个方面。

（1）食品。食品饮料是餐饮服务的基础，客人主要通过用餐品尝、鉴赏和享用食品而获得感受。餐厅提供的菜肴、点心、饮品选料要精细，品质要优良，品种要多样，以适应目标顾客的风俗习惯和口味；菜肴的制作要注重色、香、味、形、器、质地、温度、营养和卫生等，各方面感官质量指标应优良，风味要典型纯正。

（2）设备设施。要注意设备的保养和维修，保证为客人提供的一切设备设施运转良好，使客人得到方便、舒适的享受，尤其是桌椅、洗手间、电梯等设备设施一定要品质精良，状态良好。

（3）整洁卫生。餐饮服务首先要保证餐饮卫生，包括服务人员的衣着卫生、个人卫生、菜肴卫生、环境卫生等。服务操作过程中的清洁卫生是人们外出用餐时最为关心的问题。客人用餐过程中的方便和卫生也应在产品设计和服务时加以关注，提供相应条件。

（4）环境气氛。时常关注餐厅的灯光、空气、温度、湿度等，创造一种适合客人用餐的环境。餐厅的气味特别要加以重视。环境的美化布置要美观、大方、得体。

（5）安全服务。注意防火、防毒，保证客人的人身安全；尊重客人的隐私权；让客人在使用餐具、进食菜点时有安全感。

（6）技能技巧。娴熟的技能是衡量服务档次和规格水准的标准。服务人员应掌握多种服务技能，按服务规定和操作程序，及时为客人提供热情、周到的服务。

（7）服务时效。餐饮产品的特征之一是要求提供即时服务，如时间过长、热菜变凉、凉菜变温都会影响餐饮产品的消费感受。同样，无形服务产品也有使用的有效时间。消费者希望在一定的时间段内得到应有的服务，如顾客预订的时间应予保证。随着生活、工作节奏的加快，消费者的时间观念大大加强。缺乏时间观念的服务是不能适应市场需要的。同时，消费者要求缩短取得服务的时间，如寻找时间、等候时间、上菜时间、结账时间等，在这方面耗费的时间越短越好。许多餐饮管理企业规定冷菜客人点后 3 分钟必须上桌，第一道热菜上桌不得超过 15 分钟；客人无特殊要求，整个零点菜点 50 分钟内必须上齐。这正是对客人服务时效性的体现。

（8）沟通交流。能娴熟地向顾客介绍菜品和酒水知识、服务内容及费用标准，并解决顾客提出的问题。

（9）礼节礼貌。服务人员的语言、行为和仪表既反映了餐厅对客人的基本态度，也反映了员工的文化素质和业务修养，是吸引顾客的重要方面。

（10）服务态度。服务态度贯穿餐饮服务工作始终。服务人员应主动、热情、周到、细致、耐心、诚恳地为客人服务，理解顾客的消费需求并力求提供个性化服务。

餐饮服务的每一项内容如同餐桌上的每一道菜，是构成餐饮产品的子产品。任何一项服务的不合格都会导致顾客对整个餐饮服务质量评价的降低，而每项服务的质量都会影响整体餐饮产品的质量。顾客光顾餐厅所经历的是一系列服务的过程，所以餐饮服务强调对顾客服务的连续性。顾客从进入餐厅开始接受服务直到离开，都应得到不间断的礼貌、热情、优质的服务。即使是精美的菜肴，也必须有高质量的服务，才能让顾客在进餐中得到真正的享受、完整舒适的感受。

二、服务质量控制的基础及方法

促使餐厅的每一项工作、每一个员工都围绕着给宾客提供满意服务，是餐饮服务质量控制的目的和关键。

（一）服务质量控制的基础

1. 建立服务规程

餐饮服务质量的标准就是服务过程与目标的标准。服务规程是餐饮服务所应达到的规格、程序和标准。为了保证和提高服务质量，酒店应把服务规程视作工作人员应该遵守的准则和内部服务工作的法规。

餐饮服务规程必须针对酒店目标客源市场和企业的规格档次系统制定。西餐厅的服务规程同时要适应欧美宾客的生活习惯。另外，还要考虑到市场变化趋势、企业文化及其风格、国内外先进管理经验等因素，结合具体服务项目目的、内容和服务过程，制定出适合本酒店的标准服务规程。

餐厅的工种很多，各岗位的服务内容和操作要求都不相同。为了检查和控制服务质量，餐厅必须分别对零点、团队餐和宴会以及咖啡厅、酒吧等的整个服务过程制定出迎宾、引座、点菜、传菜、酒水服务等全套的服务程序。

制定服务规程时，首先确定服务的环节程序，再确定每个环节服务人员的动作、语言、姿态、时间要求、用具、手续、意外处理、临时要求等。每套规程在首、尾处有和上套服务过程以及下套服务过程相联系、衔接的规定。

在制定服务规程时，不要照搬其他酒店，而应在广泛吸取国内外先进管理经验、服务管理方式的基础上，紧密结合本企业目标顾客群体的饮食习惯和本地的风味特点、本企业的管理风格和目标，推出全新的、最为自身企业适用的服务规范和程序。

管理人员的任务主要是执行和控制规程，特别要注意抓好各套规程，即各个服务过程之间的薄弱环节。一定要用服务规程来统一各项服务工作，从而使各项服务操作做到标准化、规范化、程序化和系列化。

2. 收集服务质量信息

餐厅管理人员应该知道服务的结果如何，即顾客是否满意，从而采取改进服务、提高质量的措施。

根据餐饮服务的目标和服务规程，通过巡视、定量抽查、统计报表、听取顾客意见等方式收集服务质量信息。

3. 实施系统培训

不同酒店之间服务质量的竞争主要是人才的竞争、员工素质的竞争。很难想象，没有经过良好训练的员工能提供高水平、高质量的服务。因此，新员工上岗前，必须进行严格的基本功训练和业务知识培训，不允许未经职业技术培训、没有取得一定资格的人上岗操作。在职员工也必须利用淡季和空闲时间进行继续培训，以提高业务技术、丰富业务知识。

（二）服务质量控制的方法

根据餐饮服务的进程，可将餐饮服务工作分为三个阶段，即准备阶段、执行阶段和结束阶段；餐饮服务质量可相应地分为预先控制、现场控制和反馈控制。

1. 进行服务质量预先控制

所谓预先控制，就是为使服务结果达到预定的目标，在开餐前所做的一切管理上的努力。预先控制的目的是防止开餐服务中服务人员自作主张地向客人提供不符合酒店规定标准的服务。预先控制的主要内容有以下几个方面。

（1）人力资源的预先控制。餐厅应根据自己的特点，灵活安排人员班次，以保证有足够的人力资源。那种"闲时无事干，忙时疲劳站"，或者餐厅中顾客多而服务员少、顾客少而服务员多的现象，都是人力资源使用不当的表现。

在开餐前，必须对员工的仪容仪表做详细检查。临近开餐，所有员工必须进入指定岗位，姿势端正地站在最有利于服务的位置上。女服务员双手自然叠放于腹前或自然下垂于身体两侧，男服务员双手背后放或贴近裤缝线。全体服务员应面向餐厅入口等候顾客的到来，给顾客以良好的第一印象。

（2）物质资源的预先控制。开餐前，必须按规格摆好餐台；准备好餐车、托盘、菜单、点菜单、订单、开瓶工具及工作台小物件等。另外，还必须备足相当数量的"翻台"用品，如台布、口布、餐纸、刀叉、调料、火柴、牙签等物品。

（3）卫生质量的预先控制。开餐前半小时，对餐厅卫生从墙、天花板、灯具、通风口、地毯到餐具、转盘、台布、台料、餐椅等都要再做一遍检查。一旦发现不符合要求的，要安排迅速返工。

（4）事故的预先控制。开餐前，餐厅管理人员必须与厨师长联系，核对前后台所接到的客情预报或宴会订单是否一致，是否已有安排和准备，以避免因信息的传递失误而引起事故。另外，还要了解当天的菜肴供应情况，如个别菜肴缺货，应让全体服务员知道。这样，一旦宾客点到该菜，服务员就可以及时向客人道歉，避免事后引起客人的不满。

2. 强化服务质量现场控制

所谓现场控制，是指现场督导正在进行的餐饮服务，使其规范化、程序化，并迅速妥善地处理意外事件。这是餐厅管理人员的主要职责之一。餐饮部经理更要将现场控制作为管理工作的重要内容。现场控制的主要内容有以下几个方面。

（1）服务程序的控制。开餐期间，餐厅管理人员应始终站在第一线，通过亲身观察、判断、监督、指挥服务员按标准服务程序服务，发现偏差，及时纠正。

（2）上菜时机的控制。上菜时机要根据客人用餐的速度、菜肴的烹制时间等，做到恰到好处，既不要让客人等待太久，也不应将所有菜肴一下子全端上桌。餐厅管理人员应时常注意并提醒掌握好上菜时机；尤其是大型宴会，上菜的时机应由餐厅主管，甚至餐饮部经理掌握。

（3）意外事件的控制。餐饮服务是面对面的直接服务，任何细微疏忽都容易引起客人的投诉。一旦引起投诉，主管一定要迅速采取弥补措施，以防止事态扩大，影响其他客人的用餐情绪。如果是由服务态度引起的投诉，当事人、主管除向客人道歉外，还应该给予客人适当补偿。发现有醉酒或将要醉酒的客人，应告诫服务员停止添加酒精性饮料。对已经醉酒的客人，要设法让其早点离开，以保护餐厅的气氛。

（4）人力控制。开餐期间，服务员虽然实行分区值台负责制，每个人都有自己的责任区域，但随着开餐进程的变化，客情和工作量还会出现大的波动，管理人员有必要进行第二次分工、第三次分工……如果某一个区域的客人突然来得太多，就应从另外区域抽调员工进行支援，等情况正常后再将其调回原服务区域。

用餐高峰已经过去，应让一部分员工先去休息或清洗餐具，留下一部分人工作，到了一定的时间再调换，以提高工作效率。这种方法对于营业时间长的餐厅，如咖啡厅，特别有效。

3. 重视服务质量反馈控制

所谓反馈控制，就是通过质量信息的反馈，找出服务工作在准备阶段和执行阶段的不足，采取相应措施调整下一餐或此后的工作管理，以提高服务质量，使顾客更加满意。

信息反馈系统由内部系统和外部系统构成。内部系统的信息来自服务员和经理等有关人员。因此，每餐结束后，应召开简短的总结会，以及时收集相关信息。信息反馈的外部系统收集的是来自客人的信息，尤其要关注和重视客人在网络上的评价和建议。客人通过大堂经理、企业营销人员、旅行社等反馈回来的投诉、意见和建议，都属于反馈，应予以高度重视，及时用于完善服务质量控制。

只有建立健全多维信息反馈系统，餐厅服务质量才能不断提高，更好地满足客人的需求。

（三）服务质量的完善、提高

餐饮服务质量检查、督导、控制的目的是提高服务质量，提高顾客的消费满意度，进而提高顾客光顾酒店的频率，扩大餐饮销售，提高企业效益。

1. 检查、掌握服务质量状况

开展服务质量检查是为了发现问题，找出影响、妨碍服务质量的因素，从而为服务质量的提高提供方向，进而采取切实有效的措施，改进工作，完善管理，强化培训，只有这样服务质量才会不断提高。

餐饮服务质量检查要抓住重点，围绕服务规范、就餐环境、仪表仪容和工作纪律四大项内容，制成相应表格，逐项进行检查，对寻找和发现餐饮服务质量中的问题是很有益处的。餐厅服务质量检查表（见表6-7）既可作为常规管理的细则，又可将其数量化，作为餐厅与餐厅之间、员工与员工之间竞赛评比或员工考核的标准。

表6-7　餐厅服务质量检查表

部门：　　　　　　　时间：　　　　　　　检查者：

检查项目	检查细则	等级			
		优	良	中	差
服务规范	1. 对进入餐厅的宾客是否问候，表示欢迎？ 2. 迎接宾客是否使用敬语？ 3. 使用敬语时是否点头致意？ 4. 在通道上行走是否妨碍宾客？				

续表

检 查 项 目	检 查 细 则	等级			
		优	良	中	差
服务规范	5. 是否协助宾客入座？ 6. 对入席来宾是否端茶送巾？ 7. 是否让宾客等候过久？ 8. 回答宾客提问是否清脆、流利、悦耳？ 9. 要跟宾客讲话，是否先说"对不起，麻烦您了"？ 10. 发生疏忽或不妥时，是否向宾客道歉？ 11. 告别结账离座的宾客，是否说"谢谢"？ 12. 接受点菜时，是否仔细聆听并复述？ 13. 能否正确地解释菜单？ 14. 能否向宾客提建议，进行适时推销？ 15. 能否根据点菜单准备好必要的餐具？ 16. 斟酒是否按操作规程进行？ 17. 递送物品是否使用托盘？ 18. 上菜时，是否介绍菜名？ 19. 宾客招呼时，能否迅速到达餐桌旁？ 20. 撤换餐具时，是否发出过大声响？ 21. （特殊情况下）是否及时、正确地更换烟灰缸？ 22. 结账是否迅速且准确无误？ 23. 是否检查餐桌、餐椅及地面有无宾客遗失的物件？ 24. 是否在送客后马上翻台？ 25. 翻台时是否影响周围宾客？ 26. 翻台时是否按操作规程作业？ 27. 与宾客谈话是否点头行礼？ 28. 是否能根据菜单预先备好餐具及作料？ 29. 拿玻璃杯是否叠放？是否握了下半部？ 30. 领位、值台、上菜、斟酒时的站立、行走、操作等服务姿态是否合乎规程？				
就餐环境	1. 玻璃门窗及镜面是否清洁、无灰尘、无痕？ 2. 窗框、工作台、桌椅是否无灰尘和污斑？ 3. 地板有无碎屑及污痕？ 4. 墙面有无污痕或破损处？ 5. 盆景花卉有无枯萎、带灰尘现象？ 6. 墙面装饰物有无破损？ 7. 天花板有无破损、漏水痕迹？ 8. 天花板是否清洁、有无污迹？ 9. 通风口是否清洁，通风是否正常？ 10. 灯泡、灯管、灯罩有无脱落、破损、污痕？ 11. 吊灯是否照明正常，是否完整无损？ 12. 餐厅内温度和通风是否正常？ 13. 餐厅通道有无障碍物？ 14. 餐桌椅是否无破损、无灰尘、无污痕？ 15. 广告宣传品有无破损、灰尘及污痕？				

续表

检查项目	检查细则	等级			
		优	良	中	差
就餐环境	16. 菜单是否清洁，是否无缺页破损？				
	17. 台面是否清洁卫生？				
	18. 背景音乐是否适合就餐气氛？				
	19. 背景音乐的音量是否过大或过小？				
	20. 总的环境是否能吸引宾客？				
仪表仪容	1. 服务员是否按规定着装并穿戴整齐？				
	2. 制服是否合体、清洁、无破损、无油污？				
	3. 标志牌是否端正地挂于左胸前？				
	4. 服务员的打扮是否过分？				
	5. 服务员是否留有怪异发型？				
	6. 男服务员是否蓄胡须、留大鬃角？				
	7. 女服务员的头发是否清洁清爽？				
	8. 外衣是否烫平挺括、无污边皱褶？				
	9. 指甲是否修剪整齐，不露出指头之外？				
	10. 牙齿是否清洁？				
	11. 口腔是否发出异味？				
	12. 衣裤口袋中是否放有杂物？				
	13. 女服务员是否涂有彩色指甲油？				
	14. 女服务员的发夹式样是否过于花哨？				
	15. 除手表、戒指外，服务员是否还戴了其他首饰？				
	16. 是否有浓妆艳抹现象？				
	17. 使用香水是否过分？				
	18. 衬衫领口、袖口是否清洁并扣好？				
	19. 男服务员是否穿深色鞋袜？				
	20. 女服务员穿裙装时是否穿肉色长袜？				
工作纪律	1. 工作时间是否相聚闲谈或窃窃私语？				
	2. 工作时间是否大声喧哗？				
	3. 是否有人放下手中工作？				
	4. 是否有人上班时打私人电话？				
	5. 是否在柜台内或值班区域随意走动？				
	6. 有无交手抱臂或手插入衣裤口袋的现象？				
	7. 有无在前台吸烟、喝水、吃东西的现象？				
	8. 有无上班时间看书、干私事的行为？				
	9. 有无在宾客面前打哈欠、伸懒腰的行为？				
	10. 值班时是否倚、靠、趴在柜台上？				
	11. 有无随背景音乐哼唱的现象？				
	12. 有无对宾客指指点点的动作？				
	13. 有无嘲笑宾客失慎的现象？				
	14. 有无在宾客投诉时进行辩解的现象？				
	15. 有无不理会宾客询问的现象？				
	16. 有无在态度上、动作上向宾客撒气的现象？				
	17. 有无对客人过分亲热的现象？				

续表

检查项目	检查细则	等级			
		优	良	中	差
工作纪律	18. 有无对熟客过分随便的现象？ 19. 对宾客能否做到既一视同仁又个别服务？ 20. 有无对老人、幼儿、伤残顾客提供方便服务，对特殊情况提供针对性服务？				

2. 完善、提高服务质量

通过检查发现问题，在此基础上采取以下措施，将有助于服务质量的完善和提高。

（1）制定并负责执行各项管理制度和岗位规范。抓好礼貌待客，优质服务教育。实现服务质量标准化、规范化和程序化。

（2）通过反馈系统了解服务质量情况，及时总结工作中的正、反典型事例，并及时处理投诉。

（3）分析管理工作中的薄弱环节，改革规章制度，整顿纪律，纠正不正之风。

（4）组织调查研究，提出改进和提高服务质量的方案、措施和建议，促进餐饮服务质量和经营管理水平的提高。

（5）在系统检查服务质量状况的基础上，经过全面分析，分别采取针对性的培训、考核，然后再布置、动员，按照新的、在原来基础上有所提高的规格标准再行督查，酒店的服务质量将不断有所改善、有所提高、有所升华。

本章小结

1. 国宴、正式宴会、便宴、围餐式宴会、位上式宴会、自助餐、鸡尾酒会及其各自特点。

2. 宴会部经理、宴会厅领班、宴会预订领班、宴会预订员的岗位职责。

3. 宴会预订人员的知识和技能。

4. 宴会预订推介资料。

5. 订餐方式。

6. 宴会预订程序：接受预订、确认并签订宴会预订合同（协议书）。

7. 宴会台面设计的原则：特色原则、舒适原则、美观原则、卫生原则。

8. 宴会服务管理：宴会就餐环境布置、物品准备与人员安排、宴会服务跟踪管理。

9. 餐厅的类型：中餐厅、扒房、咖啡厅、风味餐厅、食街。

10. 中餐的服务方式：共餐式服务、转盘式服务、分餐式服务。

11. 分餐服务的四种模式：位上式、分派式、公筷公勺自取式、自助餐式。

12. 西餐的服务方式：法式服务、俄式服务、英式服务、美式服务。

13. 服务流程管理：餐前准备、餐中服务、结束收尾。

14. 酒吧的种类：鸡尾酒吧、休闲酒吧、餐厅酒吧、服务性酒吧、临时性酒吧、客房小酒吧。

15. 酒吧的服务、经营特点：消费人流分散，经营时间长；销售单位小，销售、服务随机性强；规模小，服务要求高；现金结账，资金回笼快；中间环节少，销售利润高；经营、成本控制难度较大。

    16. 酒吧经理、酒吧领班、酒吧调酒员的岗位职责。

    17. 酒水成本控制：标准成本控制、标准营业收入控制、酒水还原控制法。

    18. 酒吧酒水零杯销售、整瓶销售、混合销售管理。

    19. 客房用餐部经理、客房用餐部领班的岗位职责。

    20. 客房用餐服务的要求、送餐服务的程序。

    21. 客房用餐管理要领：菜单与菜品的要求、客房送餐时间的要求、送餐过程的要求、客人结账的要领。

课后练习

一、名词解释

国宴   扒房   零杯销售   客房送餐   法式服务   分餐式服务

二、单选题

1. 酒店提供一定数量、品种的菜点，让顾客随意点菜食用的就餐方式称为（   ）。

    A. 便宴   B. 零点   C. 自助   D. 火锅

2. 起源于欧洲贵族家庭，讲究餐饮礼节的"手推车服务"是西餐的（   ）。

    A. 美式服务   B. 法式服务   C. 英式服务   D. 俄式服务

3. 酒吧销售白兰地、威士忌、金酒等烈性酒，因用量不大，一般都采用零杯销售。例如，人头马 VSOP 每瓶容量为 700 毫升，每份按 1 盎司（约 30 毫升）标准分量，实际销售份数应是（   ）。

    A. 21 份   B. 22 份   C. 23 份   D. 24 份

4. 顾客餐饮消费结束后进行付费的活动，餐饮行业俗称为（   ）。

    A. 买单   B. 卖单   C. 埋单   D. 飞单

5. 客人既可感受到亲切，又可显示中餐菜肴的整体精美，还不失食用的卫生放心的饮食方式是（   ）。

    A. 分餐式   B. 共餐式   C. 转盘式   D. 自助式

三、多选题

1. 餐饮服务质量表现在（   ）。

    A. 服务态度   B. 服务时效   C. 服务技艺

    D. 服务环境   E. 服务形象

2. 国宴的特点是（   ）。

    A. 主宾多为政要，接待规格特高   B. 显示国家形象，体现国家尊严

    C. 环境高贵典雅，气氛热烈庄重   D. 菜点精美极致，服务周到细微

    E. 严格成本核算，明确工作职责

3. 服务质量检查要抓住重点，这就是（   ）。

    A. 服务规格   B. 就餐环境   C. 工作纪律

    D. 仪容仪表   E. 职业生涯

4. 鸡尾酒会特点鲜明，具体表现为（　　　）。
　　A. 注重气氛　　　　B. 流动性大　　　C. 食品简单
　　D. 共餐饮食　　　　E. 口味繁复
5. 法式餐饮服务的特点有（　　　）。
　　A. 主人服务　　　　B. 客人调味　　　C. 双人服务
　　D. 客前烹饪　　　　E. 方法各异

四、判断题

1. 餐厅主色调要用暖色调。　　　　　　　　　　　　　　　　　　　　（　　　）
2. 员工服务要主动热情，但不合时宜的"服务"不受客人欢迎。　　　（　　　）
3. 员工如能使用客人的方言进行服务，会使客人体验到一种异乡遇乡音的亲切感。
　　　　　　　　　　　　　　　　　　　　　　　　　　　　　　　（　　　）
4. 餐饮服务质量管理主要采用阶段控制法进行。　　　　　　　　　　（　　　）
5. 点菜工作通常由餐厅领班来承担。　　　　　　　　　　　　　　　（　　　）

五、简答题

1. 简述宴会台面设计的原则。
2. 简述中餐零点服务的流程。
3. 简述预防酒吧管理漏洞的措施。
4. 简述餐饮服务质量的内容。
5. 简述美式服务的特点。

六、论述题

1. 对比中西餐服务，法式、俄式、英式、美式四种西餐服务的共同点与不同点。
2. 在餐饮服务中如何提供标准化与个性化相结合的优质服务。

案例讨论

海底捞新规引热议，回应了

3 月 14 日，话题"海底捞要求必须点锅底"登上热搜。有消费者爆料称：现在的海底捞已经不能只点 4 个清水锅了，必须点一个付费锅底。对此，海底捞全国客服回应称：目前门店的规定是客人必须付费点一个锅底，否则不能下单，且客人不能自带锅底。禁止单点清水锅是今年的新规定，在全国门店统一执行。

海底捞上海某门店店员表示，单点清水锅的顾客还是很少的，但确实有顾客吃一顿火锅只花了几块钱。相关话题下，有网友评论称，"有客人用海底捞的调料调个锅底，再倒进清水锅里，也怪不得海底捞要求必点锅底"。也有人表示，自己就是喜欢点清水锅。

海底捞调整规定，近期已不是第一次。就在 2 月 23 日，北京商报记者了解到，海底捞因门店不支持消费者自带菜品引发热议。有消费者在社交平台上表示，去吃海底捞之前买了部分食材，到店准备煮的时候被告知不可煮自带食材。不过，一位消费者向记者透露，今年 1 月底在海底捞某一门店用餐时还自带了手切羊肉，门店工作人员表示可以自带食材。同时，该消费者还称在门店用餐时，曾见到过其他消费者自带螃蟹要求店员帮忙处理的情况。记者浏览社交平台发现，多位消费者都曾自带食材来到海底捞的门店用餐，店员均表示可以帮忙处理。

对此，北京商报记者通过海底捞 App 咨询门店是否可以自带食材，相关客服人员表示，海底捞是可以自带酒水、饮品的，但出于食材管理和用餐安全考虑，谢绝客人自带食材。消费者如果有特别喜欢的菜品是门店没有的，欢迎随时推荐，海底捞会考虑加入菜单。

随后，记者又拨打了海底捞客服电话，相关工作人员表达了同样的观点，并表示这是新规定。此外，记者拨打多家门店电话后发现，门店工作人员与上述客服人员的说法均相同。

此前有信息显示，消费者自带食物的数量和品类较多，已经大大超出了海底捞食品安全的可控范围。为避免出现消费者在海底捞用餐后出现身体健康问题。海底捞台湾各店自 2 月 15 日起便不再开放自带食材服务。

据 Tesh 星球报道，海底捞自带菜服务于 2017 年年底推出，其目的是为了让顾客能够在海底捞吃到自己想吃的，得到更好的用餐体验。当时，去海底捞吃火锅是可以自带食材的，甚至服务人员会帮消费者将菜品处理干净，还可以免除服务费。但顾客自带的菜品需要留样登记，并签一份免责协议。海底捞客服表示，现在则会让顾客把自带菜带回家。

思考题：

1. 酒店允许客人在本餐厅食用自带食品会有哪些隐患？
2. 餐饮经营管理人员如何艺术、有效地劝阻客人在酒店餐厅不带、不食用店外食品？

实训项目

1. 为酒店设计一份宴会定制菜单。人数：100 人；性质：公司嘉年华宴请；标准：每人 200 元（不含酒水）；时间：年底。设计内容：菜单、环境、程序、服务。

2. 为一家酒店设计一份既符合要求又具有特色的营业环境布置计划（包括色彩、灯光、温度、音响、陈设、绿化等方面）。

第七章　餐饮后厨出品管理

学习目标

通过本章学习，应达到以下目标。

1. 知识目标：了解厨房设计的基础知识、厨房设备知识以及厨房出品的加工、生产运转过程。

2. 技能目标：能认知厨房主要设备。

3. 能力目标：根据酒店厨房实际情况，配备与设计厨房各功能区域及各种设备；掌握厨房出品过程中的各个环节的控制与管理。

导入案例

案例 7-1　一碗肥肠面，玩出艺术范

"你知道你正在参加一个艺术项目吗？"在南京艺术学院旁边的水木秦淮文化街区，有这样一家面积只有 20 平方米左右的肥肠面馆。面馆门头上的"肥肠"两个大字，是由著名书籍设计师朱赢椿写的。大玻璃橱窗上，贴着印有"肠命百岁""肠江大桥"等字样的贴纸。店内的收银台，则是用一台老式缝纫机改做的。这是南京艺术学院雕塑系毕业生张权和其发小在南京开的第二家肥肠面馆，截至昨天已正式开业满月。2015 年 7 月，他们在南湖开了第一家肥肠面馆。

上午 10 点半，面馆正式开门营业。顾客开始陆续上门，有南京艺术学院的大学生，也有水木秦淮文化街区的商户和附近的居民。

"来过三四次了。18 元钱一碗，和其他面馆差不多，味道很好，而且有艺术的感觉，弄得很好玩。现在的年轻人真有想法！"顾客赵珍霞说。她就住在清凉门大街附近，以前见到的街头面馆都很简陋，没想到这里环境这么好。

"好玩，看得懂，让艺术融入生活。我们一开始想的就是要做一个好玩的艺术项目，千万不要那么端着，一定要让普通人都看得懂。"张权说。他 1989 年出生，2012 年毕业于南京艺术学院，父亲是艺术家，母亲是幼儿园老师。受父亲影响，他从小就开始学画。因为母亲的关系，他也善于和小朋友打交道。但毕业后的张权发现，现在很多孩子进到美术馆后都无法理解当代的艺术作品，包括很多大人也看不懂。于是，张权不再只满足于在工作室内创作雕塑作品，而是突发奇想决定开肥肠面馆、印肥肠币、做肥肠系列小工艺品，让艺术与日常生活相互渗透，希望艺术圈外的人也能感受到艺术的美好。

之后，张权找到自已的发小刘庆，请他做肥肠面馆的合伙人。因为，刘庆家族中经营了三家面馆，开面馆"靠谱"。在第一家肥肠面馆开业前的 2014 年年底，张权和刘庆还带着他们的"肥肠计划"，参加了上海当代艺术馆举办的"青年策展人计划"项目展，赢得众多观展者的关注和肯定。这也更加坚定了他们将"肥肠计划"付诸实践的信心。面馆虽然开业才一个月，但每天已能卖出 300 碗左右，早已实现盈利。

【点评与思考】烹饪是一门综合的、五觉体验的艺术。真正由艺术家操刀，设计产品、命名菜肴、构思工艺、包装出品，烹饪艺术的展现无疑更加淋漓尽致。这既是对传统烹饪的拨高升华，又是对年轻、时尚消费者的刺激、奖赏，吸引消费者、增加粉丝群自然不在话下。

资料来源：梁圣蒿. 一碗肥肠面，玩出艺术范［N］. 南京日报，2016-12-12.

第一节　厨房设计布局

厨房设计布局，即根据酒店经营需要，对厨房各功能所需面积进行分配，对所需区域进行定位，进而对各区域、各岗位所需设备进行配置的统筹计划、安排工作。具体来讲，厨房设计要在酒店确定星级档次、规模及经营需要的前提下，着重做好以下两个方面的工作：其一，结合厨房各区域生产作业的特点与功能，充分考虑需要配备的设备数量与规格，对厨房的面积进行分配，对各生产区域进行定位；其二，依据科学合理、经济高效的原则，对厨房各具体岗位、作业点，根据生产风味和作业要求进行设备配备，对厨房设备进行合理布局。

一、影响厨房设计布局的因素

（1）厨房的建筑格局和规模。厨房的空间大小、场地形状对厨房的设计构成直接影响。场地规整，面积宽广，有利于厨房进行规范设计，配备充足数量的设备。厨房的位置若便于原料的进货和垃圾清运，则为集中设计加工厨房创造了良好条件；若厨房与餐厅在同一楼层，则便于烹调、备餐和及时出品。

（2）厨房的生产功能。不同生产功能的厨房设计布局考虑的因素也不相同。综合加工、烹调、冷菜和点心所有生产功能的厨房，要求按由生到熟、由粗到精、由出品到备餐进行统一的设计和布局。这样的厨房往往比较少，只见于小型酒店，而一般大、中型酒店的厨房往往是由若干功能独具的各分点厨房有机联系组合而成的。因此，各分点厨房功能不一，设计各异。厨房的生产功能不同，其对面积的要求和设备配备、生产流程方式均有所区别，设计必须与之相适应。

（3）公用事业的设施状况。公用事业的设施状况对当地经济有着重要的制约和调节作用。对厨房设计影响较大的因素主要是水、电、气。电、煤气、天然气的供给与使用更直接地影响着设备的选型和投资的大小。考虑到能源的不间断供给情况，厨房设计应采用煤气烹调设备和电力烹调设备相结合的方法，以避免受困于任何一种能源供应的中断。

（4）政府的法规政策。《中华人民共和国食品安全法》（以下简称《食品安全法》）和当地消防安全、环境保护等法规应作为厨房设计事先予以充分考虑的重要因素。在对厨房进行面积分配、流程设计和设备选型时，都应遵守法律法规，以避免因设计不科学、设备选配不合理，甚至配备的设备不允许使用而造成浪费和经济损失。

（5）投资费用的多少。厨房建造的投资是对厨房设计，尤其是设备配备影响极大的因素。投资费用的多少，直接影响到设计、配备设备的先进程度和成套状况。除此之外，投资费用还决定了厨房装修的用材和格调。

二、厨房设计布局的目标、原则

（一）厨房设计布局的目标

（1）提供最有效的利用空间。

（2）避免不必要的投资。

（3）安排合理的工作流程，简化生产过程。

（4）方便控制全部生产品质。

（5）提高工作人员的生产效率。

（6）确保员工在作业环境中的卫生与安全。

（二）厨房设计布局的原则

1. 保证工作流程连续顺畅

厨房工作流程，即厨房从原料进入到成品发出的一系列循序渐进的作业步骤；厨房生产从原料购进开始，经过加工和切割配份到烹调出品，是一项连续不断、循序渐进的工作。因此，在进行厨房设计时，首先应考虑所有作业点、岗位的安排和设备的摆放，应与生产、出品次序相吻合。同时，要注意厨房原料进货和领用路线、菜品烹制装配与出品路线，要避免交叉回流。特别要防止烹调出品与收台、餐具洗涤、入柜的交错。厨房物流和人流的路线在设计布局时应给予充分考虑，不仅要留足领料、清运垃圾的推车通道，而且要兼顾大型餐饮活动时餐车、冷碟车的进出通畅。如果是开放式厨房，还要适当考虑餐厅可能借用厨房的空间来移动、布置餐桌、活动舞台等。图 7-1 所示为厨房作业的基本流程。

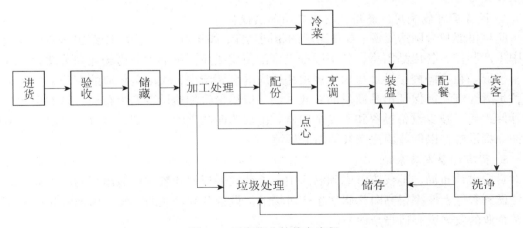

图 7-1　厨房作业的基本流程

2. 厨房各部门尽量安排在同一楼层，并力求靠近餐厅

厨房的不同加工作业点应集中紧凑，尽量安排在同一楼层、同一区域。这样可以缩短原料、成品的搬运距离，提高工作效率，便于互相调剂原料和设备用具，有利于垃圾的集中清运，减轻厨师的劳动强度，保证出品质量，减少客人等餐时间；同时，更便于管理者的集中控制和督导。如果同层面积不能容纳厨房全部作业点，可将干货库、冷库、烧烤间等设计、布局到其他楼层，但要求它们与出品厨房有方便的垂直交通联系。图 7-2 所示为厨房与餐厅的衔接形式。

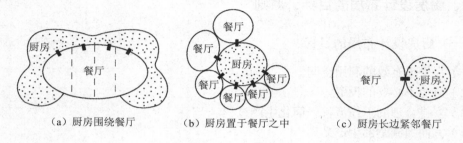

（a）厨房围绕餐厅　　　　（b）厨房置于餐厅之中　　　　（c）厨房长边紧邻餐厅

图 7-2　厨房与餐厅的衔接形式

厨房与餐厅如无法避免高低差时，不应以楼梯踏步连接餐厅，应采用斜坡处理，并有防滑措施和明显标识，以引人注意。

3. 注重食品卫生及生产安全

厨房设计布局必须考虑卫生和安全因素。厨房选址要远离重工业区，500米以内不得有粪场；若在居民区选址，30米半径内不得有排放尘埃、毒气的作业场所。同时还要考虑设备的清洁工作是否方便，厨房的排污和垃圾清运是否流畅。进入厨房的原料存放、保管、加工生产过程的卫生必须引起足够重视，这是生产经营工作的前提。厨房的原料存放应有适宜的位置、仓库、货架及温湿条件。冷菜、熟食间必须单独分隔，并配有空调降温、消毒杀菌等设施，保持其独立、凉爽的环境；还必须配备专供操作人员洗手消毒用的水池。拣、择蔬菜等加工均不得直接在地面或直接在店外露天进行，必须配备相应的工作台，有相应的室内空间。另外，厨房的防火、防盗设施，工作人员的安全通道，在设计布局时都应予以充分考虑。

4. 设备尽可能兼用、套用，集中布局加热设备

应尽可能整合厨房资源、合并厨房的相同功能，如将点心、烧烤、冷菜厨房集中设置、集中生产制作，各出品厨房、各餐厅分点调配使用成品，可节省厨房场地和劳动力，减少设备投资。在不同楼层设计与餐厅规模相适应的烹调厨房，仅配备相应的烹调炉灶等必需设备是既经济又能保证出品质量的有效做法。应尽量将加热设备集中布局，以缩短加热源的延伸距离，减少设备投资和不安全因素。由加热而产生的油、烟、蒸汽，也便于集中设置抽油烟设施，以创造厨房空气清新的环境。

5. 留有调整发展余地

厨房设计布局，不仅应考虑到酒店中、长期发展规划和餐饮可能出现的新趋势，而且应考虑到餐厅上座率很高时，厨房生产对场地、设备及其功能的需要，为调整和扩大经营以及企业的发展留有适当余地。

三、厨房整体与环境设计

厨房整体与环境设计，即根据厨房生产规模和生产风味的需要，充分考虑现有可利用的空间及相关条件，对厨房的面积进行确定，对厨房的生产环境进行设计，从而提出综合的设计布局方案。

（一）厨房面积确定

厨房的面积在餐饮面积中应有一个合适的比例，应该在综合考虑相关因素的前提下，经过测算认真分析研定。

1. 按餐位数计划厨房面积

按餐位数计划厨房面积要与餐厅经营方式结合进行。一般来说，与供应自助餐餐厅配套的厨房，每一个餐位所需厨房面积为 0.5～0.7 平方米；供应咖啡厅制作简易食品的厨房，由于出品要求快速，故供应品种相对较少，每一个餐位所需厨房面积为 0.4～0.6 平方米。风味厅、正餐厅所对应的厨房面积就要大一些，因为供应品种多，规格高，烹调、制作过程复杂，厨房设备多，所以每一个餐位所需厨房面积为 0.5～0.8 平方米。具体比例如表 7-1 所示。

表 7-1　不同类型餐厅餐位数与对应的厨房面积比例表

餐 厅 类 型	厨房面积/（平方米/餐位）
自助餐厅	0.5～0.7
咖啡厅	0.4～0.6
正餐厅	0.5～0.8

2. 按餐厅面积计划厨房面积

国外厨房面积一般占餐厅面积的 40%～60%。根据日本的一项统计，酒店餐厅面积在 500 平方米以内时，厨房面积是餐厅面积的 40%～50%，餐厅面积增大时，厨房面积比例则逐渐下降，如图 7-3 所示。

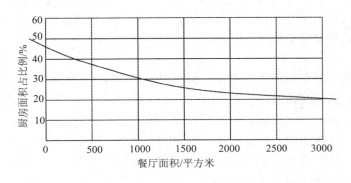

图 7-3　厨房面积占餐厅面积的比例

我国大多地区的厨房由于承担的加工任务重，制作工艺复杂，机械加工程度低，设备配套性不高，生产人手多，故厨房与餐厅的面积比例要大些，一般要接近 70%。随着餐厅面积的增大，厨房占餐厅面积比例也在缩小。

3. 按餐饮面积比例计划厨房面积

厨房的面积在整个餐饮面积中应有一个合适的比例，酒店各部门的面积分配应做到相对合理。从表 7-2 可以看出，厨房的面积占整个餐饮总面积的 21%，仓库占 8%。需要指出的是，这个面积包含员工设施、仓库等辅助设施在内的比例。在市场货源供应充足的情况下，仓库的面积可相应缩小一些，厨房的生产面积可适当增大一些。

表 7-2　餐饮各部门面积比例

各部门名称	占餐饮面积百分比/%
餐厅	50
客用设施（洗手间、过道）	7.5
厨房	21
清洗	7.5
仓库	8
员工设施	4
办公室	2

（二）厨房环境设计

厨房环境设计主要是指对厨房通风采光、温度湿度、地面墙壁等与厨师工作、厨房生产环境方面相关的设计。

1. 厨房高度

厨房应有适当的高度，一般应在 4 米左右。如果厨房的高度不够，会使厨房生产人员有一种压抑感，也不利于通风透气，并容易导致厨房内温度增高；反之，厨房过高，会使建筑、装修、清扫、维修的费用增大。依据人体工程学要求，根据厨房生产的经验，毛坯房的高度一般为 3.8～4.3 米，吊顶后厨房的净高度以 3.2～3.8 米为宜。这样的高度，其优点是便于清扫，能保持空气流通，对厨房安装各种管道、抽排油烟罩也较合适。

2. 厨房顶部

厨房的顶部处理可采用防火、防潮、防滴水的石棉纤维或轻钢龙骨板材料进行吊顶处理，最好不要使用涂料。天花板也应力求平整，不应有裂缝。暴露的管道、电线容易积污积尘，甚至滋生蚊虫，不利于清洁，要尽量遮盖。吊顶时要考虑到排风设备的安装，留出适当的位置，防止重复劳动和材料浪费。

3. 厨房地面

厨房的地面通常要求耐磨、耐重压、耐高温和耐腐蚀，因此厨房的地面处理有别于一般建筑地面处理。厨房的地面应选用大、中、小三层碎石浇制而成，且地面要夯实。

如果地面铺设地砖，水泥地必须是毛坯地。在贴地砖时，水泥浆中最好加入适量的胶黏剂，这样地砖铺设较牢固。厨房的地面既要做到平整，还要有一定的坡度，以防积水，坡度应该保持在 1.5%～2.0%。地面和墙体的交接处应采用圆角处理。圆角处理的优点是无积水、无杂物污垢积存，用水冲洗地面时，四周角落的脏物都极易被冲出。

厨房的地面和墙体还需在原有的基础上进行防水处理，否则易造成污水渗漏。厨房的地面必须要坚固，否则将经不起重压。旧式厨房地面常用马赛克地砖或水磨地砖，这两种地砖有一定的优点，但由于遇油、遇水打滑，再加上质地太硬，易使人感觉疲劳，现代厨房已基本上淘汰了这两种材料，大多改用无釉防滑地砖、硬质丙烯酸砖和环氧树脂等材料。目前酒店厨房的地面一般都选用耐磨、耐高温、耐腐蚀、不积水、不掉色、不显滑又易于清扫的防滑地砖。地面的颜色不能有强烈的对比色花纹，也不能过于鲜艳，否则易使厨房人员感到烦躁，易产生疲劳感。

4. 厨房通道

厨房的通道是保障厨房正常生产和物流畅通的重要条件。厨房内部通道不应有台阶，最小宽度如表 7-3 所示。

表 7-3 厨房通道的最小宽度

通 道 处 所		最 小 宽 度
工作走道	一人操作	700 毫米
	二人背向操作	1500 毫米
通行走道	二人平行通过	1200 毫米
	一人和一辆推车并行通过	600 毫米加推车宽
多用走道	一人操作，背后过一人	1200 毫米
	二人操作，中间过一人	1800 毫米
	二人操作，中间过一辆推车	1200 毫米加推车宽

5. 厨房照明

厨房在生产时，操作人员需要有充足的照明，才能顺利地进行工作，特别是炉灶烹调，若光线不足，容易使员工产生疲乏劳累感，产生安全隐患，降低生产效率和质量。要保证菜点的色泽和档次，就应创造烹调区域内用于指导调味、调色的灯光，不仅要从烹调厨师正面射出，没有阴影，还要保持与餐厅照射菜点的灯光一致的条件，使厨师调制追求的菜点色泽与宾客接受、鉴赏菜点的色泽一样；否则，成品的色泽往往难如人意。厨房照明应达到 10 瓦/平方米以上，在主要操作台、烹调作业区照明更要加强。

6. 厨房噪声

噪声一般是指超过 80 分贝的强声。厨房噪声的来源有排油烟机电机风扇的响声、炉灶鼓风机的响声，还有搅拌机、蒸汽箱等发出的声音。特别是在开餐高峰期，除了设备的噪声，还有人员的喊叫声。强烈的噪声不仅影响人的身心健康，还容易使人性情暴躁，工作不踏实。因此，对噪声的处理也是一件很重要的工作。

解决厨房噪声的方法如下：一是选用先进厨房设备，减少噪声。二是厨房最好是选用石棉纤维吊顶，既吸音，又防火；安装消音装置。三是隔开噪声区，封闭噪声。四是维护保养餐车、运货车，减少运作发出的噪声。五是厨房人员操作要轻，尽量注意控制音量。六是留足空间来消除噪声。

7. 厨房温湿度

（1）温度。绝大多数酒店的厨房内温度都很高。在闷热的环境中工作，不仅员工的工作情绪受到影响，工作效率也会变低。在厨房安装空调系统，可以有效地降低厨房内的温度。在没有安装空调系统的厨房，有如下方法可以适当降低厨房内的温度：① 在加热设备的上方安装排风扇或排油烟机；② 对蒸汽管道和热水管道进行隔热处理；③ 散热设备安放在通风较好的地方，生产中及时关闭加热设备；④ 尽量避免在同一时间、同一空间内集中使用加热设备；⑤ 通风降温（送风或排风降温）。

（2）湿度。湿度是指空气中的含水量多少；相对湿度是指空气中的含水量和在特定温度下饱和水汽中含水量之比。湿度过高易造成人体不适。人体较适宜的湿度为 30%～40%。夏季，当温度在 30℃时，湿度一般在 70% 左右。也就是说，温度越高，湿度也越大。厨房中的湿度过大或过小都是不利的。湿度过大，人体易感到胸闷，有些食品原料易腐败变质，甚至半成品、成品质量也受到影响；反之，湿度过小，厨房内的原料（特别是新鲜的绿叶蔬菜）易干瘪变色。

厨房内较适宜的温度应控制在冬天 22℃～26℃，夏天在 24℃～28℃，相对湿度不应超过 60%。

8. 厨房通风

传统的厨房大多采用自然通风，也就是通过厨房的门、窗、烟囱进行通风换气和自然抽风。过去在厨房的设计中强调窗子的作用，自然光照，自然通风，窗子与墙面的面积比例要求不少于 1∶6。在实际工作中，仅靠自然通风是不够的。随着科学技术的发展和厨房工作条件的改善，厨房通风应该包括两个方面，即送风和排风。

（1）送风。① 全面送风，即利用酒店的中央空调送风管直接将经过处理的新风送至厨房，并在厨房的各个工作点上方设置送风口，又叫岗位送风。厨房的送风口通常有两种形式：一种是侧向送风口，就是在厨房内墙上开设送风口，或者在风道侧壁上装设矩形送风口。新鲜空气由送风口水平方向送出。为了控制气流方向和调节风量，有的送风口还有调节和开关装置。另一种是散流器形式，是一种由上向下送风的送风口，一般安装在顶部通风管道的末端。选用哪种送风口形式根据厨房的具体情况而定。② 局部送风，即利用小型空调器对较小空间的厨房进行送风。例如，冷菜间利用挂壁式空调进行送风降温；也有的厨房空间较大，采用柜式空调机达到送风降温目的。

（2）排风。厨房的排风是指利用排风设备将厨房内含有油脂异味的空气排出厨房，使厨房内充满新鲜、无污染的空气。厨房的排风形式：① 全面排风，是指利用空调系统的装置对厨房内空气进行处理，使厨房的湿度、温度、空气的新鲜度、空气的流通速度都控制在一定的指标内。② 局部排风，是指在厨房的主要加热设备（如炒灶、蒸灶、蒸箱、炖灶、油炸炉、烤炉、焗炉等）上方安置排风设备以及在厨房的墙体上安置排风扇等，以达到局部排风的目的。

实践证明，每小时换气 40～60 次可使厨房保持良好的通风环境。准确地计算排气量是保证厨房达到理想换气次数的前提。计算排气量通常可采取例 7-1 的方法。

【例 7-1】 某厨房长约 20m，宽约 8m，高约 3.6m，则该厨房的空气体积为

$$厨房的空气体积=长×宽×高$$
$$=20 × 8 × 3.6$$
$$=576（立方米）$$

若该厨房需要每小时换气 50 次，其排气量为：

$$CMH=V×AC$$

式中：CMH 代表每小时所排出的空气体积量；V 代表空气体积；AC 代表每小时需换气次数。代入公式，即

$$CMH=576 × 50=28\,800（立方米/小时）$$

通过计算，可以决定选用的排风设备的功率。每台排油烟设备上都有其排风量，通过综合计算确定配备数量，既节省又能保证效果。

大部分烹调厨房即使装有机械通风系统仍不足以排出厨房烹调时所产生的油烟、蒸汽，因而还必须为炉灶、油炸锅、汤锅、蒸箱、烤炉等设备安装排油烟罩或排气罩，将这些加热设备工作时产生的不良气体及时排出厨房。

排烟罩应选用不锈钢材料制作，表面光滑无死角、易冲洗，罩口要比灶台宽 0.25 米，

一般罩口风速应大于 0.75 米/秒；排气管上出口附有自动挡板，以免停止工作时有蚊、蝇等昆虫进入。

9. 厨房排水

厨房排水系统要能满足生产中最大排水量的需要，并做到排放及时，不滞留。厨房排水，往往水中混杂油污，因此要通过厨房内的排水沟联结建筑物下水道，再通往建筑物外面的污水池进行处理。

厨房的排水沟应在厨房地面浇灌水泥之前，将排水沟位置留出，而不应将地砖铺设结束后再考虑排水问题。厨房排水可采用明沟与暗沟两种方式。明沟是目前大多数厨房普遍采用的一种方式。明沟的优点是便于排水、便于冲洗、有效防止堵塞；缺点是排水沟里的杂物可能在厨房内散发异味，有些厨房的明沟还是虫、蝇、鼠害的藏身之地，明沟处理不好，还会导致厨房地面不平整，造成厨房设备摆放困难。

厨房明沟应尽量采用不锈钢板铺设而成，明沟的底部与两侧均采用弧形处理，水沟的深度在 15～20 厘米，砌有斜坡，坡度应保持在 2.0%～4.0%；明沟宽度在 30～38 厘米，明沟的盖板可采用防锈铸铁板，亦可采用不锈钢，呈细格栅形。盖板要整齐平稳，同时要注意防滑；盖板与厨房地面合为一体，接缝要小。此外，排水沟出水端应安装网眼小于 1 厘米的金属网，防止鼠虫和小动物的侵入。

暗沟是厨房排水的另外一种方式，它多以地漏形式将厨房污水与之相连。地漏直径不宜小于 150 毫米，径流面积不宜大于 25 平方米，径流距离不宜大于 10 米。采用暗沟排水，厨房显得更为平整、光洁，易于设备摆放，无须担心排水沟有异味排出，但若管理不善造成管道堵塞，则疏浚工作相当困难。一些大型酒店在设计厨房暗沟时，在暗沟的某些部位安装热水龙头，厨房人员每天只需开启一两次热水龙头，就能将暗沟中的污物冲洗干净。

需要注意的是，厨房排水中油污较重，必须经过处理才可排入下水道。处理的主要方法就是厨房排水经隔油池过滤。隔油池的作用是将厨房含油脂污水的油污部分及时隔断在下水道外面，从而保证排水的畅通。

隔油池可以由砖头砌成，或用混凝土浇制于地面之下，上面用盖板盖住。池中四分之三处有一隔板直竖于出水口前阻挡悬浮油脂。

四、厨房作业间的设计布局

厨房作业间是厨房不同工种相对集中、合一的作业场所，也是一般酒店根据生产、经营的需要，分别设立的加工厨房、烹调厨房、冷菜厨房、面点厨房等。

（一）加工厨房的设计布局

加工厨房，又叫主厨房或中心厨房，是相对于其他烹调厨房而言的。加工厨房将整个酒店与各餐厅相对应的烹调（即出品厨房）所需原料的申领、宰杀、洗涤、加工集中于此，按统一的规格进行生产，再分别供各点厨房加以烹调、装配出品。以下为其设计布局要点。

（1）应设计在靠近原料入口并便于垃圾清运的地方。所有进入厨房的原料，尤其是各种鲜活原料，大都需要经过加工处理。因此，供货商将原料运至酒店以后，最先是经过验货，办理收货手续，紧接着就是将原料送进或领回到加工厨房进行加工处理。原料入口处应靠近卸货平台，或将验收货物办公室综合设计在加工厨房的入口处，这样不仅可以节省货物的搬运劳动，还可以减少搬运原料对场地的污染，更能有效地防止验收后的原料丢失或被调包。

（2）应有加工本酒店所需的全部生产原料的足够空间与设备。加工厨房工作量和场地面积占用都是比较大的，酒店生产及经营网点越多，分布越广，加工厨房的规模就越大。加工厨房在足够的空间和设备条件下，应承担本酒店所有加工工作，切不可因加工设备的缺项或场地的狭小，选择在烹调厨房区域从事加工工作。否则，不仅加工厨房的优越性发挥不出来，还将给厨房管理和卫生工作留下难以根治的后遗症。

（3）加工厨房与各出品厨房要有方便的货物运输通道。加工厨房与各烹调厨房应有方便、顺畅的通道或相应的运输手段。加工厨房与各烹调厨房如在同一楼层，应设计方便、快捷的通道；如不在同一楼层，则应考虑有快捷、专用的垂直运输电梯（升降梯）或人工步行梯，确保传递效率。

（4）不同性质原料的加工场所要合理分隔，以保证互不污染。不同性质的原料，若互相混杂，不仅妨碍加工效率，而且被污染后的原料，洗除异味也相当困难。因此，为了保持加工厨房良好的工作环境，减少加工原料互相之间的污染，对不同原料的加工还应做到相对集中，适当分隔。只有对不同性质原料的加工用具、作业场所必须进行固定分工，才能保证加工原料的质量。在加工厨房加工的不同原料，要特别注意水产宰杀给时鲜果蔬带来的腥味污染，更要防止禽畜宰杀的羽毛给其他原料造成的污染。

（5）加工厨房要有足够的冷藏设施和相应的加热设备。加工厨房加工的原料，不仅种类多，而且数量大，各烹调厨房要货时间也不一定十分准确和固定。因此，为了方便备用原料和加工后原料的储存及周转，设计足够的冷藏库（含一定量的冷冻）是必要的。有些原料经适当降温冷冻，加工也变得更加方便，如批切狮子头的肉粒和刨切干丝等。

（6）加工厨房在承担的加工工作中，有些干货原料的涨发和鲜活原料的宰杀、煺毛需要进行热处理，因此在加工厨房的合适位置设计配备明火加热设备也是必需的。当然，有加热设备就应注意加热源的安全和所产生烟气的脱排问题，以保持加工厨房安全、舒适的工作环境。

加工厨房的设计布局如图 7-4 所示。

（二）中餐烹调厨房的设计布局

中餐烹调厨房是酒店中十分繁忙且对菜肴质量有着重大决定作用的厨房，负责将已经切割、浆腌的原料，根据零点或宴会等不同出品要求，将主料、配料和小料进行配伍，并在适当的时间内烹制成符合风味要求的成品。以下为其设计布局要点。

（1）厨房与相应餐厅要在同一楼层。为了保证中餐烹调厨房的出品及时，并符合应有的色、香、味等质量要求，中餐烹调厨房应紧靠与其风味相对应的餐厅。考虑到传菜的效率和安全，尤其是会议、团队等大批量出品，可能需用推车服务，因此烹调厨房与餐厅应在同一平面，不可有落差，更不能有台阶。

（2）必须有足够的冷藏和加热设备。中餐烹调厨房的整个室温（在没有安装空调或新风设备的情况下）正常在 28℃～32℃，这个温度为原料的保质储存带来很多困难。因此，烹调厨房内用于配份的原料需随时在冷藏设备中存放，这样才能保证原料的质量和出品的安全。开餐间隙和晚餐结束，中餐烹调厨房的调料、汤汁、原料、半成品和成品均需就近低温保藏。所以，设计配备足够的冷藏设备是必需的。同样，烹调厨房承担着对应餐厅各类菜肴的烹调制作任务，因此除了配备与餐饮规模、餐厅经营风味相适应的炒炉外，还应配备一定数量的蒸、炸、煎、烤、炖等设备，以满足出品需要。

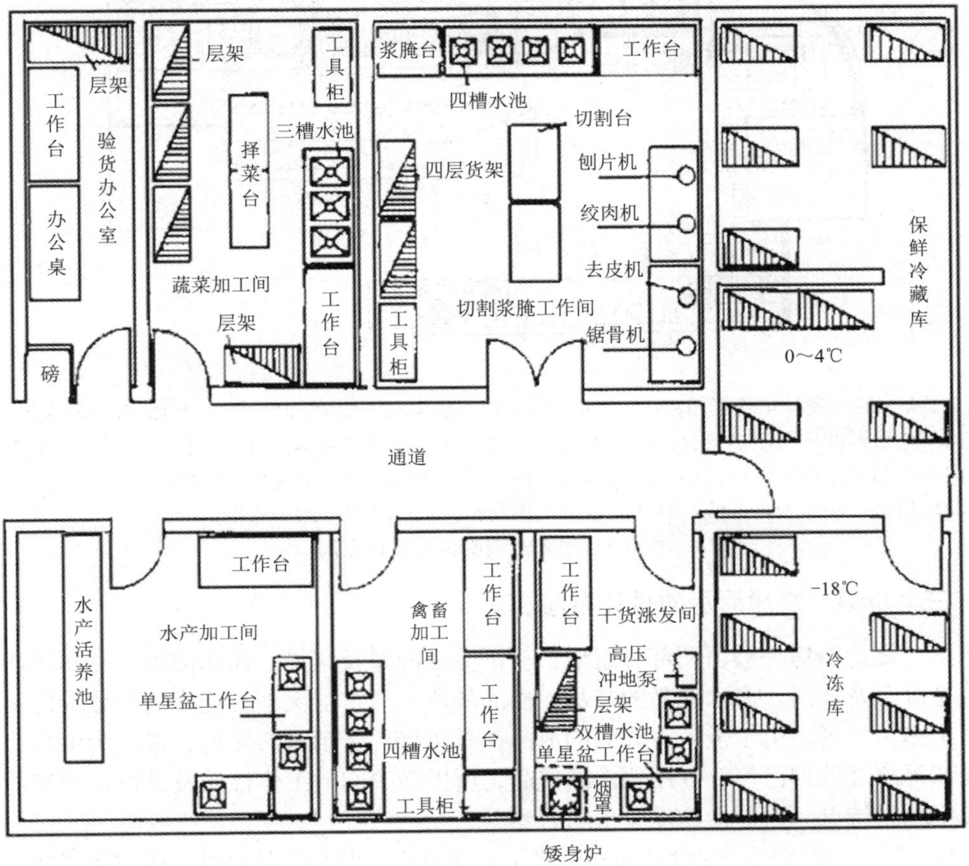

图 7-4　加工厨房的设计布局

（3）抽排烟气效果要好。中餐烹调厨房工作时会产生大量的油烟、浊气和散发的蒸汽，如不及时排出，则会在厨房内流动，甚至倒流进入餐厅，污染客人的就餐环境。因此，在炉灶、蒸箱、蒸锅、烤箱等产生油烟和蒸汽设备的上方，必须配备一定功率的抽排烟设施，使此厨房真正形成负压区，以创造空气清新的环境，方便烹调人员判别菜肴的口味。

（4）配份与烹调原料传递要便捷。食品配份与烹调应在同一开阔的工作间内，配份区与烹调区之间距离不可太远，以减少传递的劳累，增强沟通的时效性。

（5）要设置急杀活鲜、刺身制作的场地及专门设备。随着消费者对原料鲜活程度和出菜速度与节奏的要求越来越高，客人所订、点的海鲜、河鲜原料经其鉴认后，大部分客人希望餐厅在很短的时间内烹饪上桌。因此，如果开生间（水产加工间）离餐厅距离较远，对鲜活原料的宰杀则需要设计、配置方便操作的专用水池及工作台，以保证开餐繁忙期间其操作仍十分便利。刺身菜肴的制作要求有严格的卫生和低温环境，除了在管理上对生产制作人员及其操作有严格的操作规范外，在设计及设备配备上也应充分考虑上述因素。设置相对独立的作业间，创造低温、卫生和方便原料储藏的小环境是十分必要的。

中餐烹调厨房的设计布局如图 7-5 所示。

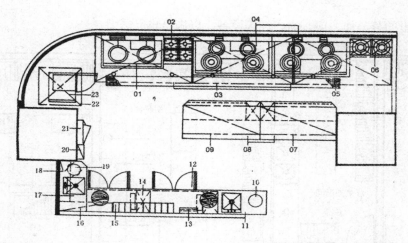

01—双头蒸炉；02—煲仔炉连烤箱；03—运水烟罩；04—双头双尾炒炉；05—明沟垫板；06—双头矮身炉；
07—移门工作台；08—保温出菜台；09—移门工作台；10—活动垃圾桶；11—工作台；12—冷柜工作台；
13—灭蝇灯；14—冷柜工作台；15—低温料槽；16—双层吊架；17—单星盘工作台；18—双层吊架；
19—活动垃圾桶；20—消防系统；21—运水烟罩控制箱；22—烟罩；23—蒸柜

图 7-5　中餐烹调厨房的设计布局

（三）冷菜、烧烤厨房的设计布局

　　冷菜、烧烤厨房一般由两部分组成：一部分是冷菜及烧烤、卤水的加工制作场所；另一部分是冷菜及烧烤、卤水成品的装盘、出品场所。通常情况下，泛指的冷菜厨房（俗称冷菜间）多为后者。由于进入冷菜间的成品都是直接用于销售的熟食，或虽为生料但经过泡洗腌渍等烹饪处理已符合食用要求的成品，所以冷菜间的工作性质及其设计与其他厨房有明显不同的特点。以下为其设计布局的要点。

　　（1）冷菜、烧烤厨房的设计布局，除了方便操作、便利出品之外，还应注意执行《食品安全法》和国家相关行业管理规范，创造安全可靠的条件，切实维护消费者权益。

　　（2）应具备两次更衣条件。根据行业规范，为确保冷菜出品厨房内食品及操作卫生，要求冷菜出品厨房员工进入生产操作区内必须两次更衣。因此，在设计冷菜出品厨房时，应采取两道门（并随时保持关闭）防护措施。员工在进入第一道门后，经过洗手、消毒、穿着洁净的工作服，方可进入第二道门，从事冷菜的切配、装盘等工作。

　　（3）营造低温、消毒、防鼠虫的环境。进入冷菜出品厨房的成品都是可直接享用的食品，直接用于销售，常温下存放极易腐败变质。因此，冷菜出品厨房应设计有可单独控制的制冷设备，切实创造冷菜出品厨房低温工作环境。同时，为了防止冷菜出品厨房可能出现的微生物滋生和繁殖现象，设计装置紫外线消毒灯等设备也是十分必要的。冷菜出品厨房的门窗、工作台等均应紧凑严密，不可松动和留有太大缝隙，以防鼠虫等侵袭。

　　（4）设计配备足够的冷藏设备。待装盘的成品冷菜或消过毒的净生原料，在装盘前均应在冷藏冰箱或冷藏工作柜内存放；有些成品类冻汁菜肴更应如此。因此，冷菜间应设计配备足够的冷藏设备，以使各类冷菜分别存放，随时取用。烧烤、卤水成品在出品厨房的存放也应有特定条件和要求，根据不同客人的饮食习惯，还应配备出品加热、烫制设备。

　　（5）紧靠备餐间，并提供出菜便捷的条件。管理规范、要求高的酒店，零点的冷菜、烧烤、卤水成品必须在客人点菜后 3 分钟内上桌。缩短冷菜出品厨房与餐厅的距离是提高其上菜速度的有效措施。因此,冷菜出品厨房应尽量设计在靠近餐厅、紧邻备餐间的地方。为了保证冷菜出品厨房的卫生,应减少非冷菜间工作人员进入;同时也为了方便冷菜的出品,减少碰撞,冷菜出品应设计有专门的窗口和平台。

冷菜出品厨房的设计布局如图 7-6 所示。

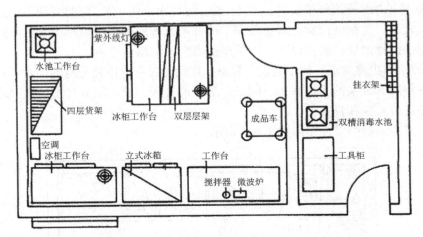

图 7-6　冷菜出品厨房的设计布局

烧烤、卤水厨房的设计布局如图 7-7 所示。

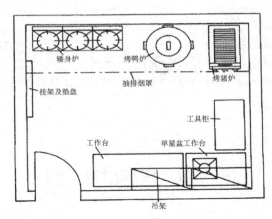

图 7-7　烧烤、卤水厨房的设计布局

(四)面食、点心厨房的设计布局

面食、点心厨房,由于其用料、设备以及成品特点、出品时间和次序与菜肴有明显不同,其设计要求和具体设计布局方式、设备选配等与菜肴烹调厨房也有很大区别。

(1)要求单独分隔或相对独立。有条件的酒店,面食、点心厨房应尽量单独分隔设立。这样既解决了红案的水、油及其他用具对面点原料、场地的干扰、污染问题,又便于点心生产人员集中精力进行生产制作。除此之外,独立的面食、点心厨房对红、白案的设备专门维护、保养,明确、细化卫生责任,也有一定便利。即使在中小型酒店,点心生产任务相对较轻,也应将面点设备相对集中,以缩短点心厨师的走动距离,方便操作。

(2)要配有足够的用于蒸、煮、烤、炸等的设备。点心多用蒸、烤、炸等烹调方法烹制而成,因为这些烹调方法最能保持成品的造型和花纹,最能创造精细、精美的效果,而在进行烹调之前，点心的成型工艺，必须有兑水、揉面、下剂、捏作等工序处理。所以，配备相应的木面或大理石、云石面工作台，以及和面、搅拌、压面等器械自然是必需的。面食、点心厨房大多还承担酒店米饭、粥类食品的蒸煮，配备蒸煮饭粥用的蒸箱、蒸饭车或蒸汽锅也是必需的。

（3）抽排油烟、蒸汽效果要好。面食、点心厨房由于烤、炸、煎类品种占据很大比例，产生的油气较多，蒸制的面食品种也较多，因此需要排放的蒸汽量相当大。所以，必须配备足够功率的抽排油烟、蒸汽设备，以保持室内空气清新。

（4）便于与出菜沟通，便于监控、督查。在设计独立或单独分隔的面食、点心厨房时应考虑与备餐间和红案的有机联系。同时，为方便管理，面点间最好安装大型玻璃门窗，以便在室外进行监控和督查。

面食、点心厨房的设计布局如图7-8所示。

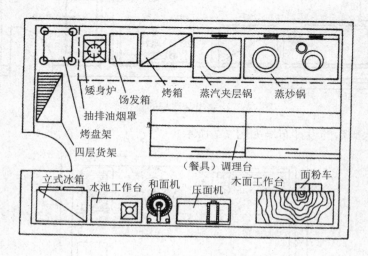

图7-8　面食、点心厨房的设计布局

第二节　厨房设备管理

厨房设备是指厨房加工、配份、烹调以及与之相关、保证烹饪生产得以顺利进行的各类器械。物资配备的充分、先进与否，不仅决定员工的劳动强度大小，而且影响到生产菜点的质量与效率。设备管理则是连续生产、优质出品的前提，是餐饮生产不可忽视的基础管理工作。

一、厨房设备选配的原则

厨房是制作菜点的场所，因此所有加工、切割、烹调、储藏所需的各种设备都应配备齐全，以方便使用。先进、齐全的厨房设备是高品质菜肴生产所必需的。

（1）安全卫生原则。一是厨房环境安全，设备布局的环境决定了选择厨房设备必须充分考虑安全因素。厨房设备要选择防水、防火、耐高温，甚至防湿气、防侵蚀、性能先进的设备。二是厨房设备的安全性，要在设备牢靠、质量稳定的前提下，充分考虑厨师操作的安全。厨房设备要符合卫生安全的如下要求：① 与食品接触的设备用具表面应平滑，不能有破损与裂痕；② 设备与食品接触表面的接缝处与角落应易于清洁；③ 与食品接触的设备应采用无吸附性、无毒、无臭材料制造，不应影响食品安全和清洁剂的使用；④ 设备的所有与食品接触面都应易于清洁和保养；⑤ 含有毒金属（如镉、铅）或此类材料的合金均会影响食品的安全和质量，厨房设备用具要绝对禁用，非食品用塑料材料同样不可采用；⑥ 厨房设备与食品接触的表面和易染上污迹或需经常清洗的设备表面，应该平滑、不突出、无裂痕、易洗和易维护。

（2）实用便利原则。实用、便利性是指选配厨房设备不应只注重外表新颖，或功能全面，还要考虑酒店厨房的实际需要。设备应简单并有效发挥其功能。设备的功能以实用、适用为原则，同时兼顾设备使用和维修保养的便利性。

（3）经济可靠原则。购置厨房设备用具必须考虑经济适用。特别要对同类型厨房设备进行收益性分析和设备费用效率分析，力求以适当的投入购置到效用最好、最适合本酒店生产使用的设备。

（4）发展革新原则。选择厨房设备应该有发展理念，选择功能适当超前的设备，切不可配备已经落伍、即将淘汰的设备，在环保和可持续发展方面更要多加关注。例如，厨房的排油烟设备应尽量选用集清洗、过滤、抽排油烟于一体的烟罩；厨房餐具保存柜应尽量配备储存、干燥（防菌、杀菌）功能合而为一的橱柜等。

二、厨房设备的种类

（一）加工、冷冻、冷藏设备

厨房加工设备主要是指对原料进行去皮、分割、切削、打碎等处理，以及用于面点制作的和面、包馅、成型等设备。厨房冷冻设备主要有冷冻冰箱和冷冻保藏库等。厨房冷藏设备主要有冷藏冰箱和冷藏保鲜库等。

（1）切片机。采用齿轮传动方式，外壳为一体式不锈钢结构，维修、清洁极为方便，所使用的刀片为一次铸造成型，刀片锐利耐用。切片机是切、刨肉片以及切脆性蔬菜片的专用工具。

（2）食品切碎机。能快速进行色拉、馅料、肉类等切碎、搅拌处理。不锈钢刀在高速旋转的同时，食物盆也在旋转，加工效率极高。

（3）锯骨机。由不锈钢架、电动机装置、环形钢锯条、工作平钢板、厚宽度调节装置及外部不锈钢面组成。它主要用于切割大块带骨肉类，如火腿、猪大排、肋排、T骨牛排、西冷牛排、牛仔肋排、牛膝骨、牛猪脚及冷冻的大块牛肉、猪肉等食品原料。

（4）多功能搅拌机。结构与普通搅拌机相似，多功能搅拌机可以更换多种搅拌头，适用的搅拌原料范围更广，如搅打蛋液、和面、拌馅等，也可用于搅拌西点奶油，具有多种用途。

（5）擀面机，又叫压面机，如图7-9所示。它是用于水面团、油酥面团等双向反复擀制达到一定薄度要求的专用机械设备，具有擀制面皮厚薄均匀、成型标准、操作简便、省工省力等特点。

图 7-9　擀面机

（6）小型冷库。冷库是根据设定，用来冷却、结冻或冷藏各类食品，并保持食品原有的营养成分、味道及色泽，防止腐败变质的专用制冷设备。按其冷藏或冷冻温度的高低可将冷库分为高温冷库和低温冷库。① 高温冷库。实际上就是冷藏间，一般采用冷风机或冷却排管等形式制冷。高温冷库的库温一般为 0℃～10℃，主要储藏水果蔬菜、蛋类、牛奶、熟食和啤酒等。② 低温冷库。也就是结冻冷藏间，制冷形式与高温冷库相同，低温冷库的库温一般为-23℃～-18℃，主要储藏肉类、鱼虾、家禽、冰蛋等。

（7）全自动制冰机。机器安装完成后，自动操作，当净水流入冰冻的倾斜冰板时，会逐渐冷却成为冰膜，当冰膜凝结到一定厚度后，恒温器会将冰层滑到低压电线的纵横网络上，此网络将融解冰块，将冰层切成冰粒，这个步骤会不断重复，直至载冰盒装满冰粒为止，这时恒温器会自动停止制冰。当冰盒内的冰粒减少（融化或被取用），恒温器又会重新启动，恢复制冰。

（二）厨房加热设备

厨房加热设备主要是指中、西餐及面点厨房、包饼房通过热能对烹饪原料进行烹调、蒸煮、烘烤等处理，使其由生到熟、由原料到菜点成品的各种制作设备。

（1）煤气炒炉。煤气炒炉是中餐厨师最常用的炉具，火焰大，温度高，特别适合煎、炒、熘、爆、炸等烹制中餐菜肴。具有两组煤气喷头的称为双头炒炉，如图 7-10 所示；具有三组煤气喷头的称为三头炒炉，还有四头炒炉等。

（2）汤炉。这是专门炖煮汤料的炉具，分双头汤炉、四头汤炉。汤炉的隔板是平而方（长方）形的，故又称平头炉。由于汤锅（桶）较高，为便于操作，汤炉比较矮，火力不是很猛烈。

（3）蒸汽夹层锅。包括两只锅，其中一只小锅装食品并套在另一只大锅中，蒸汽由管道送入大锅中，对小锅中的食品进行加热，这种锅的体积较大，如图 7-11 所示。

图 7-10　双头煤气炒炉

图 7-11　蒸汽夹层锅

（4）扒炉。西餐厨房用的扒炉有煤气扒炉和电扒炉两种。电扒炉是食品直接受热煎扒的加热设备，如图 7-12 所示。电扒炉的电阻丝以线卷状置于不锈钢管中，不锈钢管发热器一般装在平面铁板的下面，通电发热后传导给铁板，食品直接平放在平面铁板上加热烹制。电扒炉主要用于煎扒肉类、海鲜类、蛋类等，也可用于制作铁板炒饭、炒面等食品，具有使用简便、省时省工、清洁卫生等特点，普遍用于西式厨房、日本铁扒烧等。

（5）电面火烤炉。又称为电焗炉，是使食品表面直接受热烘烤的加热设备，如图 7-13 所示。电面火烤炉的电阻丝直接以线卷状置于炉架的上半管上，通电后，电阻丝加热至火红，受烘烤食物放入炉膛内，由上下转动板调节食物与电阻丝之间的距离，从而达到控制烤制温度的目的。其特点是上下可同时受热，更便于表面上色，而且控制便利。电面火烤炉广泛用于西餐焗制菜肴、烘烤蒜蓉面包等，是制作西餐独特风味的炉具之一。

图 7-12　电扒炉　　　　　　　　　图 7-13　电面火烤炉

（6）西式煤气平头炉连焗炉。主要由钢结构架、平头明火炉、暗火烤箱装置和煤气控制开关等构成，如图 7-14 所示。有的西式煤气平头连焗炉还设有自动点火和温度控制等功能，具有热源强、便于控制、使用方便、适用于西餐的多种烹调方法、易于清洁、卫生等特点，是西餐烹饪中必不可少的基本加热设备。

（7）电磁炉。又名电磁感应灶，如图 7-15 所示。它通过电子线路板组成部分产生交变磁场，将铁质锅具底部放置于炉面时，锅具即切割交变磁力线而在锅具底部金属部分产生交变的电流（即涡流），涡流使锅具铁原子高速无规则运动，原子互相碰撞、摩擦而产生热能使器具本身自行高速发热，用来加热和烹调食物。电磁炉具有升温快、热效率高、无明火、无烟尘、无有害气体、对周围环境不产生热辐射、体积小巧、安全性高和外形美观等优点，可用于煮、炒、蒸、炸等多种烹饪操作。

（8）运水烟罩。运水烟罩是将厨房烹调时产生的油烟经加有清洁剂的水过滤后排放出去，以保持厨房空气清新，而不构成对环境的破坏，是新型环保型抽排油烟设备，如图 7-16 所示。其特点包括：① 具有较好的隔油烟效果，隔油效果可达 93%，隔烟除味效果可达55%；② 具有防火功能，由于有洒水系统将烟罩与排气道分离，风喉能避免被火热蔓延，因此防火功能增强；③ 运水烟罩初期投资较大，设备配套性好，由不锈钢制造，美观耐用，油污不易积聚，方便清洗，并能长期保持清洁卫生；④ 由于有水循环，能有效降低炉灶及烟罩周围的温度，改善厨师生产工作的环境。

图 7-14　西式煤气平头炉连焗炉　　　图 7-15　电磁炉　　　　　图 7-16　运水烟罩

三、厨房设备的管理

（一）厨房设备管理的要求

1. 制定设备管理制度

针对厨房生产及各岗位工作特点，制定切实、具体的设备用具管理制度，健全主要设备资料档案及操作规程，这是厨房管理的基础工作。

2. 规定设备操作、保养规程

每一台设备都有一定的操作规程，正确使用设备，必须按规定的先后次序进行操作，严禁违章操作。

（1）设备操作使用规程的内容：使用前的检查工作；操作使用程序；停机操作及检查；安全操作注意事项。

（2）设备维护保养规程的内容：设备的日常保养；设备的周期保养；设备的定期维修保养。

3. 明确设备管理责任

将厨房设备根据其布局位置和使用部门、岗位及人员情况进行合理分工，安排特定部门专人专岗负责某类或某件设备管理。设备日常维护保养要做到以下"五定"。

（1）定人：厨房设备的维护保养必须定岗定人，落实到具体的岗位和员工负责。

（2）定时：制订厨房设备定期维护保养的计划，并检查落实执行情况。

（3）定位：厨房设备位置固定，不得随意移动。

（4）定法（使用、保养方法）：由工程技术人员或生产厂家负责培训操作使用人员，严格按照操作规程使用和保养。

（5）定卡：建立厨房设备档案卡，记录设备的编号、安装位置、日常维护保养、维修或大修的具体内容细则，并注明每次维修的费用。

4. 健全设备维修体系

理顺厨房设备报修渠道，及时对有问题的设备进行科学修理，这不仅是维持厨房正常生产的需要，也可以减少维修的不及时导致设备损坏程度的加重、维修时间的延长和维修费用的增加等情况。

5. 适时更新或添置设备

适时为厨房更新或添置功能先进、操作便利的生产设备，可以防止因原有设备的老化或超年限使用以及用具的不灵敏而妨碍厨房生产、出品质量，同时还能节省对老化设备频繁维修的高额费用。

（二）厨房设备管理的原则

（1）预防为主。贯彻预防为主的原则，平时多检查，定期做保养，用时多留心，切实做到维护、使用相结合，并强化例行检查、专业保养的职能，维持设备用具完好率，尽可能减少设备用具损坏现象。

（2）属地定岗。厨房设备用具责任管理应以设备用具所在地为基础，尽量明确附近岗位、人员看护、保管，检查、督促相关设备用具的使用、清洁和维护工作。

（3）落实责任。对损坏设备用具及时进行维修的同时，应对设备用具的损坏原因进行调查、分析，应对人为损坏设备用具的当事人进行严格教育、重点培训，甚至要求直接责任人承担赔偿责任。

（三）厨房设备管理的方法

厨房设备管理追求位置规范、整洁完好，以便于生产使用。对厨房设备的管理实质是规范化的静态管理，要求做到所有硬件设备设施、工具用具都要有人负责，所有人员都要有管理、监控、承包、清洁的工作对象。推广 5S 管理法，或称五常法管理，对厨房设备管理有积极促进意义。

（1）常组织：判断物品的重要性及使用频率，做出组织计划。

（2）常整顿：每件物品都有一定的存量及摆放位置（都有一个"家"），避免乱放，寻找费时，影响工作效率。

（3）常清洁：每位员工每天要执行清洁岗位的任务，大家才有归属感。

（4）常规范：制定管理标准，定期检查。

（5）常自律：关键在于每天自动自觉，养成习惯，共同建立一个良好、舒适的工作环境。

五常法侧重于工作环境和物品的摆放与使用管理，通过固化、明化物品空间以方便取还，有助于在清洁、整顿环境的同时提高工作效率。这对基础规范缺乏或新开张的企业有明显的管理效果。

厨房设备规范管理应力求科学设计，精简程序，创新管理，务求实效。

第三节　厨房运作管理

一、加工管理

加工阶段包括原料的初加工和深加工。初加工是指对冰冻原料进行解冻，对鲜活原料进行宰杀、洗涤和初步整理。深加工则是指对已经过初加工的原料进行切割成形和浆腌工作。这一阶段的工作是整个厨房生产制作的基础，其加工品的规格、质量和出品时效对后续的厨房生产产生直接影响。另外，加工质量还与原料出净率的高低、厨房的成本控制有较大关系。

（一）加工质量管理

1. 冰冻原料的解冻

冰冻原料的解冻，即对冰冻状态的原料通过采取适当的方法，使其恢复新鲜、软嫩的状态，以便用于烹饪。冰冻原料解冻，要使解冻后的原料尽量减少汁液流失，保持其风味和营养，解冻时必须注意以下要点。

（1）解冻媒质温度要尽量低。用于解冻的空气、水等，其温度要尽量接近冰冻物的温度，使其缓慢解冻。即使将解冻原料置于空气或水中，也要力求将空气、水的温度降低到10℃以下（如用碎冰和冰水等解冻）。

（2）被解冻原料不要直接接触解冻媒质。若用水解冻，最好用聚乙烯薄膜包裹解冻原料，然后再进行水泡或水冲解冻。

（3）外部和内部解冻所需时间差距要小。解冻时间越长，受污染的机会、原料汁液流失的数量就越多。因此，在解冻时，可采用勤换解冻媒质的方法（如经常更换用于解冻的碎冰和凉水等），以缩短解冻物内外时间差。

（4）尽量在半解冻状态下进行烹饪。有些需用切片机进行切割的原料，如切涮羊肉片、切炖狮子头的肉粒，原料略做化解，即可进行切割。

2. 原料加工出净

有些完整的、没有经过分档取料的毛料，需要在加工阶段进行选取净料（剔除废料、下脚料）处理。加工出净率是指加工后可用作做菜的净料与未经加工的原始原料重量的百分比。出净率越高，即原料的利用率越高，菜肴单位成本就越低；出净率越低，菜肴单位成本就越高。

（二）加工数量管理

原料的加工数量主要取决于厨房配份等岗位销售菜肴、使用原料的多少。加工数量应以销售预测为依据，以满足生产为前提，留有适当的储存周转量，避免加工过多而造成质量降低。以下为加工原料的数量管理过程。

（1）各配份、烹调厨房根据下餐或次日预订和客情预测提出加工成品数量要求。在全酒店所有厨房约定时间（如中午开餐后、下班前）提交给加工厨房，如表7-4所示。

表7-4 加工原料订单

订料时间：　　　　　　　　交料时间：

品　　名	单　　位	数　　量	实　发　数	备　　注
猪肉片	千克			
猪肉丝	千克			
猪肉丁	千克			
鸡片	千克			
鸡丁	千克			
鱼片	千克			
鱼丝	千克			
开片虾	千克			
土豆条	千克			
土豆丝	千克			
（豆腐）干丝	千克			
笋丝	千克			
菜心	千克			
银芽	千克			
⋮				

订料部门：　　　　　订料人：　　　　　发料人：

注：表内品种为举例品种，使用时根据经营菜单调整。

（2）加工厨房收集、分类汇总各配份厨房加工原料。按各类原料出净率、涨发率推算出原始原料（即市场可购买状态原料）的数量，作为向仓库申领或向采购部申购的依据。此食品原料订货单（见表7-5）必须经总厨审核，以免过量进货或进货不足。

表7-5　食品原料订货单

订料时间：　　　　　　　　　　　　　交料时间：

序号	品名	规格	库存	已订货	订货	供应商	价格	序号	品名	规格	库存	已订货	订货	供应商	价格
	牛羊肉类							26	⋮						
1	牛脯								水产海鲜类						
2	牛柳							27	鲈鱼						
3	牛腿肉							28	墨鱼						
4	牛尾							29	青鱼						
5	紫盖肉							30	鲫鱼						
6	米龙							31	蚬肉						
7	羊扒							32	基围虾						
8	羊腿							33	河鳗						
9	⋮							34	⋮						
	猪肉类								鲜果类						
10	猪爪							35	杧果						
11	猪腰							36	荔枝						
12	乳猪							37	西瓜						
13	猪肥膘							38	苹果						
14	猪肠							39	香蕉						
15	里脊肉							40							
16	肋排								蔬菜类						
17	大排							41	鲜芦笋						
18	⋮							42	冬瓜						
	家禽类							43	生菜						
19	光鸡							44	西蓝花						
20	乳鸽							45	荷兰豆						
21	鹌鹑							46	土豆						
22	火鸡							47	胡萝卜						
23	鸡腿							48	葱						
24	鸡脯							49	生姜						
25	鸡翅							50	⋮						

白色联：采购部　　　　　蓝色联：食品成本控制　　　　黄色联：收货部　　　　红色联：厨师长

注：表内品种为举例品种，使用时根据经营菜单调整。

二、配份与烹调管理

（一）配份质量管理

菜肴配份与烹调同在一间厨房，是热菜成熟、成形阶段。配份与烹调虽分属两个岗位，但联系相当密切，沟通特别频繁；开餐期间，这两个岗位也常常是厨师长最关注的。

（1）菜肴配份。菜肴配份是指根据标准食谱，即菜肴的成品质量特点，将菜肴的主要原料、配料及料头（又称小料）进行有机配伍、组合，以提供炉灶岗位进行烹调。配份阶段是决定每份菜肴的用料及其成本的关键，甚至生产的无用功（即产品出去了，可利润没收回）也会在这里出现。因此，配份阶段的控制既是保证出品质量的需要，也是经营盈利所必需的。

（2）配份数量与成本控制。配份数量控制具有两方面的意义：一方面，它可以保证每份配出的菜肴数量合乎规格，成品饱满而不超标，使每份菜产生应有的效益；另一方面，它又是成本控制的核心。因为原料通过加工、切割、上浆，到配份岗位，其单位成本已经很高。配份时如疏忽大意，或者大手大脚，使酒店原料大量流失，菜肴成本居高不下，就为成本控制平添诸多麻烦，因此配份的数量控制至关重要。其主要手段是完全按照标准食谱规定的配份规格，养成用秤称量、论个计数的习惯，这样既可以切实保证就餐宾客利益，也有利于塑造好的产品形象和餐饮声誉。

（3）配份质量控制。要保证同样菜名的原料配伍必须相同。配份不一，不仅影响菜肴的质量，还影响到酒店的社会效益和经济效益。按标准食谱进行培训，统一配菜用料，并加强岗位监督、检查，可有效防止随意配份现象的发生。配份岗位操作还应考虑烹调操作的方便性。因此，每份菜肴的主料、配料、料头（小料）配放要规范，即分别取用各自的器皿，三料三盘，这样烹调岗位操作就十分便利，也为提高出品速度和质量提供了保证。配菜时还要严格防止和杜绝配错菜（配错餐桌）、配重菜和配漏菜现象。一旦出现上述疏忽，既打乱了整个出菜次序，又妨碍了餐厅的正常操作，这在开餐高峰期是很被动的。控制和防止错配、漏配菜的措施：一是制定配菜工作程序，理顺工作关系；二是健全出菜制度，防止有意或无意配错、配漏菜现象发生。

（二）烹调质量管理

烹调则是将已经配份好的主料、配料、料头，按照烹调程序进行烹制，使菜肴由原料变成成品。烹调阶段是确定菜肴色泽、口味、形态、质地的关键。烹调阶段控制得好，就可以保证出品质量和出菜节奏；控制不力，会造成出菜秩序混乱，菜肴回炉返工率增加，客人投诉增多。因此，切不可掉以轻心。

烹调质量管理主要应从烹调厨师的操作规范、烹制数量、出菜速度，成菜口味、质地、温度以及对失手菜肴的处理等方面加以督导、控制。首先应要求厨师服从打荷派菜安排，按正常出菜次序和客人要求的出菜速度烹制出品。在烹调过程中，要督导厨师按规定操作程序进行烹制，并按规定的调料比例投放调料，不可随心所欲，任意发挥。一家酒店、一道菜品，只能以一个风格、一种面貌出现。

另外，控制炉灶一次菜肴的烹制量也是保证出品质量的重要措施。坚持菜肴少炒勤烹，既能做到每席菜肴出品及时，又可减少因炒熟分配不均而产生误会和麻烦。

三、冷菜与点心生产管理

（一）冷菜与点心出品的要求

冷菜，又称冷碟，通常是指以开胃、佐酒为目的，由独立的厨房生产，并大多以常温或低于常温的温度出品的菜肴。有些地方、有些酒店将烧烤、卤水产品也归于此类。点心，是多以米、面为主要原料，配以适当辅料，在独立的生产场所，由面点师生产制作的产品。生产冷菜和点心的场所是厨房生产相对独立的两个区域，其生产与出品管理与热菜有许多不同的特点。冷菜品质优良，出品及时，可以诱发客人的食欲，给客人以美好的第一印象。点心虽然多在就餐的最后（少数在中途穿插）出品，但其口味和造型同样能给客人以愉快和美好的记忆。

中餐冷菜和西餐冷菜都具有开胃、佐酒的功能，因此对冷菜的风味和口味要求都比较高，风味要正，口味要好。要保持冷菜口味的一致性，对有些品种的冷菜，可以采用预先调制统一规格比例的冷菜调味汁、冷沙司的做法，待成品改刀、装盘后浇上或配带即可。冷菜调味汁、沙司的调制应按统一规格进行，这样才能保证风味的纯正和一致。冷菜由于在一组菜点中最先出品，是给客人的第一印象，因此对其装盘造型和色彩的搭配等要求很高。不同规格的宴会，冷菜还应有不同的盛器及拼摆装盘方法，给客人以丰富多彩、不断变化的印象，同时也可突出宴请主题，调节就餐气氛。例如，在婚宴上呈上裱有"永浴爱河"或"白头偕老"字样的花式冷盘，在较大年纪客人的寿宴上呈上"松鹤延年"的冷盘等，均可烘托宴会气氛，效果甚佳。

点心正好与冷菜相反，它重在给就餐宾客留下美好回味。点心多在就餐后期出品。客人在酒足菜饱之际，更加喜欢品尝、欣赏点心的造型和口味，这就要求对点心质量加以严格控制，以确保出品符合规定的质量标准，达到应有的效果。

（二）冷菜与点心出品的管理

冷菜与点心的生产和出品通常是和热菜分隔开的，因此其出品的程序控制也须严格。餐厅下订单时，多以单独的两联分送冷菜和点心厨房，按单配份与装盘出品同样要按配菜出菜制度执行，严格防止疏漏。餐后，所有出品订单都应收集汇总，交至厨师长处备查。

四、标准食谱管理

（一）标准食谱的作用

标准食谱是指以菜谱的形式，列出菜肴（包括点心）的用料配方，规定制作程序，明确装盘规格，标明成品的特点及质量标准。它是厨房每道菜点生产的全面技术规定，是不同时期用于核算菜肴或点心成本的可靠依据。标准食谱具有以下几方面作用。

（1）预示产量。可以根据原料数量测算生产菜肴的份数，方便成本控制。

（2）减少督导。厨师知道每道菜所需原料及制作方法，只需遵照执行即可。

（3）高效率安排生产。制作具体菜肴的步骤和质量要求明确以后，安排工作时更加快速高效。

（4）减少劳动成本。使用标准食谱，可以减少厨师个人的操作难度，技术性可相对降低，厨房不必雇用过多高等级厨师，劳动成本因而降低。

（5）测算成本。菜谱定下以后，无论原料市场行情如何变化，均可随时根据配方核算每道菜的成本。

（6）程序书面化。"食谱在头脑中"的厨师，若请假或突然辞职，该菜的生产无疑要发生混乱，食谱程序书面化，则可避免对个人因素的依赖。

（7）规范分量标准。按照标准食谱规定的各项用料进行生产制作，可以保证成品的分量标准化。

（8）减少对存货控制的依赖。通过售出菜品份数与标准用料计算出已用料情况，再扣除部分损耗，便可测知库存原料情况，这更有利于安排生产和进行成本控制。

标准食谱的制定和使用以及使用前的培训，需要消耗一定的时间，增加部分工作量。同时，由于标准食谱强调规范和统一，部分员工感到工作上没有创造性和独立性，因而可能产生一些消极态度等。这就需要正面引导和正确督导，以使员工正确认识标准食谱的积极意义。

（二）标准食谱的内容

标准食谱的内容，即一个酒店厨房生产某道菜肴、点心应该统一、规范、明确的具体方面。

（1）菜点名称。一道菜肴或点心，在一家酒店应有一个规范的名称，否则不仅员工、客人感觉混乱，也很难成为一道名菜或特色点心。例如，同一个酒店、同一盘炒饭，有的叫"扬州炒饭"，有的叫"什锦炒饭"，有的叫"虾仁炒米"，这既不统一又不标准。

（2）投料名称。投料名称，即菜肴的标准用料，包括菜肴的主料、配料、料头（小料）和调料。如"银杏炒虾仁"，原料包括银杏、河（或海）虾仁、葱段、精盐、味精等。投料名称应以规范叫法或当地、本酒店一致叫法为准，如规定用"淀粉"，就不可再出现生粉、茨粉、菱粉、小粉等名称。

（3）投料数量。投料数量包括主料、配料、料头及调料的数量，以及与之相配的单位。数量应以法定单位标注，清楚、明确，易于计数，如"榨菜炒肉丝"，榨菜丝 45 克，肉丝 300 克，笋丝 50 克，姜花 8 片，葱段 10 根等。

（4）制作程序。一道菜肴或点心可以有多种烹饪方法，但在一家酒店，只能规定一种程序、一种做法，这样才能保证给消费者提供统一形象和标准的菜肴或点心。制作方法就是将这道菜肴或点心的制作步骤加以规定和统一，以保证成品质量一致。如"芙蓉鱼圆"，鱼打成蓉后在水锅里氽熟，洁白光滑，吃口清爽；若在油锅中氽熟，则易干瘪，入口肥腻。

（5）成品质量要求。成品质量要求也是成品质量标准，是一道菜肴或点心应该达到的目标。原则上讲，只要严格按照标准投料和标准程序进行生产操作，成品的质量应该就是理想的、一致的。但为了方便厨师对照、检验，制定、明确成品质量也是必要的。成品质量要求通常包括成品的色、香、味、形、质地、温度等，但必须是这道菜肴或点心的主要特征，而不必面面俱到，长篇大论，如"碧绿生鱼球"，成品应达到白绿分明、清新咸鲜、鱼球滑嫩、西蓝花翠绿嫩爽等。

（6）盛器。盛器，即菜肴或点心销售盛装的器皿。一道菜肴或点心，选择与之相配的盛器，可以丰富、保持甚至提高菜品的形象及质量。不规定盛器，会给消费者出品不规范的印象。例如，"铁板鲈鱼"要求用 41 厘米的椭圆铁板盛装鲈鱼，这就是一个明确的规定。

（7）装饰。装饰，即菜肴的盘饰、美化，包括装饰用料、点缀方式等，如"豉油皇蒸鳜鱼"的装饰规定为用茄皮牡丹加香菜点缀于鱼上腹部。

（8）单价、金额、成本。单价是指标准食谱应说明每种用料的单位价格；在此基础上，计算出每种原料的金额；汇总之后即可得出该道菜或该道点心的成本。

（9）使用设备、烹饪方法。不同设备、不同烹饪方法，也会导致菜肴成品的不同风味、不同风格特征。以烤制菜肴为例，面火烤、底火烤、喷雾湿烤与干烤成品质感是有明显差异的。

（10）制作批量、份数。有些菜肴或点心规格较大，如烤鸭、扒蹄等；而有些则相当碎小，如水饺、汤圆等。前者可以每一道菜肴或点心单独制定一份标准食谱；后者则适宜批量制作，集中测定用料、用量，分客销售、分摊成本，否则，难以量化。

（11）类别、序号。类别是一道菜肴或点心的种属划分，酒店分类标准不一，菜肴的类别归属也不一致。有的按原料性质划分，有的按烹饪方法划分，有的按成菜风味划分，有的按成品风格特征（如冷菜、热菜、羹汤等）划分等。使用序号将标准食谱有序排列主要是为了统计、分类管理和方便使用。

（三）标准食谱的式样

标准食谱的式样，根据酒店管理风格不一而多种多样，有的标准食谱直接以管理软件的方式出现和使用。

以便于核计成本为特点的标准食谱如表 7-6 所示。

表 7-6　标准食谱 1

菜点名称			生产厨房		总分量	每份规格		日期
用料	单位	数量	日期：			日期：		
			单位成本	合计		单位成本	合计	
合计								
菜式的预备及做法：					特点及质量标准：			

以形象直观、便于对照执行见长的标准食谱如表 7-7 所示。

表 7-7　标准食谱 2

编号：

名称：＿＿＿＿＿＿

类别：＿＿＿＿＿　成本：＿＿＿＿＿

分量：＿＿＿＿＿　售价：＿＿＿＿＿　　　　　　　　　　照片

盛器：＿＿＿＿＿　毛利率：＿＿＿＿＿

质量标准						
用料名称	单位	数量	单价	金额	备注	制作程序

日期：

（四）标准食谱的制定程序

标准食谱的制定可能存在几种情况：一种是已经生产经营的酒店，现行品种已有标准食谱，需要修正、完善；另一种是正在生产经营的酒店，菜点品种不少，但没有标准食谱；还有一种是即将开张经营的酒店，正在计划菜点品种，或正在经营的酒店新增、新创菜点品种，将要制定标准食谱。不管何种状况、何种类型，制定标准食谱都是需要耐心、细心，具有认真负责的精神才能做好的。标准食谱制定可以按如下步骤进行。

（1）确定主、配料原料及数量。这一步骤确定了菜肴或点心的基调，决定了菜肴的主要成本。数量的确定有的只能批量制作，平均分摊测算。不论菜肴或点心的规格大小，都应力求精确。

（2）规定调味料品种，试验确定每份用量。调味料的使用多采用集中制作，按菜（根据一定数量，用一定量器）取用、投放的方式。调味料只能根据批量分摊的方式测算。

（3）根据主料、配料、调味料用量，计算成本、毛利及售价。随着市场行情的变化，单价、总成本会不断变化，因此第一次制定菜点的标准食谱必须细致准确，为今后的测算打下良好的基础。

（4）规定加工制作步骤。将必需的、主要的、易产生其他做法的步骤加以统一规定，并用术语简练表述。

（5）选定盛器，落实盘饰用料及式样。

（6）明确产品特点及质量标准。标准食谱既是培训、生产制作的依据，又是检查、考核的标准，其质量要求应更明确具体，这样才切实可行。

（7）填写标准食谱时字迹要工整，要使员工都能看懂。

（8）按标准食谱培训员工，统一生产出品标准。

案例 7-2　和合谷公司东坡肉产品标准卡

产品名称：东坡肉

主要成分：五花肉、加饭酒、老抽、冰糖、上汤鸡粉、鸡精

感官特性：

色泽：红褐色

香味：酱香味

产品特性味道：甜咸味（化学、生物、物理）

规格：每块 25 厘米×25 厘米

微生物指标：

细菌数：$1.0×10^4$ 菌落/克

大肠菌群：＜30 大肠菌群数/100 克

预期用途：供一般公众食用

包装类型：

内包装：采用塑料蒸煮袋，材料满足坚固、无毒无害、无污染

外包装：采用纸箱，要求清洁、牢固、适于运输

包装规格：

中份：105～115 克/袋，东坡肉 65～70 克，肉汁 40～45 克，30 袋/箱

大份：155～165 克/袋，东坡肉 95～100 克，肉汁 60～65 克，30 袋/箱

保质期：冷藏，7 天；冷冻，90 天

标签说明：打印生产当天日期

销售说明：0～4℃保存，加热到 80℃，在 2 小时内售卖完毕

储存、搬运和特殊运输要求：冷冻库储存，库内温度保持在-18℃。运输车辆的车体要

保持清洁，温度保持在 0～4℃

　　【点评与思考】集团餐饮、连锁酒店、外卖网售，其菜肴生产批量大，覆盖面更广，厨房菜肴的加工生产更需标准明确、规范一致，标准食谱的制作和使用更需严谨和完整。否则，差之毫厘，谬以千里，牵一发而动全身，对质量管理和成本管控都会造成巨大负担。

　　资料来源：王冬. 工业化让快餐更安全［J］. 餐饮经理人，2014（9）.

第四节　产品质量管理

　　厨房产品质量，即厨房生产、出品的菜肴、点心等各类产品的品质。厨房产品质量包括菜点食品本身的质量和外围质量两个方面。好的厨房产品质量指提供给客人食用的产品无毒无害、营养卫生、芳香可口且易于消化；菜点的色、香、味、形俱佳，温度、质地适口，客人餐毕能感到高度满足。

一、产品质量指标的内涵

　　厨房产品自身质量指标主要是指菜点的色、香、味、形、质地，以及器、温、声、营养、卫生等方面。各项指标均有其约定俗成并已为消费者普遍接受的感官鉴赏标准。

　　（1）色。菜肴的色泽宜自然清新，适应季节变化，搭配和谐悦目、色彩鲜明，以能给就餐者美感为佳。

　　（2）香。香指菜肴飘逸出的气味给人的感受，是由人的鼻腔上部的上皮嗅觉神经感知的。人们进食时总是先嗅其气，再尝其味。

　　（3）味。味是菜肴的灵魂。人们并不仅仅满足于嗅菜肴的香气，还要求能品尝到食物的味道。人们对菜肴味的把握，是通过味蕾，即分布在舌面、软腭及咽后部的许多细胞感知的。人到中年，许多消亡的味蕾没有得到再生，因此味觉的灵敏度就下降了。这就要求厨房生产和管理人员根据就餐客人的不同年龄设计菜肴调味及用料。

　　（4）形。形指菜肴的刀工成形、装盘造型。原料本身的形态、加工处理的技法，以及烹调装盘的拼摆都直接影响菜肴的"形"。刀工精美，整齐划一，装盘饱满，形象生动，则能给就餐客人以美感享受。

　　（5）质地。质地是影响菜肴、点心一般可接受性的一个重要因素。质地包括韧性、弹性、胶性、黏附性、纤维性、切片性及脆性等属性。任何偏离菜肴一般可接受的特有质地都可使其变成不合格的产品。菜肴的质地受欢迎与否在很大程度上取决于原料的性质和菜肴的烹制时间及温度。因此，制作菜肴必须将严格的生产计划与每道菜肴合适的烹制时间相结合，以生产出合格的产品。

　　（6）器。不同的菜肴要有不同的盛器与之搭配。搭配恰当，则相映生辉，相得益彰。菜肴的多少与盛器的大小相一致，菜肴的名称与盛器的叫法相吻合，菜肴的身价与盛器的贵贱相匹配，可使菜肴锦上添花，更显高雅。

　　（7）温。出品菜点的温度。同一种菜肴，同一道点心，出品食用的温度不同，口感质量会有明显差异。科学家研究发现，不同温度下，食品的风味质感是不一样的。厨房生产人员及餐厅服务人员要想把握每类菜肴的出品品质，就应遵循表 7-8 所示的温度规定。

表 7-8　部分食品最佳出品温度

食 品 名 称	出品及提供食用温度
冷菜	15℃左右
热菜	70℃以上
热汤	80℃以上
热饭	65℃以上

（8）声。声即声音、声响。有些菜肴由于厨师的特别设计或特殊盛器的配合使用，菜肴上桌时会发出响声，说明菜肴的温度足够，质地（尤其是锅巴炸的酥脆程度）是达标的，进而为餐桌创造热烈的气氛。

（9）营养、卫生。营养、卫生是菜肴及其他一切食品必须具备的条件。该指标虽然抽象，但通过对菜肴的外表及内在质量指标来判断和把握可不同程度地反映营养、卫生的质量情况。通过一席菜点用料及口味等的比较，可以发现营养搭配是否合理、均衡等。但有些方面不是直观易见的。例如，畜肉是否经过检疫，河豚是否加工得法、不含任何病菌和毒素等，光靠外表和普通的品尝是不容易发现和把握的。因此，酒店必须严格进行生产管理，始终重视营养和卫生，以保证菜肴品质的可靠和优良。

二、质量感官评定

客人对菜肴本身质量的评判，是调动以往的经历和经验，结合各方面质量指标，经过感官鉴定而得出的。菜肴与就餐客人的感官印象关系如图 7-17 所示。

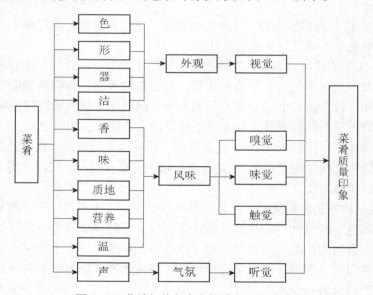

图 7-17　菜肴与就餐客人的感官印象关系

（一）感官质量评定法的含义及内容

厨房产品感官质量评定法是餐饮实践中最基本、最实用、最简便有效的方法。感官质量评定法是指应用人的感觉器官通过对菜肴的鉴赏和品尝，评定菜肴各项指标质量的方法。它是用眼、耳、鼻、舌（齿）、手等感官，通过看、嗅、尝、嚼、咬、听、撩等方法，检查菜肴外观色、形、器，品尝菜肴味、质地、温等，从而确定其质量的一种评定方法。

（1）嗅觉评定。嗅觉评定就是运用嗅觉器官来评定菜肴的气味。保持并能恰到好处地增加其芳香的菜肴，则为好的产品。

（2）视觉评定。视觉评定是根据经验，用肉眼对菜肴的外部特征，如色彩、光泽、形态、造型，菜肴与盛器的配合，装盘的艺术性等进行检查、鉴赏，以评定其质量优劣。

（3）味觉评定。味觉评定是人体舌头表面味蕾接触食物，受到刺激时获得的反应，进而辨别甜、咸、酸、苦、辣等滋味。几乎没有纯咸或单酸等呈单一口味的菜肴，除了甜品以甜味为主，绝大部分菜肴都是复合味。

（4）听觉评定。音波刺激耳膜引起听觉。听觉评定是针对应该发出响声的菜肴（如锅巴及铁板类菜肴等）出品时的声响状况，从而对菜肴质量做出相关评价。

（5）触觉评定。触觉评定是通过人体舌、牙齿以及手对菜肴直接或间接的咬、咀嚼、按、摸、捏、敲等活动，可以检查菜肴的组织结构、质地、温度等，从而评定菜肴质量。

（二）感官质量评定法的特点

（1）厨房产品质量因鉴评人感官灵敏程度高低而异。消费者或其他厨房产品的品评者感觉灵敏程度高，菜点各方面指标把握就比较准；反之，评判不一定很准。

（2）厨房产品质量因消费者个人偏好而异。偏好的强烈程度不同会导致对产品的不同评价。

（3）厨房产品质量易受特殊环境、条件、假象的影响。厨房产品消费者自身的特殊条件，品评厨房产品当时、当地的特殊条件，都会对厨房产品质量评价产生影响。

三、影响厨房产品质量的因素分析

（1）厨房生产人为因素。厨房生产人为因素，即厨房员工在厨房生产过程中表现出来的自身的主客观因素对厨房产品质量造成的影响。厨房产品在很大程度上是靠厨房员工手工生产出来的，除了员工的技术差异、体力差距、能力强弱、接受和反应程度快慢，厨房生产人员的主观情绪波动对产品质量亦有直接影响。影响厨房员工工作情绪的因素是多方面的，归纳起来，如图7-18所示。

因此，厨房管理者在生产第一线施以现场督导的同时，应多与员工交心，积极激励员工，充分调动员工积极性，从而提高厨房产品质量。

（2）生产过程的客观自然因素。厨房产品的质量常常受到原料及作料自身质量的影响。原料固有品质较好，只要烹饪恰当，产品质量就相对较好。厨房生产过程中，还有一些意想不到或不可抗力因素的作用，同样影响着厨房产品的质量。例如，炉火的大小强弱对菜点质量同样有着直接影响。

（3）就餐宾客自身因素。厨房产品质量因就餐客人的不同生理感受、心理作用（与以往就餐经历的对比）而产生的不同评价，是影响厨房产品质量的宾客因素。

（4）服务销售附加因素。餐厅服务销售从某种意义上讲，是厨房生产的延伸和继续，而有些菜肴可以说就是在餐厅完成的烹饪。例如，各种火锅、火焰菜肴，堂灼、客前烹制菜肴以及涮烤菜肴等。因此，加强菜肴生产和服务，即厨房与餐厅的沟通与配合，确保出品畅达、及时，对保证和提高菜点质量是至关重要的。

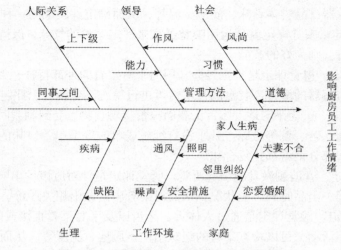

图 7-18 影响厨房员工工作情绪的因素分析

四、产品质量控制

由于种种因素的影响，厨房产品质量具有随时发生波动和变化的可能，而厨房管理的任务正是要保证各类出品质量的可靠和稳定。澳大利亚著名酒店管理专家德瑞克·凯西认为，质量控制是对原材料和成品质量进行控制，防止生产不合格产品的过程（即消除一切不合标准的状况）。因此，应采取切实可行的措施保证厨房菜点的质量符合要求，并在较高水平上获得稳定。

（一）厨房产品质量阶段控制法的内容

1. 食品原料阶段的控制

原料阶段主要包括原料的采购、验收和储存。在这一阶段应重点控制原料的采购规格、验收质量和储存管理方法。

（1）要严格按采购规格书采购各类菜肴原料，确保购进原料能最大程度地发挥应有作用，并使加工生产变得方便快捷。

（2）全面细致验收，保证进货质量。验收各类原料，要严格依据采购规格书规定的标准，对质量把握不清楚的，要请专业厨师进行检查，确保验收质量。

（3）加强储存原料管理，防止原料保管不当而降低其质量标准。

2. 食品生产阶段的控制

在申领原料的数量与质量得到有效控制的前提下，食品生产阶段主要应控制菜肴加工、配份和烹调的质量。

（1）加工是菜肴生产的第一个环节，要严格按计划领料，并检查各类将要用作加工的原料的质量，确认可靠才可进行生产。对各类原料进行加工和切割，要根据烹调做菜需要，事先明确规定加工切割规格标准，而后进行培训，并督导执行。

（2）配份是决定菜肴原料组成及分量的操作，对大量使用的菜肴主、配料的控制，应要求配份人员严格按标准食谱或菜肴配份规格表，称量取用各类原料，以保证菜肴风味和控制成本。

（3）烹调是菜肴从原料到成品的成熟环节，质量控制的有效做法是在开餐前，将经常使用的主要味型的调味汁批量集中兑制，以便开餐烹调供各炉头随时取用，以减少因人而异的偏差，保持出品口味质量的一致性。

3. 食品销售阶段的控制

菜肴由厨房烹制完成，而后进入销售阶段，这里有两个环节容易出差错，须加以控制：一是备餐服务；二是餐厅上菜服务。

（1）备餐指为菜肴配齐相应的作料、食用和卫生器具及用品。

（2）服务员上菜服务要及时规范，主动报告菜名；对食用方法独特的菜肴，应对客人做适当介绍或提示。

（二）厨房产品质量阶段控制法的要领

1. 制定标准并分别培训

必须系统地分阶段制定切实可行的原料、生产、销售规格标准，分别培训，使相关岗位人员知晓、确认规格标准。

2. 执行、检查标准

按照原料、生产和销售的顺序，逐个岗位进行逆序检查，达标认可，方可继续操作。阶段标准控制法特别强调各岗位、环节的质量检查，因此建立和执行系统的检查制度是厨房产品阶段控制的有效保证。厨房产品质量检查，重点是根据生产过程，抓好原料领用检查、生产制作检查和成菜服务销售检查三个方面。原料领用检查是把好菜点质量关的第一步，是对质量底线的控制，切不可因为顾及部门之间的关系而放松这方面的检查要求。生产制作检查是指菜肴加工生产过程中下一道工序的员工必须对上一道工序的食品加工制作质量进行检查，如发现不合标准，应予返工，以免影响成品质量。成菜服务销售检查是指除上述两方面检查外，餐厅服务人员也应参与的菜点质量检查。服务人员直接与宾客打交道，从销售的角度检查菜点质量，往往要求更高，尤其是对菜肴的色泽、装盘及外观等方面。因此，要注意调动和发挥服务人员的积极性，加强和利用其检查功能，切实改进和完善出品质量。

本章小结

1. 影响厨房设计布局的因素：厨房的建筑格局和规模、厨房的生产功能、公用事业的设施状况、政府的法规政策、投资费用的多少。

2. 厨房设计布局的目标：提供最有效的利用空间；避免不必要的投资；安排合理的工作流程，简化生产过程；方便控制全部生产品质；提高工作人员的生产效率；确保员工在作业环境中的卫生与安全。

3. 厨房设计布局的原则：保证工作流程连续顺畅；厨房各部门尽量安排在同一楼层，并力求靠近餐厅；注重食品卫生及生产安全；设备尽可能兼用、套用，集中布局加热设备；留有调整发展余地。

4. 厨房面积确定：按餐位数计划厨房面积、按餐厅面积计划厨房面积、按餐饮面积比例计划厨房面积。

5. 厨房环境设计：厨房高度、厨房顶部、厨房地面、厨房通道、厨房照明、厨房噪声、厨房温湿度、厨房通风（全面送风、局部送风、全面排风、局部排风、厨房排风量计算、排油烟罩和排气罩），厨房排水。

6. 加工厨房的设计布局：应设计在靠近原料入口并便于垃圾清运的地方；应有加工本酒店所需的全部生产原料的足够空间与设备；加工厨房与各出品厨房要有方便的货物运输通道；不同性质原料的加工场所要合理分隔，以保证互不污染；加工厨房要有足够的冷藏设施和相应的加热设备。

7. 中餐烹调厨房的设计布局：中餐烹调厨房与相应餐厅要在同一楼层；中餐烹调厨房必须有足够的冷藏和加热设备；抽排烟气效果要好；配份与烹调原料传递要便捷；要设置急杀活鲜、刺身制作的场地及专门设备。

8. 冷菜、烧烤厨房的设计布局：应具备两次更衣条件；营造低温、消毒、防鼠虫的环境；设计配备足够的冷藏设备；紧靠备餐间，并提供出菜便捷的条件。

9. 面食、点心厨房的设计布局：要求单独分隔或相对独立；要配有足够的用于蒸、煮、烤、炸等的设备；抽排油烟、蒸汽效果要好；便于与出菜沟通，便于监控、督查。

10. 厨房设备选配的原则：安全卫生原则、实用便利原则、经济可靠原则、发展革新原则。

11. 厨房加工设备：切片机、食品切碎机、锯骨机、多功能搅拌机、擀面机。

12. 厨房冷冻、冷藏设备：小型冷库、全自动制冰机。

13. 厨房加热设备：煤气炒炉、汤炉、蒸汽夹层锅、扒炉、电面火烤炉、西式煤气平头炉连焗炉、电磁炉、运水烟罩。

14. 厨房设备管理的要求：制定设备管理制度；规定设备操作、保养规程；明确设备管理责任；健全设备维修体系；适时更新或添置设备。

15. 厨房设备管理的原则：预防为主、属地定岗、落实责任。

16. 原料加工质量：冰冻原料的解冻、原料加工出净。

17. 菜肴配份质量管理：配份数量与成本控制、配份质量控制。

18. 烹调质量管理：操作规范、烹制数量、出菜速度，成菜口味、质地、温度以及对失手菜肴的处理。

19. 冷菜与点心出品的要求与管理。

20. 标准食谱的作用：预示产量，减少督导，高效率安排生产，减少劳动成本，可以随时测算每个菜的成本，程序书面化，分量标准，减少对存货控制的依赖。

21. 标准食谱的内容：菜点名称，投料名称，投料数量，制作程序，成品质量要求，盛器，装饰，单价、金额、成本，使用设备、烹饪方法，制作批量、份数，类别、序号。

22. 标准食谱的制定程序与要求。

23. 厨房产品质量指标：色、香、味、形、质地，以及器、温、营养、卫生，有的还包括声响。

24. 感官质量评定法标准：嗅觉评定、视觉评定、味觉评定、听觉评定、触觉评定。

25. 影响厨房产品质量因素分析：厨房生产人为因素、生产过程的客观自然因素、就餐宾客自身因素、服务销售附加因素。

　　26. 厨房产品质量阶段控制法：食品原料阶段的控制、食品生产阶段的控制、食品销售阶段的控制。

　　27. 厨房产品质量阶段控制法的要领：制定标准并分别培训；执行、检查标准。

课后练习

一、名词解释

厨房设计布局　　厨房加工设备　　5S 管理法　　菜肴配份　　标准食谱

二、单选题

1. 对蔬菜、水产、禽畜、肉类等各种原料进行拣、择、洗涤、宰杀与整理，对干货原料进行涨发、洗涤、处理的工作称为（　　　）。

　　A. 初加工　　　　B. 深加工　　　　C. 精加工　　　　D. 再加工

2. 负责将已加工的原料按照菜肴制作要求进行主料、配料、料头的组合配伍的部门是（　　　）。

　　A. 加工部门　　　B. 配菜部门　　　C. 炉灶部门　　　D. 冷菜部门

3. 厨房设计中应同时满足"靠近餐厅、厨房并与之在同一平面，有可靠的消毒设施，通排风效果好"三个条件的厨房部门是（　　　）。

　　A. 备餐间　　　　B. 刷碗间　　　　C. 洗菜间　　　　D. 蒸煮间

4. 菜肴出品及提供给客人的食品温度应保持在 65℃以上的选项是（　　　）。

　　A. 热菜　　　　　B. 炒饭　　　　　C. 热汤　　　　　D. 砂锅类食品

5. 正确使用微波加热工艺程序的项目是（　　　）。

　　A. 用雕花玻璃杯热牛奶　　　　　B. 用不锈钢盆解冻鱼
　　C. 用塑料保鲜膜熔化黄油　　　　D. 用陶瓷罐热咖喱鸡

三、多选题

1. 厨房使用运水烟罩的优点有（　　　）。

　　A. 隔油烟效果好　　　　　　　　B. 具有防火功能
　　C. 劳动生产率高　　　　　　　　D. 降低费用支出
　　E. 改善工作环境

2. 表明菜点质地感觉的选项有（　　　）。

　　A. 酥　　　　　B. 烂　　　　　C. 脆
　　D. 辣　　　　　E. 韧

3. 符合厨房生产安全卫生操作规范的做法是（　　　）。

　　A. 化冻食品不再次冷冻　　　　　B. 不使用缺口餐具
　　C. 不用手勺直接尝口味　　　　　D. 不把围裙当毛巾用
　　E. 工作结束后洗澡

4. 设计加工厨房的布局应（　　　）。

　　A. 靠近原料入口　　　　　　　　B. 有足够空间与适宜设备
　　C. 便于垃圾清运　　　　　　　　D. 有方便的货物运输通道
　　E. 不同性质原料的加工场所要合理分隔

5. 厨房设备选配原则有（　　　）。

A. 安全卫生原则　　　　　　　　　　B. 实用便利原则

C. 经济可靠原则　　　　　　　　　　D. 发展革新原则

E. 豪华超前原则

四、判断题

1. 一般而言，餐饮后台面积与餐饮前厅面积应大致相等。　　　　　　（　　　）

2. 决定成菜的色、香、味、质地、温度等质量的部门是炉灶部门。　　（　　　）

3. 用于煎扒肉类、海鲜类、蛋类等食品的厨房加热设备是微波炉。　　（　　　）

4. "菜肴的灵魂"是指色泽。　　　　　　　　　　　　　　　　　　　（　　　）

5. 在"切配中心"机制下，食品原料的粗加工和切配工作由各分厨房完成。（　　　）

五、简答题

1. 简述厨房机构设置的原则。

2. 简述确定厨房面积应考虑的因素。

3. 简述冰冻原料的解冻方法。

4. 简述影响厨房产品质量的因素。

5. 简述运水烟罩的特点。

六、论述题

1. 论述加工厨房，中餐烹调厨房，冷菜、烧烤厨房与面食、点心厨房设计布局的具体内容与要求。

2. 论述餐饮部经理根据厨房出品生产的全过程，对厨房出品的质量与数量进行控制与管理。

案例讨论

食物中发现烟头，监控又发现厨师向菜肴中吐口水

2020 年 5 月 10 日下午 2 时许，市民郑先生前往陕西西安市城南城市立方 5 楼的苏福记吃饭，两家人 4 个大人，2 个小孩。当时人比较多，排上队都 3 时许了，坐在大厅，点了几个菜。他们专门给孩子点了一个烩菜，菜上了后，他觉得味道比较重，就说再点一个给孩子们吃。"服务员说味道重了的话，让厨师重新做，过了一会儿，重新上了一份烩菜，正吃着，发现里面有个烟头。"郑先生说。他叫来服务员，对方解释说，可能是不小心掉进去的，可以退。郑先生有疑问，就问：是不是厨师不想做，故意丢烟头？服务员说：不会的，不相信的话，可以看监控。郑先生去查看了监控，一看，发现厨师在后厨不戴口罩不说，还向炒菜锅吐口水。"监控里看得非常清楚，厨师专门弯腰朝向炒菜锅吐。"郑先生说。

10 日下午 5 时许，华商报记者前往这家苏福记菜馆，通过监控看到，厨师的确有向炒菜锅吐的动作，吐的时候弯腰向前。菜馆工作人员开始的解释是，吐在了锅沿，没吐到锅里。当事厨师姓王，今年 22 岁，他说，最近咽炎犯了，闻到油烟味不舒服，就吐了口水，吐在了地上。郑先生并不认同菜馆的解释："监控能说明一切，太没职业道德了。"

目前，当地市场监管部门已经介入了对此事件的调查。

资料来源：卿荣波. 监控拍下西安这家餐厅厨师向炒菜锅吐口水　厨师：嗓子不舒服吐在外面[N]. 华商报，2020-05-10.

思考题：

1. 质量永远是企业的生命。厨师个人品德素质对菜肴质量会造成哪些影响？

2. 针对上述案例，如何全面提升厨师职业道德，如何确保菜品出品质量？

实训项目

1. 用所学厨房知识，讨论厨房面积通常是怎样确定的？厨房应划分为哪些区域？

2. 根据当地实际口味和原料来源，为"宫保鸡丁"制作一份符合要求的标准菜谱。

3. 学会使用各种厨房常用的加工、加热烹制与冷藏、冷冻设备。

第八章 餐务管理

学习目标

通过本章学习，应达到以下目标。

1. 知识目标：了解餐务部组织机构与各岗位的职责，了解餐具和物品管理知识，以及餐务设备管理"五定"。

2. 技能目标：掌握餐具洗涤要求与洗涤程序，掌握银餐具受损原因与保养方法，以及垃圾处理方法。

3. 能力目标：能制订大型活动物品筹措管理计划。

导入案例

案例 8-1　饭店盘子大　管理压力大

一次，我赴一家很气派的饭店吃饭，吃着吃着就发现了一个问题：装菜的每只盘子都很大，可里面的食物都很少，其中一只盘子里的油炸臭豆腐只有小小的十来块，盘子却大得如汤碗。我一边夹着菜，一边寻思：食物只有一点点，盘子弄这么大干什么？再说，一只只盘子虽然造型各异，可并不精致，食客们来这里并不是买盘子的，他们关心的是盘子里的菜味道究竟如何。

盘子那么大，上菜不方便，要很吃力地托着，一不小心就容易出事，再说桌上一时也容不下多少大盘子，也不知老板用大盘子上菜意欲何为。有人给出了答案：这是老板的一种噱头，让吃饭的人感到因为是美食，所以得用大盘子好生"伺候"。也有可能是老板们跟风，你的盘子大，我也用大盘子，在盘子这个硬件上，绝对不能输给对方，反正这种盘子值不了几个钱，还能忽悠一下食客。当然，也可能是老板为了迎合大家都"想要大"的心理，才这样做的吧。

上个月我在市中心一家饭店吃饭，只见一只装鱼的腰盘里面的一条鱼不过一斤，但那盘子实在太大，占了桌面很大一块地方。其他几道菜的盘子也都很大，桌面显得非常局促。然而一只只大盘子，在灯光下闪烁着光亮的釉彩，倒也像一场盘子秀，看起来很美。这个饭店的老板大概学习过视觉艺术吧，可肯定不是一个优秀的经营者，因为凡事过头，物极必反。上周一我和朋友在一家饭店吃饭时，一个服务生端着一只重得要命的大盘子准备给我们上菜，不知是盘子的油腻没洗净，还是盘子太大，突然大盘子从服务生的手中掉了下来，发出很响的声音，把我们几个都惊出一身冷汗。这时大家才意识到，都是盘子太大惹的祸。几个人忍不住对跑来的领班大声嚷嚷：没有多少菜，干吗要装这么大的盘？昨天在浦东一家颇有名气的饭店吃饭，我只注意到盘子还是很大，没想到碗碟会有污垢，直到有人惊呼起来，我才慌忙查看起自己面前的茶杯和骨碟，发现居然都没洗净，有明显的污垢，我的食欲顿时减去不少。

饭店盘子大，也许有人喜欢，但绝不是生意火的法宝。质量至上，服务为大，生意才能做大。

【点评与思考】一些不太务实的餐饮企业，盛行功夫在菜外之风，认为只要盘子大了，气派足了，菜肴品味、档次就上来了。殊不知，菜肴内在功夫薄弱，盘子再大也是徒劳，只会增加服务员的工作量，增加洗涤困难，增添餐务管理麻烦。

资料来源：宋跃辉. 饭店盘子大［J］. 饭店世界，2013（4）：35.

第一节　餐务管理组织与职能

餐务，即餐饮工作的杂务性事务；餐务部，有的酒店称为管事部。餐务管理是餐饮生产、服务工作的后勤部门，担负着为前台餐厅、厨房运转提供物资及用品、清洁餐具和保障餐饮后台清洁卫生的重任。

一、餐务管理的组织机构

餐务管理是餐饮管理的重要内容之一。由于餐饮部的经营范围及规模不断扩大，专业设备和餐、厨具不断更新和增加，餐具的清洁卫生和保管控制的要求越来越高，因此餐务管理这一餐饮运转过程中必不可少的专业保障部门应运而生，并发挥着越来越重要的作用。

（一）餐务部的组织机构设置

餐务部的组织机构设置如图 8-1 所示。

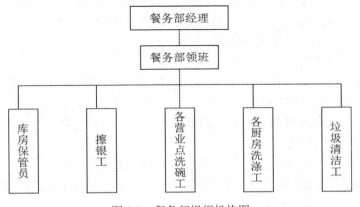

图 8-1　餐务部组织机构图

（二）餐务部的岗位职责

1. 餐务部经理的岗位职责

餐务部经理负责餐饮部对客服务的物资及用品的供应保障工作，负责餐饮部各类器具和日常用品的管理工作，努力降低用品、餐具的损耗。其主要职责包括以下几个方面。

（1）协助餐饮部经理编制餐饮部所需餐具和用具的年度预算。

（2）根据各餐厅、厨房餐具的盘存情况，负责与采购部沟通，提出餐、厨器具购置计划，保证及时补充餐具用品。

（3）检查管理各点餐具的使用情况，分析造成损耗的原因，提出降低损耗的建议。

（4）负责安排下属的工作班次。

（5）督促下属做好各种餐饮活动所需餐具、用具的筹措工作，保证生产区域、服务区域的器具补充。

（6）负责餐具、用具的保管、发放、回收工作，负责厨房区域的环境卫生督导。

（7）督导下属做好洗碗设备的维护保养，督促洗碗工按操作程序洗涤餐具、用具。

（8）负责下属的考勤考核工作。

（9）负责对下属进行业务培训指导。

（10）督促下属做好安全工作。

（11）督促下属遵守企业的规章制度。

2. 餐务部领班的岗位职责

餐务部领班主要负责督促员工保证日常运转顺利进行，负责宴会等活动的各项餐务工作，向餐务部经理负责。其主要职责包括以下几个方面。

（1）安排本班组员工的工作任务，根据工作需要，合理安排人手。

（2）负责向餐厅、厨房和酒吧提供所需用品和设备，筹划和配备宴会等活动的餐具、物品。

（3）根据使用量发放各种洗涤剂和其他化学用品。

（4）负责洗涤过程中的餐具破损控制，发现问题立即采取措施并汇报给餐务部经理。

（5）协助餐务部经理进行各种设备、餐具的盘点工作。

（6）督导员工按规定的程序和标准工作，保证清洁卫生的质量和工作区域的整洁。

（7）与厨房和餐厅保持良好的协作关系，加强工作中的沟通。

（8）协助餐务部经理做好培训和员工考核工作。

3. 餐务部库房保管员的岗位职责

餐务部库房保管员主要负责餐饮部各种餐具、杯具、用具的保管、发放、补充和盘点工作，随时满足餐厅、厨房对客服务中餐具、用具的需求。其主要职责包括以下几个方面。

（1）负责餐饮部餐务库房的餐具、用具的保管工作和餐饮部各点所需餐具、用具的发放工作。

（2）定期对各点餐具进行盘点，并根据损耗情况及时加以补充。

（3）根据宴会、自助餐、冷餐会等客情通知，及时配备餐具和用具并做好回收工作。

（4）定期要求洗碗工清洁抛光银器。

（5）根据需要配发各种洗涤剂和其他清洁用品。

（6）负责餐务部库房内餐具、用具的分类整理工作。

（7）负责餐务部库房内餐具、用具的统计造册工作。

（8）负责餐务部库房的安全和清洁卫生工作。

4. 擦银工的岗位职责

擦银工的主要任务是根据餐务部所制订的银器擦洗计划表，进行所有银器、铜器等设备的擦洗、抛光工作。其主要职责包括以下几个方面。

（1）保证酒店所使用的镀金、银餐具及铜器始终清洁光亮。

（2）负责每天擦洗餐厅的各种烹制车、切割车等。

（3）保证各种银器所使用的化学清洁剂正确无误。

（4）掌握正确的擦洗银器的程序，精心维护银器，延长其使用寿命。

（5）严格按擦洗银器进度表进行各种银餐具的擦洗，并做好记录。

（6）控制银餐具的损耗率，发现使用中的问题及时汇报。

（7）爱惜抛光机等设备，及时维护保养。

5. 洗碗清洁工的岗位职责

洗碗清洁工主要负责餐具、用具的洗涤和所用设备的清洁、保养工作，负责垃圾的处理和后台区域的卫生工作，配合前台为客人提供高效、清洁的优质服务。其主要职责包括以下几个方面。

（1）负责按洗涤程序和标准洗涤所有餐具和用具。

（2）负责所辖区域的清洁卫生工作。

（3）定期检查洗碗机的工作状况，发现问题及时汇报。

（4）协助库房保管员收集和储存各种餐具、用品等，将其整齐地摆放在指定地点，并保持存放处的整洁、卫生。

（5）及时清理各点的垃圾。

（6）负责破损餐具的拣剔和餐具的补充工作。

（三）餐务部与相关部门的联系

餐务部是餐饮的大管家、大后勤，餐务工作的好坏直接影响到餐饮各点的工作质量。所以，加强餐务部与各相关部门的联系与沟通就显得尤为重要。

1. 餐务部与宴会部的联系

为大型活动和宴会筹备餐具、物品是餐务部的主要职责之一，因此要加强餐务部与宴会部之间的沟通与合作，确保每次活动都能使顾客满意。

（1）宴会部应及时将宴会和大型活动的信息通知餐务部，餐务部则根据宴会部通知的要求尽早安排、筹措宴会餐具和物资及用品。

（2）在宴会开始前安排员工准备宴会所需设备，洗涤宴会用餐具，保证宴会能顺利进行。

（3）在宴会进行过程中，妥善安排人手清理和洗涤脏餐具，并及时为宴会补充和提供所需的干净、卫生的餐具。

（4）宴会结束后，立即将各种餐具、用具洗净回收，并将宴会使用的物品一一清点归库，统计出餐具损耗量，报餐饮部备案。

2. 餐务部与餐厅、厨房的联系

餐务部是与餐厅、厨房联系最密切的部门。餐饮要保证服务优质、高效，保证顾客满意，餐厅、厨房必须与餐务部紧密合作。餐务部在日常运转中必须做到以下几点。

（1）保证随时提供足够数量的餐具、厨具和杯具，做到脏餐具、厨具随到随洗，避免积压。

（2）保证餐具洗涤质量，使之符合卫生要求，并注意减少洗涤过程中的损耗。

（3）保持营业时间内洗碗间和餐厅后台、厨房之间地面干燥卫生，以避免服务人员、厨师在工作中滑倒，或将油垢污渍带入餐厅而污染地面。

（4）督促服务员及时将贵重用品回收，以免流失。

（5）培养互相协作精神，加强前、后台合作；树立"后台为前台、前台为客人"的思想，维护酒店声誉。

二、餐务管理的职能

（一）为餐饮部领取、供给餐器具

餐务管理的职能之一是根据事先确定的库存量标准，负责为餐饮部各营业点、厨房领取、储存、供给、收集、洗涤和补充各种瓷器、玻璃器皿、银器、不锈钢器皿和其他餐具物品。

（1）领取餐器具。餐务部根据餐饮部各点经营的需要，为餐厅、厨房向酒店总仓库领取各种餐具物品。

（2）储存餐器具。餐务部设有一定储存量的二级仓库，专人负责保管，确保及时提供日常运转所急需的餐具物品。

（3）供给餐器具。一是按正常的损耗率向各餐厅、厨房补充所需足够的餐具物品；二是按照客情和特殊需要供给各点所需的餐具物品。

（4）收集餐器具。餐务部要经常检查和督促回收散落在酒店各部门的餐具和其他餐饮用具。

（5）洗涤餐器具。这是餐务部的一项主要的日常性工作。餐务部要安排一批洗涤清洁工，分布在各指定的洗碗间，按照工作程序对所有餐具、用具以及指定区域进行及时的洗涤和清扫工作。

（6）补充餐器具。餐务部根据制定的各餐厅、厨房的标准存量，负责及时补充，确保正常经营。

（二）协助负责餐饮设备的维修保洁

（1）分别制订每天、每周、每月的机器设备检查、清洁计划表，有计划地清洁保养各类设备。

（2）大型设备机器的维修保养由工程部负责，餐务部负责日常卫生工作。

（三）保持有关餐饮区域整洁卫生

（1）洗碗间和餐具库房。洗碗间和餐具库房是餐务部人员的直接工作场所，必须保持清洁卫生，尤其是洗碗间应保持地面干燥无污物，工作台面和餐具柜餐具摆放井然有序。

（2）银器、贵重物品库房。银器和金属餐具均属餐厅、厨房的贵重物品，应单独设库房，分类存放、定期清点，所有银器都应洗净擦干、定期抛光。

（3）所有餐饮区域的走廊地面卫生。在这些区域常常会发现员工随手摆放的餐具、用具，要及时收回，同时保持走廊地面的卫生。

（四）负责垃圾清运管理

负责收集、清运垃圾，并制定处理垃圾的措施，及时清理，以保证环境不受气味、细菌的污染。

第二节　餐务工作管理

一、餐具洗涤

（一）餐具洗涤人员的要求

洗碗间是餐务部的主要工作场所。对洗碗间及工作人员的要求：一是要保证洗碗间的清洁卫生、整洁、干燥，以免滋生"四害"，危及食品安全卫生；二是要保证洗碗工的操作按规定的程序和方法进行，以保证操作安全和洗涤质量。洗碗间的作业流程如图8-2所示，服务员传进脏餐具，接着倒刮、装架、浸泡银餐具、冲刷、进机、漂洗和清洁餐具分类存放。

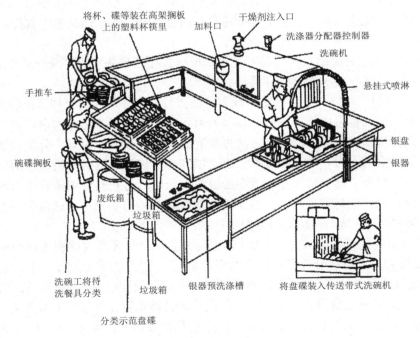

图 8-2　洗碗间作业流程图

（二）餐具洗涤的程序

下面所列的是餐具洗涤的十个主要步骤，只有每一个步骤都按正确的方法有效地进行，才能保证整个洗碗间运转正常，效果理想。

1. 收盘

收盘可定义为从餐桌上将脏盘收移到一个容器中，运送到洗涤间，它是洗涤程序的第一个步骤，最初的刮除剩菜也是此时完成的。当用手推车运送两三个托盘时，分类程序也可在此时进行，一个托盘分装某一类餐具用品，如瓷器、杯子和玻璃器皿及银器。银器最好用一个盛有洗涤溶液的盆子浸泡以减少沾污物。碗碟应和较重的物件一起放在托盘的底部，以减少破损，而杯子和玻璃杯具应该倒置以减少沾污物。

一般来说，收盘程序中要注意减少装卸次数，减少污渍和避免破损。

2. 搬运

正确的餐具搬运应注意减少破损、节省人力、正确地装卸和减少污渍等方面。

餐具碗碟的搬运要设计最短的路线到达刮除剩菜的地方。同时，要将可能干扰顾客谈话、引起顾客不快的噪声降到最低程度。

洗碗间的布置要符合搬运、倒刮和装架的需要，安排在一条流水线上。

3. 倒刮

在将餐具碗碟送上机器前必须检查是否都经过倒刮这个程序，必须将大块的盘中剩物倒刮干净，这是最基本的要求。

市场上可买到各种倒刮设备，但无论如何手工倒刮还是必要的，因为没有一种倒刮设备能像手工一样有效、迅速、灵巧。软质橡皮或弹性刷子不可能伸到器皿的角落里去，同时还很容易弄脏刷子本身。洗刷抹布和海绵也有局限性，酸性的布垫或其他类似的腐蚀剂会毁伤瓷器，磨去光泽，一旦进入水管对洗碗机非常有害。做一个手工倒刮的示范就很容易证明这个观点，无论从倒刮的彻底程度还是从速度来看，手工倒刮都有其优越性。

4. 分类

（1）分类定义。分类是指将各种餐具用品根据其存放和分发的要求分别开来，如同一种型号和式样的盘子、杯子等分别存放。

（2）分类时机。可以在餐具收洗的任何阶段进行，但必须在装架和清洗前完成。这样既可以使装架更快，也可以装得更好。在某些时候，还要求服务员在收台时就严格分类送洗。这种与其他步骤同时进行的分类方法更加有利于提高效率。否则，分类单独成为一个步骤，会花去更多的人力、时间和成本，也会增加一次破损的机会。最理想的分类时机是在收盘时进行，服务员助手或服务员等在送进餐具的同时将它们分别插到适当的洗涤筐架内。尤其是用托盘少量送洗餐具时，这个方法更加理想。分类也可通过洗碗工在将餐具手工倒刮或装架时进行。施行时应对服务员加以训练。

（3）影响分类因素。① 这个附加的程序是否会导致脏餐具成堆积压从而影响工作？② 是否有足够的地方放置分类餐具所需的多种筐架？③ 是否需要增加人手，而工作场所是否有足够的地方站人？④ 当所有脏餐具等待分类成组清洗时，是否有足够的清洁餐具供服务周转？⑤ 是否所有餐具都要分类，或者说某些餐具是否在其他地方分类更有效（如刀叉等餐具）？⑥ 是否能提供分类的设备，如玻璃杯架或瓷杯筐架等？⑦ 假如进行事先分类，操作人员是否会根据这样的规定而正确地完成这个程序，如刀具分类，要求刀尖朝上等。

在选择何时分类更有效时，应当仔细考虑上述各点，同时要充分考虑其优缺点，制定程序时必须考虑到洗碗间的各种条件限制。

5. 装架

装架在使用大型洗碗机时是相当重要的步骤。机器上的容量是有一定的规定的，容量不足会使机器空转，造成浪费，所以应当经常指导操作人员适当装架。

（1）盘子、菜盆、碟子、刀叉等最好根据大小、种类分类装架，以避免小碟子被大盘、大盆遮挡，同时也方便分类。通常这类瓷器应正面朝上摆放盘子，绝不可从旁边插进去。不要将盘子正反面重叠插放，也不要背对背装架。

（2）杯子、碗和其他凹形餐具应该倒装在平底的筐架上，可以做试验证明朝上摆放的碗，其中间的洗涤剂是很难冲洗清洁的。同样，这些碗、杯子不要重叠摞起来摆放或者随意乱摆，带柄的杯子和碗应根据一个模式装架，所有的柄子必须朝向某一个方向，这样既可以提高操作人员的工作效率，也可以多摆放一些杯子、碗。

（3）当刀、叉餐具分好类时，不要在篮或筒中装得太满，否则很难清洗和冲刷干净，另外还可能弄折或弄弯餐具。分过类的勺和叉如果装得太多，势必会重叠在一起，不易清洗干净。刀、叉餐具应尽可能正放，这有利于清洗、过水和脱水吸干。所以，必须将刀、叉、勺尖部朝上，这样才能把触口部的污物冲洗干净。然而，操作人员又不能抓住刀、叉、勺的尖部从插筒中取出来，正确的方法是用一个干净的插筒将洗过的刀叉倒进去，使刀柄朝上，以便操作员工取放（插筒的底部应有一定的漏眼以冲掉餐具上的污物而又不至于使餐具漏掉）。指导操作人员正确使用各种用途的筐架是很重要的。

6. 冲刷

当用机器顶上的喷水器冲刷时，碗碟餐具都已在架上，所有餐具都应该得到冲刷；要保证有足够的水压冲掉所有的污物，冲刷的水温不能太高。在筐架的底部要保证使被冲下的污物流到冲刷池下面的活动垃圾桶里，这些垃圾桶应当便于清洗。

7. 清洗

在清洗过程中，洗涤架连同餐具受到来自上、下方带有一定温度的清洁剂溶液的来回循环冲洗，然后餐具接受洁净热水的冲刷，并准备脱水。这期间，筐架及餐具的移动可以用手工劳动进行，也可以借助机器传动。清洗过程是洗碗机操作的主要阶段。操作人员必须接受系统的上岗操作培训，并严格按操作规程从事清洗工作。

8. 卸架

为了保持卸架时的卫生，必须强调操作中的个人卫生习惯。在可能的情况下，装架和卸架使用不同的人手，并坚持只拿盘、盆的边沿；玻璃杯则应放在筐架中搬运。所有的餐具和洗涤过的物品都不应用手直接接触其触口部位，用手套卸架是很有必要的。

一般要求卸架场所有一定的空间，能摆下两筐以上的餐具，在分类卸下第一筐时，正好使另一筐能够风干。尽量减少搬运次数，以减少餐具破损。

9. 刀、叉分放与洗涤

通常刀、叉餐具都是放置在特定的筒子中的，洗涤后的刀、叉必须分类，避免乱堆。理想的刀、叉洗涤流程如下：浸泡刀、叉餐具→将刀、叉尖端朝上放在篮中清洗→将刀、叉餐具放在台布或毛巾上进行分类→将刀、叉柄部朝上放在储存筒中。

10. 存放

餐具的存放地点必须是既方便厨房和餐厅使用，又便于洗碗工操作的地方。要始终检查其卫生状况，保持干燥、通风。垫布要定期更换。厨房的餐具架应该密封，以免被油气污染。要坚持分类摆放，固定位置，通常大件餐具、较重的餐具应放在下部，杯、碟等小件或较轻的餐具应放在上部。金属餐具洗涤完毕后，应及时由服务员送入餐厅存放。

二、银器保养

自古以来银器就是各国通用的高档餐具。因此，银器的保养显得十分必要。银餐具既有经济意义，又是酒店体现其档次的必需品。

银餐具及各种镀银设备用具是酒店较为贵重的物品，在日常经营活动中，加强维护保养是必需的。这项工作通常要由专人负责，按照事先排定的日程，分门别类地擦洗、保养各餐厅的银器及镀银设备用具。

为了保护、保持银器的美观和价值，必须注意以下三个问题：一是所有银器每年必须大洗和抛光两三次；二是保养所用的设备和清洁剂必须品质优良，以免损伤餐具；三是必须由专门的技术人员处理。

如果是进口的银器设备，一些名牌银器厂家会培训或上门指导擦银工的工作，以保证银器在餐桌上闪闪发光，受到客人的称赞。国内酒店订货时，也应要求厂家提供类似的服务。此外，银器越频繁使用，越漂亮，不需"怜惜"而束之高阁。银器可以和其他餐具一样放在洗碗机中清洗，一年中只需有两三次做特别的脱氧去污和抛光处理。

脱氧去污可去掉银器表面的一层氧化物，使银器恢复光泽，同时也可去除银器上的油渍，以便做抛光处理。脱氧去污的方法是将银器浸泡在以碳酸钠为基础的化学溶液中加温至80℃，两三分钟后银器表面就失去了光泽。

抛光会使银器重新闪闪发光。注意，异形的银器和易碎的银器只能手工抛光，一般银器可放入抛光机器中抛光。抛光机的原理是用细小的不锈钢球反复摩擦银器表面而造成抛光效果。抛光根据物件的大小进行10～20分钟便可，抛光时还要在细钢球中加入肥皂水，而且要保证细钢球没有生锈，否则会损伤银器表面。雕花的银器不可用此法抛光，壶、杯等中空的银器必须在中间装满细钢球以免变形。

银器受损的主要原因有：① 高温使表面受损；② 银器表面划上刀痕；③ 硬刷子或金属丝刷擦坏银器表面；④ 操作使用中不小心撞击；⑤ 接触酸性物品或其他化学物品留下的斑迹。最后一种情况可用洗涤剂手工擦洗，其他四种情况则需送回厂家重新加工。

三、餐饮垃圾处理

（一）厨房垃圾的分类

餐饮部是一个菜肴生产部门，也是"生产"垃圾较多的部门之一。厨房垃圾分类如表 8-1 所示。垃圾在酒店里是一个较突出的问题。第一，大量的垃圾堆放需要占用宝贵的空间；第二，垃圾会散发出难闻的气味，污染空气；第三，存放的垃圾还会滋生细菌，不利于人们的健康；第四，部分垃圾的处理需较高的费用。目前，卫生防疫、环境保护等部门对垃圾处理也很重视，要求越来越高。因而，无论从酒店自身利益出发，还是从整个社会效益出发，餐饮部都必须学会更合理、更科学地处理垃圾。

表 8-1 厨房垃圾分类

垃 圾 类 型		具 体 内 容
固体垃圾	可回收使用废品	（1）预付押金的瓶子、容器玻璃、纸张等 （2）可供制作饲料的食物垃圾

续表

垃 圾 类 型		具 体 内 容
固体垃圾	不可回收使用废品	（1）污秽的废纸 （2）碎木屑、木条（常常烧毁） （3）其他干垃圾 （4）混合垃圾
液体垃圾	（1）洗涤污水 （2）烹制过程中的废水和用过的食油、油脂等	

（二）固体垃圾的处理

固体垃圾是相对于液体垃圾而言的，如交由城市的环保部门负责，则通常是根据垃圾的重量和体积或数量计算费用的。酒店常用的降低垃圾处理成本的方法是尽可能地减轻重量和减小体积。

（1）减小垃圾体积的处理方法：一是压缩包装；二是用切碎机将其切成小块包装。

（2）减轻垃圾重量的处理方法：一是挤干垃圾中的水分后再包装；二是用蒸发器使垃圾脱水。

（3）其他处理方法。以上两种处理方法有时可以结合起来使用，但决策中要有成本意识，如果自己处理的成本太高，则可采用其他处理方法。有时可签订合同承包给个人或集体，这样做除了节约成本外，还具有较大的弹性。

（三）液体垃圾的处理

（1）污水。液体垃圾的处理，要着重注意防止下水道的堵塞，在水池或地漏处加一个过滤网即可，此处是垃圾清洁的重点。

（2）废油。废油长期与出水管共用一个管道，会造成油污结存在管壁上，而使管子变细，形成堵塞。解决方法：一是在地漏处装一个滤油器；二是由工程部或清洁公司定期用高压蒸气喷射器清理；三是可用去油污力强的清洁剂喷灌处理。

第三节 餐务物资管理

一、餐具管理

餐务部的餐具管理主要是加强餐具库房的管理和大型宴会活动等的餐具、用具的使用控制。餐务部既要满足各餐厅、厨房的餐具、用具的使用要求，又要对餐具的损耗负督导检查的责任。为了加强餐具管理，保管好各种餐饮设备、餐具和物资，餐务部应做好以下工作。

（1）根据经营实际，凭领用单发放餐具。餐饮部在经营之初根据营业需要，都会给各餐厅配备足够数量的餐具，建立配备标准（一般情况下，餐厅不另设餐具库）。经过一段时间的运行以后，各餐厅都要添置一定数量的餐具，以弥补正常损耗而造成的餐具不足。在补充餐具时，必须以满足经营需要为标准，合理配置。餐厅领货须填写领用单，如表8-2所示。餐务部库房保管员凭单发货。

表 8-2　内部餐具领用单

领用部门：

品　名	规 格 型 号	单　位	数　量	领货日期	备　注

领用人＿＿＿＿＿＿＿＿＿　　发货人＿＿＿＿＿＿　　　管理员签字＿＿＿＿＿＿＿＿＿

（2）及时了解和掌握各餐厅现有餐具数量。餐务部应定期检查各餐厅、厨房餐具的使用和管理情况，及时了解某一阶段的损耗量，对餐具数量做到心中有数。餐务部通常每月盘点一次。

（3）严格加强对大型餐饮活动餐具的管理。大型餐饮活动大多为一次性或临时性的活动，餐具用量大，品种和规格也多，因此加强对大型餐饮活动餐具的管理不仅对活动本身的成功具有重要意义，而且对减少餐具损耗和流失具有重要作用。管理的重点是餐具领用和及时回收。

二、餐务设备管理

大型、复杂机器设备的定期保养工作由工程部或供货厂商负责，而一般的机器设备的日常清洁卫生和保管属于餐务部的职责任务。设备的使用和保养会直接影响机器设备的使用寿命，影响餐务部的工作效率。在使用和保养中，要做到"五定"。

（1）定人。所有机器设备的使用和保养都应落实到具体的人，必须指定专人使用和保养，其他人不得随便开启使用。只有这样才能避免盲目操作造成的损坏，也便于分清责任。

（2）定时。餐务部应制订机器设备保养计划，每日清洁保养的设备，要求在营业结束前彻底清洁，管理人员随时检查。每周、每月清洁保养设备，也应制成表格，定时检查计划的落实情况，保证按计划实施。

（3）定位。机器设备要确定摆放地点，不得随意移动，以避免频繁搬动而造成机器设备的损坏，同时也便于检查管理。

（4）定卡。在机器设备的使用和保养过程中，还应建立一个机器设备档案卡。其中记录机器设备的序号、摆放地点、责任管理人等，所有的日常维修或大修理都记录在案，并注明每次维修费用。餐饮管理人员便可根据这些记录计算使用该设备的成本，其也是一定期限决定机器是否淘汰的决策依据。

（5）定法。机器设备的使用和保养是一门技术性的工作。在使用机器前，应由专人或生产厂家负责培训操作使用人员，严格按操作规程使用和保养。

三、大型活动物品筹措管理

大型活动的物品主要指酒店为消费者承办的大型宴会、会议、自助餐、庆祝活动等必需的用品。这些用品分为装饰性物品、餐具、用具和设备几类。大型活动的物品筹措，首先要了解活动的具体时间，以便早做准备，同时要清楚具体的布置要求。

（一）物品筹措渠道

大型餐饮活动毕竟是少数，企业常备过量的物品、用具是不经济的。当大型餐饮活动来临时，甚至在平时，酒店就应考虑大型餐饮活动物品的筹措渠道。

（1）围绕活动主题和不影响气氛的外界赞助。

（2）酒店内部餐具物品的调剂。

（3）与本地其他酒店保持良好的协作关系，遇有大型活动时，互相帮助，互相借用，这对任何一个酒店都是有意义的。

（二）物品管理程序

（1）接到大型活动的客情通知单，由宴会部提出活动所需的餐具、物品的清单，并附有时间要求。

（2）若餐具物品的数量或品种不够，由餐务部经理与有关部门经理协调，决定餐具、物品配备方案。

（3）餐务部库房保管员按清单在要求的时间内将餐具、物品配齐，送至有关部门，并办理规定的手续。

（4）餐务部库房管理员在活动结束后及时将餐具、物品收回，检查其数量和质量，办理归库手续。

大型活动的物品筹措是一项艰苦繁杂的工作，一定要加强沟通，制订计划，按工作进度表按部就班地完成，以确保每一次大型餐饮活动的顺利进行。

四、餐具损耗管理

餐具损耗是指在餐饮生产经营活动中，各种原因造成的餐具损坏或流失。餐具损耗是在所难免的，只要有经营活动，只要有生产和服务行为发生，餐具就会有一定的损耗。但仅承认损耗而不加以管理，其后果也是不堪设想的。

案例 8-2　"餐具磨损"凭什么让员工埋单

在餐饮店工作经常与碗碟打交道，要是不慎摔破餐具被要求赔偿也许还能说得过去，可陈先生工作的一家饭店却规定，员工不管有没有打破碗碟，每个月都要从工资里扣除10元钱的餐具磨损费，这让他颇觉蹊跷。

日前，原在某饭店做传菜员的陈先生致电报社称，自己每月的基本工资1700元，其中还要按月被饭店扣除10元钱的餐具磨损费，他对此怎么也弄不明白，自己是传菜的，餐具磨损跟自己应当没什么关系，这笔钱扣得有点莫名其妙。记者打过去电话核实，接电话的一名女士表示，饭店确实在收他们的餐具磨损费，但具体为什么要收，收得是否合理，她建议记者拨打他们经理办公室的电话了解。而后，记者就按这名女士提供的号码继续拨打。接电话的是一名男子，他不愿透露姓名，只说经理不在，而他说餐具磨损费不仅普通员工交，就是经理也要交。次日下午，记者终于联系上该饭店的张经理。她却否认了饭店收员工餐具磨损费一说，只是强调员工如果因失误而打碎了饭店餐具，就有责任照价进行赔偿。张经理还认为，反映饭店收餐具磨损费的，肯定是自行离开饭店或者因犯错而被开除的员工在"打击报复"。

【点评与思考】餐具破损的原因有很多，加强管理，无可厚非。不分青红皂白，不从管理系统上找原因，这就不是餐务管理应有的举措了。

资料来源：俞月花. 收员工"餐具磨损费"遭质疑［N］. 扬子晚报，2005-09-25.

（一）餐具损耗的原因

餐具损耗的原因较为复杂，既有客观因素的制约，又有主观因素的影响；既有餐具本身的质量问题，也有使用、保养方面的问题。因此，要想做好餐具管理工作，降低餐具的损耗率，首先必须对餐具损耗的原因有充分的认识。造成餐具损耗的原因主要有以下几个方面。

（1）管理制度不完善。但凡餐具损耗率居高不下的酒店，在餐具管理方面都缺少严格的管理制度，餐具的使用、保管等随意性较大。

（2）洗涤设备落后、不配套。一些酒店在装修上愿意投入大量资金，却舍不得花钱买洗碗机，而一些酒店又因为洗碗机长期使用，维护保养不当，损坏严重，有的根本无法操作或功能不全，只能代之以手工洗涤。殊不知，手工洗涤一方面不能保证餐具清洁消毒的质量；另一方面增加了餐具破损的概率。此外，一些酒店洗碗间的设置和布局不合理，餐具搬运次数过多，无形中使餐具的损耗加大。

（3）员工的主人翁意识不强，服务技能差，甚至违背操作规程，致使餐具损耗增加。在对客服务中，由于服务人员责任心不强，操作马虎，往往造成餐具的损坏，如撤台时大杯套小杯、小盆叠大盆，或遗漏餐具不收而使其混入台布中。更有甚者，一些服务员为了图省事，在撤台时将餐具连汤带水一起倒入汤盆，送入洗碗间后又不认真清理，造成大量餐具随残羹剩饭一起倒掉。另外，在餐具洗涤过程中，由于缺少培训，员工将餐具乱堆乱放，违反操作规程，野蛮洗涤，造成餐具大量破损。

（4）客人素质不高。餐厅控制不严，客人将餐具带出餐厅，或当"纪念品"收藏，尤其是一些镀金、镀银的高档餐具丢失较多。

（二）减少餐具损耗的措施

鉴于上述原因，酒店必须制定相应的餐具损耗率标准和一整套控制措施来控制餐具的损耗。餐具损耗率的高低并非千篇一律，不同档次、不同营业量的酒店，餐具的损耗率不尽相同。目前，绝大多数酒店将餐具的损耗率控制在营业额的 6‰以内。酒店可采取以下几个措施来减少餐具损耗。

（1）明确管理职责，加大管理力度。

（2）建立健全餐具设备采购申请、仓储、领用制度。酒店使用的所有餐具、用具、设备实行严格的采购规范和程序，并按标准严格验收，避免质量低劣的产品混入企业。

（3）将厨房、餐厅的各种用具、设备等汇总制表，由餐务部定期盘存检查，固定资产的增减、报废、转移等皆通过相应的表格来反映，以准确掌握设备财产数目。

（4）加强餐具盘存，控制各点使用数量。餐饮部各点每月须进行一次餐具盘点：先由各餐厅自点，然后由餐务部二次盘存登记，统计出盘存数据及当月各类餐具的损耗数量。

（5）各餐厅应加强对贵重餐具的管理，做到贵重餐具每天盘点，统计损失数据；特别贵重的餐具由专人洗涤保管，尽量减少损失。

（6）加强员工培训，强化损耗控制意识。一方面，不断培训和监督员工，严格按操作规程进行对客服务和餐具的使用、撤台工作，减少因操作不当造成的损耗；另一方面，建立餐具损耗管理奖惩制度和打碎餐具赔偿制度，将餐具损耗和员工的切身利益挂钩。有些酒店在每个餐厅的后台将本餐厅使用的餐具制成展示牌，标明每件餐具的价格，对员工起警诫和提醒作用。此外，部门例会、质量分析会，甚至餐厅的餐前会都是培训时机，管理者应充分利用这些机会，加强对员工进行减少餐具损耗的教育和培训。

（7）切实加强洗碗间餐具的洗涤管理，正确使用洗涤设备，将餐具在洗涤中的损耗降到最低限度。

（8）加大财务控制力度，每季度由财务部做出餐具损耗分析表，对各餐厅损耗餐具的数量、品种进行分析，并将分析报告转送各点，以引起各营业点的高度重视。

（9）加强客房用餐餐具管理。客房用餐餐具有用餐时间长、餐具使用零星、难以收集等特点，再加上涉及客房部，因此餐具管理的难度更大。采用下列方法可以收到较好的效果：一是客房送餐时随餐附带一张印制精美的"提醒卡"，敬请客人用完餐后拨打某个电话，通知送餐员收回餐具。二是做好送餐时间记录，一方面可以由订餐员在送餐前再次检查送餐内容，避免出现差错；另一方面准确记录送餐时间，以便及时派人前往收取餐具。

本章小结

1. 餐务、餐务部、餐务管理。
2. 餐务部的组织机构图。
3. 餐务部经理、餐务部领班、餐务部库房保管员、擦银工、洗碗清洁工的岗位职责。
4. 餐务部与宴会部、餐厅、厨房的联系。
5. 餐务管理的职能：为餐饮部领取、供给餐器具；协助负责餐饮设备的维修保洁；保持有关餐饮区域整洁卫生；负责垃圾清运管理。
6. 餐具洗涤人员的要求。
7. 餐具洗涤的程序：收盘，搬运，倒刮，分类，装架，冲刷，清洗，卸架，刀叉分放，存放。
8. 银餐具受损的原因与保养。
9. 厨房垃圾的分类：固体垃圾（可回收使用废品与不可回收使用废品）、液体垃圾（污水与废油）。
10. 减小垃圾体积与减轻垃圾重量的处理方法。
11. 液体垃圾的处理方法。
12. 餐具管理：根据经营实际，凭领用单发放餐具；及时了解和掌握各餐厅现有餐具数量；严格加强大型餐饮活动餐具的管理。
13. 餐务设备管理"五定"：定人、定时、定位、定卡、定法（使用和保养方法）。
14. 大型活动物品筹措管理：物品筹措渠道、物品管理程序。
15. 餐具损耗的原因：管理制度不完善；洗涤设备落后、不配套；员工的主人翁意识不强，服务技能差，甚至违背操作规程，致使餐具损耗增加；客人素质不高。

16. 减少餐具损耗的措施。

课后练习

一、名词解释

餐务管理　　倒刮　　脱氧去污　　餐具领用单　　"五定"

二、单选题

1. 餐具损耗率一般控制在酒店营业额的（　　）以内。

A. 1‰　　　　　　B. 6‰　　　　　　C. 10‰　　　　　　D. 16‰

2. 垃圾清洁工、厨房洗碗工的直接领导是（　　）。

A. 餐务部领班　　　B. 中厨领班　　　C. 前厅领班　　　D. PA 领班

3. 银器使用越频繁，就越（　　）。

A. 光亮　　　　　B. 暗淡　　　　　C. 粗糙　　　　　D. 精致

4. 餐具洗涤程序有十个步骤，正确的程序是（　　）。

A. 收盘—搬运—倒刮—分类—装架—冲刷—清洗—卸架—刀、叉分放—存放

B. 收盘—搬运—倒刮—装架—分类—冲刷—清洗—卸架—刀、叉分放—存放

C. 收盘—搬运—分类—倒刮—装架—冲刷—清洗—卸架—刀、叉分放—存放

D. 收盘—搬运—倒刮—分类—冲刷—装架—清洗—卸架—刀、叉分放—存放

5. 为了减少餐具损失，客房送餐服务时可以附带一张精美的（　　）。

A. 酒水单　　　　B. 提醒卡　　　　C. 收费单　　　　D. 叫醒卡

三、多选题

1. 餐具损耗既有主观因素也有客观因素，既有餐具本身质量问题也有使用保管因素，属于餐具损耗的原因有（　　）。

A. 管理制度缺陷　　　　　　　　　　B. 洗涤设备落后

C. 自然长期风化　　　　　　　　　　D. 客人无意摔坏

E. 员工违规操作

2. 使用、保养餐具设备要做到"五定"，其中有（　　）。

A. 定人　　　　　B. 定时　　　　　C. 定位　　　　　D. 定卡

E. 定岗位　　　　F. 定法

3. 餐务部是餐饮企业的综合保障部门，其工作职责有（　　）。

A. 储存、领取、供给、收集、洗涤餐器具　　　B. 维修保洁设备

C. 保持餐饮区域清洁卫生　　　　　　　　　　D. 洗涤加工菜肴

E. 制作推销菜单

4. 筹措酒店承办大型宴会、会议与庆祝活动的装饰性物品、餐具、用具和设备的渠道有（　　）。

A. 申请购买　　　B. 外界赞助　　　C. 内部调剂

D. 向外借用　　　E. 银行贷款

5. 银器餐具受损的原因有（　　　）。

    A. 高温浸泡　　　　B. 刀痕划伤　　　　C. 金属丝刷

    D. 接触酸性物质　　E. 硬性撞击

四、判断题

1. 雕花银器可以采取抛光机来抛光。　　　　　　　　　　　　　　　（　　　）

2. 餐盘洗涤装架时要背对背摆放。　　　　　　　　　　　　　　　　（　　　）

3. 不允许用手直接接触已经洗涤过的餐具触口部位。　　　　　　　　（　　　）

4. 混合垃圾是可以回收使用的。　　　　　　　　　　　　　　　　　（　　　）

5. 发放餐具要凭领用单据。　　　　　　　　　　　　　　　　　　　（　　　）

五、简答题

1. 简述餐具物品管理的要求。

2. 简述大型活动物品管理的程序。

3. 简述刀叉洗涤的流程。

4. 简述银器抛光处理的程序。

5. 简述餐务设备"五定"管理法。

六、论述题

1. 论述餐务部各岗位的设置与职责。

2. 论述减少餐具损耗的措施。

案例讨论

麦当劳邀请顾客看厨房

麦当劳连日在包括南京在内的全国餐厅内进行厨房开放日活动，这是洋快餐在国内首次大规模地开放其"后台"。虽然洋快餐对消费者来说已经不再陌生，但它们的厨房却还颇显神秘。日前记者在南京先睹了麦当劳厨房的食品制作全过程。

据介绍，南京的每家麦当劳餐厅每天可接受三批顾客，每一个时段 60 分钟，参观厨房的整个运作流程。记者看到，进入厨房后的员工和其他人必须要用消毒液洗手，时间不少于 20 秒，洗好后只能用肘部碰触烘干器开关。这里，工作人员戴的手套有不同颜色，蓝色代表生食、白色代表熟食，这样是为了防止交叉感染。麦当劳的厨房还包括烘制方面严格标准化的一些机器，如炸制薯条的机器就有专门的盐罐定时定量撒盐。目前麦当劳已经有 95% 的产品实现了生产本地化，这些进入厨房的食品供应链上每一环节要详细记录。以生菜为例，所有种植地周边 1000 米内，要没有工业"三废"污染源。

据悉，到昨天为止，已经有近千人预约参观南京麦当劳的厨房。一些消费者表示，和一些餐饮店对后台秘而不宣相比，麦当劳的透明化让人比较放心。某大学商学院院长说，麦当劳此举实际上是让消费者有参与监督的感觉，增强了信任度，是一种聪明的做法。在食品安全备受关注的当今，中式快餐也可以从中受到启发。当然，由于中式快餐和洋快餐在标准化等方面有所不同，也不必照搬后者的做法，而应借鉴其让消费者全程参与的理念，突出对消费者的尊重。

资料来源：薛蓓. 洋快餐的操作是怎样的［N］. 扬子晚报，2005-09-10.

思考题：

1. 何谓"明厨亮灶"？餐饮企业如何做到"明厨亮灶"？
2. 餐务管理在创造和维护餐饮部门卫生整洁的环境方面可有哪些作为？

实训项目

1. 深入一家酒店餐务部，掌握洗碗的操作流程及标准。
2. 通过某一大型宴会，了解宴会厅与厨房需要的设施设备与餐具。

第九章　餐饮促销管理

学习目标

通过本章学习，应达到以下目标。

1. 知识目标：了解餐饮促销的目的与各种促销方式，了解全员促销的意义。

2. 技能目标：掌握建立客史档案的内容与方法，能够制订酒店的年度与单一促销计划。

3. 能力目标：灵活运用促销原理，熟练掌握酒店内部促销方法与店外促销方法，能制订美食节计划并予以实施。

导入案例

案例 9-1　用"盲盒"诱导食品过度消费，当抵制！

近日，肯德基与盲盒销售商泡泡玛特联合推出的"DIMOO 联名款盲盒套餐"，引发消费者抢购及社会广泛关注。根据这款盲盒套餐的销售规则，要想集齐整套玩偶，至少需要购买 6 份套餐，而其中稀有隐藏款出现概率是 1：72。为此，有消费者不惜一次性斥资 10 494元购买 106 份套餐；还有消费者为"求娃"而购买"代吃"服务，雇人代买代吃套餐而获得盲盒，甚至不排除将吃不完的食物直接丢弃。

在商品销售中，买赠、积分、打折、红包等花式促销方式层出不穷。只要合理合法，正常的让利促销既使商家提高了销量，也令消费者得到了实惠，本无可厚非。但肯德基作为一家餐饮企业，其经营的快餐食品属于限期使用的商品，按需购买即时食用是这类商品的特点，通常消费者不会超量购买，以限量款盲盒销售则是以"饥饿营销"手段刺激消费，容易导致消费者为了获得限量款盲盒而冲动消费，并因超量购买造成无谓的食品浪费。

倡导节约粮食，反对餐饮浪费，是中华民族的优良传统，也是新时代消费风尚。2021年 4 月 29 日《中华人民共和国反食品浪费法》正式实施，明确要求餐饮服务经营者自觉抵制食品浪费，提示消费者适度消费，必要时采取措施防止消费者浪费；不得诱导、误导消费者超额消费，造成食品浪费。中消协认为，肯德基作为食品经营者，利用限量款盲盒销售手段，诱导并纵容消费者不理性超量购买食品套餐，有悖公序良俗和法律精神。

物质丰裕的社会应与文明的精神追求相匹配，情绪价值的需求不应建立在物质浪费，尤其是食品浪费的基础之上。中消协倡导消费者积极树立正确的消费观，增强节约意识，践行反餐饮浪费，选择简约适度、绿色低碳的生活方式，承担起节约资源、保护环境的社会责任；同时审慎看待自身消费需求，提高明辨是非的能力，进行科学理性的消费活动，共同抵制盲目消费、冲动消费、超额消费等不良消费行为。

【点评与思考】创新促销，本无可厚非。但新不等于好，不等于合理合法。类似案例式的促销，在扩大产品销售的同时，增加了食品被浪费、糟蹋的概率，有违积极文明的消费观念，有违公序良俗。餐饮企业理应用积极向上的文化指引，其经营管理方能行稳致远；否则，即使短期效益上升，长期也难免负效猛增。

资料来源：中国消费者协会. 用"盲盒"诱导食品过度消费当抵制[EB/OL]. (2022-01-12). www.cca.org.cn/zxsd/detail/30327.html.

第一节　餐饮促销概述

一、餐饮促销的含义

促销是指销售促进或销售推广，它是酒店营销活动过程中的重要环节和内容，是向潜在的消费者传递有关产品、服务等方面的信息，帮助顾客认识餐饮产品的存在及其性能和特点，以激发他们的购买欲望。

餐饮促销是指酒店根据自身的类型及细分市场的特征，在市场竞争中所采取的以顾客为中心的、能有效吸引消费者群体的各种手段。

二、餐饮促销的目的

餐饮促销旨在使顾客建立并增进对酒店及餐饮产品的认识及兴趣，使餐饮产品在市场竞争中具有明显的优势；建立并维持酒店的整体形象和信誉，达到顾客购买或使用餐饮产品的目的。餐饮促销的目的，更直接地说，就是使餐饮销售额有明显增加。所谓餐饮销售额，是指餐饮产品和服务的销售总价值。餐饮促销的目的主要包括以下几点。

（1）提高人均消费额。餐饮经营管理者一般都十分重视客人人均消费额。人均消费额是指平均每位客人每餐支付的费用。这个数据之所以重要是因为它能反映菜单的销售效果和餐饮销售工作的成绩，能帮助管理人员了解菜单的定价是否恰当，了解服务员及销售员是否在努力推荐菜肴、点心和饮料。餐厅一般都要求每天分别计算食品的人均消费额和饮料的人均消费额，其计算公式为

$$人均消费额=总销售额/就餐客人数$$

餐饮管理人员应经常关注人均消费额的高低，如果连续一段时间人均消费额过低，就必须检查食品和饮料的生产、服务、推销或定价有何问题。

（2）增加客人回头率。回头率有时是与人均消费配套使用、考察的指标。客人回头率即客人反复光顾本餐厅的概率。有时酒店片面鼓励员工推销，客人人均消费一时上去了，但餐厅的人气越来越低，这是得不偿失的。

（3）提高餐座销售额。餐座销售额用平均每餐座位产生的销售额及平均每餐座位服务的客人数来表示。餐座销售额的计算公式为

$$餐座销售额=总销售额/座位数$$

餐座销售额这一数据可用于比较相同档次、不同餐厅经营好坏的程度。

（4）提高翻台率。这一指标常被称作座位周转率，其计算公式为

座位周转率=某段时间的就餐人数/(座位数×餐数×天数)

餐厅早、午、晚餐客源的特点不同，座位周转率最好分餐统计。座位周转率反映了餐厅吸引客源的能力。

（5）提高服务员销售额。提高服务员销售额有两方面含义：一是用每位服务员服务的顾客人数来表示。这个数据反映服务员的工作效率，可为管理人员配备职工、安排工作班次提供依据，也是评估员工工作成绩的基础。不同餐别每位服务员能够服务的客人数是不同的，一般早餐服务的客人数多于晚餐。二是每位服务员的销量也可用销售额来表示。每位服务员的客人平均消费额是用服务员在某段时间中产生的总销售额除以其服务的客人数来表示。

（6）提高时段销售额。某时段（每月、每天、每天不同的钟点）的销量数据对于人员的安排、餐饮产品的推销计划，以及确定餐厅开始营业和打烊的最佳时间是十分重要的。时段销量可以用两种形式表示：一段时间内所服务的客人数和一段时间内产生的销售额。

三、餐饮促销的意义

餐饮促销是以酒店经济效益的增长为主要表现形式，但这不是餐饮促销的所有意义。举办餐饮促销活动，企业至少要获得两方面的效益：一是扩大销售，即通过餐饮促销使酒店日营业额提高或客流量增加；二是提高企业声誉，即通过餐饮促销，使酒店的知名度提高，使人们对酒店菜品的了解程度增强。

（1）促销是适应市场竞争的必要手段。餐饮竞争的加剧要求餐饮部门在统观市场动态、关注竞争对手的同时，主动调整经营策略，设计完善产品结构，推广消费新理念，引导消费，以超前优势赢得竞争的主动权。餐饮生产和服务特点提醒人们保守、封锁难以维系既有优势；顾客消费心理告诉人们，追新求异是消费者的自然需求。因此，只有勇于创新、敢于突破、善于经营、勤于促销，才能在竞争中成为执牛耳者，给顾客以消费的理由，给顾客留下良好的第一印象。

（2）促销是巩固市场份额的重要举措。适时举办富有意义的推广促销活动，在发布新的产品信息的同时，也进一步宣传强化了餐饮形象，这对老客户是一种再提醒和再动员；对潜在的客户，这是一种新的激发和善意的引导，对巩固乃至扩大餐饮市场份额有着不可忽视的作用。

（3）促销是调节使用原料的有效途径。举办餐饮促销活动，可以就某些品种的原料或食品进行集中加工、生产和销售，这样对库存积压原料可以做到适时处理，减少资金占用和浪费；对新近到的时令、特价原料或食品，进行快速销售，可以加速资金回笼，快速产生效益；对即将流行的原料和食品，可以抢先应市，迅速占领市场，形成良好的口碑，使企业明显受益。因此，推广促销活动为调节使用原料、提高餐饮经营效益提供了便利高效的途径。

（4）促销是激发企业活力的积极手段。调动和激励员工发挥自己的聪明才智，积极稳妥地组织餐饮促销活动，为酒店创造良好经济效益的同时，让员工的福利待遇在企业效益的增长中不断改善。这不仅是企业步入良性循环的标志，同时也使员工在每次活动中得到训练，进一步增强了员工忠于企业、热爱本职工作的荣誉感和责任心，为企业的可持续发展积蓄后劲。

第二节　客史档案管理

一、客史档案概述

（一）客史档案的含义

客史档案是以档案的形式将就餐客人或单位的消费能力、消费历史、爱好、忌讳，以及消费行为发展变化情况等信息资料加以系统搜集和整理，并根据时间的进程充实和完善。客史档案是酒店完善、提高经营管理水平的重要依据，是进行餐饮促销的重要基础资料。加强客史档案的建立和管理，实际是酒店财富和资源的积累，客史档案可以为企业领导决策提供科学依据，为餐饮开展公关营销、提高知名度提供翔实的资料，还可为新员工上岗培训提供生动、具体、真实的素材。

（二）客史档案的作用

（1）更好地提供有针对性的对客服务。餐饮部门可以根据客人的需求、爱好等资料设计产品，提供更加受欢迎的服务方式。

（2）便于公关销售。根据客史档案资料，为客人提供本酒店适合他的餐饮推广活动信息，以鼓励其前来捧场和消费，进而扩大餐饮销售。

（3）有利于研究改进产品。不时地将客史档案加以整理分析，发现顾客需求变化规律，对设计、开发产品，提高、完善服务都有指导作用。

（三）客史档案的内容

客史档案是根据客人的餐饮消费历史搜集整理而的。由于客人消费频率的高低、酒店资料来源渠道的多少、企业对该客人信息搜集投入程度的大小不同，客史档案内容也有很大差异，有的仅保存客户姓名、宴会日期、人数、费用、菜单等记录。除客人的个人资料外，酒店宴会部或销售部还利用各种机会、各种渠道和方式将客人或团体的消费特征以及相关政策、资料广加搜集，以供酒店经营管理和推广促销使用。

客史档案内容繁杂多样，主要有：私人或企业团体的宴会预订表；客人预订宴会的电话记录稿、书信复印件；政府指令性预订宴会的机密文件、资料；贵宾的有关资料；团体客户每人的名单和简况；大型宴会或重要宴会的领导小组成员、会议简报；重要宴会的组织机构和人员名单；酒店参与重要宴会活动时各部门制订的活动计划；宴会厅的布置计划和需求的物资用品清单；整套的宴会菜单（包括宴会前会客、记者招待会、签字仪式、鸡尾酒会所需的饮料、小食品，还有随行、陪同、司机餐的菜单）；宴会现场偶发事件和应急处理的情况记录；参与重要宴会的酒店各部门撰写的宴会活动总结；受表彰的宴会管理人员和服务人员名单以及先进事迹；宴会演奏的国歌乐谱、受欢迎的乐曲名称；宴会主桌上主人、主宾等宾客的位置和名单；账单；客人对宴会赞誉题词和馈赠、感谢的资料；客人对宴会的投诉复印件；主人、客人对餐饮食品的反映；酒店接待贵宾（各国领导人、国际著名人士、国内重要客人及其主要亲属）宴会的档案资料；宴会活动拍摄的录像、照片资料；宴会前、宴会中配套活动（如文艺表演节目单、服装表演、国画、即兴书法）的主要资料；宴会服务班组的工作汇报、总结资料。客史档案如表 9-1 所示。

表 9-1　客史档案

建档日期：　　　　　　　　　　　　　　　　　　　　　编号：

姓　　名		性　　别		国籍/籍贯		出 生 日 期	
工作单位				职业		职务	
单位地址				电话		传真	
家庭地址						电话	
用餐时间							
用餐餐厅							
餐厅布置							
用餐效果							
用餐菜单							
特别好恶							
其他							

二、客史档案的资料搜集

酒店为设计有针对性的菜单、提供个性化的服务，有时甚至不惜代价，想方设法搜集客史档案资料。例如，A 国某酒店为迎接应该国国家元首的邀请来该国进行国事访问的 B 国总统，就是通过 B 国电视节目主持人和 B 国知名的电影导演了解到该总统的生活习惯。根据该总统的习惯，该酒店首先安排他登上平台，居高一览宴会厅全貌，然后再步入宴会厅。总统在平台上看到宴会厅布置得富丽堂皇、独具匠心，服务员穿着色彩鲜艳的民族服装，上下左右各排列成一条直线；50 桌宴会桌上摆设的鲜花构成一条条直线呈辐射状从中心向外绽开，乐队演奏着总统喜爱的曲子，总统顿感兴奋，特别满意，整个宴会取得了极大的成功。实践说明，保证客史档案资料的准确度是相当重要的。

酒店为组织好重要宴会，客史档案资料的搜集可从以下两个方面获得。

（1）外部渠道搜集。通过餐饮行业、旅游系统获取；通过企业团体获取；政府有关部门向酒店提供准备宴会的重要信息；从近阶段电视、新闻报道、重要客人中搜集；去有关档案资料馆、社科院查找，或向研究人员咨询；从国内外发行的书报杂志上寻找信息资料；通过贵宾的亲友或司机、厨师、秘书、保姆等渠道搜集；等等。

（2）内部渠道提供。企业内部销售部、公关部提供有关信息；找企业老一辈经理、离退休服务人员、老一辈厨师了解历史情况；从企业档案室查找资料，从已有的资料中取得信息。

三、客史档案的规范和使用

（一）客史档案的规范

客史档案管理的目的是把客史档案从书面资料转化为促进餐饮销售的有价值信息，这需要酒店进行人力、财务投资，以便做到以下几个方面。

（1）设置餐饮客史档案管理岗位（如档案管理员，可隶属于宴会部或销售部），配置符合条件的人员。

（2）购置必要的档案文件柜等物资，提供办公场地。

（3）加强资料汇总。

（4）进行资料整理。

（5）对档案内容进行检查、分析、归类。

（6）建立保管和查阅等管理制度。

（7）建立餐厅班组、餐饮管理人员、宴会负责人信息搜集及充实记录管理网。

（8）运用先进方法和现代化手段，将文字、图片、摄录像资料归类、编号、入档，及时补充新内容，及时将档案资料输入计算机，为检索提供便利。

（二）客史档案的使用

客史档案管理的规范化可以为充实内容提供方便；客史档案资料的有效使用又是管理的根本目的。客史档案的使用主要是建立相关管理制度，对客史档案资料的调用范围、层次和手续进行规定，以保证顾客资料不随意外传，又能为酒店自如运用。

第三节　餐饮促销方式

餐饮促销方式的选择是酒店经营管理决策的结果。餐饮促销方式，依据不同标准进行划分，可以罗列许多。然而，国内外酒店广泛选用、实践证明比较经济高效的促销方式主要有餐饮店内促销、餐饮店外促销、餐饮全员促销以及近年很盛行的美食节促销（将在第四节单列出来详述）。

一、餐饮店内促销

餐饮店内促销是酒店策划的主要在企业内部进行宣传、推广的食品促销活动。餐饮店内促销是以招徕住店客人及店外客人为目的而举办一些富有新意、能使客人愉悦或吸引客人参与的促销活动。仍旧把餐饮业理解为只为客人提供食品及就餐环境的行业观点已经落后。如今的餐饮业，除了提供餐饮服务外，首先它是客人交际、沟通的场所。也就是说，餐饮业应该是营造场所供客人与客人交流、客人与酒店交流的一个行业，餐饮的其他功能也变得越来越丰富。

（一）店内促销活动的原则

（1）活动要具有话题性。举办的店内促销活动要具有新闻性，能够产生话题，引起大众传播媒介的兴趣，从而引起各方面的注意，以吸引客人参与。

（2）活动要带有新潮性。店内促销范围受到限制，活动的构思和方式就更要有创意。餐饮店内促销活动要有现代感，陈词滥调的花样非但不能起到促销的作用，还可能影响餐饮店的声誉。

（3）活动应突出新奇性、戏剧性。人们普遍有好奇的心理，如一个世界上最大的火锅会吸引许多人去观赏、品尝；一根世界上最长的面条也具有同样的推广效果。

（4）活动要注意即兴性和非日常性。促销活动一般只能在短期内产生效果，否则就毫无话题性、新奇性可言了。

（5）活动要强调单纯性。要突出活动的主题，有时一次极富创意的促销活动，却由于过多地掺杂其他官方事务，或拘泥于过多细节，而变得复杂化，失去了促销效果。

（6）活动要富有参与性。举办的活动应尽量吸引客人参与，以提高客人兴趣，加深客人印象，如歌星独唱、钢琴演奏远不如卡拉 OK 的参与性高，后者更能调节气氛。

（二）店内促销活动的方式

店内促销是一种经济方便而富有效果的促销方式。酒店根据其规模、结构以及促销主题，可分别选用不同的店内促销方式。

1. 节日促销

产品的推广促销要抓住各种机会甚至创造机会吸引客人购买，以增加销量。各种节日是难得的促销时机，餐饮部一般每年都要制订自己的促销计划，尤其是节日促销计划，使节日的促销活动生动活泼，富有创意，以取得较好的促销效果。

（1）春节。这是中国的传统节日，也是让在中国过年的外宾领略中国传统文化的节日。酒店可利用这个节日推出中国传统的饺子宴、汤圆宴、团圆守岁宴，特别推广年糕、饺子等；同时举办守岁、撞钟、喝春酒、戏曲表演等活动，丰富春节的生活，用生肖象征动物拜年来渲染气氛。

（2）元宵节。农历正月十五，酒店可在店内外组织客人参加看花灯、猜灯谜、舞狮子、踩高跷、划旱船、扭秧歌等民族传统庆祝活动，也可开展以各式元宵、汤圆为主的餐饮促销活动。

（3）"七夕"节。"七夕"节又被称为"中国情人节"。农历七月初七牛郎和织女鹊桥相会，这是一个流传久远的民间故事。酒店在"七夕"节进行包装渲染，印制"七夕"外文故事和鹊桥相会的图片送给客人，再在餐厅扎制一座鹊桥，男女宾客分别从两个门进入餐厅，在鹊桥上相会、拍照，再到餐厅享用酒店推出的彩凤新巢、鸳鸯对虾等特选情侣套餐，无疑别有一番情趣。

（4）中秋节。酒店可举办中秋晚会，在庭院或室内组织人们焚香拜月、临轩赏月，增添古筝、箫等民乐演奏，推出精美月饼自助餐，让客人可以品尝鲜菱、藕饼等时令佳肴，共享亲人团聚之乐。

（5）圣诞节。12 月 25 日是西方第一大节日——圣诞节。人们着盛装，互赠礼品，尽情享受节日美餐。在酒店里，一般都布置圣诞树和小鹿，由"圣诞老人"赠送礼品。这个节日是餐饮部进行促销的大好时机。酒店一般以圣诞自助餐、套餐的形式招徕客人，推出圣诞特选菜肴，如火鸡、圣诞蛋糕、圣诞布丁、碎肉饼等。此外，酒店可组织举办化装舞会、抽奖等各种庆祝活动。圣诞活动可持续几天，餐饮部还可用外卖的形式推销圣诞餐，扩大销售。

（6）复活节。每年春分月圆后的第一个星期日为复活节。在复活节，酒店可绘制彩蛋出售或赠送，推销复活节巧克力蛋、蛋糕，还可推出复活节套餐，或举行木偶戏表演和当地工艺展销等活动。

（7）情人节。2 月 14 日，这是一个浪漫的节日，酒店可设计推出情人节套餐，推销

"心"形高级巧克力，展销各式情人节糕饼。酒店还可特别设计布置"心"形自助餐台，推销特别情人自选食品，一般会取得良好的促销效果。

酒店是中外宾客聚集的地方，围绕中外传统节日开展的促销活动还有很多，如清明节、端午节、重阳节、感恩节、万圣节、开斋节等，只要精心设计，认真加以挖掘，就能设计推出一系列富有诗情画意的餐饮促销活动，以借机扩大销售。

2. 内部宣传促销

在店内餐饮促销中，使用各种宣传品、印刷品和小礼品、店内广告进行促销是必不可少的。常见的内部宣传促销有以下几种。

（1）定期活动节目单。酒店可将本周、本月的各种餐饮活动、文娱活动印刷后放在餐厅门口、电梯口，播放在房间电视上，或通过总台发送传递信息；也可将这些信息进行特别设计处理，例如，写在口布上或扇子上，印染或书写在布帘上，直接写在桌面上，写在墙壁上所挂的大型汤匙或其他饰物上，写在茶杯垫上，写在服务员制服上等，以引起客人关注，增强宣传效果。

（2）餐厅门口告示牌。酒店可在大厅旁或餐厅门口摆放诸如菜肴特选、特别套餐、节日菜单和增加新的服务项目等的告示牌。如秋季螃蟹上市，在大厅旁或电梯边摆放色泽艳丽、形象诱人的螃蟹广告牌来推广销售等。

（3）菜单。菜单的促销作用是毋庸置疑的，各类特选菜单、儿童菜单、情侣菜单等对不同的宾客均有推广促销作用。

（4）电梯内餐饮广告。电梯的三面通常被用来做餐饮等促销广告。陌生人一起乘坐电梯时，周围的文字对其则更有吸引力，因此酒店在电梯内张贴餐饮广告也能取得较好的促销效果。

（5）小礼品。餐厅常常在一些特别的节日和活动时间，甚至在日常经营中送一些小礼品给用餐的客人。这些小礼品如果精心设计，根据不同的对象分别赠送，其效果会很理想。常见的小礼品有生肖卡、特制的口布、印有餐厅广告和菜单的折扇、小盒茶叶、卡通卡片、巧克力、鲜花、精制的筷子等。需要注意的是，小礼品要和餐厅的形象、档次相统一，才能起到良好的、积极的宣传促销效果。在实施小礼品促销前，应做预算。酒店可以在有限的预算范围内，寻找购买价廉而富有意义的物品。"价廉"并不意味着低质，尤其在开支预算、选择礼品时，应当切记这一点，与其大量赠送低价位的礼品，不如送一个品质优良的杯子更受欢迎。小礼品是酒店联系客人的最佳沟通途径，因此应特别注意礼品的设计或选购的独创性、纪念性和实用性。另外，内部宣传促销还可借助酒店自办录像的便利条件，穿插播放特别推广销售的精美食品及餐厅录像，给客人以直觉形象的视觉体验。

3. 服务技巧促销

寓促销于服务中是常见而有效的方式，它不仅可以起到推广销售的作用，同时还可以渲染和活跃餐饮环境气氛。

（1）利用客人点菜的机会促销。客人点菜是服务员促销的最佳时机。在客人点菜时，服务员应主动向客人提出各种建议，促使就餐客人的消费数量增多或消费金额更高。一般可采用以下方法：① 形象解剖法。服务员在客人点菜时，用生动的语言形容、描绘菜点的形象、特色，使客人对此产生好感，从而引起食欲，达到促销的目的。② 除法技术。对一些价格较高的菜点，有些客人会产生畏惧心理。例如，188 元一盘的黑椒煎牛排，客人会感到太贵，服务员即可向客人解释，这道菜可供 10 个人食用，平均每人花费还不到 19 元。

这样客人就会觉得并不贵,从而产生购买欲望。③ 提供两种可能性。针对有些客人求名贵、讲阔气或求价廉的心理,为他们提供两种不同价格的菜点,任其挑选,由此满足不同的需求。④ 利用第三者的意见。即借助社会上有地位、有影响的知名人士对其菜点的评价,证明其质量高、价格合理、值得购买。⑤ 代客下决心。当客人想点某道菜但心里或多或少还有点犹豫时,服务员可说:"这样,这道菜我关照师傅一下,包您满意。"

(2)餐厅现场烹制促销。餐厅营业过程中,将部分菜肴的烹调过程放在餐厅里完成,或将某些菜点的最后烹调过程让服务员在餐桌上完成,如中餐烹调中的铁板大虾、锅巴虾仁、火焰醉翁虾等;西餐中的生煎牛排、煎蛋等,让客人看到菜肴烹调过程,闻其香、观其色、赏其形,从而促使客人产生购买欲望,使餐厅获得更多的销售机会。

(3)菜点成品试吃或半成品的现场加工促销。对于一些需要特别推销的菜点,可由服务员用托盘或餐车将菜点推送到客人的桌边,先让客人品尝一点,如喜欢就现点,不合口味则请客人点其他菜点。对一些鲜活且名贵的原料,在客人确定之后,当面进行部分工艺的制作,这既是一种特别的促销,也体现了良好的服务。

二、餐饮店外促销

餐饮店外促销是指为开拓餐饮产品销路、扩大产品销售所进行的向目标顾客传递产品信息,激发其购买欲望,进而促使其做出购买行为的系列活动。

(一)外卖促销

外卖促销是指在酒店消费场所之外进行的餐饮销售、服务活动;利用互联网进行线上宣传促销,传播时效快、影响范围广;线上和第三方平台结合,或企业自身组织的外卖是餐饮销售在外延上的扩大。它不占用企业自身的场地,可以提高销量,增加餐饮营业收入,在旺季可以解决就餐场地不足的矛盾,在淡季也可增加销售机会,使酒店生意相对平稳。

1. 外卖促销的对象

(1)外国派驻本国的使馆和领事馆等涉外官方机构。这在首都和一些大型口岸城市较多。

(2)外国驻本国的商社、办事处。频繁的商业来往会给酒店带来许多外卖商机,在外国驻本国的商社、办事处的住所举办宴会比较普遍和隐蔽。

(3)大中型企业的年庆、年终酬谢员工等活动。企业新产品研制成功、工程完工等都会举行一些活动来庆祝。这些企业往往有一定规模,场地条件好,是酒店外卖的好买主。

(4)金融机构。金融机构举办的活动也较多,尤其是银行的年会等,在这些活动中都有酒店外卖销售的机会。

(5)大专院校。大专院校适合举办自助餐活动,通常在开学、毕业、结业的时候举行。

(6)有条件的家庭。随着人民生活水平的提高、住宅条件的改善,酒店外卖在大城市和口岸地区、沿海部分经济发达地区也同样有一定的市场。

(7)O2O 网络外卖销售。近年随着互联网业的日益兴盛,线上线下融合不断增强,餐饮外卖不分场合、不分消费群体、不分时段,得到蓬勃发展。

2. 餐食及服务大型外卖促销的注意事项

在选择外卖促销对象、确认有外卖业务的基础上,首先,要制订周密详细的计划,包括餐具的准备、人员的组织、外卖场地的布置，以及卫生（野外活动需考虑洗手间）、安全、消防等措施的落实。其次，要有针对性地制定好外卖宴会、自助餐等菜单，尽可能选用能在餐饮厨房加工生产成半成品或成品，然后再到食用单位烹制或组装，而不至于影响产品质量的品种。再次，要有专用货车、司机及装卸人员，可雇用钟点工；货车应有低温冷藏设备，以保证食品质量。最后，外卖的促销同样依赖广告宣传和酒店在店外的口碑作用，因此外卖既是广告宣传作用的结果，同时又是广告宣传的载体和机会，应重视外卖货车及开餐的宣传和扩大影响的作用。

（二）儿童促销

根据统计分析，儿童是影响家庭就餐决策的重要因素。许多家庭到餐厅就餐，常常是因儿童要求的结果。针对儿童促销有以下几个要点。

（1）提供儿童菜单和儿童份额的餐食和饮料。餐厅应尽可能提供一些花色品种丰富、造型生动别致，而吃起来又比较方便省事的菜点，多给一些特别的关照会使儿童的家长倍感亲切而经常光顾。

（2）提供为儿童服务的设施。为儿童在餐厅创造欢乐的气氛，提供儿童座椅、儿童围兜、儿童餐具，一视同仁地接待小客人。

（3）赠送小礼物。礼物对儿童的影响很大，要选择他们喜欢且与餐厅宣传密切相关的礼品，以起到良好的促销效果。

（4）娱乐活动。儿童对新奇有趣的东西较感兴趣，有的餐厅常常在餐厅一角设有儿童游戏场，放置一些木马、积木、跷跷板之类的设施；还有的餐厅为儿童开设专场木偶戏表演、魔术和小丑表演、口技表演等，尤其在周末，这是吸引全家用餐的好方法。儿童节目中常常露面的主人公，或电台、电视台深受欢迎的儿童节目主持人若在餐厅露面，对儿童也是一种带有惊喜的诱惑。另外，餐厅还可以通过放映卡通片、讲故事、利用动物玩具等形式吸引儿童。这样做的另一个作用是在儿童尽情玩耍的时候，其父母也可悠闲地享用他们的佳肴。

（5）儿童生日促销。对儿童食品的促销不应仅仅局限于儿童节前后，可以针对不同月份过生日的儿童，印制生日菜单进行宣传，给予一贯性的优惠。现在儿童生日越来越受家长的重视，酒店通常围绕儿童促销的宴席有"宝宝满月""娃娃百日""周岁宴会"等。

（6）抽奖与赠品。常见的做法是发给每位儿童一张动物画，让儿童用蜡笔涂上颜色，进行比赛，给获奖者颁发奖品，以增加儿童乐趣。儿童离开餐厅时，餐厅也可送他一个印有餐厅名称的气球作为纪念。

（三）旅行团促销

团队生意是餐饮的主要收入来源之一，尤其是在经营的淡季，餐厅有足够的场地、厨房有足够的生产人力招待各种旅行团。要做好旅行团的促销和接待工作，必须注意以下要点。

（1）了解旅行团的构成和特点，包括其客源国，旅行团成员的年龄、消费水平、饮食偏好和其他特别要求。只有弄清了客人的需求，才能合理地组织自己的产品和服务去迎合他们，使他们满意。

（2）加强与接待单位，特别是掌握较多客源的当地接待旅行社的沟通和联系。酒店要与旅行社加强沟通，主动征求意见，提高菜点质量，保证客人用餐满意。只有这样，才能取得旅行社的支持。

（3）了解旅行社的整个活动路线和各站的接待情况，做好充分的准备工作。只有当厨房产品和餐厅服务与众不同时，才能给客人留下深刻的印象。因此，每个团队的菜单都应经过精心设计，避免与前一站或前几站的菜单雷同，同时又能反映出地方特色。

（4）一般旅行团都以观光为主，客人希望多了解当地的风土人情、民族文化和自然景色。在吸引旅行团用餐时，可安排一些民族艺术表演和其他文娱活动，使他们边享用餐饮，边欣赏演出，会获得更佳的效果。同时，增加一些特别娱乐活动，也可以增加综合销售的机会，使旅行团客人花了钱又开心。

（5）旅行饭盒促销。旅行饭盒促销已成为餐厅的一项正常生产和经营项目，可以为餐厅创造一笔可观的收入。

酒店对旅行团的服务接待，从桌次安排到时间控制，从饭菜的数量和质量到礼节礼貌，都应高度重视，以收到良好的旅行团促销效果。

（四）优惠促销

通过各种优惠方式，吸引客人前来餐厅就餐，在一定程度上对广大的消费者均有吸引力。优惠方式包括以下几种。

（1）打折优惠。为加速客人流动，提高餐厅翻台率，利用打卡钟在账单上做时间记录，凡用餐时间不超过一定时限的客人，给予折扣优惠；自助餐方式，降低价格；带伴的客人九折优惠；女士可以享受特别优惠价，以吸引更多客人用餐；采取团体优惠制度；每月19日，凡是19岁的客人八折优惠；与附近的商店、公司联合发行优惠券。

（2）举办优惠日活动。为了吸引和稳定客源，可借各种名义酬谢老主顾，定期举办优惠日活动，如每月举行一次食品的免费招待。针对不同节日、不同对象，开展优惠活动，如重阳节老年人一律半价优惠。

（3）时间优惠。为调节客人就餐节奏，减少旺淡忙闲不均现象，可选择一定的时间进行优惠促销。例如，播放某首特别歌曲的时候，凡在场的客人均可被奉送某道菜点；预订优惠时段，凡此段时间光临的客人，可获得免费的调味小菜或饮料等。

（4）奖品优惠。例如，法国某著名餐厅，自开业起赠送首次光临的客人编有连续号码的明信片，以便辨认有多少位客人光临。做法有：凡第一位或第一万位光临的客人，赠送裱花蛋糕一个及饮料一杯等；账单背面让客人填上姓名、地址，每月举办公开抽奖赠送活动，趁此机会可以收集客人的名录；连锁酒店，可以举办走遍连锁店、盖满图章者可获精美赠品的活动。

三、餐饮全员促销

餐饮全员促销，即发动酒店及餐饮生产、服务等企业所有人员，以各自的方式积极工作，全面配合，个个具有销售意识，主动参与餐饮产品销售，为企业产品的全天候销售创造广阔空间。这种销售方式创造的业绩是不可低估的。

（一）全员促销的意义

全员促销并非鼓动每一位员工都接待顾客、推销产品，而是要求员工按照既定的分工，忠于职守，各司其职，使酒店各项工作遵循科学、高效的运转轨道，从事各项生产服务业务，从而使各种产品顺利完满地得以销售，实现良好的效益。这里，各个岗位员工严格按操作规程工作，减少次品出现，热情周到地服务顾客，防止客人不满情绪的出现，是全员促销的基础工作，也是其基本保障。每个岗位、每道工序的工作做好了，餐饮的广告宣传、销售人员的宣传承诺如期如数兑现了，客人的消费行为便会顺利，客人便觉得舒心，餐饮产品的销售工作自然就完成了；反之，整个餐饮生产服务过程中，任何一个环节受阻，都会使客人感觉不便，产生不满，销售就会出现不畅，全员促销便流于形式，企业的社会效益和经济效益均会受到极大损害。餐饮全员促销的意义还在于以下几点。

（1）激发员工爱岗敬业。全员促销实际上是培养员工具有销售意识和掌握销售技巧。员工通过销售酒店产品，提升自我价值，提高自身在企业的成就感，从而更加爱岗敬业，工作的积极性、创造性更高。

（2）提高员工素质。全员促销有赖于员工销售意识的提高、顾客心理研究的深入以及企业内部配合意识的提高。员工销售业绩的悬殊往往成为激励员工奋发上进、提高自身素质的动力。

（3）增强团队合作精神。全员促销无疑带来企业经济效益的全面增加，而企业经济效益的增加又将带来员工工作福利的不断改善，员工从中受益，团结合作精神随之增强。

（4）增加餐饮销售业绩。全员促销不仅使一线销售人员干劲倍增，其他各岗位员工也都在以不同方式支持产品销售，长此以往，全员促销政策自然会造就更多的销售型员工，各岗位人员通过各种途径参与销售的效果将是餐饮经营业绩的普遍增长。

（二）全员促销的前提

全员促销强调的是整个餐饮生产服务过程的完美。客观上，餐饮产品从原料采购、加工、生产服务到销售要经过若干个岗位环节，各岗位间的配合协调是全员促销的关键。这里的配合协调，包括销售政策、产品规格、生产服务方式、产品组成成分以及生产出品时间等各个方面、各个相关部门的相互知晓和依次配合，而配合的前提是对产品知识、各项销售政策等的充分了解。了解政策和产品知识的办法，则是对相关部门岗位员工进行认真扎实的培训。培训既是各部门有效配合运作的前提，同时也是保证生产和服务质量、推广全员促销不可忽视的工作。

全员促销首先要调动全体员工的积极性，激发其主观能动性，使员工在促销中感受自豪，享受利益。因此，及时制定、公布、落实各种激励销售政策，使各层、各级员工在完成岗位目标的同时以效计奖、分享成功，是全员主动促销的重要保证。不仅如此，员工的促销奖励应在政策承诺的时限内全部兑现，以任何理由或由于某些困难而导致员工的销售奖励无法充分及时兑现，都可能挫伤员工积极性，给以后的销售带来困难。具体来讲，全员促销的前提主要有以下五个要点。

（1）使每一位员工树立顾客满意观念。顾客满意就要求酒店每个岗位员工都恪尽职守，提供最佳的工作质量，从而使客人在酒店的任何地方都自己感受到满意的服务。

（2）使每一位员工都具有推销的意识。员工的推销意识是全员促销的理论基础，因此要通过各种方式和渠道激发员工树立推销企业产品的意识。

（3）使每一位员工都获得推销的动力。全员促销的动力源泉应该是酒店公平合理的激励政策，同时对政策的兑现要注意严肃性、及时性和公正性。

（4）使每一位员工都掌握推销的知识。全员促销的技术保障是酒店员工具备相应的推销知识，从而使员工寓推销于服务之中，取得员工满意、客人开心、企业受益的效果。

（5）使每一位员工都拥有推销的技巧。推销技巧是员工推销意识和推销知识的有机结合，是员工在全员促销政策鼓励下，自觉学习、不断积累的推销方法和艺术。

全员促销的方法多种多样，地域不受限制，时限也难言起讫。只要员工立足本岗位，做好本职工作，积极配合一线销售人员，使产品销售顺利进行，这便是全员促销。全员促销不受时间、场地限制，客人即时消费，企业马上就获利；客人对酒店产品产生好感，为餐饮产品所吸引，事后消费，便成为酒店的潜在顾客，同样会给企业带来效益。各种主题促销活动也好，一以贯之的推广优质服务给客人方便、实惠也好，均是全员促销的体现。

（三）全员促销的方案与实施

全员促销活动的组织是在切实可行的方案指导下，循序渐进实施的结果。

（1）制定方案。要针对餐饮当前市场，结合餐饮经营现状，充分考虑员工销售技巧的掌握程度和销售能力、水平状况，制定主题鲜明、内容翔实的全员促销活动方案，以指导全员促销活动的开展。方案内容应该包括销售的倡导方式、销售奖励政策、奖励兑现周期等。

（2）布置实施。酒店在全员促销活动方案的基础上，针对一定层次的群体进行布置，旨在激发员工积极配合、踊跃参与，从而得以全面、系统实施。

（3）总结评估。全员促销活动的关键步骤是总结评估。总结评估可分阶段进行，要起到奖励先进、鞭策落后的作用，要为下一次全员促销活动做好铺垫。

第四节　美食节促销

美食节又称食品节，是一段时间内推出某一主题或某一系列食品的促销活动。成功组织、举办美食节既是酒店策划和管理实力的象征，同时又是强化企业影响力、增加企业效益的有效举措。

一、美食节主题的策划

选择、策划合适主题的美食节对美食节的成功举办至关重要。同时，美食节主题策划也是举办美食节前期最基础的工作。

（一）美食节主题的选择

按照不同的标准，美食节主题可以划分为各种不同系列。

（1）美食节按所使用的原料划分，有素食节、野味节、花馔节、海鲜节、三文鱼节、冰激凌节、牛扒节等。

（2）美食节按成品风味划分，有宫廷菜美食节、川菜美食节、淮扬菜美食节、毛家菜美食节、谭家菜美食节、随园菜美食节、寺院菜美食节、法国菜美食节、意大利菜美食节、葡萄牙菜美食节等。

（3）美食节按成品功用划分，有滋补美食节、药膳美食节、消夏清火美食节等。

（4）美食节按菜肴烹饪的方法划分，有炖品美食节、烧烤美食节、火锅美食节、刺身美食节等。

（5）围绕节日举办的美食节，有元宵小吃美食节、端午粽子美食节、中秋月饼美食节等。

其他类别的美食节有名人挂帅美食节、名菜名点美食节、创新菜点美食节等。

（二）美食节主题的策划策略

策划美食节的主题是推出不同名称、不同风味美食节的前提，通常可采用以下策略。

（1）敢为人先。这种策略是指根据酒店餐饮实力和良好的外界合作关系，专门设计、推出本地未曾出现过的风味美食节，不断开创新领域，创造新主题，引导、推出新风味，以新奇制胜，吸引消费者。

（2）后来居上。这种策略是指利用其他酒店举办美食节的契机，认真加以研究、剖析，分析其得失，扬长避短，精心策划，推出与先前餐饮风味特色相同的美食节，而追求比先前酒店更好的市场，创造更加理想的效益。

（3）触类旁通。这种策略是指受其他酒店举办的美食节的启发，推出与先前餐饮风味类似的美食节，以避免雷同，减少风险，确保盈利。

总之，美食节的主题策划必须在对本地消费市场、竞争对手和本企业各方面实力的综合分析研究的基础上进行。一味机械地模仿、盲从或脱离实际好高骛远地举办美食节，都很难收到理想的效果。

二、美食节计划的制订

美食节计划的制订就是根据餐饮经营需要和店内外相关资源（尤其是菜肴风味和技术的可使用资源）的实际，事先进行美食节运作的规划。制订统领全局的年度美食节计划和单一美食节计划，对酒店有条不紊地进行经营管理是十分必要的。

（一）年度美食节计划

制订全面详细的年度美食节计划，可以避免美食节期间的差错，尤其是邀请外地、外单位人员来本酒店的美食节，计划应该包括活动起止日期、每天生产和营业时间、场地、用具、人员、原料的组织和人员费用等。对有外单位技术人员参加的美食节，还应将其抵达本酒店的工作日期、人员要求及数量以及本酒店的接待安排情况全部计划在内。

1. 年度美食节计划的作用

制订相对长远的年度美食节计划，对酒店自身和可能援引技术的单位，都是有积极、超前作用的。

（1）可以使美食节更加系统。全年举办的食品促销活动，有些规模较大，可能要引进店外的技术力量，进行大规模的营销策划；而有的只需要本店技术人员积极创新，适当炒作，即推出一些较小型的促销活动。因此，年度美食节计划最好大小结合，给市场以好戏连台的印象。

（2）便于联系安排技术力量。年度美食节计划便于技术援助单位和酒店内部技术力量的调剂安排。尤其是一些酒店名声较大、希望与之联系举办美食节活动的单位较多，临时安排技术力量是很困难的。

（3）便于酒店统一协调营销计划与指标。及早制订全年的美食节促销计划，便于餐饮部根据企业总体规划，围绕酒店的经营指标，统筹制定整体的营销活动方案。

（4）便于企业经营预算。举办美食节活动，需要支出一定的经费才能获取更加理想的回报。企业的花费和投入，在做经营预算时，都应该有所反映和计划，否则都是临时性、突发性的行为，企业管理也将十分被动。

（5）年度美食节计划在具体实施时可做部分调整。年度美食节计划毕竟是中长期的一项计划，在计划中的每一单项美食节，在实施时还应该有更加详细具体的行动纲领（即单一美食节计划）。届时，根据具体条件、资源和场地等，餐饮企业应更加切合实际地将计划细化或调整完善。

2. 年度美食节计划的内容

年度美食节计划的内容主要包括什么时间（时间段）或什么季节，举办何种性质、什么主题的美食节促销活动，尤其是需要相关部门或外地、外单位协助完成的美食节，其计划更要有所说明，以便在确认可行性后早做联系。至于较大规模的美食节，则要做出主要项目的经费预算。将美食节促销计划与餐饮其他活动方案有机地编制成一份系统的餐饮活动计划，这样对指导、提示餐饮管理人员适时安排工作，也是很有益处的。

案例 9-2　金马大酒店举办"德国美食节"活动计划

一、主题：德国美食节

二、日期：2017.5.8—5.28

三、活动形式：自助餐

四、地点：酒店咖啡厅

五、基本消费定位：188 元/位

六、举办目的：借酒店店庆之际，创新氛围，推出西式风味美食节，增添酒店异国风味，给常住酒店的德国专家及其他外宾以亲切口感，扩大酒店知名度，创造良好经营业绩；同时借此机会培训本店厨师，进一步丰富西餐菜点知识，为以后制作中西合璧产品创造条件。

七、活动内容与安排：

1. 制定美食节自助餐菜单

（1）冷肉盘类：烟熏鱼、青椒粒银鱼鹅肝酱、火腿蜜瓜卷、什锦香肠、红鱼籽酿鸡蛋。

（2）色拉类：牛肉色拉、鸡肉色拉、什锦色拉、肠仔色拉、土豆色拉、圆白菜色拉、扁豆色拉、白芸豆色拉、红菜头色拉、黄瓜色拉、橙味胡萝卜色拉、番茄色拉、生菜色拉。

（3）汤类：番茄牛尾清汤、鸡粒薏米汤、土豆泥汤。

（4）主菜类：鞑靼牛扒、啤酒烩牛肉、烤猪腿、煮咸猪蹄、香焖肋排、香煎里脊肉、煎牛仔肠、椰菜酸鱼卷、鲜菇烩鸡丝、烤羊肉青椒串、咸肉煎土豆饼、燕麦玉米饼、鲜蘑菇鸡汁饭、咸肉炒土豆、鸡丝三文鱼面、面包肉馅饼、绿叶时蔬、现场烧烤。

（5）甜品：黑森林蛋糕、鲜果啫喱、绕式苹果攀、南瓜攀、酸乳酪布丁、鲜果塔、曲奇饼、什饼盘、巧克力慕斯、草莓慕斯、炖蛋。

（6）鲜果篮：时令鲜果。

（7）面包篮：德式农夫包、麦包、硬餐包、小圆包、脆饼。

（8）现场特制奶昔等饮品。

2. 制定原料采购清单

3. 添置美食节自助餐餐具

冷肉盘（金属制、长方形）、装色拉玻璃碗、自助餐保温锅、自助餐取菜用菜夹、长勺、自助餐餐台装饰物、其他。

4. 菜肴制作与培训

于5月5日店外聘请3名厨师到酒店，指导、参与自助餐菜点制作。

5. 餐厅环境与自助餐餐台布置

（1）餐厅环境围绕德国风土人情进行布置，营造食品节热烈喜庆的氛围（装饰品有旗帜、布草、水彩画、装饰物、啤酒桶等）。

（2）服务员服饰：男性与女性不同风格打扮。

（3）自助餐餐台：冷菜台、主菜台、甜品台、现场烹饪操作台分别设计；餐台装饰品（如食品展示台、新鲜瓜蔬、德国肠、黄油雕或自制面食展品等），餐台的桌裙、台布、特别装饰小件另行设计。

6. 营销宣传

八、费用预算

九、活动评估

【点评与思考】美食节是餐饮部门开展促销活动的主要方式，其积极意义不仅在于可以扩大企业对外经营、巩固市场份额，还能增加班组活力和向心力。而成功举办美食节的关键是选择菜品，组合具有足够代表性的菜点品种。上述案例用完善的美食节计划选择、组合菜品，抓住了要害，可谓明智之举。当然，美食节的成功举办，还必须有广告宣传和就餐环境氛围的营造，否则，时间有限的美食节很可能匆匆走过，给顾客的印象和市场反响都难以达到预期效果。

资料来源：由浙江萧山金马大酒店提供。

（二）单一美食节计划

单一美食节计划是指为举办某一具体主题、单届美食节所做的计划，是年度美食节计划的具体化和实施的行动纲领。

1. 单一美食节计划的要求

单一美食节计划比年度美食节计划更加明确、具体，操作性更强，具体要求包括以下几点。

（1）具体明确。单一美食节计划对活动举办的时间、地点，涉及的人数、用具，以及活动的负责人员、参与人员等内容都要有明确的界定和具体分工。

（2）计划内容周全。当届美食节所涉及的各方面内容应尽可能考虑周全，并以书面形式确定。

（3）切实可行。单一美食节计划是距当届美食节开始前较近的时间制订的（节前一个月确认为宜），故每一项内容应切实可行，尽量减少不确定因素。除了确保计划的内容可行，还要考虑内容的分工，即责任人的权力、工作量的可行性。

2. 单一美食节计划的内容

美食节主题或名称、活动时间、举办场地、方式、主题简介、销售策略、菜单内容、气氛营造布置方案、广告实施方案、经营预算等。

3. 单一美食节菜单计划

及早制定一份富有新意和吸引力的美食节促销菜单（包括小吃、点心单等）是十分重要的。菜单风味品种的选定要突出美食节的特点，充分考虑厨房技术力量，结合整个活动计划，合理安排原料的筹措与菜品的制作。菜单不仅要突出美食节的主题，还要合理进行菜点搭配组合，进而测算每份菜的成本、毛利和售价。为了保证菜单品种如期推出和出品质量，至少应将所推出菜点的主料、配料及配菜小料和盛器规格以列表形式做出明确规定。如果可能，应及时给每一菜点制定标准食谱卡，这不仅对生产操作极为有利，对厨房的成本控制也是十分有用的。

在做美食节菜单计划时，特别要注意以下几个方面要素。

（1）经营品种与美食节主题一致。要围绕美食节主题精选、组织品种。

（2）所列品种风格、特色明显。尤其要选择所推美食节风味能与主题结合紧密、有一定影响的代表菜点，能使消费者尝后认可其确实是该酒店的代表作品。

（3）菜单所列品种数量恰当。品种数量太少，不成气候，消费者慕名而来，可选样范围太小，会产生失望感；品种数量太多，原料组织和生产制作困难，既不经济，也没把握保障供应，反而被动。因此，要确定好生产、经营品种数量。为期较长的美食节，也可以小专题分批推出当届美食节主题风味系列菜点。

（4）所列品种生产、销售不断档。列入美食节经营、销售的品种应该考虑原料供应、生产条件、场地空间等，确保连续生产、销售，不可断档。

（5）菜单结构、组合均衡合理。所谓菜单结构，是指美食节推出的菜品，其冷菜、热菜、点心的比例，荤菜、素菜的比例，价格昂贵与低廉的菜肴比例等组合要均衡合理，要切合目标客源市场的需要，并留有一定的市场调剂空间。

（6）菜单符合美食节经营方式需要。菜单品种、结构及销售价格和方式应与美食节的经营方式吻合，尤其是套餐的销售，菜单组合特别要注意品种的搭配、结构的均衡。

4. 单一美食节经营预算

美食节举办之前，做出当届美食节的经营预算，对了解、控制美食节的运作是很有必要的。美食节经营预算可以采用列表的形式，将收入和支出等项目分别进行测算，经过平衡，得出一个初步结果，如表 9-2 所示。此结果在美食节结束时，再与预算对比分析。如此系统的计划、管理将对下届美食节的筹划举办提供宝贵的指导依据。

表 9-2 美食节经营预算表

项 目 名 称	预 计 数	实际发生数	预计与实际差额	备 注
一、收入				
1. 食品收入				
2. 酒水收入				
3. 服务费收入				
4. 其他收入				
二、税金				

续表

项 目 名 称	预 计 数	实际发生数	预计与实际差额	备 注
三、成本				
1. 食品原材料				
2. 酒水				
3. 其他				
四、费用				
1. 选聘技术人员				
差旅费				
食宿费				
劳务费				
保险费				
组考费				
其他				
2. 培训费				
派外学习				
学费				
差旅费				
食宿费				
店内培训				
材料费				
授课费				
其他				
3. 材料费				
餐具/用具				
装饰品				
其他				
4. 宣传费				
报刊、电视广告				
印刷品费用				
纪念品费用				
其他				
5. 公关费				
同行				
新闻界				
其他				
五、利润				

成本控制员：　　　　　　　　餐厅：　　　　　　厨师长：

三、美食节实施的管理

美食节实施，即美食节计划的实行，也就是循序渐进、有条不紊地举办美食节。

（一）美食节气氛营造

美食节毕竟是在原有餐饮场地、菜单结构基础上推出的一段时间的主题餐饮促销活动，要使消费者接受、认可，努力营造一定主题的氛围、突出节日的气氛是相当重要的。

1. 美食节气氛营造的要求

美食节气氛营造，总体要求是围绕、符合并突出和强化美食节的主题，具有节日的热烈气氛和亲和感。具体来讲，要通过各种手段或方式，以经济、快捷、便利为原则，营造出主题化、系统化、形象化，又不失整洁、温馨的就餐环境。

2. 美食节气氛营造的项目

美食节气氛营造项目，即美食节气氛营造的区域与内容。美食节气氛营造应以顾客为目标，以吸引顾客视线、引导顾客进入美食节消费区域为导向，进而使顾客认可，以确有特定文化氛围为标准。因此，美食节气氛营造的项目主要有以下几项。

（1）餐厅环境，即天花板、墙壁、展台、台布、桌裙、装饰物、门廊、灯光、音响、餐厅操作台等。

（2）服务人员，即人员着装、头饰、围裙、鞋袜、徽章等。

（3）销售菜点，即菜点的制作方式、盛器、盘饰、命名等。

（4）美食节宣传品，即菜单、垫纸、宣传单等。

（二）美食节广告宣传

美食节的影响和成功在很大程度上取决于广告的宣传作用，要在美食节举办之前详细计划和分步实施广告宣传活动。若美食节的主题或菜式具有特别意义而又鲜为人知，更应做详细宣传。

（1）美食节广告宣传的要求。美食节是酒店推出的一段时间的食品促销活动，对消费者来讲稍纵即逝，因此广告宣传的意义重大。而广告宣传的效果主要取决于广告宣传的媒体、时间，更重要的是广告的艺术设计，以吸引顾客眼球、抓住顾客视点为目标。广告宣传既要适时，即在美食节开始前一定的时间段推出，更要注重其宣传效果，切不可流于形式。

（2）美食节广告宣传的内容。以告知消费者美食节主题、活动时间与方式、销售价格及相关政策、场地，以及具有吸引力的承办单位、精彩节目为主。其宣传内容既要积极务实，又要把最具吸引力的活动精髓传达给消费者。拔高宣传、言过其实或过于隐晦的宣传都是不适宜的。

（三）美食节人员培训

对参与美食节生产、销售和推广营销的各方面人员进行系统、有针对性的培训，以使其积极主动、卓有成效地开展各项工作。

（1）美食节背景材料培训。美食节背景材料主要是指当届美食节举办的主题和技术力量组成等介绍。对一些在当地首次推出的美食节主题，更要做相关资料的培训。

（2）美食节技术技巧培训。美食节技术技巧培训主要是指当届美食节菜点本身的技术参数、相关资料，包括：美食节所推菜点品种、类别、道数；美食节菜点所用原料、烹制方法、烹制时间、成品特点等；美食节菜点名称及其相关典故、营养组成与特点；等等。

（3）美食节销售政策培训。美食节销售政策是指为举办当届美食节酒店特别设计、制定的促销政策。这些内容的培训有助于受训人员积极、准确开展宣传和推销工作，以减少工作中的误会和差错。培训内容主要有：当届美食节的活动起止时间；活动期间每日经营、服务时间；产品销售方式、规格、数量及价格；美食节活动期间的优惠、奖励政策；等等。

（四）美食节推广跟进

为了使精心设计的美食节能如期、顺利推出，并取得预期的效果，应按照预期即时推出，并对美食节的实施进行必要的跟进，具体要做好以下几点。

（1）落实人员、场地，提前安排时间。如果美食节是依靠本酒店厨房内部的技术力量举办的，则要指定专人负责美食节期间的各类食品生产。如果是外请技术人员举办的美食节，也要分工安排本酒店人员专职协助，配合从事美食节菜点制作。应安排好活动开展的起止时间及生产和营业时间，以便及时组织货源，保证原料新鲜、营养、卫生和使用方便。同时，提前安排好时间也是酒店相关部门协助宣传推广销售的必要条件。

（2）组织货源，调剂用具设备。美食节开始之前，菜单确定之后，重要的工作是筹措美食节所需的各种原料：不仅要备齐美食节所推菜点的主料、配料，还要根据美食节用料清单想方设法备全各种调味品、盛装器皿和装饰品。在美食节举办之前还应做好对设备用具的调剂使用安排工作。

（3）印刷宣传材料，系统组织培训。美食节的印刷品除了广告宣传用品，还有菜单、酒单等，应在美食节推出前设计印刷好。这些宣传材料应与酒店规模、档次相适应，设计美观、大方。根据美食节培训的内容和要求，选择时间集中组织或灵活安排对美食节相关人员进行系统培训，以使美食节的推进确有人员组织保证。

（4）及时布置场地，如期推出食品。在美食节前，及时按设计方案布置出具有特定主题氛围的就餐环境，为消费者展现独特、鲜明的主题餐厅（即美食节主题）形象。无论是店外邀请的技术力量，还是本企业的厨师，都应进行试菜，并根据实际情况请企业常客、主要管理人员及有关行家进行品尝鉴赏。通过试菜可以了解当地客源市场对菜品的认可和接受程度，如确有必要，对其用料和口味可稍做调整；可以进一步明确菜点制作和装盘销售规格，规定菜品的最佳盛器和销售盘饰形象；还能修正、完善标准食谱，以利于控制成本和培训、存档。制作和如期推出各类食品是美食节组织控制的重点。不管发生什么情况，美食节的菜品要按照对外宣传时宣布的时间如期推出。美食节期间，不仅要保证菜单所列品种如数按时供应，还要注意其规格、质量标准不能低于试菜效果。

（5）协调相关资源，顺利有序推进。美食节开始以后，餐饮管理人员要根据其进程，及时协调各方面资源，尤其是人手、原料、设备及生产场地等，确保生产有序进行，销售达到或力求超出预期效果。

四、美食节评估总结

美食节评估总结，是对当届美食节的计划与执行情况进行系统的回顾和考察，是积累资料、指导开展新一届美食节的必要工作。

（一）美食节活动评估

美食节结束，除了及时清理场地，收拾并妥善处理剩余原料、食品及装饰用品，还应对美食节进行全过程的总结评估，以积累美食节组织筹划、原料采供、生产制作等方面的经验，并注意与外邀技术人员搞好关系，做好经济、交通等其他善后工作。无论此类美食节以后是否再举办，都要做好一定的文字资料记录，为菜肴的推陈出新和其他不时之需做好准备。

（1）美食节活动评估的要求。美食节评估主要围绕当届美食节的筹划、计划以及执行、实施情况进行系统评估，评估要做到具体、切合实际、内容完整、简洁明了。评估人员应以主厨、餐厅相应负责人及财务成本核算控制人员为主。

（2）美食节活动评估表。美食节活动评估表如表9-3所示，具体操作时，可结合酒店自身的特点或当届美食节的特点做适当调整。

表9-3　美食节活动评估表

活动主题＿＿＿＿＿＿＿　活动期限＿＿＿＿＿＿＿＿＿＿＿＿＿

厨　　房＿＿＿＿＿＿＿　餐　　厅＿＿＿＿＿＿＿＿＿＿＿＿＿

序号	项目	效　果		
		理　想	一　般	较　差
1	美食节主题恰当，富有新意和创造力	□	□	□
2	美食节宣传的预期效果	□	□	□
3	店内店外宣传的侧重程度	□	□	□
4	菜单、宣传品的美观实用程度	□	□	□
5	美食节预计经济目标的实现情况	□	□	□
6	目标市场与接待对象选择的准确程度	□	□	□
7	活动方式的优良性	□	□	□
8	整个美食节按计划进行的情况	□	□	□
9	领导参与及关心程度	□	□	□
10	活动场所选择与布置效果	□	□	□
11	活动主办人员的选择与落实程度	□	□	□
12	活动时间的安排情况	□	□	□
其他信息				
总评				

（二）美食节总结

美食节结束以后，要对活动的评估进行系统总结。这对鼓舞员工士气、激励相关部门为以后再举办美食节做好资源、力量的积累有积极作用。

（1）技术考核与传承。酒店应把举办美食节作为练兵和培训的过程，应借机促进厨师学习和借鉴烹饪技艺。因此，美食节结束后应对相关人员进行技术考核，以了解其学习技艺的能力和对新技术的掌握程度，同时也为以后推出类似或同样菜点打好基础。

（2）经营决算。美食节计划中的预算是理论推测，而最后的经营决算才是客观实际，更具说服力。对美食节经营情况进行决算，不仅对下届活动积累数据具有指导意义，还对本届美食节活动全过程起到一定的审计作用。

（3）鼓励与致谢。美食节的成功举办是各相关部门、人员通力协作的结果，及时鼓励与致谢各相关部门、人员，对肯定其劳动，激励其再关注、支持以后的美食节或类似活动，具有不可低估的积极意义。

（三）美食节举办的注意要点

酒店举办美食节，出发点都是好的，但效果未必都很理想。因此要使美食节举办得顺利、成功，除了要周密计划、认真实施，还要注意以下几个问题。

（1）力推精品，忌烂防俗。一段时间内美食节并非举办得越多越好，应以餐饮规模、实力和市场需要为出发点，统筹计划，量力而行，选择具有较高价值的主题，设计出具有一定影响的产品，确保为企业创造较高的经济效益和社会效益。要防止和杜绝为了实现已有的承诺或为了应付上级的规定，匆忙上阵，草草了事地举办美食节的现象；否则，既劳民伤财、挫伤员工的积极性，又损害酒店的社会形象。

（2）注重情趣，忌冷落顾客。美食节期间，客人来酒店用餐，有的是被美食节宣传广告吸引，慕名前来观赏、品尝美食节菜点的，也有的是常规消费，正巧遇上美食节的。但不管怎样，美食节期间，酒店更应热情待客，以争取通过客人的感受为餐饮产品做口碑宣传。同时，美食节期间，来店用餐的客人也会比平时更多地关注就餐环境和食品。因为美食节的宣传和氛围引导和提醒客人：企业正在过节。正因为如此，美食节从计划工作开始，直到产品售出，客人享用，都应充分考虑增添客人用餐情趣，增加用餐文化色彩和交流话题，为客人提供轻松、有趣、有益的参与机会，使客人对用餐效果和酒店形象做出更高的评价。相反，自我封闭，冷漠待客，不仅妨碍产品销售，甚至某些方面或某种做法还会引起部分客人的不满和投诉。

（3）善始善终，忌虎头蛇尾。一旦美食节开始，不管怎样，应力求如期结束，切忌因原料不足、市场没有想象中繁荣、聘请的技术人员的提前撤出等而草草收场。同时，美食节的布置、推出的美食和奖励消费政策以及餐厅经营服务气氛，均不可虎头蛇尾。要完全彻底地履行美食节对外的宣传承诺，否则将对酒店以后的宣传促销和长期经营产生不良影响。

（4）协同推出，忌单兵作战。美食节是一段时间、一定主题的餐饮促销活动，属非常规经营。所以，从某种意义上讲，美食节是酒店短期内推出的一种新的风味或新的经营方式。因此，不能将美食节简单地理解为仅仅是餐饮部的事。举办美食节应调动企业工程、财务、采购、营销等多方面力量协同配合，从而在人力、物力和财力方面得到支持和帮助，美食节的总体效果才会好；否则，美食节即使按时推出，也往往是挂一漏万，遗憾频频，到头来还会影响对餐饮部工作的评价，严重挫伤餐饮部人员的工作积极性。

（5）积极宣传，忌言过其实或秘而不宣。美食节的成功举办在很大程度上取决于对美食节活动在一定层面、适当规模和恰当方式上的宣传。宣传若言过其实，过分拔高，则可能会激发客人的消费欲，但同时也会提高客人对质量的预期，一旦客人实际感受的质量不能达到或超过预期质量，其对美食节的评价将会大大降低。故美食节的宣传要追求艺术性和真实性的完美统一，在吸引客人消费的同时，要为顺利进行产品销售做好必要铺垫。同时，要防止在花费了一定量的资金投入（包括引进技术力量、花费劳动成本）以后，产生另外一种极端——对美食节的宣传、广告舍不得投入。结果，准备得很充分，可活动无人知晓，甚至连附近的客人也未必知情。如果这样，美食节的结局可想而知。

本章小结

1. 餐饮促销的目的：提高人均消费额（人均消费额=总销售额/就餐客人数）、增加客人回头率、提高餐座销售额（餐座销售额=总销售额/座位数）、提高翻台率[座位周转率=某段时间的就餐人数/（座位数×餐数×天数）]、提高服务员销售额、提高时段销售额。

2. 餐饮促销的意义：促销是适应市场竞争的必要手段，是巩固市场份额的重要举措，是调节使用原料的有效途径，是激发企业活力的积极手段。

3. 客史档案的作用：更好地提供有针对性的对客服务，便于公关销售，有利于研究改进产品。

4. 客史档案的内容。

5. 客史档案资料外部渠道的搜集与内部渠道的提供。

6. 客史档案的规范与使用。

7. 店内促销活动的原则：话题性、新潮性、新奇性和戏剧性、即兴性和非日常性、单纯性、参与性。

8. 店内促销活动的方式：节日促销、内部宣传促销（定期活动节目单、餐厅门口告示牌、菜单、电梯内餐饮广告、小礼品）、服务技巧促销（利用客人点菜的机会促销、餐厅现场烹制促销、菜点成品试吃或半成品的现场加工促销）。

9. 利用客人点菜的机会促销的方法：形象解剖法、除法技术、提供两种可能性、利用第三者的意见、代客下决心。

10. 餐饮店外促销：外卖促销的对象与要点。

11. 儿童促销的要点：提供儿童菜单和儿童份额的餐食和饮料、提供为儿童服务的设施、赠送小礼物、娱乐活动、儿童生日促销、抽奖与赠品。

12. 旅行团促销。

13. 优惠促销的方法：打折优惠、举办优惠日活动、时间优惠、奖品优惠。

14. 全员促销的意义：激发员工爱岗敬业，提高员工素质，增强团队合作精神，增加餐饮销售业绩。

15. 全员促销活动的组织：制定方案、布置实施、总结评估。

16. 美食节主题的选择：使用原料、成品风味、成品功用、菜肴烹饪、围绕节日。

17. 美食节主题的策划策略：敢为人先、后来居上、触类旁通。

18. 年度美食节计划的作用：可以使美食节更加系统，便于联系安排技术力量，便于酒店统一协调营销计划与指标，便于企业经营预算，年度美食节计划在具体实施时可做部分调整。

19. 年度美食节计划与单一美食节计划的内容。

20. 单一美食节计划的要求：具体明确、计划内容周全、切实可行。

21. 制订美食节计划的要素。

22. 美食节气氛营造：要求与项目。

23. 美食节广告宣传的要求与宣传内容。

24. 美食节培训：背景材料培训、技术技巧培训、销售政策培训。

25. 美食节推广跟进：落实人员、场地，提前安排时间；组织货源，调剂用具设备；印刷宣传材料，系统组织培训；及时布置场地，如期推出食品；协调相关资源，顺利有序推进。

26. 美食节活动评估的要求：具体、切合实际、内容完整、简洁明了。

27. 美食节总结：技术考核与传承、经营决算、鼓励与致谢。

28. 美食节举办的注意要点：力推精品，忌烂防俗；注重情趣，忌冷落顾客；善始善终，忌虎头蛇尾；协同推出，忌单兵作战；积极宣传，忌言过其实或秘而不宣。

课后练习

一、名词解释

餐饮促销　　客史档案　　形象解剖法　　优待促销　　美食节

二、单选题

1. 餐饮总销售额/就餐客人数=（　　　）。

　　A. 人均消费额　　　B. 客人回头率　　　　C. 时段销售额　　　　D. 座位周转率

2. 客史档案的作用除了更好地提供有针对性的对客服务，便于公关销售，还有（　　　）。

　　A. 有利于改进产品　　　　　　　　B. 激发企业活力

　　C. 调节使用原料　　　　　　　　　D. 巩固市场份额

3. 利用春节、元宵节、情人节、中秋节、圣诞节等节日来进行餐饮促销活动，属于（　　　）。

　　A. 店内促销活动方式　　　　　　　B. 店外促销活动方式

　　C. 内部宣传品方式　　　　　　　　D. 全员促销方式

4. 属于餐饮店外促销的方式是（　　　）。

　　A. 旅行团促销　　　　　　　　　　B. 服务技巧促销

　　C. 电梯内广告　　　　　　　　　　D. 节日菜单促销

5. 美食节主题策划有三大策略，不属于其策略的选项是（　　　）。

　　A. 敢为人先　　　　B. 后来居上　　　　C. 比较分类　　　　　D. 触类旁通

三、多选题

1. 按所使用的原料举办的美食节有（　　　）。

　　A. 素食美食节　　　　B. 花馔美食节　　　C. 川菜美食节

　　D. 滋补美食节　　　　E. 烧烤美食节

2. 利用客人点菜时推销菜品可采用的技巧有（　　　）。

　　A. 形象解剖法　　　　B. 代客决定法　　　C. 利用他人法

　　D. 加减乘除法　　　　E. 随意想象法

3. 可采用餐厅现场烹制促销的菜肴有（　　　）。

　　A. 铁板大虾　　　　　B. 锅巴虾仁　　　　C. 生煎牛排

　　D. 夫妻肺片　　　　　E. 煎荷包蛋

4. 属于酒店内部宣传促销的方式有（　　　）。

　　A. 各类特选菜肴单　　　　　　　　B. 电梯内菜肴广告

　　C. 定期活动节目单　　　　　　　　D. 赠送小礼品促销

　　E. 举办餐饮美食节

5. 属于客史档案搜集的外部途径的是（　　　）。

　　A. 酒店老员工　　　　B. 亲朋好友　　　　C. 餐饮行业协会

　　D. 企业档案室　　　　E. 报纸杂志

四、判断题

1. 餐饮产品销售统计工作是餐饮产品销售预测的基础。　　　　　　　　　　（　　　）

2. 人们通常将餐饮价格中的费用、税金、利润等合称为毛利。　　　　　　　（　　　）

3. 销售控制的目的是要保证厨房生产的菜品和餐厅向客人提供的菜品都能产生收入。

　　　　　　　　　　　　　　　　　　　　　　　　　　　　　　　　　（　　　）

4. 餐饮促销的意义是为了增加客源与营业额。　　　　　　　　　　　　　　（　　　）

5. 餐饮企业举办的美食节也称为食品节。 　　　　　　　　　　　（　　　）

五、简答题

1. 简述促销对原料管理的积极意义。

2. 简述客史档案的内容。

3. 简述店外促销的主要方式。

4. 简述翻台率的公式。

5. 简述旅行社促销的要点。

六、论述题

1. 论述全员促销的意义与方法。

2. 论述美食节的策划与实施。

案例讨论

"白领午餐"登陆五星级酒店和高档楼宇

五星级酒店也供应白领午餐？一碗皮蛋瘦肉粥、两只小笼包、两只叉烧酥、两份小菜，再加一份水果，才卖 40 元？这就是上海南京西路锦沧文华酒店即将推出的 6 种白领午餐中的一份菜单。随着锦沧文华这样的五星级酒店加盟"白领午餐"，沪上享有盛名的静安"白领午餐"正在不断演绎"升级版"，以此带动静安区餐饮业逆势飘红。

高档写字楼里的白领，也会遭遇"吃饭难"：企业不设食堂，楼宇不见餐厅，外卖嫌不干净，餐馆价钱太贵，自带午饭又无处煨热……为了不让 CBD 白领们每天为午餐犯愁，静安区在本市率先启动"白领午餐"工程。从 2013 年开始，他们在价格 10～15 元的"白领午餐"推荐单位和楼宇食堂的基础上，还将进一步引入价格在 20 元到 40 元不等的南京西路沿线广场楼宇餐饮、吴江路休闲街特色餐饮超市便利店"订餐"等，以满足白领多层次的消费需求。以静安寺、梅泰恒商圈为重点，形成基本覆盖全区重点商务楼宇的近 180 家"白领午餐"网点，中餐、西餐、日式料理、韩国料理等丰富多样，拼餐、自选、套餐、自助形式多变，供应品种力争突破 1000 种。

近年来，由于各种原因，全市高档餐饮和商务餐饮下降明显，而一季度静安区餐饮业营收却同比增长 4.38%，3 月份静安区餐饮实现营业收入 3.28 亿元，同比增长 8.33%，比前两个月增幅更是增加 5.63 个百分点。立下汗马功劳的正是"白领午餐"。

资料来源："白领午餐"登陆五星级酒店和高档楼宇［J］. 饭店世界，2013（4）.

思考题：

1. 开发商务午餐的酒店，其菜单设计、生产运营与常规餐饮企业内部经营有何区别，应把握哪些要点？

2. 如何使用"化整为零、除法促销"策略为餐饮企业拓展业务、扩大经营？

实训项目

1. 根据一年四季的节日，设计某酒店的餐饮促销计划的主要内容。

2. 深入了解某家酒店餐饮部门所采用的促销手段与促销方式。

第十章 餐饮成本控制

学习目标

通过本章学习，应达到以下目标。
1. 知识目标：了解餐饮成本的构成要素。
2. 技能目标：掌握餐饮各种成本的计算公式与方法。
3. 能力目标：掌握餐饮生产前、生产中、生产后成本控制的内容与方法。

导入案例

案例 10-1 整鸡只取一片肉，两颗菜心 188 元！网红餐厅"中餐日作"宰客？

日前，一个关于"中餐日作"的话题冲上热搜，"中餐日作"又名"中餐 omakase"。简单来说就是模仿日本的：无菜单，厨师根据当日食材，即兴发挥给你做菜，只是日料换成了中餐。多名网友发帖称，上海某餐厅以此为卖点，人均两千多，餐量却吃不饱，被指宰客引发网友吐槽。网友展示的餐厅菜品图片显示，燕窝蛋挞、日式白身鱼的刺身、加拿大象拔蚌等菜品分量较少，还有一个餐盘中，只摆放了切开的两瓣皮蛋。上海青菜心配猪油渣，2 颗售价 188 元，一勺麻婆豆腐，200 元。还有网友称，菜单里有一道名为贵妃鸡的菜品，厨师做好后会到顾客面前巡场一周，接着拿到后厨切分，最终，只取大腿部的一片分给食客。网友集中的槽点，莫过于价格虚高菜品分量少，且用餐需提前几个月预订，流程过于烦琐，有故弄玄虚宰客的嫌疑。据了解，餐厅实行套餐制，每人 2000 元，另收 10% 的服务费。预订时需支付每人 1000 元订金，取消需提前 24 小时，否则订金不予退还。对于这样的性价比，许多网友表示难以接受。有网友表示，咱们中餐有自己的特色和精华，为啥非要学日本的 omakase？还有人质疑，剩下的食材如何处理？是否造成食物浪费？

据餐厅工作人员介绍，在该餐厅用餐的流程是顾客需提前预约，添加餐厅工作人员微信。具体的菜品和价格，以及到店时间安排，由工作人员和顾客通过微信沟通达成。因新店刚开业，店内餐位并不多，每天固定只接待 10 位顾客，价格方面是人均两千起，加上 10% 服务费，属于套餐制，厨师为顾客制作当天最新鲜的食材。该工作人员表示："我们并不太在意网络上对餐厅的质疑和争论，只专注做好自身本分工作，做好每道菜就是对顾客最好的回应。"

【点评与思考】企业拥有自主定价的权力，但应遵循质价相当的原则，并且事先告知顾客、公开售价。作为餐饮企业，可以结合饥饿营销的策略采取独特的方式预定、销售、经营。但既然是套餐，起码的标准应该评估菜点让客人够吃、吃饱。只有在买卖基本需求满足、利益相对均衡的前提下，再通过成本的有效核算与控制，获得合理盈利，才能长久经营，实现长期回报。

资料来源：jiujiu. 整鸡只取一片，人均两千吃不饱？网红餐厅被指"中餐日作"宰客，商家发声.齐鲁晚报微信公众号，2022-03-04.

第一节　餐饮成本的构成、分类及特点

一、餐饮成本的构成

（一）餐饮成本的含义

餐饮成本是指餐饮部出售餐饮食品和服务的支出，即餐饮销售额减去利润的所有支出。餐饮成本不仅包括各项成本和费用，还包括由于管理疏漏或观念陈旧而造成的利润损失。餐饮成本构成要素有原材料（食品、材料）、燃料、物料用品、低值易耗品摊销、商品进价和流通费用、工资（基本工资、附加工资、奖金和津贴）、福利费、水电费、企业管理费、其他支出费用等。餐饮成本的构成要素反映了餐饮成本比例，了解这些是按一定比例要求控制餐饮成本支出的前提。

（二）主要成本要素

（1）原料成本。原料成本是餐饮生产经营活动中食品的销售成本，原料成本占餐饮成本中的比例最高，占餐饮收入的比重最大，是餐饮部的主要支出。一般情况下，普通餐的原料成本率高于宴会原料成本率，国内餐饮原料的成本率高于国外同业原料的成本率。据测算，我国餐饮原料的成本率在40%左右，近年略有下降趋势。

（2）人工成本。人工成本是指在餐饮生产经营活动中耗费的活劳动的货币表现形式，包括工资、福利费、劳保、服装费和员工用餐费用。人工成本率仅次于食品的成本率，因而也是餐饮成本中的重要支出。据测算，我国餐饮业中人工成本占营业额的25%左右，近年渐呈上升趋势。

（三）成本要素比重参考

为了更直观地说明原料成本和人工成本在餐饮总成本中的比重，下面列举一个酒店的餐饮及相关消耗的各种成本要素比重，如表10-1所示。

表 10-1　成本要素比重参考表

费　用　项　目	比重/%
原料	45
燃料	1
物料用品	3
低值易耗品摊销	5
工资（基本工资、附加工资、奖金和津贴）	15～25

续表

费 用 项 目	比重/%
福利费	3.5
水电费	2
企业管理费	1
其他支出费用	5
合计	80.5～90.5

二、餐饮成本的分类

餐饮成本与其他成本一样，可以按多种标准进行分类，分类的目的在于根据不同成本采取不同的控制策略。以下是常用的成本分类方法。

（一）从成本变动角度分：固定成本、变动成本和半变动成本

（1）固定成本，是指在产品量发生变动时并不随着增减变动的成本，即当产品销量有较大变化时，成本开支的绝对额一般相对稳定。在酒店中，固定员工的工资、设施设备折旧费等均属于固定成本。这些成本即使在酒店没有销量的情况下也照样会发生。

（2）变动成本，是指随着产品销量的变动而相应变动的成本，即当产品销量增加时，其绝对额同方向、成比例增加；反之，随着销量的减少，成本发生额便会同方向、成比例减少。酒店中的食品成本、洗涤费等均属于变动成本。

（3）半变动成本，是指随着产品销量的变动而部分相应变动的成本，它与销量不完全成比例发生变动。它由固定和变动成本组成，如人工总成本、水电费等。以人工总成本为例，酒店员工可分为两类：第一类员工属固定员工；第二类员工属临时员工，人数不确定，随业务量的变化而变化，如传菜员、清洁工等。由于第一类员工工资总额不随业务量的变动而变动，而第二类员工的工资总额随着业务量的变动而变动，因此人工总成本是半变动成本。

（二）从成本管理角度分：可控成本和不可控成本

（1）可控成本，是指在短期内或通过严格有效管理可以改变其数额的成本。变动成本一般是可控成本。管理人员若变换每份菜的份额，或在原料的采购、验收、储存、生产等环节加强控制，则食品成本会发生变化。大多数半变动成本、某些固定成本也是可控成本。例如，广告和营销费用、大修理费、管理费等都是可控成本。

（2）不可控成本，是指在短期内或餐饮管理人员通过管理而无法改变的成本。固定成本一般是不可控成本。例如，租金、折旧和利息等都是无法立即改变数额大小的不可控成本。

（三）从出品单位角度分：单位成本和总成本

（1）单位成本，通常是指单位平均成本，如每份菜肴成本、每杯饮料成本。

（2）总成本，是单位成本的总和。例如，制作镇江肴蹄，批量为 60 份，60 份镇江肴蹄的总成本为 900 元，则每份镇江肴蹄的成本为 15 元。

三、餐饮成本的特点

（一）变动成本比重大

酒店的成本费用中，除了食品成本，在营业费用中还有物料消耗等一部分变动成本。这些成本和费用随销量的增加成正比例增加，这意味着餐饮价格折扣的幅度不可能像综合型酒店销售客房价格那么大。

（二）可控成本比重大

除了营业费用中的折旧、大修理费、维修费等不可控的费用，其他大部分费用、成本以及食品原料成本都是餐饮管理人员能控制的费用。这些成本发生额的多少直接与管理人员对成本控制的好坏相关，并且这些成本和费用占营业收入的比例很大。这说明餐饮成本的控制十分必要。

（三）成本泄漏点多

成本泄漏点是指餐饮经营活动过程中可能造成成本流失的环节。餐饮成本的大小受经营管理的影响很大。在菜单的计划、食品的成本控制、餐饮的营销和销售控制以及成本核算的过程中涉及许多环节：菜单计划—采购—验收—储存—发货—加工—配份—烹调—服务销售—餐饮营销—销售控制—成本核算。这些环节都有成本泄漏的风险，即都可能成为泄漏点。对餐饮成本进行控制要抓住以下几个要点。

（1）菜单计划和菜品的定价决定菜肴原料的综合利用率，影响顾客对菜品的选择，决定菜品的成本率。

（2）对烹饪原料、饮料的采购、验收控制不严，或采购的价格过高，或数量过多造成浪费，或数量不足而影响销售。

（3）采购的原料不能如数入库，采购的原料质量不达标，涨发率或出净率不足，都会导致成本增加。

（4）储存和发货控制不力，会引起原料变质或被盗，进而造成损失。

（5）对加工和烹调控制不好会影响菜点的质量，菜点质量不合格而返工，会使直接成本增加，还会引发客人不满，连带造成其他损失。

（6）餐饮服务的好坏不仅会影响顾客的满意度，也会影响顾客对高价菜的挑选，从而影响成本率。餐饮营销的好坏不仅影响产品销售，其营销活动的费用有时也无节制，甚至入不敷出。

（7）销售控制不严，以致销售的食品数量与标准收入不符，使成本比例增大。

总之，若不加强成本的核算、分析，不进行严格的控制管理，餐饮成本会随处增加，成本的无限膨胀力在所难免。

（四）对设备依赖性强

餐饮生产和服务对设备依赖性很强。原料的活养需要循环水及温控设备，原料的储存需要冷藏和冷冻设备，菜肴加工需要各种器械，烹调加热则少不了炉灶、烤箱、蒸箱等，餐厅服务少不了背景音乐和空调系统，这些设备的性能和状态有的直接影响餐饮成本，有的间接引起餐饮成本波动。要对成本进行有效控制，对餐饮相关设备进行有效管理是必不可少的工作。

（五）部门间协调监控作用大

餐饮的生产运作需要采购部提供原料，同时还需要财务部配合进行成本核算和反馈，甚至还少不了企业安全部对员工进出企业大门的统一管理（防止原料流失），因此餐饮成本控制需要酒店若干部门通力协作才能收到预期效果。

（六）受技术因素影响大

餐饮干货原料的涨发率和鲜活原料的出净率等技术因素都会对原料成本产生直接影响。控制餐饮成本的重要方法之一就是综合利用原料，同时餐饮生产人员的技术娴熟而稳定将大大有利于餐饮成本控制。

第二节 餐饮成本核计

对餐饮成本进行完整、准确、及时的计算、核算是成本控制前期的必要工作。餐饮成本计算是按照规范通用的公式，根据各种需要计算出相应的数据，以用作成本的分析比较。餐饮成本核算则是通过每日、每月统计、盘点、调整的成本发生数据，经过核查，编制出食品成本的日报表、月报表，为成本分析提供准确依据。

一、餐饮成本计算

成本计算是进行餐饮成本控制的基础工作，餐饮成本计算的核心是计算耗用的原料成本，即实际生产菜点时用掉的食品原料。有了实际消耗的数据，再通过与标准消耗的比较判断生产状态的正常与否，从而进行有针对性的控制。

（一）主、配料成本的计算

主、配料是构成餐饮食品的主体。主、配料成本是产品成本的主要组成部分，计算产品成本，必须从计算主、配料成本做起。

菜点食品的主、配料，一般要经过拣洗、宰杀、拆卸、涨发、初步熟处理至半成品之后，才能用来配制菜点。没有经过加工处理的原料称为毛料；经过加工，可以用来配制菜点的原料称为净料。

净料是组成单位产品的直接原料，其成本直接构成产品的成本，所以在计算产品成本之前，应算出所用的各种净料的成本。净料成本的高低直接决定产品成本的高低。影响净料成本的因素：一是原料的进货价格、质量和加工处理的损耗程度；二是净料率的高低，即加工处理后的净料与毛料的比率。净料率越高，即从一定数量的毛料中取得的净料越多，成本就越低；反之，净料率越低，即从一定数量的毛料中取得的净料越少，成本就越高。

1. 净料成本的计算

原料在最初购进时，多为毛料，大都要经过拆卸等加工处理才成为净料。由于原料经拆卸等加工处理后重量发生了变化，所以必须进行净料成本计算。净料成本的计算有一料一档和一料多档，以及不同渠道采购同一原料的计算方法等。

（1）一料一档的计算方法。一料一档的计算包括以下两种情况。

① 无下脚废料。毛料经过加工处理后，只有一种净料，而没有可以作价利用的下脚料和废料，则用毛料总值除以净料重量，计算净料成本。其计算公式为

净料成本=毛料总值/净料重量

【例10-1】萝卜20千克，价款共24元，经过削皮洗净，得净萝卜18千克，计算净萝卜成本。

净萝卜成本=24/18=1.33（元/千克）

② 有下脚废料。毛料经过处理后得到一种净料，同时又有可以作价利用的下脚料和废弃物品，因而必须先从毛料总值中扣除这些下脚料和废弃物品的价款，再除以净料重量，求得净料成本。其计算公式为

净料成本=(毛料总值-下脚料价款-废弃物品价款)/净料重量

【例10-2】甲鱼5只重3千克，单价为120.00元，经过宰杀洗涤，得净甲鱼料1.8千克，甲鱼壳作价6.00元，甲鱼血作价2.50元，计算净甲鱼成本。

净甲鱼成本=(120.00×3-6.00-2.50)/1.8=195.28（元/千克）

（2）一档多料的计算方法。如果毛料经过加工处理后，得到一种以上的净料，则应分别计算每一种净料的成本。分档计算成本的原则是质量好的，成本应略高；质量差的，成本应略低。如果所有这些净料的单位成本都是从来没有计算过的，则可根据这些净料的质量，逐一确定其单位成本，而使各档成本之和等于进货总值。其计算公式为

净料（1）总值+净料（2）总值+…+净料（N）总值=一料多档的总值（进货总值）

【例10-3】猪后腿2只15千克，单价为16元，共计240元。经拆卸分档，得到精肉8千克，肥膘4千克，肉皮1.5千克，统骨1.3千克，损耗0.2千克。根据质量确定的每千克单位成本为：精肉20.00元，肥膘10.75元，肉皮16.00元，统骨10.00元。

毛料总值=20.00×8+10.75×4+16.00×1.5+10.00×1.3=240（元）

在所有净料中，如果有些净料的单位成本是已知的，有些是未知的，可先把已知的那部分的总成本算出来，从毛料的进货总值中扣除，然后根据未知的净料质量，逐一确定其单位成本。

（3）不同渠道采购同一原料的成本计算方法。现阶段餐饮原料有入市采购的，也有供货商送货上门的。不同渠道的原料采购很普遍，但是在多渠道采购同一种原料时，其购进单位价格是不尽相同的，这就要运用加权平均法计算该种原料的平均成本。凡在外地采购的原料，还应将所支付的运输费列入成本计算。

【例10-4】从肉联厂购进里脊肉50千克，每千克进价17.20元，同时又在集贸市场购进里脊肉75千克，每千克进价16.40元，计算里脊肉每千克平均成本。

里脊肉平均成本=(50×17.20+75×16.40)/(50+75)=16.72（元/千克）

【例10-5】从外地采购一批烤鸭坯计540千克，每千克进价11.20元，运输费开支280元，途中损耗1%（在合理损耗幅度之内），计算烤鸭坯每千克成本。

烤鸭坯成本=(540×11.20+280)/[540-(540×1%)]=11.84（元）

2. 生料、半成品和成品成本的计算

净料可根据其拆卸加工的方法和处理程度的不同，分为生料、半成品和成品三类。其单位成本各有不同的计算方法。

（1）生料成本的计算。生料就是只经过拣洗、宰杀、拆卸等加工处理，而没有经过烹调，更没有达到成熟程度的各种原料的净料。操作程序：第一，拆卸毛料，分净料、下脚料和废弃物品；第二，称量生料总重量；第三，分别确定下脚料、废弃物品的重量与价格，并计算其总值；第四，计算生料成本。生料成本的计算公式为

生料成本=(毛料总值-下脚料总值-废弃物品总值)/生料重量

【例 10-6】某酒店购进去骨猪腿肉 7.5 千克，每千克进价 18.00 元，经过拆卸处理后，得肉皮 0.8 千克，每千克 16.00 元，计算净肉的单位成本。

毛料的总值=7.5×18.00=135.00（元）

肉皮的总值=0.8×16.00=12.80（元）

生料净肉的重量=7.5-0.8=6.7（千克）

净肉单位成本=(135.00-12.80)/6.7=18.24（元）

（2）半成品成本的计算。半成品是经过初步熟处理，但还没有完全加工成成品的净料。根据加工方法的不同，半成品又可分为无味半成品和调味半成品两种。调味半成品的成本要高于无味半成品的成本。许多原料在正式烹调前都需要经过初步熟处理。所以，半成品成本的计算是主、配料计算的一个重要方面。

① 无味半成品成本的计算。无味半成品主要是指经过焯水等初步熟处理的各类原料。无味半成品成本的计算公式为

无味半成品成本=(毛料总值-下脚料总值-废料总值)/无味半成品重量

【例 10-7】用作扣肉的五花肉 2 千克，每千克进价 12.00 元，煮熟损耗 30%，计算熟肉单位成本（无下脚废料）。

毛料总值=12.00×2=24.00（元）

无味半成品重量=2×(1-30%)=1.4（千克）

熟肉单位成本=24.00/1.4=17.14（元）

② 调味半成品成本的计算。调味半成品即加放调味品的半成品，如鱼丸、肉丸、油发鱼肚等。构成调味半成品的成本，不仅有毛料总值，还要加上调味品成本，所以其成本计算公式为

调味半成品成本=(毛料总值-下脚料总值+调味品总值)/调味半成品重量

【例 10-8】干鱼肚 2 千克经油发成 4 千克（干鱼肚油发后又用水浸泡，故重量增加），在油发过程中耗油 600 克，已知干鱼肚每千克进价为 120.00 元，食油每千克进价为 12.00 元，计算油发后鱼肚的单位成本。

油发鱼肚的单位成本=[2×120.00+12.00×(600÷1000)]/4=61.80（元）

（3）成品成本的计算。成品即熟食品，尤以卤制冷菜为多，其成本与调味半成品类似，由主、配料成本和调味品成本构成。成品成本的计算公式为

成品成本=(毛料总值-下脚料总值+调味品总值)/成品重量

由以上公式可以看出，成品和调味半成品成本计算公式相似。由于习惯上对成品的调味品成本多采用估算法，因此成品单位成本计算也可以采用下列公式

成品成本=[(毛料总值-下脚料总值)/成品重量]+(调味品成本/成品重量)

【例 10-9】一只母鸡重 3 千克，每千克进价 15.00 元，下脚料鸡杂回收共 6.00 元，鸡烤熟重 1.8 千克，耗用油、香料等计 1.60 元，计算该熟鸡的单位成本。

鸡的总值=15.00×3=45.00（元）

下脚料总值=6.00 元

调味品总值=1.60 元

成品鸡单位成本=[(45.00−6.00)/1.8]+(1.60/1.8)=22.56（元）

（二）调味品成本的计算

调味品是生产菜点不可缺少的组成要素之一，它的成本是产品成本的一部分。在某些特殊菜肴里，调味品用量相当多，在产品成本中接近甚至超过主、配原料成本。例如，一份"麻婆豆腐"，总成本为 4.40 元，其主料只是 2 块豆腐，成本 1.20 元，配料肉末 75 克，成本 1.20 元，合计 2.40 元，约占总成本的 55%，调味品成本大约占了总成本的 45%。因此，要精确地计算菜点产品的成本，就必须精确地计算调味品的成本。

菜点的加工和生产基本上可分为两种类型，即单件生产和成批生产。单件生产的以各类热菜为主，成批生产的以冷菜制作和各种主食、点心为主。生产类型不同，调味品的计算方法也不同。

1. 调味品单件成本的计算

单件成本是指单件制作某产品的调味品成本，也叫个别成本。各种单件生产的热菜的调味品成本都属于这一类。计算这类产品的调味品成本，先要把各种惯用的调味品的用量估算出来，然后根据进价分别算出其价格，然后逐一相加即可。其计算公式为

单件产品调味品成本=单位产品耗用的调料（1）成本+调料（2）成本+⋯+

调料（N）成本

【例 10-10】清宫酒楼的罐焖鹿肉一份，耗用的各种调味品数量及其成本分别如下：生油 20 克，0.21 元；老抽 15 克，0.18 元；白糖 5 克，0.15 元；桂皮 2 克，0.10 元；八角 2 克，0.15 元；料酒 10 克，0.08 元。计算每份罐焖鹿肉的调味品成本。

只要把上列各种调味品成本逐一相加就可计算出该份罐焖鹿肉的调味品成本，即：0.21+0.18+0.15+0.10+0.15+0.08=0.87（元）。

2. 调味品平均成本的计算

平均成本，也叫综合成本，是指批量生产（成批制作）的菜点的单位调味品成本。点心类制品、冷菜卤制品，以及部分热菜等都属于这一类。计算这类产品的调味品成本，应分两步进行。

（1）用容器估量和体积估量估算出整个产品中各种调味品的总用量及其成本。当然，如用整听、整瓶装调味品，可根据单位数量计数，如听装炼乳、袋装鹰粟粉等。由于在这种成批制作的情况下，调味品的使用量一般较多，应尽可能过秤，以求调味品成本的计算更精确，同时也能保证产品质量的稳定。

（2）用产品的总重量除以调味品的总成本，即可计算出每单位产品的调味品成本。

批量产品平均调味品成本的计算公式为

批量产品平均调味品成本=批量生产耗用调味品总值/产品总值

【例 10-11】某厨房用鸡爪 5000 克制成紫金凤爪 4000 克，经称量和瓶装调料统计，共用去各种调味品的数量和价款如下：紫金辣酱 2 瓶，8.80 元；生抽 50g，0.75 元；白糖 10 克，0.30 元；料酒 250 克，0.80 元；葱 150 克，0.30 元；姜 50 克，0.35 元；蒜头 100g，0.65 元。计算每例（盘）（100g）紫金凤爪的调味品成本。

制作这批凤爪的调味品总成本=8.80+0.75+0.30+0.80+0.30+0.35+0.65=11.95（元）

每例（盘）紫金凤爪的调味品成本=(11.95/4000)×100=0.30（元）

（三）产品售价的计算

产品销售价格根据不同的毛利率法有以下两种计算方法。

1. 成本毛利率法

成本毛利率法就是以产品成本为基数，按确定的成本毛利率加成计算出售价的方法。计算公式为

产品销售价格=产品成本×(1+成本毛利率)

【例 10-12】樱花餐厅制作一盘桂花肉，用掉猪肉 400 克（6.00 元），白糖 75 克（2.00 元），番茄酱 90 克（2.40 元），鸡蛋 1 个（0.45 元），其他调料等花费 4.50 元，计算售价。

产品成本=6.00+2.00+2.40+0.45+4.50=15.35（元）

根据一般水平核定此菜成本（外加）毛利率为 52%。

代入计算公式

桂花肉售价=产品成本×(1+成本毛利率)=15.35×(1+52%)=23.33（元）

2. 销售毛利率法

销售毛利率法是以产品销售价格为基础，按照毛利与销售价格的比值计算价格的方法。计算公式为

产品销售价格=产品成本/(1-销售毛利率)

【例 10-13】红烧黄花鱼一盘，其用料规格是黄花鱼 1 条 600 克（36.00 元），清洁油 75 克（1.20 元），葱、姜、醋、酱油、味精、糖等调料少许（3.50 元），计算售价。

计算成本=36.00+1.20+3.50=40.70（元）

按一般菜肴核定销售（内扣）毛利率为 55%。

代入计算公式

售价=产品成本/(1-销售毛利率)=40.70/(1-55%)=90.44（元）

二、餐饮成本核算

成本核算是进行成本分析和成本控制的前提，不同核算周期对指导餐饮成本控制管理工作具有不同作用。

（一）食品成本日核算与成本日报表

餐饮每日食品成本由直接进料成本和库房领料成本两部分组成，直接进料成本计入进料当天的食品成本，其数据可从酒店每天的进料日报表中得到；库房领料成本计入领料日的食品成本，其数据可从领料单中得到。除了这两种成本，还应考虑各项调拨调整。计算公式为：

当日食品成本=直接进料成本(进货日报表直接进料总额)+库存领料成本

(领料单成本总额)+转入食品的饮料成本-转入酒吧消耗的食品成本-

为酒吧准备食物的成本-员工购买食品收入-余料出售收入-

招待用餐成本

计算出当日食品成本后，再从会计记录中取得日销售额数据，可计算出日食品成本率。

　　食品成本日核算能使管理者了解当天的成本状况，但若孤立地看待每日食品成本率，意义不大。因为酒店的直接进料有些是日进、日用、日清，而有些则是一日进、数日用；另外，库房领料也未必当天领进、当天用完。因此，食品成本日报表所反映的成本情况，只能供管理参考。将每日成本进行累计，连续观察分析，成本日报表反映的数据（尤其是累计成本率等数据）用于成本控制决策的指导意义就大多了。

　　每天定时将当日或昨日餐饮成本发生情况以表格的形式汇总反映出来，食品成本日报表（见表 10-2）即告完成。

表 10-2　食品成本日报表

8 月 16 日

金额单位：元

项　　目	当　　日	本 周 累 计	上 周 累 计
营业收入	4200.00	15 450.00	12 700.00
食品成本	1690.00	6355.00	5345.00
食品成本率/%	40.2	41.1	42.1

（二）食品成本月核算与成本月报表

　　食品成本月核算就是计算一个月内食品销售成本。通常需要为餐饮部设一个专职核算员，每天营业结束后或第二天早晨对当天或前一天营业收入和各种原料进货、领料的原始记录及时进行盘存清点，做到日清月结，便可计算出月食品成本。

　　1. 领用食品成本计算

　　领用食品成本的计算公式为

　　领用食品成本=月初食品库存额(本月第一天食品存货)+本月进货额

　　　　　　　　（月内入库、直接进料)-月末账面库存额(本月最后一天账面存货)

　　2. 账物差额调整

　　根据库存（如仓库、厨房周转库、冷库）盘点结果，若本月食品实际库存额小于账面库存额，应将多出的账面库存额加入食品成本；若实际库存额大于账面库存额，应从食品成本中减去实际库存额多出的部分。账物差额的计算公式为：

　　账物差额=账面库存额（本月最后一天账面库存额）±月末盘点存货额

　　　　　　　（实际清点存货额）

　　月终调整后的实际领用食品成本为：

　　　　　　实际领用食品成本=未调整前领用食品成本+账物差额

　　3. 专项调整

　　领用食品成本与账物差额计算结果之和所得的食品成本，其中可能包括已转给非食品部门的原料成本，也可能未包括从非食品部门转入的食品成本。为了能如实反映月食品成本，还应对上述食品成本进行专项调整：一要减去酒吧从食品库房和厨房领取的物料成本；二要减去下脚料销售收入；三要减去招待用餐费用（酒店因业务需要招待客人，招待费用增加了食品成本，但不增加营业收入，必须把这笔费用减去）；四要减去员工用餐成本（员工用餐如果从餐饮部调拨原料、调料，应将这笔费用计入各部门的营业费用或企业管理费用中）。经过专项调整后所得的食品成本为当月的月终食品成本，计算公式为：

　　　　月终食品成本=领用食品成本+转入烹调用酒-转酒吧用食品-下脚料销售收入-

　　　　　　招待用餐食品成本-员工购买食品收入-员工用餐成本

将当月或上月各项食品成本支出情况加以汇编，即为食品成本月报表（见表 10-3）。为了便于比较分析，食品成本月报表中，除列出本月成本数据，大多还列出上期或标准成本率。

表 10-3　餐饮部食品成本月报表

2021 年 11 月　　　　　　　　　　　　　　　　金额单位：元

月初食品库存额	21 000
本月进货额	150 000
减：月末账面库存额	6000
加：月末盘点存货差额	600
本月领用食品成本	165 600
减：	
转酒吧用食品	1800
下脚料销售收入	3200
招待用餐食品成本	3100
员工购买食品收入	600
员工用餐成本	1500
月食品成本	155 400
月食品营业收入	322 400
标准成本率/%	47
实际成本率/%	48.2

由表 10-3 可知，实际成本率比标准成本率高出 1.2%，说明成本控制得较好，但仍有需要改进的地方。

（三）饮料成本月核算与成本月报表

对库房饮料及餐厅、酒吧结存的饮料进行盘点，统计出各种库存饮料的数量，再乘以各种饮料的单价，就能汇总得出库房的饮料库存额。在对餐厅和酒吧清点时，除了清点整瓶数，还要对各类不是整瓶的酒水量做估计或称重计量，再核算出金额。月成本额是通过对期初库存额、本月采购额和期末库存额的汇总，计算出本月的消耗金额，再进行专项调整得出饮料净成本额。将其汇编成表，即为饮料成本月报表，如表 10-4 所示。

表 10-4　餐饮部饮料成本月报表

2021 年 11 月　　　　　　　　　　　　　　　　金额单位：元

月初库存额	3800
月初餐厅、酒吧存货额	2600
本月采购额	32 000
月末库存额	4900
本月饮料消耗总额	32 600
转调入食品原料	900
转食品饮料成本	1100
招待饮品	900
员工用餐	600

续表

赠客饮料	300
其他杂项扣除	400
本月饮料成本净额	28 400
饮料营业收入	63 820
标准成本率/%	45
实际成本率/%	44.5

由表 10-4 可知，饮料月成本率为 44.5%，低于标准成本率 0.5%，可见成本控制的效果还是比较理想的。

第三节　餐饮成本控制与分析

餐饮成本控制是餐饮部在保证餐饮出品和服务质量及其数量的前提下，根据成本预算，将实际成本与标准成本进行比较分析，找出发生差异的因素和原因，进而对餐饮经营过程和方式加以指导、干预和调整，以实现成本在规定范围内波动的管理活动。

一、餐饮成本控制

餐饮成本控制作为餐饮管理的组成部分，是酒店提高经济效益的一个重要途径。以恰当的成本，生产出顾客最为满意的产品，是餐饮成本控制的宗旨。餐饮成本控制是借助成本记录的数据，对成本进行核算、分析，并通过各业务环节，想方设法控制成本支出的一系列完整过程。

（一）餐饮生产前的成本控制

餐饮生产前的成本控制主要是做好成本控制的基础工作，即制定与成本控制相关的各项标准。

管理人员首先需确定衡量经营效果的各种标准，规定今后一段时间内应获得的营业收入数额与食品、饮料和人工成本降低数额标准。

1. 标准制定的方法

（1）酒店平均数法。例如，类似同档酒店毛利率平均数为 61%~64%，那么本企业就可以将毛利率标准定在 61%~64%。

（2）分析测定法。以历期财务报表中的成本和销售额数据为基础，如某餐厅 2020 年 7~9 月份总成本率分别为 37%、38%、36%。那么，2021 年同期成本率可定在 37% 左右。确定成本率标准，不能简单地依据财务报表，还应综合考虑销售额与座位周转率等因素，应制定一个合理的成本率。例如，该餐厅 2020 年 7~9 月份销售额分别为 130 万元、138 万元、127 万元，餐位利用率平均分别为 100%、120%、92%，由此可见该餐厅餐位利用率较低，提高餐位利用率的空间较大。如果通过促销等手段，使餐位利用率再上升 50%，则利润率会提高，总成本会下降。因此，该餐厅 2021 年的同期总成本率的标准应适当降低，可以定为 35% 左右。

（3）与营业预算同时预测法。任何企业在开业前或每年年初都要进行营业预测，对每年、每月和每日的营业情况进行或详细或粗略的预测，预测某个时期的销售额和各项成本指标。近期没有制定各项标准时可用营业预算的标准作为成本控制的标准，待经营一段时间后根据实际经营结果调整标准。

例如，某餐厅 2020 年营业预算中年销售额为 380 万元，其中第四季度销售额为 100 万元，总成本率为 35%，那么这个季度的成本指标为 100×35%=35（万元）。如果 2020 年第四季度销售额为 110 万元，实际总成本为 38.5 万元，则总成本率为(38.5/110)×100%=35%，那么 2021 年第四季度销售额与总成本率应相应调整为 110 万元以上和 35% 左右。

（4）根据实际测试确定企业内部标准。例如，测试餐厅服务员可同时为多少位客人服务，由此确定服务员人数和服务成本。

例如，某餐厅一个值台员可同时为 12 位客人服务，餐厅共有 300 个餐位，经营午餐和晚餐，每天座位周转率为 180%，每餐可接待 270 位客人，那么，每餐需要餐厅服务员为 270/12≈23（人）；如果餐桌服务员月工资为 4000 元，则每月工资为 4000×23=92 000（元）。由此确定餐厅服务员的月工资成本标准为 92 000 元。

2. 标准制定的要求

（1）标准应能精确地反映酒店餐饮所期望实现的成果。

（2）标准既应定得较高，又应能促使员工通过克服困难有希望达到标准规定的要求。

（3）标准必须明确具体，可以衡量。

（4）达到原定的标准之后，管理人员应制定更高的标准，促使员工进一步发挥主动性和创造性；如未达到标准，应实事求是地进行分析，防止鞭打快牛、挫伤积极性。

（5）提供反馈，使员工了解管理人员对自己的评价。

3. 餐饮生产前成本控制的内容

（1）采购控制。① 坚持使用原料采购规格标准书；② 严格控制采购数量；③ 采购价格必须合理。

（2）验收控制。验收控制的目的除了检查原料质量是否符合酒店的采购规格标准，还在于检查交货数量与订购数量、价格与报价是否一致，同时还包括尽快妥善处理各类进货原料。

（3）储存控制。为了保证库存食品原料的质量，餐饮企业应延长食品原料的有效使用期，减少和避免因原料腐败变质引起食品成本增高，杜绝被盗损失。原料储存应着重以下三方面的控制：第一，人员控制，储存工作应有专职人员负责，应尽量控制有权出入库区的人员数。第二，环境控制，根据不同的原料应有不同的储存环境，提供干货库、冷冻库、冷藏库等不同的储存环境，一般原料和贵重原料也应分别保管。库房设计建造必须符合安全卫生要求，以杜绝鼠害和虫害，并避免被盗。第三，发料控制，其基本原则是只准领用食品加工烹制所需实际数量的原料，而未经批准则不得领用。

（二）餐饮生产中的成本控制

1. 设计了解经营成果的程序

制定各项餐饮成本控制标准之后，酒店必须设计一套准确了解经营成果的程序。在设计这一程序时，管理人员应遵循以下基本原则。

（1）表示实际经营成果的形式应该和标准的形式一致。如果标准成本是以成本率形式表示的，则实际成本也应以成本率的形式表示。

（2）控制指标设计必须与会计的原始凭证一致。会计体系提供的实际经营信息应与控制工作所需的信息一致，因此企业不必为控制工作单独记账。

（3）实际经营信息应当简明、易于收集。那种需要很长时间才能提供精确数据的体系缺乏实用价值，而近期餐厅的点菜单和出库单就是最有价值的信息来源。

（4）制定标准的方法应与检查实绩的方法一致。例如，规定标准成本率为48%，检查、考核成本控制工作，也应围绕成本率是否在48%左右进行。

（5）每个会计期间信息的表示方法必须一致，以便使用趋势分析、指数和其他方法发现存在的问题。否则，管理人员就很难对各个会计期间的比较进行解释。

（6）一般情况下，负责执行标准的员工不应单独收集实际经营信息。

2. 餐饮生产过程中成本控制要做好的工作

（1）进行切割、烹烧测试。厨房应经常进行切割、烹烧测试，掌握各类原料的出净率，规定各类原料的切割、烹烧损耗许可范围，以检查加工及切配工作的绩效，防止和减少加工及切配过程中造成原料浪费的情况。

（2）集中加工，分别取用，减少原料损耗和浪费。

（3）制订餐饮生产计划。确定各种菜肴的生产数量和供应份数，并据此决定需要领用的原料数量。

（4）坚持标准投料量。在原料配份过程中，必须使用秤、量具，按照标准食谱中规定的投料量进行配份。

（5）控制菜肴分量。应按照标准食谱或装盘规格规定的品种数量进行装盘。

（6）提高技术素质，加强综合利用。厨师技术素质和熟练程度提高无疑会减少事故发生率，提高产成率。努力提高技术素质，还有利于加强原料、调料的综合利用，充分发挥其食用价值，减少原料成本开支。

（7）加强对废弃物品的回收管理，以减少或弥补厨房的成本支出，如甲鱼壳、鸭油等的收集销售，可冲减餐饮成本。

（三）餐饮生产后的成本控制

1. 经营成果比较分析

生产经营一段时间之后，将实际经营信息加以收集、整理，管理人员要将实际经营成果与标准进行比较。两者之间存在一些差异是允许的。例如，如果标准食品成本率为45%，实际食品成本率在44%～46%范围内是允许的。在比较工作中，应做到以下几个方面。

（1）设专人收集和整理信息，管理者准确掌握各项经营成果。

（2）经常进行比较，以便尽早采取改进措施，解决目前存在的问题。

（3）必须对不同的时期进行对比，如可同时对每日和每月的标准成本和实际成本进行比较。

（4）比较工作应成为管理人员的日常工作，而不能只是在问题存在或发生的时候才进行比较。

（5）了解实际成本之后，及时进行比较。

通过实际经营成果与标准的比较，管理人员必须分析引起两者之间重大差异的原因，及时采取必要的改进措施。如果一段时间内，餐饮生意不十分繁忙，成本偏高，可变一天一次购进鲜活原料为半天一次购进，以减少库存、防止死亡和损耗。如果经过研究发现，成本上升是因为少数几种菜式在整个菜单销售中只占很小比例，则可使用维持原价而适当减少菜式分量以抵消成本增加的办法。由于减少分量容易引起客人的反感，使用时必须注意减量有度，不可让客人明显感到缺量。

2. 控制成本较高菜肴

如果成本较高是由菜单中大部分或在总销量中占很大比重的菜肴引起的，则应先做如下考虑。

（1）能否通过促销手段增加这些菜肴的销量，以大量生产获得的效益来抵消成本的增加？如果可行，则可维持不变。

（2）能否通过加强成本并未增加的菜肴的推销来抵消部分菜肴成本的增加量？可行的话，也可维持不变。

（3）如果采用减少分量的方法，会不会引起客人的反感？如果客人并未感觉到分量的变化，维持原价也是可行的。

当以上三种方法都行不通时，管理人员则必须考虑调整售价了。

在做价格调整时，必须从客人的角度出发，看看是否物有所值。如果客人感到自己享受到的菜点与自己付出的价格相符，他们就会承受价格的变化；反之，如果他们认为菜点与自己付出的价格不相符，他们就会减少对该菜的消费。售价调整后，如果出现后一种情况，餐饮管理者就应及时增加该菜的分量，提高该菜的质量，或干脆把该菜从菜单中撤出。

调整售价的另一要点在于决定调价时机。价格调整每隔一段时间进行一次，间隔时间应大致相等或是有规律的。无规律地调整必然会引起客人对酒店的不信任。

调整售价还应考虑菜单的整体价格结构。一旦进行价格变动，就必须兼顾菜单的全面价格，以免造成菜单整体价格结构的失衡，影响到整个菜单出品的销售。

同样，如果一段时间菜点成本偏低，产生不少计划外毛利，这也并非多多益善，要检查分析成本降低的原因：是因为原料进价便宜了，或加工生产工艺改进了，从而使成本减少，还是因为配份串规或缺斤少两而使成本减少。无论哪种原因，都应及时采取必要措施，以保护用餐客人利益，保证产品规格质量。

（四）比较餐饮成本控制

通过对生产经营过程中的实际成本与标准成本进行比较，找出生产经营中各种不正常的、低效能的以及超标准用量的浪费等问题，采取相应的措施，以对原料成本进行有效的控制。

餐饮管理人员不仅应了解实际食品成本和成本率，也应确定标准食品成本和成本率。例如，某酒店在以往几周内的实际食品成本率是38%，本周食品成本率仍然是38%，管理人员通过对本期和历期的食品成本率进行比较，只能了解到本期和历期的情况相同，而无法判断本期的食品成本控制工作是否成功。如果在前几期存在的进货过多、员工浪费、生产过剩、每客分量过多等问题在本期继续存在，食品成本率就可能会保持不变。可见，要正确评估食品成本控制工作的实绩，餐饮管理人员还必须了解标准食品成本。

有些厨房和餐厅虽然存在严重浪费、效率低下等问题，但这些酒店往往通过抬高菜肴的售价来抵补损失，获取一定的利润。特别是在竞争对手较少的地区，这类酒店餐饮部门还可以用高价来掩盖浪费、效率低等问题。但是，即使是竞争对手较少的酒店，通过加强成本控制，降低成本，进而降低售价，也能增加就餐人数，获得更高的利润。

1. 标准成本的制定

采用标准成本控制工作的第一步是确定标准。确定成本控制标准比借用餐饮业平均数更为有利，但花费的时间要多一些。要确定生产成本标准，首先，确定采购、验收、仓储、领发料规格标准及程序。其次，必须合理制定菜单。菜单规定了餐饮在执行营销计划的过程中应向市场提供哪些菜点产品，它是餐饮最基本、最重要的成本控制工具。最后，管理人员应根据以往销售资料，预测今后一段时间的销量。如果管理人员能精确地做出预测，确定每客菜肴的成本之后，就能精确地预测食品成本数额。这一标准成本总额就成为餐饮在没有其他因素干扰条件下应该完成的成本指标。

采用标准成本控制，制定和使用标准食谱是一项重要工作。成本会计可与厨师长一起，按照每种菜肴主、配、调料标准用量，经过认真的计算后，制定出各种菜品每份标准成本，并建立标准食谱（成本）卡（包括规定的分量、调料、单价、金额、烹饪方法等）。由于制作菜点耗用的原材料大部分是鲜活产品和时令蔬菜，从农贸市场等地采购，价格波动大，有时会影响标准成本的准确性。成本会计应根据价格变动，定期或不定期调整标准成本卡中的成本价格，标准用量维持不动，及时计算出进价变动后的准确成本，保证成本控制的准确性。

2. 通过比较控制成本

餐饮经营取得利润并不难，但要将利润水平控制得当则不容易。已知，毛利等于营业收入减去营业成本，所以当销售价格一定时，毛利率的大小取决于耗用原料成本的高低。标准成本控制就是从原料用量上对成本进行控制，用标准用量（成本总额）与实际用量（成本）进行比较，以达到从原料用量上进行控制的目的。

一定时期内，厨房及餐厅生产和经营的菜肴品种是相对稳定的，而且所经营的每一种菜肴都有经过测算的标准食谱（成本）卡，用标准食谱卡上预定的标准用量（成本）与销量相乘就得到标准用量（成本）总额。

采用这一方法的第一步是统计出各种菜肴的销量，如果餐饮前后台使用计算机或专业管理软件，销量的统计就可由计算机自动生成。如果酒店没有使用专业软件管理，就需用人工根据点菜订单进行统计。

根据各种菜肴的销量及标准食谱（成本）卡，酒店就可对原料的耗用进行比较控制。

例如，一份青豆炒虾仁需要用虾仁150克，本月共销售250份，共需虾仁37.5千克；虾仁里脊丝每份需用虾仁50克，本月共销售150份，共需虾仁7.5千克；虾仁炒鸡蛋每份需用虾仁50克，本月共销售350份，共需虾仁17.5千克。

根据统计的菜肴销量，按照标准食谱（成本）卡上所列需用原料的分量，将餐厅各种菜肴所耗用的同类原料的用量相加，就可得出本月某一原料的标准用量。仍以上例来说明，假定供应带有虾仁的菜肴就是上述三种，全月虾仁耗用量则为62.5千克，而实际消耗情况是：上月末厨房中尚存虾仁5千克；本月现进和从货仓领进虾仁63千克；本月末厨房盘点还余4.5千克；本月份虾仁实际消耗为：5+63-4.5=63.5（千克）。这个数字与标准用量相比，只多用1千克，这就说明在实际操作过程中基本按照标准进行，也说明成本控制是比较好的。

如果实际耗用量与所计算的标准用量相差较大，那就要查找原因了。实际耗用量大于标准用量的原因主要有以下几个方面。

（1）在操作过程中，没有严格按照标准用量投料，用料分量超过标准。

（2）在操作过程中有浪费现象，如炒焦、烧坏等不能食用而倒掉。

（3）采购的虾仁质量不符合规定的要求，或购进的冰冻虾仁冰多虾仁少，或购进的河虾挤虾仁时，没有达到既定的出净率。

（4）厨房、餐厅运营可能存在漏洞。

如果实际耗用量小于标准用量，其原因主要有以下几个方面。

（1）在操作过程中，没有按照标准用量投料，用料分量低于标准（这是降低质量、克扣斤两的做法，是不允许的）。

（2）在制定菜肴标准食谱（成本）卡时，是否以估代秤，所填标准用量过大，实际操作过程中认为确实不需要那么多用料，以致减少了实际用料量，这样就应立即调整标准食谱（成本）卡。

（3）在操作过程中有串类、串规格的现象。

在成本控制过程中，对所消耗的主要原料，特别是一些消耗量很大、对成本率影响很大的原料，如牛柳、光鸭、精猪肉等原料都可采用标准控制方法。

二、餐饮成本分析

餐饮成本控制与餐饮成本分析是餐饮经营运作中密不可分的管理工作，只有将两方面工作都按时做好，成本控制的效果才会更加理想。

（一）餐饮成本分析的意义

餐饮成本分析是指由餐饮管理者、财务部管理人员或专职成本分析人员对餐饮部的成本控制状况进行全面、系统的分析，找出成本漏洞，提出改进成本控制措施的一系列活动。餐饮成本控制的效果如何，是否还有潜力可挖，要进行科学的分析才能得出结论。餐饮部从何处进行成本控制，采取什么方法进行成本控制，也有赖于深入细致的成本分析。

餐饮成本分析是对餐饮经营活动过程中发生的成本及其控制结果进行分析，并与同行业成本、标准成本进行对比分析的活动，是餐饮成本控制的重要内容。通过对餐饮成本控制效果的分析，餐饮企业可以正确评估餐饮成本控制的业绩，发现餐饮成本控制存在的问题和主要的成本控制漏洞，以便找出原因，采取有针对性的控制措施，加大成本控制的力度，提高成本控制水平。

（二）餐饮成本分析的内容

餐饮成本分析包含的内容很多，一切餐饮经营管理活动都存在成本控制问题。因此，成本分析涵盖餐饮经营管理活动的各个方面，是对餐饮经营管理活动的全面成本分析。具体来讲，餐饮成本分析主要包括餐饮原料采购成本分析、餐饮原料验收成本分析、餐饮原料储存成本分析、餐饮食品加工生产成本分析、餐饮市场营销成本分析、饮料成本分析、餐饮资产使用成本分析（重点是固定资产、低值易耗品和物料用品的成本分析）、餐饮资金运营成本分析、餐饮用工成本分析、餐饮综合成本分析等。

（三）餐饮成本分析的方法

餐饮成本分析的方法有很多种，企业可以根据自身规模、管理模式选择采用。

（1）直观分析法。通过观察员工的工作表现、各部门之间的关系、员工劳动强度大小、物料消耗是否有浪费等情况，在此基础上进行成本分析。

（2）流程分析法。通过对物流、资金流、生产工艺流程等进行全过程成本分析，发现问题，解决问题。

（3）表格分析法。利用各种报表，检查分析各项数据，发现漏洞，采取弥补完善措施。

对同行业、同规模、同档次餐饮经营进行比较分析，或通过抽取本企业餐饮一项或几项成本控制的实际情况进行分析，以点观面等，都可达到成本分析的目的。

（四）餐饮成本分析报告

将餐饮成本控制的各方面情况进行调查、统计、整理，认真分析并形成逻辑严密的文字材料，便是餐饮成本分析报告。报告的目的是让决策者和全体员工认识到成本控制的不足及优势。餐饮成本分析报告的内容包括餐饮成本控制现状、餐饮成本控制存在的主要问题、餐饮成本控制存在问题的原因分析、餐饮成本控制对策及建议等。

本章小结

1. 餐饮成本的构成：原料、燃料、物料用品、低值易耗品摊销、商品进价和流通费用、工资（基本工资、附加工资、奖金和津贴）、福利费、水电费、企业管理费、其他支出费用。

2. 餐饮成本的类型：固定成本、变动成本和半变动成本；可控成本和不可控成本；单位成本和总成本。

3. 餐饮成本控制的特点：变动成本比重大，可控成本比重大，成本泄漏点多，对设备依赖性强，部门间协调监控作用大，受技术因素影响大。

4. 净料成本的计算方法：一料一档的计算方法、一档多料的计算方法、不同渠道采购同一原料的成本计算方法。

5. 生料、半成品（无味半成品、调味半成品）和成品的成本计算。

6. 调味品单件成本的计算，调味品平均成本的计算。

7. 产品售价的计算方法：成本毛利率法、销售毛利率法。

8. 食品成本日核算与成本日报表。

9. 食品成本月核算与成本月报表：领用食品成本计算，账物差额调整，专项调整。

10. 饮料成本月核算与成本月报表。

11. 餐饮生产前的成本控制：标准制定的方法与要求，餐饮生产前的成本控制的内容（采购控制、验收控制、储存控制）。

12. 餐饮生产中的成本控制：进行切割、烹烧测试；集中加工，分别取用，减少原料损耗和浪费；制订餐饮生产计划；坚持标准投料量；控制菜肴分量；提高技术素质，加强综合利用；加强对废弃物品的回收管理。

13. 餐饮生产后的成本控制：经营成果比较分析、控制成本较高菜肴。

14. 比较餐饮成本控制：标准成本的制定、通过比较控制成本。

15. 餐饮成本分析的意义、内容与方法。

课后练习

一、名词解释

可控成本　　　净料　　　成本泄漏点　　　成本日报表　　　餐饮成本分析

二、单选题

1. 没有经过加工处理的菜点食品主、配料，称为（　　　）。

　　A. 主料　　　　　　B. 配料　　　　　　C. 毛料　　　　　　D. 净料

2. 餐饮企业要实现财务目标，应特别重视主要成本的控制，除了人工成本，还有（　　　）。

　　A. 原料成本　　　　B. 燃料成本　　　　C. 水电费　　　　　D. 企业管理费

3. 人工总成本、水电费成本属于（　　　）。

　　A. 固定成本　　　　B. 变动成本　　　　C. 半变动成本　　　D. 半固定成本

4. 甲鱼 5 只重 3 千克，单价 120 元，经过宰杀洗涤，得净甲鱼料 1.8 千克，甲鱼壳作价 6 元，甲鱼血作价 2.50 元，净甲鱼成本每千克为（　　　）。

　　A.195.28 元　　　　B.192.58 元　　　　C.195.82 元　　　　D.192.85 元

5. 餐饮成本核算的计算单位主要是（　　　）。

　　A. 实物　　　　　　B. 货币　　　　　　C. 价值　　　　　　D. 网络

三、多选题

1. 为了避免出现走单、走数等舞弊现象，酒店采用"三线两点"控制法进行控制，其中的"三线"是指（　　　）。

　　A. 物料传递线　　　B. 账单传递线　　　C. 货币传递线

　　D. 信息传递线　　　E. 人员传递线

2. 属于餐饮原料成本的项目有（　　　）。

　　A. 食料　　　　　　B. 调料　　　　　　C. 燃料

　　D. 染料　　　　　　E. 物料

3. 属于可控成本的项目有（　　　）。

　　A. 大修理费　　　　B. 餐馆租金　　　　C. 折旧利息

　　D. 管理费用　　　　E. 水电气费

4. 餐饮成本控制的特点有（　　　）。

　　A. 变动成本比重大　　　　　　　　B. 可控成本比重大

　　C. 成本泄漏点多　　　　　　　　　D. 变动成本比重小

　　E. 可控成本比重小

5. 成本日报表的项目有（　　　）。

　　A. 营业收入　　　　B. 食品成本　　　　C. 食品成本率

　　D. 租金收入　　　　E. 销售成本

四、判断题

1. 母鸡一只重 3 千克，进价为每千克 15 元，下脚料鸡杂回收共 6 元，鸡烤熟重 1.8 千克，耗用油、香料等计 1.60 元，则熟鸡的成本是 22.56 元。　　　　　　　　（　　　）

2. 毛利与销售价格的比率称为外加毛利率。　　　　　　　　　　　　　　（　　　）

3. 人工总成本属于半变动成本。　　　　　　　　　　　　　　　　　　　（　　　）

4. 鱼丸、肉丸、油发鱼肚属于调味半成品。　　　　　　　　　　　　　　（　　　）

5. 净料成本的高低直接决定产品成本的高低。 　　　　　　　　　　（　　）

五、简答题

1. 简述餐饮成本核算的要领。

2. 简述毛料、净料、生料的区别。

3. 简述餐饮成本分析的意义。

4. 简述餐饮成本控制中的泄漏点。

5. 简述成本较高的菜肴控制方法。

六、论述题

1. 论述餐饮生产前、中、后三个过程进行成本控制的内容。

2. 论述如何通过统计、利用成本核算的数据编制食品、饮料的日报表、月报表。

案例讨论 ......●

吃自助餐要交押金，这笔钱该不该收？

长江日报6月16日　讯去吃自助餐，进店消费时被告知除了餐费还要支付100元押金，如果没有浪费，押金在用餐后返还。近日，有市民致电长江日报，质疑餐厅收取押金的行为不合法。长江日报记者采访了解到，法律没有明文规定商家不能收取"押金"，但如果要收，必须在消费者消费之前告知。

10日中午12点，记者来到一家海鲜自助餐厅，单人午市海鲜自助原价278元，打折后188元。该商户工作人员告知，必须缴纳100元"押金"后才能就餐。餐厅工作人员解释，收"押金"是为了杜绝浪费，用餐结束后，没有浪费食物的消费者可全额退还押金。

记者随后又来到位于硚口一大型商场内的自助餐厅，该餐厅晚间自助餐原价79元，做活动60元，就餐需交20元"押金"。餐厅工作人员解释，在没有浪费食物的情况下，押金可以全额退还。

"其实商家收取押金，无非担心会有浪费，这个我们能理解。"当长江日报记者采访多名消费者时，多数人都表示理解商家收取押金的做法。魏女士告诉长江日报记者，收押金的目的是提倡按需取食，节约食物，约束消费者大手大脚，她可以接受收取押金的行为。

不过，也有消费者对此提出质疑，周先生说："我自己吃多少，拿多少，不会浪费，这样被强制收押金，我感觉不好，如果有餐厅收押金，我不会去消费。"周先生表示，商家可以采用别的方式反浪费，比如消费者浪费食物就不能享受优惠价，没有浪费食物的消费者可以给予奖励，如赠送现金券等。

"目前法律没有明文禁止商家收取押金，但押金也不是商家想收就能收的。"律师介绍，在消费者消费之前要有明确告知，要收取押金，收取押金的目的是什么，让消费者清楚，自我选择。在实际生活中，有的餐厅把押金变罚款没有法律依据。律师认为，对于浪费行为，自助餐厅没有权利罚款，但有权利收取违约金，同时强调，虽然可以收取违约金，但一定要明确告知。

信息来源：夏晶. 吃自助餐要交押金 这笔钱该不该收[N]. 长江日报，2021-06-16.

思考题：

1. 分析该案例收取押金的出发点与实际效果。

2. 是否有更好的方式，既不浪费食物又不得罪顾客？

3. 餐饮经营管理中，食品成本占营业收入的比例是否越低越好？为什么？

实训项目

1. 请设计××××年××月××日宾馆餐饮部食品成本日报表的主要内容。

2. 汇总成本核算的各种公式，结合餐饮部或餐饮企业实际进行计算。

第十一章 餐饮卫生安全管理

学习目标

通过本章学习，应达到以下目标。

1. 知识目标：了解《食品安全法》知识，了解安全卫生管理原则，了解食物中毒的特征、原因与预防知识，了解并掌握餐饮消防安全知识。

2. 技能目标：掌握厨房卫生操作规范的技能，掌握生产服务人员操作及人身安全知识与技能。

3. 能力目标：能运用 HACCP 管理体系原理对食品安全关键控制点实施监控，能根据餐饮生产的不同阶段进行餐饮卫生管理。

导入案例

案例 11-1　海底捞顾客打火机掉进火锅，服务员打捞时爆炸

一段"海底捞服务员打捞打火机遇爆炸，锅底飞溅"的视频在网络上热传。随后记者从海底捞公司了解到，这是前不久发生在昆明海底捞南亚滇池路店的一幕。当时一个服务员拿着小漏勺在火锅汤里捞来捞去，突然，火锅汤底里疑似有什么发生了爆炸，滚烫的油汤被崩得到处都是，溅到了服务员和两名顾客身上。记者从海底捞公司了解到：服务员被滚烫的火锅汤汁迎面溅到了脸上和手上，当桌客人手部有轻微烫伤。

记者随后联系到了海底捞的有关负责人，海底捞总公司战略事务部的杨女士说："是有两位男士顾客，他们是在就餐的过程中递打火机的时候，不小心将打火机掉进了锅中，当桌的这个客人手部有轻微烫伤，视频中看到的我们当台的服务员，她的脸部有被锅底溅到，我们已经第一时间找了同事，来陪同伤员前往医院进行了检查，目前服务员正在治疗和恢复当中。"

发生在昆明海底捞南亚滇池路店的这一幕，让不少人大呼危险。有市民表示：此事有很多细节，值得各方注意。在昆明街头的随机采访中，不少市民对服务员的遭遇深表同情。市民 A 说："我觉得服务员真的挺倒霉的，那个服务员肯定被炸伤，所以两个顾客还是有一定责任的，我觉得这个跟店家真的没有关系呀，因为他们自己都是成年人了，他们自己在递打火机，本来就是危险物品。"B 说："我觉得大部分责任是个人的，店里不可能对每件事都提醒到。"

一些市民认为，服务员在捞火机之前应该采取一些保护措施。有市民说："就是服务员知道下面有打火机的话，也应该相应做一点措施，我觉得她不应该直接这样去捞。"律师认

为，在吃火锅高温热油的环境下，顾客本身可以预知到打火机有掉入火锅汤底的可能，所以对此负有责任。国浩律师事务所的古心沺说："顾客在吃火锅，本身就是在一个高温并且热油的情况下，并且我们认为在公共环境下，不倡导抽烟的行为。"对受伤的服务员，律师认为她可以向海底捞和顾客进行索赔。如果顾客没有告知服务员他掉落的是打火机的话，对此事要负更大的责任。古心沺还说："如果没有告知的话，根据服务员受伤程度的不同，顾客可能会涉嫌刑事责任。"

【点评与思考】安全管理，预防为主。预案详尽，训练有素，就可以有效减少事故的发生。有些事故，既有偶然，又有巧合，因此餐饮管理还有例外原则。当例外发生时，需请示管理人员或有经验的员工，在安全前提下寻求解决方案。

资料来源：赵云霞，胡震宇. 海底捞顾客打火机掉进火锅 服务员打捞时爆炸 责任该谁负. 云南网络广播电视台，2019-05-23.

第一节 卫生安全管理法规与原则

餐饮企业学习相关法规，结合企业的规模、特点制定餐饮生产与服务卫生安全制度与标准，并以此要求检查、督导员工执行，可以强化生产、服务卫生安全管理的意识，起到防患于未然的作用。

一、《中华人民共和国食品安全法》

《中华人民共和国食品安全法》（以下简称《食品安全法》）由中华人民共和国第十二届全国人民代表大会常务委员会第十四次会议于 2015 年 4 月 24 日修订通过，自 2015 年 10 月 1 日起施行。《食品安全法》明确了食品安全监管体制，进一步明确了实行分段监管的各部门监管职责，界定了卫生、农业、质检、工商等有关部门的具体职责，规定了在分段监管的基础上，设立食品安全委员会，进一步明确了地方政府的领导责任。

二、厨房卫生操作规范

厨房卫生操作规范如表 11-1 所示。

表 11-1 厨房卫生操作规范

操 作 要 领	原 理	正 确 做 法
化冻食物不能再次冷冻	质量降低，细菌数增加	一次用掉或煮熟后再储藏
对食物有怀疑，不要尝味道	保护员工的健康	看上去质量有问题的食品及原料应弃除
水果或蔬菜未洗过不能生产出售，罐头熟食未清洁不能开启	避免污染	
设备、玻璃餐具、刀叉、匙和菜盘上不得有食物屑残留	避免污染	厨房设备用后要清洗干净，玻璃餐具、刀叉、匙和菜盘用前要检查

续表

操 作 要 领	原　理	正 确 做 法
餐具有裂缝或缺口的不能使用	细菌可在裂缝中生长	
不坐工作台，不倚靠餐桌	衣服上的污染物会传播到食物上	
不要使头发松散下来	头发落在食物里可造成污染，也使人倒胃口	戴发网或帽子
手不要摸脸、摸头发，不要插在口袋内，除非必要，不要接触钱币	避免污染	必须做这些事情时，事后要彻底洗手
不要嚼口香糖之类的东西	散布传染病	
避免打喷嚏、打呵欠或咳嗽	散布细菌	如果不能避免，则一定要侧转身离开食物或客人，并要掩嘴
不要随地吐痰	散布细菌	
工作时间不吃东西，不要就着清理的托盘或脏碟子吃东西	散布疾病	在指定的休息时间吃东西，用餐后要彻底洗手
厨房区域，工作期间不得吸烟	传播尼古丁毒素和疾病	休息时间在指定的地方吸烟，吸完后彻底洗手
不要把围裙当毛巾用	洗干净的手被脏围裙污染	使用纸巾
不要用脏手工作	可能污染	用温热的肥皂水洗手，搓满泡沫，清水冲，用纸巾擦干
拿过脏碟子的手在未洗净前，不要去拿干净的碟子	可能污染	两个步骤间要彻底洗手；打荷、冷菜等岗位尤其要注意
不要用手接触或取食物	由皮肤散布细菌	使用合适的器具辅助工作
不要穿脏工作服工作	脏物隐藏细菌	穿、系干净的工作服和围裙
避免戴首饰	食物屑聚积导致污染	不戴外露的首饰
避免不洗澡就工作	防止细菌污染	每天洗澡并使用除臭剂
不用同一把刀和砧板，切肉后不洗又切蔬菜	能散布沙门氏菌和其他细菌	刀、砧板要分开或用后清洗并消毒
不要带病上班	增加疾病传播机会	告知情况、安排替班
不要带着外伤工作	增加伤口发生感染和散布感染的危险	伤口要用合适的绷带包好
健康证已失效者不应上班	预防传染性疾病、结核病和性病的传播	经常注意失效期，及时体检换证
不要在洗涤食物的水槽里洗手	污染食物	使用指定的洗手盆
不要用手指蘸食物尝味	食物被唾液污染	用匙品尝，并只能使用一次
吃剩的食物不得再向其他客人供应	食物经客人动用会传染疾病	把剩余食物扔掉，建议客人注意点菜分量
不要把食物放在敞开的容器里	空气中的尘埃可污染食物	食物要密封存放或加罩
不要将食物与垃圾同放一处	增加传染机会	分别放在各自合适的地方

三、安全卫生管理的原则

餐饮安全卫生管理在餐饮运营中是和其他管理、考核活动有机结合进行的。安全卫生管理更强调规范先行、预防为主，重考核督促、追求责任落实。

（1）责任明确，程序直观。安全卫生无大事，出了问题事不小。进行明确具体的责任界定，将静态、常规的管理落实到具体岗位，甚至员工个人身上，明确其责任要求和常规要检查、保持的工作任务和标准，使各岗位人员自觉履行职责是确保安全卫生有序、有效管理的必要措施。对餐饮安全卫生隐患多、责任大的重点岗位更要将责任明细化、公开化，使责任岗位及当事人知晓的同时，也便于相关岗位、管理人员随时予以督促、提醒。管理的职能要使模糊的事情程序化，程序化的做法直观化、明了化，方便员工操作、执行。安全卫生工作相对于服务程序管理、菜品创新管理，其规范化运作程度更高。因此，餐饮管理人员应在酒店筹建及开张运作初期（或接手管理初期），就建立尽可能完善的操作程序。在日常的生产服务管理工作中，再根据情况进行修正、完善，以给员工方便实用的操作指南。程序应力求简洁明了，如能直观形象说明，方便理解操作，其培训、执行和督查的效果就会更加明显。

（2）预案详尽，隐患明忧。无论是出于积极预防、有备无患的考虑，还是以防万一，如果想在出事以后努力缩小事态影响，尽可能减少企业各方面损失，以最短时间恢复良好的生产秩序，餐饮企业就必须在卫生、安全方面建立切实可行、积极主动、程序明确、反应快速的相关预案。常规管理应该将预案内容和责任岗位作为餐饮卫生、安全不可缺失的制度化管理事项，包括应有卫生、消防、安全设施配置的齐全完整、储存摆放的规范有序、物品标志的清晰准确，以及软件培训、演练的真实可行、指导完善。预案内容、程序的设定应集中广大餐饮生产服务人员、卫生安全专业管理人员、相关专家同业人员的智慧、建议，广泛吸取相关经验教训，以求先进、全面、方便、实用。如建立食物中毒、油锅着火、人员烫伤和割伤等事件处理预案。在地方比较偏、光线不是很亮、人员来往较少、整理或使用频率较低位置可能存在安全卫生隐患。在卫生、安全方面，与预案管理具有类似作用的、积极有效的管理措施还包括：对容易疏忽大意、构成厨房餐厅生产服务过程中事故隐患的场所、设备设施、工作事项进行排查，以提示、警醒的方式使各岗位员工在生产服务过程中加以关注和督查，再施以积极防范、主动管理，力求无患。

（3）督查有力，奖罚分明。餐饮卫生、安全管理是餐饮生产服务管理方面的基础工作，既需要各岗位员工的主动积极、各负其责，也少不了管理人员按程序、按标准、分时段的有序督查。员工在卫生、安全方面的不同表现和结果理应受到精神和物质等方面的回馈兑现。只有如此，才能让先进更自觉，马虎过不去，偷懒不可能，卫生、安全管理才会成为餐饮部的放心工程。在卫生、安全检查督促方面，应做到点面结合、检查有序，同时做到层级分工、监控得法，以切实杜绝漏洞，不留隐患。检查结果应与考核挂钩，力求做到：常规要求必达标，发现问题不松劲；重事实准确无误，抓落实整改到位；奖罚直达个人，按时充分兑现。

第二节　食品添加剂与HACCP管理体系

一、食品添加剂

人们将香料、防腐剂和增香剂加到食品中已有数千年的历史，夏天生长的食物到冬天食用必须以可食的形式储藏并保持到冬天。过去，要保存食物或改进食物品质就必须加入盐、糖和醋等物质，将食物盐渍、醋渍或干制。

如果没有食品添加剂，面包会很快变得不新鲜而发霉，色拉调味汁会稀释，果汁会丧失维生素效用，油脂会酸败，罐装水果和蔬菜会失去应有的质地。现时消费者可买到的多种食品就会明显减少，而方便食品也不会存在。有资料显示，97%的人类食物中含有添加剂。

（一）食品添加剂的定义与使用

食品添加剂是指为改善食品品质和色、香、味以及为防腐和加工工艺的需要而加入食品中的化学合成物质或天然物质。科学家普遍认为对食品添加剂应该理性看待，既不要漫无边际、吹嘘夸大其功能，也不要将其妖魔化、恐怖化，杜绝使用。当然，实际中不应该不加选择地将添加剂用于食品中，应严厉打击违法添加非食用物质和滥用食品添加剂的行为。食品要用添加剂时应该考虑下列几个准则。

（1）添加剂只应用来保持食品的营养品质，改进食品的保藏稳定性，改进食品外观，或在加工、包装、运输食品时起辅助作用。

（2）当添加剂降低了食品的营养价值，掩饰了不允许的假冒质量或加工操作，欺骗了消费者，或所需的效果可由其他在经济上与技术上令人满意的生产方法取得时，用这种添加剂就不能证明是有道理的。

（3）应当使用在良好的生产条件下能取得所需效果的最小量的添加剂。所用添加剂应符合某一纯度标准。

（4）添加剂应经过适当的毒物学鉴定并应持续观察可能的有害效应。

（5）认可添加剂无害应限于特定条件下用于特定目的的特定食品。

（二）食品添加剂未来的走向

膳食中不存在没有危险的食品添加剂，或者说任何食品添加剂在某种程度上都会产生毒性作用，即使是无毒的精制食盐在剂量足够大时也可以致命。要从某一特定食品添加剂中获得益处，必须权衡其可能的危险性。

怎样将食品添加剂的益处（延长了储藏期限，提高了质量与营养价值）与潜在的有害作用相比较呢？向腌熏肉中加硝酸盐就是一个极好的例子。用硝酸盐腌肉由来已久，这样做不仅是为了风味，也是为了延长制品的食用期限，而更重要的目的是阻止肉毒梭状芽孢杆菌的生长。防止由于吃了含有微生物的食物而造成麻痹和死亡对人类确是一件好事，不过也有可能在某种烹调条件下产生有致癌作用的亚硝胺。腌肉的防腐作用是否值得保留呢？这是一个难以回答、带有感情色彩的问题，也表明大多数人，甚至包括科学家在内，在关于食品添加剂问题上不能取得一致意见。

通过研究聚合物化学也许有可能创制出无法消化的食品添加剂。科学家正在分析研究将惰性聚合物附于食品添加剂上以使添加剂在肠道中不致被吸收。待解决的问题是要产生一种不受所附聚合物影响而仍保持其性能和作用的永久结合的添加剂。食品允许使用的添加剂数目将来有可能会明显减少。只有对保持食品质量和储存是必需的、经深入细致的科学研究表明对人类健康没有危害的添加剂，才有望在食品供应中继续存在。

二、HACCP 管理体系

HACCP 管理体系是英文 hazard analysis critical control points 的缩写，一般把它译为"危害分析与关键控制点"。由于这一管理体系主要运用于食品、餐饮、饲料等行业，因此有的就直接称为食品安全控制体系。它是一种以危害为关键点的食品管理制度，具有国际先进水平，具有较强的科学性和逻辑性，而且具有可操作性强、运行成本低等优点，尤其是它所运用的理论常识性强，易于理解和掌握。管理者通过运用 HACCP 管理体系，可以对食品潜在的危害进行预测、预知和预防，从而实现食品安全生产的目的。

HACCP 是 1959 年美国的 Pillsbury Company（菲尔斯伍利公司）与美国国家航空航天局为生产安全的航空食品而创建的质量管理体系。这套管理体系可以预测食品安全方面存在的危险因素，并在问题发生前做好预防措施，而不再以一般性的检查防止和发现食品潜在的安全危害。

（一）HACCP 管理体系的关键

HACCP 管理体系的关键是在事前预测和判别食品安全潜在的问题，在每一个可能存在的危险点上建立控制措施和具体的防范方法，并从记录中确认这种控制过程是有效的。运用 HACCP 管理体系加工生产的食品，对于最后的安全检验已经不是特别重要。事实证明，HACCP 管理体系确实能很好地起到预防食品安全问题发生的作用。把 HACCP 管理体系运用于餐饮生产过程中，同样可以有效避免菜点安全问题的出现，提高餐饮产品的安全指数。

HACCP 管理体系主要涵盖以下两大部分。

（1）hazard analysis 部分，也就是危害分析，可以简称为 HA。对菜肴烹饪加工的整个过程，也就是从原料的采购、粗加工处理，到切割、配份、烹制、流通乃至最终把菜肴提供给客人为止，对全过程进行评估分析，从而把其中可能发生的危害明确规定出来。

（2）critical control points 部分，也就是关键控制点，可以简称为 CCP。对菜肴加工烹饪过程中可能发生危害的某一点的步骤或加工程序，制定相应的措施加以控制，从而有效预防、安全避免或最大限度地降低食品的危害，或者把这种危害降到最低的、可以接受的程度。

HACCP 管理体系是一种预防性的管理，其关键在于把菜肴加工烹饪、服务销售的过程看作一种系统工程，从菜点原料到成品消费，整个过程都要确保菜点的安全。对于原料的采购、验收、储存、加工、烹饪、成品传递到桌，每一个环节都要经过危害分析评估，以确保菜点是安全无害的。很显然，如果把这一食品安全管理体系导入餐饮生产，使烹饪过程的每一个环节都能有效执行 HACCP 的管理方式，那么最后呈现在餐桌上的食品一定是安全无害的。

（二）HACCP 的管理步骤

餐饮生产的安全卫生控制体系必须建立在如下基本理念之上：以有"良好的操作规范"为基础，并通过制订和实施"卫生标准操作程序"计划和 HACCP 计划分别预防、降低或消除厨房食品安全的危害。

简单地说,HACCP管理体系对于厨房加工生产而言,仅仅是一种卫生安全的控制体系。它通过判别可能的危害途径,制定适当的预防措施,并且能够保持在厨房食品加工生产的全过程始终处于有效监控、记录中。

HACCP管理体系是一种评估制度,可以用于判别、监控、管理食品加工生产过程中的安全风险。HACCP管理体系就其运营过程来说,包括七大步骤。

1. 危害分析

（1）危害分析,即判别潜在性菜点安全危害的过程。所谓危害,是指任何可能造成危害消费者健康的风险。这里所说的风险,是指菜点中的安全隐患,如可能造成食物中毒等危害发生的可能性因素。在进行危害分析时,要做到一切从严,不使任何细小的环节被遗漏,包括加工生产、成品传递及售卖食用等。概括起来,危害分析主要有以下几个方面：① 检查菜单和标准菜谱；② 检查工作人员；③ 查询其他方面的问题；④ 温度测量；⑤ 进行必要的理化检验；⑥ 核实有关记录。

（2）危害性评估,即根据对菜点危害的分析,对其可能存在的危害性进行评估,判断某种菜点可能导致危害发生的概率。但这种评估并不是万无一失的,因为食物中毒在任何地方都可能发生,危害性分析不可能对所有的危害进行安全控制。

2. 判断确定关键控制点

关键控制点是指能够预防、排除或降低菜点危害的一个点、一个环节、一个步骤等。它包括加热、加工、预防污染的作业措施,工作人员的卫生操作程序等。在危害分析的基础上,对所有可能存在危害的点,如某个步骤、某个环节、某一温度点、某个加工程序等,确定为关键控制点,以便在运用中对其进行重点关注,并针对可能发生的危害制定相应的应对措施。

在判断确定菜点加工过程中的关键控制点时,应重点做好以下几个方面：① 检查一切重点项目；② 检查作业程序中潜在的危害；③ 检查菜点制作工艺流程；④ 把握关键控制点控制的原则。

3. 建立控制界限

当关键控制点确定后,就可以建立控制界限,以降低或排除潜在的危害。控制界限就是在关键控制点（CCP）上的每一个预防性措施必须达到的标准和要求。控制界限是基于预防性的措施而制定的量化内容,必须规格化,主要项目有以下几项：① 时间；② 温度；③ 酸碱度（pH）；④ 水分。

4. 对关键控制点实施监控

实施监控的过程需要每个餐厅或厨房都安排专门人员,负责对关键控制点的监控工作,当任何一个菜点或工艺环节没有达到控制标准时,应立即进行有效纠正,并制定防止重复发生的控制措施。

（1）监控的主要目的：跟踪、测量、提供证据。

（2）对关键控制点的监控：指派专门监控人员,建立监控程序与项目。

5. 建立纠错与防止再发生措施

HACCP管理体系是为食品安全控制而设计的管理方法之一,主要是为了判别食品中对人体健康存在的潜在性的危害因素,并建立有效的预防危害发生的措施或发生时的处理方法。但是,这并不等于就可以确保菜点不会再出现安全问题。因此,当有问题发生时,就必须采取相应的纠正措施,并且能迅速制定防止类似问题再次发生的有效措施。

（1）纠正问题与防止同类问题再次发生的措施：一是决定有问题的菜点是否应该进行丢弃处理；二是彻底解决或改善问题发生的因素，清除根本因素；三是对全过程要有记录，并将其完整无缺地保存下来。

（2）建立一套有效的操作规程来立即处理问题。当监控的评估报告或是实际上已有问题出现时，就说明 HACCP 管理体系未能按预期的目标达到控制标准，表示有问题发生，这就需要建立一套有效的操作规程来立即处理问题，这个规程就是"纠错与防止再发生措施"。

6. 建立记录档案

监控运行过程中，监控人员每天都要对所有关键控制点监控的过程进行记录，并建立档案，便于工作人员了解监控的整个过程，并根据记录的问题进行及时调整与纠正。建立有效的记录保存与定期检查记录的制度，是确保 HACCP 管理体系正常、有效运行的重要步骤。

（1）有效的记录应包括完整的 HACCP 计划。

（2）在监控记录中，常用的是各种各样的图、表。

7. 对 HACCP 管理体系进行评估确认

对 HACCP 管理体系的评估确认应分为自我检查与机构确认两个环节。国内对饮料加工、水产品加工等食品生产企业已经有了专门的认证机构，酒店餐饮部门实行 HACCP 管理体系也可以在这些认证机构进行认证，但认证前必须先经过自我检查。

无论是自我检查还是机构确认，对检查后的整体情况都要形成一份完整的总结报告。

表11-2是一份烹制鸡肉色拉的HACCP食谱。这份烹饪标准食谱说明了关键控制要点，在每个步骤中都提出了降低危害的建议方法。

表 11-2　烹制鸡肉色拉的 HACCP 食谱

出菜量：100 份

卫生要求：对所有设备用具进行消毒，勤洗手

配　料	数　量	程　序
鸡肉（罐装）	43 听	1. 打开罐头，倒掉水（果汁应该保留下来，如果要用，不能超过 24 小时，要立即冷却到 5℃）
水	25 千克	
盐	200 克	2. 提前用凉水洗好洋葱和芹菜（可以使用浓度为 50%的氯溶液）
月桂树叶	9 片叶子	
芹菜，切好	5 千克	3. 在消过毒的砧板上，用消过毒的刀切芹菜、灯笼椒、洋葱（最好戴手套）
灯笼椒，切好	900 克	
洋葱，切好	200 克	4. 除了色拉调料外，把所有的原料都放在消过毒的搅拌碗里
柠檬汁	1 杯	
色拉调料	1700 克	5. 调制提前冷却好的色拉调料，用消过毒的用具搅拌（戴手套）
盐	90 克	6. 立即上桌，只能在 5℃或更低的温度下存放，但不能超过 2 小时
胡椒	1 大汤匙	
备注：注意卫生，如勤洗手、使用一次性服务手套等。烹制过程中不能有超过 30 分钟的停顿时间，也不能使烹制时间超过 1 小时		7. 把剩下的食品放在浅锅中，4 小时内冷却到 5℃以下。把时间定在冷却到 5℃的位置

第三节　食物中毒与预防

一、食物中毒的特征及原因

（一）食物中毒的特征

食物中毒是酒店经营管理中最不愿发生的事件之一，餐饮卫生管理的首要任务就是防止和避免食物中毒事件的发生。因此，分析食物中毒的原因，并采取切实有效的措施加以预防和避免，是餐饮卫生管理的重中之重。

凡是由于经口进食正常数量"可食状态"的含有致病菌、生物性或化学性毒物以及动植物天然毒素食物而引起的、以急性感染或中毒为主要临床特征的疾病，可以统称为食物中毒。食物中毒一般具有下列流行病学和临床特征：① 潜伏期短、来势凶猛、短时间内可能有多数人同时发病；② 所有病人都有类似的临床表现；③ 病人近期内都食用过同种食物、发病范围局限在食用该种有毒食物的人群；④ 一旦停止食用这种食物，发病立即停止；⑤ 人与人之间不直接传染；⑥ 发病曲线呈现突然上升又迅速下降的趋势，一般无传染病流行时的余波。

（二）食物中毒的原因

国内外食物中毒事件的资料分析表明，食物中毒以微生物造成的最多，发生的原因多是对食物处理不当，其中以冷却不当为主要致病原因。发生的场所大多是卫生条件较差、生产没有良好卫生规范的酒店。食物中毒的发生时间大部分在夏季，原因是气温高易使微生物繁殖生长，因此这些都应作为预防食物中毒的重点。预防食物中毒的关键是弄清楚其原因和渠道。

（1）食物受细菌污染，细菌产生的毒素致病。这种类型的食物中毒是由于细菌在食物上繁殖并产生有毒的排泄物，致病的原因不是细菌本身，而是排泄物毒素。这种毒素通常又不能通过味觉、嗅觉或色泽鉴别出来，因此采取尝味道看有没有坏的办法是不可取的，也是无济于事的。厨房人员对此必须有清楚的认识，因为食物中的细菌产生毒素后，该食物就完全失去了营养和安全性，即使烹调加热杀死了细菌，也不能破坏毒素而使其失去活性，毒素仍然存在。

（2）食物受细菌污染，食物中的细菌致病。这种类型的食物中毒是由于细菌在食物上大量繁殖，当食用了含有对人体有害的细菌就会引起中毒。

（3）有毒化学物质污染食物，并达到能引起中毒的剂量。化学性食物中毒是指有毒的金属、非金属、有机化合物、无机化合物、农药和其他有毒化学物质引起的食物中毒。此类中毒偶然性较大，中毒食品无特异。引起中毒的化学毒物多是剧毒，在体内溶解度高，易被消化道吸收。化学性食物中毒的特点是发病快，一般潜伏期很短，多在数分钟至数小时内，患者中毒程度严重，病程比一般细菌毒素中毒长。

（4）食物本身含有毒素。有些是有条件的有毒动植物，如未煮熟的扁豆、发芽的马铃薯、不新鲜的青皮鱼等；有些则是有毒动植物，如毒蕈、河豚等。此类中毒主要是误食或食入加工不当而未除去有毒成分的动植物引起的。这种中毒的季节性、地区性比较明显，偶然性较大，发病率较高，潜伏期较短，死亡率视有毒动植物的种类不同而异。

二、食物中毒的预防

（一）细菌性食物中毒的预防

（1）严格选择原料，并在低温下运输、储存。

（2）烹调中高温杀灭细菌。

（3）创造卫生环境，防止病菌污染食品。

（二）化学性食物中毒的预防

（1）从可靠的供应单位采购原料。

（2）化学物品要远离食品及原料处安全存放，并由专人保管。

（3）不使用有毒物质的加工器具、生产器具、容器、包装材料。例如，用铜、锌、镉、锡、铝等器具盛装酸性液体食品或腐蚀性食品，则其盛器金属成分易溶入食品中。塑料包装材料应选用聚乙烯、聚丙烯材料的制成品。

（4）厨房中要谨慎使用化学杀虫剂，并由专人负责。

（5）在厨房清洁工作中，使用化学清洁剂时必须远离食品。

（6）对各种水果、蔬菜要洗涤干净，以进一步消除杀虫剂残留。

（7）对食品添加剂的使用，应严格执行国家规定的品种、用量及使用范围。

（三）有毒食物中毒的预防

（1）毒蕈含有毒素而且种类很多，所以厨房只可食用已证明无毒的蕈类，可疑蕈类不得食用。

（2）食用白果时要加热成熟，少食，切不可生食。

（3）马铃薯发芽和发青部位有龙葵素毒素，加工时应去除干净。

（4）苦杏仁、黑斑甘薯、鲜黄花菜、未腌透的腌菜不能食用。

（5）秋扁豆、四季豆烹调时不可贪生求脆，要彻底加热；木薯不宜生食。

（6）死甲鱼、死黄鳝、死贝类不能食用。

（7）河豚有剧毒，未经有关部门批准，不能选用。在有些地方，人工养殖控毒河豚，这类河豚在经过严格训练的厨师专业规范的烹制后是可以食用的。

（8）含组氨酸高的鱼类不新鲜时不得选用。

（9）未经检疫的肉类，不得加工食用。

三、食物中毒事件的处理

如有客人身体不适，抱怨是由食用餐饮产品而引起时，管理人员和员工应沉着冷静，忙而不乱，尽快查清客人是否为食物中毒，并缩小势态，及时加以处理。对此类疑似食物中毒情况，可参考以下基本处理工作和步骤。

（1）记下客人的姓名、地址和电话号码（家庭和工作单位）。

（2）询问具体的征兆和症状。

（3）弄清楚客人吃过的食物和就餐方式、食用日期、时间、发病时间、病痛持续时间、用过的药物、过敏史、病前的医疗情况或免疫接种等，并留下其食物样品。

（4）病情严重者立刻送医院救治，并记下看病的医生姓名及医院的名称、地址和电话号码。

（5）给本酒店医生（如果有的话）打电话进行处理。

（6）立即通知由餐饮部经理、厨师长等人员组成的事故处理小组，对整个生产过程重新检查。

（7）递交所调查的信息给本酒店医生，以便医生了解客人的情况。如果医生的诊断是食物中毒，要立即报告卫生主管部门。

（8）查明同样的食物供应了多少份，收集样品，送交化验室化验分析。

（9）查明这些可疑的餐食菜点是由哪些职工制作的，将所有与制作过程有关的员工进行体格检查，查找有无急性患病或近期生病以及疾病带菌者。

（10）分析并记录整个制作过程的情况，明确：在哪些地方、食物如何受到污染；哪些地方存在的细菌在食物中有繁殖的机会（时间和温度等因素）。

（11）从厨房设备上取一些标本送化验室化验。

（12）分析并记录厨房生产和销售最近一段时间的卫生检查结果。

第四节　餐饮卫生管理

餐饮卫生管理是从餐饮生产和销售所需原料采购开始，经过加工生产直到成品销售为止，全过程的卫生操作、检查、督导与完善的系列管理工作。

一、原料加工阶段的卫生管理

原料的卫生决定和影响产品的卫生。因此，从原料的采购进货开始，就要严格控制其卫生质量。首先必须从遵守卫生法规的合法的商业渠道和部门购货，对有毒动植物严格禁止进货。其次要加强原料验收的卫生检查，对购进有破损或伤残的原料更要加强对其卫生指标的查验。原料的储存要仔细区分性质和进货日期，严格分类存放，并坚持先进先用的原则，保证储存的质量和卫生。厨房在正式领用原料时，要认真加以鉴别。罐头原料如果两头已隆起或罐身接缝处有凹痕则不能使用。罐头隆起、罐身接缝处的凹痕，说明罐头密封不严，已受细菌污染，细菌产生气体，导致罐体膨胀，不能使用。如果罐头食品有异味或里面的食品似乎有泡沫或液体混浊不清，也不应使用。肉类原料有异味，或表面黏滑，不宜使用。任何原料出现发霉、混浊、有异味，都不可再用。果蔬类原料如已腐烂也不得使用。对感官判断有怀疑的原料，应送卫生检验员或卫生防疫部门鉴定，再确定是否取用。

二、菜点生产阶段的卫生管理

生产阶段是餐饮卫生管理的重点和难点所在，不仅生产过程涉及的环节较多，而且生产设备的种类和设备卫生管理的工作量也很大，因此厨房生产过程的卫生控制和生产设备的卫生管理均不可忽视。

（一）生产过程的卫生控制

（1）原料卫生控制。厨房生产过程从原料领用开始。对冻结原料的解冻，一是要用正确的方法，二是要尽量缩短解冻时间，三是要避免解冻中受到污染。烹调解冻是既方便又安全的一种方法。罐头的取用，开启时首先应清洁表面，再用专用开启刀打开，切忌使用其他工具，避免金属或玻璃碎屑掉入，破碎的罐头不能取用。对蛋、贝类原料加工去壳，不能使表面的污物沾染食用物。容易腐坏的原料，要尽量缩短加工时间，大批量加工应逐步分批从冷藏库中取出，以免最后加工的原料在自然环境中久放而降低质量，加工后的成品应及时冷藏。

（2）配制卫生控制。原料配制必须使用专用盛器，切忌用餐具作为生料配菜盘。尽量缩短配份后的原料闲置时间。配制后不能及时烹调的原料要立即冷藏，需要时再取出，切不可将配制后的半成品放置在厨房高温环境中。

（3）烹制卫生控制。烹调加热是影响食品卫生的重要工序，要充分杀灭细菌。原料是热的不良导体，杀菌重要的是要考虑原料内部达到的安全温度。另外，成品盛装时餐具要洁净，切忌使用工作抹布擦抹。

（4）冷菜卫生控制。这一点尤为重要，因为对冷菜的装配都是在成品的基础上进行的。首先，在布局、设备、用具方面应同生菜制作分开。其次，切配成品应使用专用的刀、砧板和抹布，切忌生熟交叉使用。这些用具要定期进行消毒。操作时要尽量简化手法。装盘不可过早，冷菜装盘后不能立即上桌，应用保鲜纸封闭，并进行冷藏。生产中的剩余产品应及时收藏，并尽早用完。

（5）果盘卫生控制。水果盘的制作和销售与冷菜相似，在特别重视水果自身卫生的同时，要严格注意切制装盘与出品食用时间，同时还要注意传送途中在保证造型的前提下不受污染。

（二）生产设备的卫生管理

厨房生产设备主要有加热设备、制冷设备和加工切割设备等。对各类设备进行清洗、消毒和各种卫生管理，不仅可以保持整洁、便于操作，而且可以延长设备使用寿命，减少维修费用和能源消耗，保证食品的卫生和安全。

三、菜点销售服务的卫生管理

在服务人员将菜点送到客人的餐桌及分菜的过程中，都必须重视食品卫生问题。不管菜点是由传菜员将其传至餐桌，还是陈列于自助餐台由客人随取，都应注意以下几点。

（1）菜点在供应前和供应过程中应用菜盖遮挡，以防受灰尘、苍蝇和打喷嚏、咳嗽等污染。

（2）凉菜、冷食在供应前仍应放在冰箱里。要控制冷菜的上菜时间，尤其是大型宴会活动的冷菜。

（3）菜点不要过早装入盘中，要在成熟后和客人需要时装盘。

（4）使用适当的用具。食物供应时必须用刀、叉、勺、筷、夹子等用具，不可用手接触食物。

（5）用过的食物不能再食用。客人吃剩的食物绝不能再加工烹制。

（6）分菜工具要清洁。每次使用的分菜工具一定要确保清洁，不同口味、色泽的菜肴，其分菜工具要调换。

（7）养成个人卫生习惯。服务人员不能咳嗽、打喷嚏、吸烟、抓头、摸脸。

第五节　餐饮安全管理

餐饮安全既包括生产服务人员操作及人身安全，也包括餐饮消防安全。管理者要根据餐饮环境及工作的特点，加强员工培训，提高安全防范意识，采取行之有效的措施强化控制管理，预防安全事故发生，减少各方面损失。

一、厨房员工损伤与预防

厨房员工损伤，是指厨房加工、生产、运输，以及日常运转过程中出现的烫伤、扭伤、跌伤、割伤等对员工造成的伤害。

（一）烫伤与预防

厨房加热源无论是煤气、液化气、煤，还是柴油、蒸汽等，给厨房员工造成的烫伤事故都占厨房事故的很大比例。一旦烫伤，轻则影响操作，重则需要送医院治疗，伤者更是疼痛难忍。预防烫伤的措施包括以下几点。

（1）遵守操作程序。使用任何烹调设备或点燃煤气设施时必须按照产品的说明书进行操作。

（2）通道上不得存放炊具。凡带有把手的桶、壶及一切炊具，不得放置在繁忙拥挤的走廊通道上。

（3）容器注料要适量。不要将罐、锅、水壶装得太满，以避免食物煮沸过头，溅出锅外。

（4）搅拌食物要小心。搅动食物时通常使用长柄勺，与食物保持适当距离。

（5）从炉灶或烘箱上取下热锅前，必须事先准备好移放的位置。如果事先有了准备，提锅的时间就能缩短。提既烫又重的容器前，应及时请同事帮助。

（6）使用合格、牢靠的锅具。不要使用把手松动、容易折断的锅，以免引起锅身倾斜、原料滑出锅或把手断裂。

（7）冷却厨房设备。在准备清洗厨房设备时要先进行冷却。

（8）懂得怎样灭火。如果食物着火了，可将盐或小苏打撒在火上，不要用水浇，必须学会使用灭火器和其他安全装置。

（9）使用火柴要谨慎。将用过的火柴放入罐头盒内或玻璃容器内。

（10）安全使用大油锅。如准备将大油锅里的热油进行过滤或更换，必须注意安全，一定要随手携带抹布。

（11）禁止嬉闹。不允许在操作间奔跑，更不得拿热的炊具在手里打闹。食品服务人员应该接受专门训练，学会正确倒咖啡和其他热饮料。

（12）张贴"告诫"标志。在潮滑或容易发生烫伤事故的地方，须张贴"告诫"标志，以告诫员工注意。

（13）定期清洗厨房设备。防止炉灶表面和通风管盖帽处积藏油污。

（二）扭伤、跌伤与预防

厨房人员、库房人员、餐务管理人员在搬运重大物品，或登高取物，或清除卫生死角，或走动遇滑时，容易造成扭伤和跌伤。

1. 扭伤与预防

扭伤的预防主要注意以下几点。

（1）举东西前，先要抓紧。

（2）举东西时，背部要挺直，只能膝盖弯曲。

（3）举重物时要用腿力，而不能用背力。

（4）举东西时要缓缓举起，使举的东西紧靠身体，不要骤然猛举。

（5）举东西时，如有必要，可以挪动脚步，但千万不要扭转身子。

（6）当心手指和手被挤伤或压伤。

（7）举过重的东西时必须请人帮忙，绝不要勉强或逞能。

（8）当东西的重量超过 20 千克时，受伤的可能性即随之增加，在举之前应多加小心。

（9）尽可能借助起重或搬运工具。

2. 跌伤与预防

大多数跌伤只是在地面滑倒或绊倒而不是从高处摔下。为了预防摔倒事故，下述几方面必须引起特别注意。

（1）清洁地面，始终保持地面的清洁和干燥。有溢出物须立即擦掉。

（2）清除地面上的障碍物，随时清除丢在地面上的盘子、抹布、拖把等杂物，一旦发现地砖松动或翻起，应立即重新调换铺整。

（3）小心使用梯子。从高处搬取物品时需使用结实的梯子，并请同事扶牢。

（4）开门关门要小心。进出门不得跑步，经过旋转门更要留心。

（5）穿鞋要合脚，厨房员工应穿低跟鞋，并注意防滑，不穿薄底、已磨损、高跟的鞋以及拖鞋、网球鞋或凉鞋，要穿脚跟和脚底不外露的鞋，鞋带要系紧以防滑倒。

（6）入口处和走道不得留存积雪和冰，要经常清扫。

（7）为避免滑倒，使用防滑地板蜡。

（8）张贴安全告示，必要时张贴"小心"或"地面潮湿"等告示。

（9）楼梯的踏板如破裂或磨损须及时更换。

（10）保证楼梯井或其他不经常使用地区的光亮度。

（三）割伤与预防

1. 预防割伤的措施

割伤是厨房加工、切配及冷菜间厨房员工经常遇到的伤害。

（1）锋利的工具应妥善保管。当刀具、锯子或其他锋利器具不使用时应随手放在餐具架上或专用的抽屉内。

（2）按安全操作规程使用刀具。将需切割的物品放在桌上或切割板上，刀在往下切时须抓紧所切物品，以防在切薄片时削到手指。当用刀斩食物时必须将手指弯曲抓住食物，使刀刃落在食物块上。刀具大小要合适并清楚刀刃的锋利度。此外，把手已松动的刀具必须修理或报废。

（3）保持刀刃的锋利。钝的刀刃比锋利的刀刃更易引发事故。因刀刃越钝，员工所使的力就越大，食品一旦滑动就可能发生事故。

（4）各种形状的刀具要分别清洗。将各种形状的锋利刀具集中摆放在专用的盆内，并将其分别洗涤，切勿将刀具或其他锋利工具沉浸在放满水的洗涤池内。

（5）禁止持刀嬉闹。不得拿刀或锋利工具进行打闹，一旦发现刀具从高处掉下不要用手去接。

（6）集中注意力，使用刀具或其他锋利刀具要谨慎。

（7）不得将刀具放在工作台边，应放在台子中间，以免掉到地上或砸到脚上。

（8）厨房内尽量少用玻璃餐具，如破碎，应尽快处理碎玻璃，可用扫帚和簸箕清扫干净，不能用手捡。如果玻璃碎在洗涤池内，先将池水放掉，然后用湿布将碎玻璃捡起。通常是将碎玻璃或陶瓷倒入单独的废物箱内。

（9）厨房设备要安有各种必备的防护装置或其他安全设施。

（10）谨慎使用食品研磨机，使用绞肉机时必须使用专门的填料器。

（11）设备清洗前须将电源切断（拔去插头）。

（12）谨慎清洁刀口。擦刀具时抹布折叠到一定厚度，从刀口中间部分向外侧刀口擦，动作要慢，要小心，清洁刀口一定要符合规定要求。

（13）使用合适的刀具。不得用刀代替旋凿或开罐头，也不得用刀撬纸板盒和纸板箱。必须使用合适的开容器工具。

2. 伤口的紧急处理

刀伤是厨房最难避免的一种事故。一旦发生刀伤事故，要视伤口大小、情节轻重及时采取措施。有些只要进行简单处理即可。当然，伤口也不全是由刀刃引起的。因此，注意以下几点对伤口的及时有效处理是十分必要的。

（1）割伤、损伤和擦伤，马上清洁伤口，用肥皂和温水清洁伤口处皮肤；用无菌棉垫或干净的纱布覆盖伤口进行止血；轻轻更换无菌棉垫、干净纱布和绷带；如果伤口在手部，须将手抬高过胸口。

（2）不得用嘴接触伤口，不得在伤口处吹气，不得用手指、手帕或其他污物接触伤口，不得在伤口上涂防腐剂。

（3）出现下列情况要立即送医务室或医院处理：大出血（属于紧急情况）；出血持续4～10分钟；伤口有杂物又不易清洗掉；伤口是很深的裂口；伤口很长或很宽需要缝合；筋或腱被切断（特别是手伤）；伤口是在脸部或其他引人注目的部位；伤口部位不能彻底清洗；伤口接触的是不干净的物质；感染的程度加重（疼痛加重或伤口红肿增大）。

（4）撞伤部位用冰袋或冷敷布在受伤处压25分钟，如果皮肤上有破损，创口需进一步按刀割伤处理。

（5）水疱可用软性肥皂和水清洗，保持干净，防止发炎。例如，水疱已破，按开放性伤口处理，如受感染应就医。

二、电气设备事故与预防

电气设备造成的事故也是餐饮生产、服务中常见的伤害。预防电气设备事故要掌握以下要点。

（1）厨房、水果间、酒吧、管事部员工必须熟悉设备，学会正确拆卸、组装和使用各种电气设备的方法。

（2）采取预防性保养，定期由专职电工检测各种电气设备线路和开关。

（3）所有电气设备都必须有安全的接地线。

（4）遵守操作规程。操作电气设备时，须严格按照厂家的规定。

（5）谨慎接触设备。湿手或站在湿地上，切勿接触金属插座和电气设备。

（6）更新电线包线。已磨损并露出电线的电线包线切勿继续使用，要使用防油防水的包线。

（7）切断电源清洁设备。清洁任何电气设备都必须先拔去电源插头。

（8）避免电路过载。未经许可，不得任意加粗保险丝，电路不得超负荷。

三、火灾的预防与灭火

餐饮行业还有一类常见的事故就是火灾，对厨房、客前烹制等岗位、区域尤其要重视。厨房发生的火灾通常有三种类型：① 由普通的易燃材料（木材、纸张、塑料等）引起；② 由易燃物质（如汽油和油脂）引起；③ 由电气设备引起。可采取以下几种防火措施。

（1）配备足够的灭火设备。每位员工都必须知道灭火器的安放位置和使用方法。

（2）安装失火检测装置。使用经许可和可经常测试的失火检测装置，这些设备可用于防烟、防火焰和防发热。

（3）考虑使用自动喷水灭火系统。该系统是自动控制火灾的极为有效的设施。另外，一种安装在通风过滤器下的特效灭火装置也是很有效的，厨房可不用考虑其类型（化学干粉、二氧化碳或特殊化学溶液），酒店安全部门应统筹安排、设计安装并进行保养和管理。

小型火灾通常可用手提式灭火器扑灭。灭火器须安放在接近火源最合适的地方，并经常进行检查和保养。此外，极为重要的是对员工进行消防训练，使其学会正确使用灭火装置。灭火设备有很多种，通常使用的一种是多用干式化学药品灭火器，适用上述三种火灾。

手提式灭火器一般都很容易操作。但不能忽视对员工的训练，使其掌握特殊灭火装置的特性。通常，灭火器使用前必须将一只安全销拔去。使用多用干式化学药品灭火器时有一点很重要，即必须将化学灭火材料覆盖所有燃烧区域，以防复燃。

本章小结

1.《中华人民共和国食品安全法》的内容。

2. 厨房卫生操作规范。

3. 安全卫生管理的原则：责任明确，程序直观；预案详尽，隐患明忧；督查有力，奖罚分明。

4. 使用食品添加剂的准则。

5. HACCP 的管理关键与管理体系：危害分析与关键控制点。

6. HACCP 的管理步骤：危害分析，判断确定关键控制点，建立控制界限，对关键控制点实施监控，建立纠错与防止再发生措施，建立记录档案，对 HACCP 管理体系进行评估确认。

7. 食物中毒的特征。

8. 食物中毒的原因：细菌、细菌毒素、有毒化学物质、食物本身含有毒素。

9. 细菌性食物中毒、化学性食物中毒、有毒食物中毒的预防。

10. 食物中毒事件的处理步骤。

11. 原料加工阶段的卫生管理。

12. 菜点生产阶段的卫生管理：生产过程的卫生控制、生产设备的卫生管理。

13. 菜点销售服务的卫生管理。

14. 员工损伤（烫伤、扭伤、跌伤、割伤）与预防。

15. 伤口的紧急处理方法。

16. 预防电气设备事故的要领。

17. 厨房防火的措施。

课后练习

一、名词解释

《中华人民共和国食品安全法》　　食品添加剂　　HACCP 管理体系　　细菌毒素
冻结原料的解冻

二、单选题

1. 对食品安全危害予以识别、评估和控制的一种系统化方法称为（　　　　）。

　　A. GMP　　　　　　　B. HACCP　　　　　C. CAC　　　　　　　D. SSOP

2. 《中华人民共和国食品安全法》中要求的无毒无害通常是指（　　　　）。

　　A. 食品相对安全　　　　　　　　B. 食品安全

　　C. 食品绝对安全　　　　　　　　D. 食品卫生

3. 食品在加工过程中或者加工前后沾染上有害物质的现象称为（　　　　）。

　　A. 食品安全事故　　B. 食品污染　　C. 食源性疾病　　D. 食物中毒

4. 暴饮暴食引起的腹泻属于（　　　　）。

　　A. 食物中毒　　　　B. 消化不良　　　C. 寄生虫病　　　　D. 亚硝酸盐中毒

5. 烹制食物时，把食物烧焦、炸焦、煮焦，易产生（　　　　）。

　　A. 焦糖物　　　　　B. 亚硝胺　　　　C. 杂环胺　　　　　D. 多环芳烃

三、多选题

1. 造成食品化学物污染的农用化学品可能来自（　　　　）。

　　A. 农药　　　　　　B. 红雨　　　　　C. 重金属

　　D. 化肥　　　　　　E. 鸡粪

2. 属于食品微生物污染的是（　　　　）。

　　A. 细菌　　　　　　B. 病毒　　　　　　C. 旋毛虫

　　D. 真菌　　　　　　E. 粉螨

3. 餐饮业食物中毒的起因可能包括（　　　）。

    A. 烹煮不当　　　　B. 产品污染　　　C. 加工不良

    D. 配伍失调　　　　E. 食品伪造

4. 引起食物中毒的动物肝有（　　　）。

    A. 鲨鱼肝　　　　　B. 猪肝　　　　　C. 狗肝

    D. 鲅鱼肝　　　　　E. 蓝点马鲛鱼肝

5. 食品腐败变质的原因有（　　　）。

    A. 物理因素的作用　　　　　　　　B. 酶的作用

    C. 微生物的作用　　　　　　　　　D. 生物组织的作用

    E. 化学作用

四、判断题

1. 食品中金黄色葡萄球菌类污染物属于真菌。（　　　）

2. 禁止加工被毒死的动物主要是为了预防化学性食物中毒。（　　　）

3. 员工患肠道传染病后，应暂行调离工作岗位，积极治疗，定期复查，待获得健康证才可以再次上岗工作。（　　　）

4. 举重物时，背部要挺直，膝盖弯曲，要用腿力，而不能用背力。东西紧靠身体，缓缓举起，千万不要扭转身子。（　　　）

5. 湿手或站在湿地上，切勿接触金属插座和电气设备。（　　　）

五、简答题

1. 简述安全卫生管理的原则。

2. 简述使用食品添加剂的准则。

3. 简述食物中毒的特征。

4. 简述原料加工阶段的卫生管理。

5. 简述伤口的紧急处理方法。

六、论述题

1. 论述在工作中如何预防烫伤、扭伤、跌伤、割伤。

2. 论述《中华人民共和国食品安全法》中的重点内容。

案例讨论

盐酸洗灶"烧"得直跳

日前，南昌红山路一小餐馆内，新来的小伙计嫌麻烦，洗灶具竟用起了盐酸，结果溅了一身，受伤不轻。

据这家餐馆老板介绍，当日下午两点半左右，他看见炒菜的煤气灶具油垢很多，便吩咐新来的伙计小钟帮忙洗洗。老实的小钟左刷右洗，但灶具上的油污还是很多。琢磨着自己还有半瓶盐酸没用完，小钟便将盐酸取来洗灶具。不料他往下倒盐酸时，几滴盐酸溅到了自己仅穿着拖鞋的脚上，小钟当即被"烧"得跳了起来。慌乱之间，小钟丢开了盐酸瓶，没想到瓶子又落在了旁边的桌子上，结果"砰"的一声后，盐酸溅得小钟满身都是。老板赶忙叫人将小钟送到了附近的医院。医生说，幸亏盐酸浓度不是很高，否则小钟很可能被毁容。

资料来源：谷岳飞. 盐酸洗灶　"烧"得直跳［N］. 扬子晚报，2005-05-03.

思考题：

1. 员工上班被要求按规定穿工作服、工作鞋，有何目的和意义？

2. 为了对餐饮生产和服务人员进行有效的劳动保护，企业应在哪些方面强化管理？

实训项目

1. 认真研读《中华人民共和国食品安全法》。

2. 深入某家酒店，调查该酒店在实际工作中是如何做好食品安全与员工人身安全的。

参 考 文 献

[1] 陶文台. 中国烹饪史略[M]. 南京：江苏科学技术出版社，1984.

[2] 佩肯，格雷夫斯. 美国烹饪[M]. 沙建塾，译. 北京：中国商业出版社，1988.

[3] 刘永棣. 饭店工程管理实务[M]. 北京：科学技术文献出版社，1994.

[4] 文志平. 旅馆餐饮服务与运转[M]. 北京：科学技术文献出版社，1995.

[5] 马开良. 餐饮生产管理[M]. 北京：科学技术文献出版社，1996.

[6] 李勇平. 现代饭店餐饮管理[M]. 上海：上海人民出版社，1998.

[7] 万光玲. 餐饮成本控制[M]. 沈阳：辽宁科学技术出版社，1998.

[8] 金陵饭店工作手册编写组. 金陵饭店工作手册[M]. 南京：译林出版社，1999.

[9] 匡家庆，马开良，丁霞. 餐饮管理规范[M]. 沈阳：辽宁科学技术出版社，2000.

[10] 马开良. 现代饭店厨房设计与管理[M]. 沈阳：辽宁科学技术出版社，2000.

[11] 吴克祥. 餐饮经营管理[M]. 天津：南开大学出版社，2000.

[12] 陈天来，周均悦. 现代饭店设备运行与管理[M]. 大连：东北财经大学出版社，2002.

[13] 马开良. 自助餐开发与经营[M]. 沈阳：辽宁科学技术出版社，2002.

[14] 俞浪复. 麦当劳店铺管理手法[M]. 沈阳：辽宁科学技术出版社，2002.

[15] 斯布拉瓦尔，罗纳德，罗曼. 宴会设计实务[M]. 车丽娟，译. 2版. 大连：大连理工大学出版社，2002.

[16] NINEMEIER J D. 餐饮经营管理[M]. 张俐俐，纪俊超，译. 北京：中国旅游出版社，2002.

[17] 马开良. 餐饮管理与实务[M]. 北京：高等教育出版社，2003.

[18] 王孝明，张利. 麦当劳的18堂课[M]. 北京：九州出版社，2004.

[19] 张建业. 餐饮市场营销管理[M]. 北京：清华大学出版社，2006.

[20] 杨柳. 中国餐饮产业发展报告（2009）[M]. 北京：社会科学文献出版社，2009.

[21] 杨沛霆. 净雅的管理故事与哲理[M]. 北京：机械工业出版社，2009.

[22] 叶伯平. 宴会设计与管理[M]. 6版. 北京：清华大学出版社，2022.